30년 전 이 책은 해외선교 사역을 향한 나의 열정에 불을 지폈다. 단순히 많은 사람을 회심시키는 것에 대한 갈망을 뛰어넘어 모든 민족과 종족과 방언과 백성으로부터 구속함을 받은 예배자를 얻는 것이야말로 하나님의 열망임을 인식하게 해주었다. 이 책은 내가 성경을 묵상하는 방식과 내 삶을 바라보는 관점에도 변화를 일으켰다. 당신에게 역시 그러하리라 믿는다. 이 30주년 기념판을 새로운 세대의 독자들에게 기쁨으로 추천하는 바이다.

J. D. 그리어, 노스캐롤라이나 서밋 교회 목사, 『기도 먼저』 저자

그리스도인들 사이에서 반짝 인기를 끌며 찬사를 받은 베스트셀러는 많았다. 그 책들은 한동안 사람들 입에 오르내리며 판매되다 얼마 지나지 않아 사람들에게서 잊힌다. 이와 대조적으로 교회를 세워가는 데 기초가 되는 도서는 몇 안 된다. 『열방을 향해 가라』는 후자에 속한다. 영광을 받으시는 데 열정적이시며, 은혜로 이 자신을 드러내시고, 주님 안에서 기쁨과 의미를 찾는 자들을 구속하기 위해 자신을 기쁘게 내어주신 하나님의 위대하심이 이 책 면면에 스며들어 있다. 하나님은 독생자를 통해 열방에 기쁨과 소망을 주는 분으로 계시되셨다. 누군가 주님이 어떤 분인지 깨닫는다면, 구속주의 장엄하심에 사로잡혀 그리스도를 외치지 않을 수 없을 것이다. 나는 마음과 열정을 다해 아름다우신 구세주와 연합하길 사모하는 이들에게 실용적이고도 신학적인 입문서로 이 책을 추천한다.

폴 데이비스, 세계 복음화를 위한 침례교 연합 회장

과연 『열방을 향해 가라』만큼 현대 선교에 광범위한 영향을 준 책이 있을까? 선교에 관한 이야기를 이보다 잘 풀어간 책이 있을까? 존 파이퍼만큼 현대 선교에 영향을 미친 사람이 있을까? 하지만 그저 선교 교과서의 고전이기 때문에, 혹은 저자의 영향력 때문에 이 책을 읽으라는 것이 아니다. 이 책을 읽으면 누구든 하나님을 귀히 여기고 그분만을 예배하고픈 열망에 사로잡히게 될 것이기 때문이다. 모든 그리스도인은 이 책을 꼭 읽어야 한다.

J. 맥 스타일즈, 메신저 미니스트리즈 대표

박사 과정 시절 선배들에게 선교에 대한 추천 도서 목록을 요청한 적이 있다. 『열방을 향해 가라』는 선배들이 보내 준 목록에 빠짐없이 들어 있었다. 이 책은 그야말로 고전이 되었다. 이 책을 통해 존 파이퍼는 다음과 같은 말을 우리 가슴에 아로새겼다. "그곳에 예배가 없기 때문에 선교가 필요한 것이다. 예배는 선교의 연료요 목표다." 이 책이 처음 출간된 후로 30년이 흘렀다. 부디 이 30주년 기념판을 통해 새로운 세대의 자녀들이 선교에 대한 고귀한 시각을 갖게 되길!

콘라드 음베웨, 카브와타 침례교회 목사, 아프리카 기독대학 설립총장

『열방을 향해 가라』가 그 가치를 제대로 인정받기 시작한 것은 책이 출판되고 시간이 어느 정도 흐른 뒤였다. 지난 30년 동안 여러 교회, 세미나, 선교사들은 이 책에 의지해 대위임령에 대한 신학적 기초를 확인했다. 예배를 선교의 중심에 둘 때 선교의 동기와 목표는 제자리를 찾으며 성경의 하나님이 비로소 존귀히 여김을 받으신다. 존 파이퍼가 이 책을 통해 각 교회에 나눈 축복은 이제 곧 땅끝까지 다다를 것이다. 만왕의 왕께서 앞으로의 30년도 이 책을 사용하셔서 놀라운 일을 행하실 것이다.
브룩스 부저, 라디우스 국제훈련원 원장

이 책은 하나님을 영화롭게 하고, 많은 그리스도인들의 세계관 주변부에 자리한 선교를 중심부로 옮겨 가도록 돕는데, 이는 아주 성경적이다. 하나님의 나라가 확장되도록 독려하고 참된 예배자들이 늘어나게 하는 책이다.
패트릭 존스톤, 『세계기도정보』 저자

존 파이퍼는 우리가 하나님 안에서 가장 만족할 때 하나님이 가장 큰 영광을 받으신다는 것을 우리에게 다시 한 번 일깨운다.
엘리자베스 엘리엇, 『전능자의 그늘』 저자

이 세대를 위한 선교에 있어 가장 중요한 책이다. 존 파이퍼는 열방 가운데 영광 받으시려는 하나님의 갈망에 선교의 가치를 둔다.
알버트 몰러, 남침례신학교 총장

참되고 살아 계신 하나님을 향해 우리의 얼굴과 마음을 돌이키는 일을 존 파이퍼보다 탁월하게 해낸 사람은 없다. 그는 전 세계에 흩어져 있는 잃어버린 자들을 향한 하나님의 열정을 직시하라고 도전한다.
조셉 스토웰, 무디신학교 학장

내게 선교에 관한 단 한 권의 책을 고르라면, 바로 이 책이 될 것이다. 그리스도를 위해 땅끝까지 나아가는 사명에 대한 고귀한 동기를 회복하고픈 마음이 있다면 바로 이 책을 읽으라.
두안 리트핀, 전 휘튼대학교 학장

열방을 향해 가라

30TH ANNIVERSARY EDITION

LET *the* NATIONS *Be* GLAD!

THE SUPREMACY OF GOD
IN MISSIONS

JOHN PIPER

출간 30주년 개정증보판

열방을 향해 가라

존 파이퍼 지음 • 김대영, 김보람 옮김

좋은씨앗

하나님의 하나님 되심을 위해
함께 예배하고 기도하고 고난 받은
소중한 동역자 톰 스텔러에게

차례

머리말: 끊임없이 하나님만 높이라   11
감사의 말   15

1부 목적, 능력, 그리고 대가

1장 선교, 왜 필요한가   21
2장 기도, 선교를 위한 전략 무기   75
3장 선교에 고난이 따르는 이유   123

2부 선교 과업의 필요성과 본질

4장 그리스도는 구원의 필수 요건인가   195
5장 열방 가운데 하나님의 하나님 되심   269

3부 영혼을 향한 긍휼과 예배

6장 하나님의 하나님 되심에 대한 열정과 영혼을 향한 긍휼   353
7장 예배의 내적 단순성과 외적 자유   373

4부 복음의 전 지구적 이동과 전시 생활

8장 복음의 변동이 아닌 복음의 이동   405

결론: 우리의 예배와 선교의 최종 목적   437
후기: 가든 보내든 오직 하나님의 영광을 위하여   447

미주   453

머리말

끊임없이 하나님만 높이라

『열방을 향해 가라』 30주년 기념 개정증보판에 담긴 소망과 기도는 처음과 동일하다. 모든 사람, 교회, 선교 단체, 사회 기관들이 하나님 중심으로, 그리스도를 높이며, 성령의 능력을 힘입고, 하나님 안에서 만족하며, 성경에 깊이 천착하고, 선교 사역을 역동적으로 행하고, 영혼을 구원하며, 강건한 교회를 세우는 것이다. 이 책을 통해 나는 인생의 사명을 부분적이나마 이루었다. 내 인생의 사명은 예수 그리스도를 통해 모든 사람이 기쁨을 누릴 수 있도록 만유 가운데 으뜸이 되시는 하나님에 대한 열정을 나누는 것이다.

존 스토트가 쓴 글을 읽을 때마다 내 마음은 벅차오른다.

선교를 일으키는 동기의 최고봉은 대위임령에 순종하는 것(물론 이는 중요하다)도, 소외되거나 죽어 가는 죄인들을 사랑하는 것(특히 하나님의 진노를 묵상할 때, 이는 매우 강한 동기로 작용한다)도 아니다. 선교 운동의 최고봉은 바로 예수 그리스도의 영광을 (타오르는 열정으로) 갈망하는 것이다.…오직 하나의 나라, 곧 그리스도의 나라…주 예수 그리스도 그분의 나라와 그 왕국의 영광을 앙망하는 것이다.[1]

스토트의 말처럼, 모든 목회자와 성도와 학자와 선교사들이 "주 예수 그리스도를 향한 생각"에 온통 사로잡히는 날이 속히 오기를 간절히 바란다.

하나님을 중심으로, 그리스도만을 높이며, 선교적 사명에 이끌리는 사람들은 어디서 탄생하는가? 그런 사람들은, 하나님의 사랑에 흠뻑 빠져 있으며 그리스도에게 몰두해 있고 말씀으로 숨 쉬는 가정과 교회와 학교와 선교 단체에서 나온다. 이 책이 그런 공동체를 만드는 데 일조하기를 바란다.

하나님께 사로잡히고 그리스도를 귀히 여기며 모든 것을 견디는 사랑이 있다. 이 사랑은 그 심령 속에 그리고 예수님을 섬기는 삶에서 날마다 하나님의 충만하심을 추구한다. 그런 사랑은 인류애나 방법론, 심지어는 신학 자체에 몰두하지 않는다. 오직 하나님께만 몰두한다. 그런 사랑은 시편 기자와 함께 이렇게 외친다. "하나님이여 민족들이 주를 찬송하게 하시며 모든 민족들이 주를 찬송하게 하소서 온 백성은 기쁘고 즐겁게 노래할지니"(시 67:3-4). "찬송하라 하나님을 찬송하라 찬송하라 우리 왕을 찬송하라 하나님은 온 땅의 왕이심이라"(시 47:6-7).

여기에는 하나님만을 높이고 그리스도를 찬양하려는 특심한 마음이 어려 있다. 인류학에서든 방법론에서든 신학 속에서든, 이 마음은 끊임없이 하나님을 드러내며 언제나 삼위일체 하나님을 높이는 방향으로 나아간다. 하나님을 무시하거나 경홀히 여기는 모든 계획, 설교 혹은 태도와 타협하지 않는다. 대신 그 마음은 이렇게 고백한다.

온 땅을 뒤흔드는 모든 놀라운 능력은 주 예수 그리스도로 인해 퍼져 나간다. 그분은 오늘도 통치하시며 온 우주를 다스리신다. 그분만이 궁극의 근원이시다. 인류의 모든 죄와 사탄의 계략조차 마지막에는 우리 구주의 영광과 나라를 높이게 될 것이다. 이것은 오늘날 우리가 살아가는 세상에서도 마찬가지다. 전쟁, 기근, 지진 또는 겉으로는 악이 득세하는 것처럼 보이는 이 세상에서도 이는 변함없는 사실이다.

하나님의 모든 일하심은 공의로우며 사랑으로 가득하다. 우리는 원수를 너무 의식한 나머지, 중간 과정에 불과한 이 영적 전투를 지나치게 과장할 위험이 있다. 그러는 대신 더욱 하나님을 의식해야 한다. 그래야만 우리에게 원수의 모든 능력을 제압할 권세가 있음을 알고 믿음으로 기뻐할 수 있다(눅 10:19).

우리의 원수는 어린양이 죽임당했던 갈보리 언덕에서 이미 지배력을 상실했다. 이런 확신과 평안이야말로, 우리가 혼란과 영적 필요로 가득한 이 세상을 마주할 때 가질 수 있는 가장 큰 힘이다.[2]

그렇다. 이런 사실을 선포하려는 교수와 설교자, 선교 단체 간사들과 신학교 학장들은 날로 많아지고 있다. 나도 그들과 같이 되고 싶다. 독자들의 심령 속에 하나님을 향한 열정을 불어넣어 주고 싶다. 이 책을 샅샅이 뒤져 그런 열정을 느끼고 숨 쉬게 되기를 바란다. 절대로 이 책을 한 번에 대강 읽지 말라.

한 가지 분명히 해야 할 사실이 있다. 이 책은 단순히 선교사들을 위한 책이 아니다. 연약하며 유한하고 한 지역에 국한되어 있는 일꾼들을 하나님의 무한하고 영원하며 전 지구적인 목적과 연합시키기 원하는 나 같은 목회자들을 위한 책이다. 또한 세계를 품은 그리스도인이 되기 위해 선교에 대한 통계 자료를 얻는 것 이상의 더 큰 동기를 얻고 싶은 그리스도인들을 위한 책이다. 선교학에 대해 인류학적으로나 방법론적으로, 또는 기술적으로 접근하는 것뿐 아니라 정말 신학적으로 접근하기를 원하는 대학이나 신학대학원의 강단을 위한 책이다. 아울러 이 책은 "모든 것 가운데서 오직 하나님만이 최고의 하나님이 되신다"는 진리에 초점을 맞춤으로 자신의 꺼져 가는 소명의 빛을 다시금 뜨겁게 되살리고자 하는 지도자들을 위한 책이다.

내가 기도하고 바라는 바는 하나님이 긍휼을 베푸셔서 나의 수고가 열매를 맺고 '그리스도께서 다스리시는 나라'가 온전히 임하는 것이다. 세계를 품은 그리스도인들이 일어나 열방이 예수 그리스도를 통해 하나님의 영광을 기뻐하게 하는 일에 자신의 삶을 기쁘게 드리기를 소망한다.

감사의 말

『열방을 향해 가라』 30주년 기념판을 내면서 나는 나를 구원하실 뿐 아니라 중단될 수 없는 세계 선교 사역에 조금이나마 나를 사용해 주신 하나님의 은혜에 감사드린다. 내가 이 사실을 은혜로 여기는 것은 내가 선교사로 섬긴 적이 없기 때문이다. 나는 33년 동안 지역 교회 목회자로 섬겼을 뿐이다. 그리고 이제는 〈디자이어링갓(DesiringGod)〉에서 성경을 가르친다. 선교의 대의를 위해 선교사로 섬긴 적 없는 자가 쓴 책이 사용되어야 할 이유가 무엇이 있겠는가? 이것이 내게는 그저 은혜일 뿐이다.

다음으로 내가 감사하는 것은 바로 성경이다. 내가 생각하기로 하나님이 30년 동안 이 책을 사용하신 것은 이 책이 성경으로 흠뻑 물들어 있기 때문이다. 나는 "성경에 흠뻑 물들다"라는 표현을 좋아한다. 성경에 기초한 책(이나 설교)과 성경으로 흠뻑 물든 책(이나 설교) 사이에는 차이가 있다. 두 경우 모두 성경에 기초하려 노력한다. 그러나 그 책이 성경에 기초해 있음을 보이려 끊임없이 노력하는 사람의 책은 성경에 흠뻑 물들게 된다. 내 안에는 어떠한 지혜나 권위도 없기에 이 책은 성경에 흠뻑 물들고 전적으로 하나님을 향하고 있다는 점에서 유용하다. 그렇기에 나는 하나님이 영감을 불어 넣으신 성경을 갖고 있음에 감사드린다.

이 책이 처음 출간된 이후 30년 동안 나를 지지하는 여러 동역자들이 곁에 있었음에도 감사드린다. 먼저 베들레헴 교회가 떠오른다. 그들은 내가 집필하느라 시간을 전용하는 것을 못마땅하게 여긴 적이 없다. 다음으로 〈디자이어링갓〉이 있다. 이 팀은 하나님의 영광을 흠모하며 열방을 향한 시선을 품은 채 내가 이 책을 집필하는 동안 기대심을 품고 도움을 아끼지 않았다.

이 책의 30주년 증보판 출간에 열심을 낸 베이커 아카데믹 출판사에도 감사드린다. 이는 결코 당연한 일이 아니다. 이런 전문도서는 수익성과는 한참 거리가 멀지 않은가.

40년 넘게 세상이 알 수 없는 방식으로 나와 동역하며 우정을 나눠 준 톰 스텔러에게 감사를 전한다. 우리는 처음 베들레헴 교회에서 만나 베들레헴 신학대학에서 세계를 향한 비전을 함께 키웠다. 나는 이 책을 톰에게 헌정했으며 그는 머리말을 써 주었다. 톰은 내가 만난 훌륭한 성경 해석학자 중 한 사람이다. 또한 그는 유능한 지역 교회 선교 동원가다. 이제 그는 은퇴하여 카메룬 신학교육원에서 국제 지도자들을 양성하고 있으며, 베들레헴 신학대학에서 성경 및 세계 연구 부교수로 섬기고 있다. 나와 하나님의 선교에 얼마나 큰 선물인지 모른다!

마지막으로 나의 아내, 노엘에게 감사를 전한다. 우리가 서로를 안 지 55년이 흘렀다. 처음으로 데이트를 한 1966년 6월 6일을 잊을 수가 없다. "누가 유능한 아내를 맞겠느냐 그 값은 진주보다 더 뛰어나다"(잠 31:10, 새번역). 다섯 아이 모두 출가하고 이제 우리 둘만 남았다. 심지어 키우던 강아지마저 세상을 떠났다. 하지만 우리 둘은 외롭지 않다. 말로 형용할 수 없을 만큼 귀한 그리스도의 몸이 있기 때문이다. 그리고 먼저 경주를 마치고 사이드라인 밖에 서서 우리를 격려하는 구름같이 허다한 증인들이 있다. 그들은 모든 족속과 언어와 종족과 민족 출신이다. 이 다채롭고 아름다운 무리는 점점 성장하고 있다. 우리가 이 무리에 들어가기까지 주께서 우리를 신실하게 붙드시길!

1부

목적, 능력, 그리고 대가

1

선교, 왜 필요한가

선교는 교회의 궁극적인 목표가 아니다. 예배가 교회의 궁극적인 목표가 되어야 한다. 그곳에 예배가 없기 때문에 선교가 필요할 뿐이다. 궁극적인 목표가 선교가 아니라 예배인 이유는, 궁극적인 존재는 사람이 아니라 하나님이시기 때문이다. 이 세대가 끝나고 구속함을 받은 수많은 이들이 하나님의 보좌 앞에서 머리를 조아리게 될 때 선교는 더 이상 남아 있지 않을 것이다. 선교는 일시적으로 필요할 뿐이다. 그러나 예배는 영원히 남는다.[1]

예배는 선교의 연료이자 목표가 된다. 예배가 선교의 목표가 되는 이유는, 선교에서 우리가 오로지 하나님의 영광을 높이는 일에 열방을 이끌겠다는 목표를 가지기 때문이다. 그러므로 선교의 목표는 열방이 하나님의 위대하심을 보고 기뻐하게 하는 것이다. "여호와께서 다스리시나니 땅은 즐거워하며 허다한 섬은 기뻐할지어다"(시 97:1). "하나님이여 민족들이 주를 찬송하게 하시며 모든 민족들이 주를 찬송하게 하소서 온 백성은 기쁘고 즐겁게 노래할지니"(시 67:3-4).

예배는 또한 선교의 연료가 된다. 예배드릴 때 하나님을 향한 뜨거움이 있어야 우리는 하나님을 믿으라고도 선포할 수 있다. 귀하지 않은 것을 좋다고 내세울 수 없기 때문이다. "나는 여호와로 말미암아 즐거워하리로다…내가 주를 기뻐하고 즐거워하며 지존하신 주의 이름을 찬송하리니"(시 104:34, 9:2)라고 진정 마음으로 말할 수 없는 선교사는 "열방이여 기뻐하라!"고 선포할 수 없다. 선교는 예배로 시작하여 예배로 끝나야 한다.

하나님의 영광을 추구하는 것이 사람의 유익을 구하는 것보다 마음의 열심과 교회의 우선순위에서 앞서지 않는다면, 사람은 제대로 섬김을 받지 못할 뿐 아니라 하나님도 합당한 영광을 받지 못하실 것이다. 선교를 줄이자고 하소연하는 것이 아니다. 하나님을 높이자는 말이다. 예배의 불꽃이 하나님의 참 가치라는 열기로 타오르게 될 때 선교의 빛은 땅끝의 가장 외진 곳까지 비추게 될 것이다. 나는 그날이 오기를 간절히 고대한다!

하나님을 향한 열정이 미약한 곳은 선교에 대한 열심도 미약하기 마련이다. 하나님의 위엄과 아름다움을 높이는 데 열심을 기울이지 않는 교회는 "그의 영광을…만민 가운데에 선포하려는"(시 96:3) 열망도 시들한 경우가 많다. 우리가 열방을 하나님께로 이끈다고 거창하게 주장하면서 정작 하나님과의 관계가 미지근하다면 교회 밖의 사람들조차 그 확연한 괴리감을 인지할 것이다.

알버트 아인슈타인의 비판

예를 들어, 일반 상대성 이론 전문가인 과학자 찰스 미스너(Charles Misner)는, 교회에 대해 회의적인 태도를 보였던 알버트 아인슈타인의 말이 우리가 예배를 통해 하나님을 얼마나 피상적으로 경험하는지 일깨워 준다고 밝힌다.

> 우주의 설계는 너무나 놀랍기에…그것을 보고도 당연하다는 식의 반응이 나와서는 안 된다. 사실 나는 바로 그 때문에 아인슈타인이 제도화된 종교를 그토록 쓸모없게 여겼다고 믿는다. 내가 생각하기에 아인슈타인은 근본적으로 무척 종교적인 사람이었는데도 말이다. 그는 설교자들이 하나님에 대해 말하는 것을 보고 그들이 하나님을 모독하고 있다고 느낀 것이 분명하다. 설교자들이 상상조차 할 수 없던 것들을 경험한 그에게는 설교자들이 진리를 선포하지 못하고 있는 것처럼 보였을 것이다. 추측하건대 그는 자신이 접해 본 종교들이야말로 우주의 창조자를 제대로 공경하지 않는다고 느꼈을 것이다.[2]

우리의 종교가 오히려 하나님을 모독한다는 그의 비난 이면에는 우리의 예배 시간에 하나님이 정말 어떤 분이신지가 드러나지 않는다는 비판이 숨어 있다. 하나님께 예배는 드리면서 자기도 모르게 하나님을 하찮게 여기는 것이다. 하나님이 만드신 것, 그러니까 온 우주를 만드신 분의 무한한 위대하심은 차치하더라도, 그 만드신 것들 속에 담긴 말할 수 없는 장엄함을 목격하고서 정신이 아득해진 사람들에게, 주일 아침이면 어김없이 제공되는 실용적인 '…하는 법'이나 심리학적인 위안 또는 대인 관계 치료법이나 전략적 단계 같은 메시지는 (말할 수 없이 위대하신 하나님이라는) 실체와는 확연히 동떨어진 것처럼 보인다.

하나님을 섬기려고 애쓰다가 초점이 흐트러지기도 한다. 마르다처럼 우리는 정말 필요한 것은 밀쳐 둔 채 하나님을 우리와 별 차이 없는 바쁘고 조바심을 내는 분으로 투영해 버리는 것이다. A. W. 토저(Tozer)는 이렇게 경고한다.

> 우리는 흔히 하나님을 분주하고 간절하며 다소 좌절한 아버지로 묘사한다. 세상에 평화와 구원을 가져다주려는 자신의 자비로운 계획을 실행하는 데 도움을 얻으려고 이리저리 돌아다니는 분 정도로 그린다.…너무나 많은 선교적 호소가, 전능하신 하나님의 좌절이라는 이 같은 상상에 근거하고 있다.[3]

과학자들은 빛이 1년에 약 9조 4,600억 킬로미터(1광년)의 거리를 간다고 말한다. 그리고 태양계가 속해 있는 은하계의 직경이 약 10만 광년이라고 말한다. 우리 은하계는 우주에 존재하는 수십 억 개의 은하계 중 하나다. 아니, 누군가는 200억 개의 은하계가 있다고, 또 다른 누군가는 2조 개가 있다고 말한다.[4] 우리 은하계에는 약 2천억 개의 별이 있다. 태양은 그중 하나로 표면이 섭씨 6,000도로 불타고 초당 약 250킬로미터로 공전하는 그저 그런 별이다. 이는 은하를 한 번 공전하는 데 약 2억5천만 년이 걸린다는 뜻이다.

과학자들은 이 사실을 잘 알고 있으며, 여기에 경탄을 금하지 못한다. 그리고 그들은 "그리스도인들이 말하는, 이 우주를 말씀으로 창조하신 하나님이 실제로 있다면, 그분에 대해 말하고 예배할 때 끝없는 공경과 경외심과 경탄과 두려움이 우러나야 마땅할 것"이라고 말한다.

성경을 믿는 우리는 과학자들보다 이것을 훨씬 더 잘 이해할 수 있다. 왜냐하면 더욱더 놀라운 것을 들었기 때문이다.

거룩하신 이가 이르시되 그런즉 너희가 나를 누구에게 비교하여 나를 그와 동등하게 하겠느냐 하시니라 너희는 눈을 높이 들어 누가 이 모든 것을 창조하였나 보라 주께서는 수효대로 만상을 이끌어 내시고 그들의 모든 이름을 부르시나니 그의 권세가 크고 그의 능력이 강하므로 하나도 빠짐이 없느니라(사 40:25-26).

우주의 수십억 개의 별 하나하나가 모두 하나님의 구체적인 계획에 따라 그 자리에 있다. 하나님은 별들이 몇 개인지 아신다. 그리고 가장 놀라운 것은 하나님이 그 별들의 이름을 아신다는 것이다. 그 별들은 하나님의 대리자로 그분의 명령을 수행한다.

우리가 하늘의 이 장엄함의 무게를 느끼더라도 그것은 고작 그분의 옷자락을 스친 것에 불과하다. "보라 이런 것들은 그의 행사의 단편일 뿐이요 우리가 그에게서 들은 것도 속삭이는 소리일 뿐이니"(욥 26:14). 그렇기 때문에 우리는 "하나님이여 주는 하늘 위에 높이 들리시며"(시 57:5)라고 외친다. 하나님은 우주에 존재하는 모든 이가 반드시 마주해야 하는 절대적 실체시다. 모든 것이 절대적으로 그분의 뜻에 달려 있다. 다른 모든 실체들은 그분과 비교하면 빗방울이 대양과 비교되는 것과 같고, 작은 개미 언덕이 에베레스트 산과 비교되는 것과 같다. 그분을 무시하거나 하찮게 여기는 것은 어처구니없는 짓이며, 스스로를 파멸로 몰아넣는 어리석은 처신이다. 이 위대하신 하나님 앞에서 기쁨과 경이로움으로 떨며 경외한 적이 없는 사람이 어떻게 그분의 대사가 될 수 있겠는가?

세상에서 두 번째로 위대한 활동

선교에서 가장 중요한 문제는, 교회 생활에서 하나님이 과연 중심이 되시는가 하는 것이다. 하나님의 위대하심 때문에 놀라지 않는다면 어떻게 "여호와는 위대하시니 지극히 찬양할 것이요 모든 신들보다 경외할 것임이여"(시 96:4)라는 메시지를 안고 선교지로 파송될 수 있겠는가?

 선교는 처음이나 마지막이 아니다. 하나님이 처음이요 마지막이시다. 그리고 이것은 그저 단순한 말이 아니다. 이 진리는 선교의 동력이자 인내하게 하는 생명줄이다. 1793년 영국을 떠나 인도로 간 현대 선교의 아버지 윌리엄 캐리(William Carey)는 이 연관성을 이렇게 표현하고 있다.

내가 영국을 떠날 때, 인도가 회심할 것이라는 나의 소망은 매우 강했다. 그러나 어찌나 장애물이 많았던지 하나님이 붙들어 주시지 않으셨다면 분명 사그라들었을 것이다. 그렇다. 나에게는 하나님이 계시고 그분의 말씀은 진실하다. 비록 이교도의 미신이 지금보다 천 배나 더 강하고, 유럽인들의 본보기가 천 배나 더 나쁘다 하더라도, 또한 비록 내가 모두에게 버림을 받고 핍박을 받는다 하더라도, 확고한 하나님의 말씀에 뿌리 박은 나의 믿음은 모든 장애물을 뛰어넘고 모든 환난을 극복할 것이다. 하나님의 목적은 반드시 승리할 것이다.[5]

윌리엄 캐리와 또 그와 같은 수천의 사람들은 위대하고 승리하시는 하나님을 향한 비전에 감동을 받고 이끌렸다. 반드시 이 비전이 먼저다. 예배에서 이 비전을 경험한 다음, 선교에서 이를 전파하는 것이다. 모든 역사는 한 가지 큰 목표를 향해 가고 있으며, 그것은 모든 열방이 하나님과 그 아들을 뜨겁게 예배하는 것이다. 선교는 목표가 아니라 수단이다. 그리고 그 이유 때문에 선교는 이 땅에서 인간이 수행하는 두 번째로 위대한 활동이 된다.

자기를 향한 하나님의 열정은
하나님을 향한 우리 열정의 토대다

이 진리를 개인과 교회가 굳게 붙들게 하기 위해 하나님이 사용하시는 방법이 있다. 그것은 이 진리가 하나님 자신에게도 적용된다는 놀라운 깨달음을 주시는 것이다. 선교는 하나님의 궁극적인 목표가 아니며, 예배가 그렇다. 이것이 사람의 마음에 깊이 새겨질 때 모든 것이 변한다. 흔히 세상이 180도 바뀐다는 말이 바로 이것이다. 그럴 때 선교 사역까지 포함하여 모든 것이 다르게 보인다.

하나님이 영광을 받으시는 것을 보고자 하는 우리 열정의 궁극적인 토대는, 하나님 스스로도 자신이 영광 받기를 열망하신다는 데 있다. 하나님은 하나님 자신이 자기 열정의 중심이요, 최고의 목표시다. 자신의 영광을 최고로 여기는 그 한 가지가 하나님 마음의 중심에 자리하고 있다. 그렇기에 하나님은 우상을 섬기지 않으신다. 하나님은 크고 첫째 되는 계명을 어기지 않으신다. 모든 면에서 완벽한 자신의 영광을 마음을 다하고 뜻을 다하고 힘을 다하여 추구하기를 기뻐하신다.[6] 온 우주에서 하나님을 향해 가장 뜨겁게 불타는 마음은 바로 하나님의 마음이다.

이 사실은 내가 알고 있는 다른 어떤 것보다도 예배가 선교의 연료요 목표라는 확신을 견고하게 해준다. 하나님을 향한 우리의 열정이 선교의 연료가 되어야 하는 가장 근본적인 이유는, 무엇보다 하나님을 향한 하나님 자신의 열정이 선교의 연료가 되기 때문이다. 선교는 그 하나님으로 인한 우리의 기쁨이 넘쳐흐르는 것이다. 왜냐하면 선교는 하나님이 자신의 하나님 되심을 기뻐하심으로 그 기쁨이 넘쳐흐르는 것이기 때문이다.

그리고 예배가 선교의 목표가 되어야 하는 가장 근본적인 이유는, 예배가 하나님의 목표이기 때문이다. 우리는 하나님이 열방 중에서 찬양 받기를 줄기차게 추구하신다는 성경의 기록에서 이것이 사실임을 확인할 수 있다. "너희 모든 나라들아 여호와를 찬양하며 너희 모든 백성들아 그를 찬송할지어다"(시 117:1). 이것이 하나님의 목표라면 반드시 우리의 목표도 되어야 한다.

하나님의 제일 되는 목적은
자신을 영화롭게 하고 자신을 영원토록 즐거워하는 것

하나님의 마음에서 하나님 자신이 최고의 자리를 차지한다고 설교하며 가르치던 세월 동안, 나는 이 진리가 대부분의 사람에게는 처음 보는 신기한 과일처럼 느껴진다는 것을 확인할 수 있었다. 그 낯선 경험을 극복한 사람들은 이것이 지구상에서 가장 맛있는 과일이라는 것을 발견하게 된다. 나는 이 진리를 다른 글에서 긴 논증을 통해 해설한 바 있다.[7] 그러므로 여기서는 성경적인 근거만 간략하게 살펴보겠다. 내가 주장하는 것은, 웨스트민스터 소요리문답의 첫 질문에 대한 답이 사람에 대해 물었을 때나 하나님께 대해 물었을 때나 같다는 것이다.

질문: 사람의 제일 되는 목적은 무엇인가?
답: 사람의 제일 되는 목적은 하나님을 영화롭게 하고 영원토록 그분을 즐거워하는 것이다.
질문: 하나님의 제일 되는 목적은 무엇인가?
답: 하나님의 제일 되는 목적은 하나님을 영화롭게 하고 영원토록 자신을 즐거워하는 것이다.

이것을 간단히 요약하면, 하나님이 의로우시다는 것이다. 의(righteousness)의 반대편에는 참 가치가 없거나 보상이 되지 않을 일을 가치 있게 여기고 즐거워하는 것이 있다. 바로 이런 이유 때문에 로마서 1장 18절에서 사람들이 불의하다고 말하는 것이다. 그들은 하나님의 가치라는 진리를 억누르고 하나님이 만드신 피조물로 하나님을 바꿔 버렸다. 그래서 하나님을 하찮게 여기고 그분의 가치를 부인한다. 의는 정확히 그 반대편에 자리한다. 의는 있는 그대로의 가치를 인정하고 합당하게 예우하며 그 가치를 제대로 향유한다. 데살로니가후서 2장 10절에 나오는 불의한 자들은 진리를 인정하지도, 사랑하지도 않았기에 멸망에 처한다. 그러므로 의인은 진리를 기꺼이 사랑으로 끌어안는 사람이다. 의는 참으로 가치 있는 것을 인정하고 기꺼이 끌어안으며 사랑하고 지지한다.

하나님은 의로우시다. 이것은 하나님이 무한히 가치 있는 것, 즉 자신의 가치를 무한한 질투와 열정으로 인정하고 끌어안으며 사랑하고 지지하신다는 뜻이다. 하나님의 의로우신 열정과 기쁨은 무한히 가치 있는 자신의 영광을 나타내고 지지하는 데 있다. 이것은 애매모호한 신학적 추론이 아니다. 하나님이 태초부터 세상 끝날까지 끊임없이 찬양과 영광을 받기 원하신다는 것을 보여 주는 많은 성경 구절에서 필연적으로 도출된 진리다.

하나님이 자기의 영광을 열정적으로 추구하신다는 진리를 이사야 48장 9-11절보다 더 명확하고 직설적으로 보여 주는 구절은 없다.

내 이름을 위하여 내가 노하기를 더디 할 것이며 내 영광을 위하여 내가 참고 너를 멸절하지 아니하리라 보라 내가 너를 연단하였으나 은처럼 하지 아니하고 너를 고난의 풀무 불에서 택하였노라 나는 나를 위하며 나를 위하여 이를 이룰 것이라 어찌 내 이름을 욕되게 하리요 내 영광을 다른 자에게 주지 아니하리라.

많은 사람에게 이 말씀이 세상을 인간 중심으로 바라보던 시각에 가해지는 여섯 번의 커다란 망치질처럼 다가가는 것을 나는 지켜보아 왔다.

내 이름을 위하여
내 영광을 위하여
나를 위하며
나를 위하여
어찌 내 이름을 욕되게 하리요
내 영광을 다른 자에게 주지 아니하리라.

이 말씀이 우리로 하여금 충격적으로 깨닫게 하는 진리는, 하나님이 뜨겁게 사랑하시는 것들 한가운데 바로 하나님이 계시다는 것이다. 하나님이 영광 받기를 가장 열렬히 바라는 마음은 다름 아닌 하나님의 마음이다. 하나님의 궁극적인 목표는 자기 이름의 영광을 높이고 나타내는 것이다.

하나님이 자기 영광을 얼마나 구하시는지
보여 주는 성경 본문들

하나님은 자기 영광을 위해 자기 백성을 택하셨다.

> 곧 창세전에 그리스도 안에서 우리를 택하사 우리로 사랑 안에서 그 앞에 거룩하고 흠이 없게 하시려고 그 기쁘신 뜻대로 우리를 예정하사 예수 그리스도로 말미암아 자기의 아들들이 되게 하셨으니 이는 그가 사랑하시는 자 안에서 우리에게 거저 주시는 바 그의 은혜의 영광을 찬송하게 하려는 것이라(엡 1:4-6, 12, 14 참조).

하나님은 자기 영광을 위해 우리를 창조하셨다.

> 내 아들들을 먼 곳에서 이끌며 내 딸들을 땅 끝에서 오게 하며 내 이름으로 불려지는 모든 자 곧 내가 내 영광을 위하여 창조한 자를 오게 하라 그를 내가 지었고 그를 내가 만들었느니라(사 43:6-7).

하나님은 자기 영광을 위해 이스라엘을 부르셨다.

> 너는 나의 종이요 내 영광을 네 속에 나타낼 이스라엘이라(사 49:3).

> 여호와의 말씀이니라 띠가 사람의 허리에 속함같이 내가 이스라엘 온 집과 유다 온 집으로 내게 속하게 하여 그들로 내 백성이 되게 하며 내

이름과 명예와 영광이 되게 하려 하였으나 그들이 듣지 아니하였느니라 (렘 13:11).

하나님은 자기 영광을 위해 이스라엘을 애굽에서 건져 내셨다.

우리의 조상들이 애굽에 있을 때 주의 기이한 일들을 깨닫지 못하며 주의 크신 인자를 기억하지 아니하고 바다 곧 홍해에서 거역하였나이다 그러나 여호와께서는 자기의 이름을 위하여 그들을 구원하셨으니 그의 큰 권능을 만인이 알게 하려 하심이로다(시 106:7-8).

하나님은 자기 능력을 보여 주고 자기 이름을 영화롭게 하기 위해 바로를 세우셨다.

성경이 바로에게 이르시되 내가 이 일을 위하여 너를 세웠으니 곧 너로 말미암아 내 능력을 보이고 내 이름이 온 땅에 전파되게 하려 함이라 하셨으니(롬 9:17).

하나님은 자기 영광을 보여 주기 위해 홍해에서 바로를 물리치셨다.

내가 바로의 마음을 완악하게 한즉 바로가 그들의 뒤를 따르리니 내가 그와 그의 온 군대로 말미암아 영광을 얻어 애굽 사람들이 나를 여호와인 줄 알게 하리라…내가 바로와 그의 병거와 마병으로 말미암아 영광을 얻을 때에야 애굽 사람들이 나를 여호와인 줄 알리라(출 14:4, 18, 17절 참조).

하나님은 자기 이름의 영광을 위해 이스라엘을 광야에서 살려 주셨다.

내가 내 이름을 위하여 달리 행하였었나니 내가 그들을 인도하여 내는 것을 본 나라들 앞에서 내 이름을 더럽히지 아니하려 하였음이로라(겔 20:14).

하나님은 자기 이름의 영광을 위해 가나안에서 이스라엘에게 승리를 안겨 주셨다.

땅의 어느 한 나라가 주의 백성 이스라엘과 같으리이까 하나님이 가서 구속하사 자기 백성으로 삼아 주의 명성을 내시며 그들을 위하여 큰 일을, 주의 땅을 위하여 두려운 일을 애굽과 많은 나라들과 그의 신들에게서 구속하신 백성 앞에서 행하셨사오며(삼하 7:23).

하나님은 자기 이름의 영광을 위해 자기 백성을 내치지 않으셨다.

두려워하지 말라 너희가 과연 이 모든 악을 행하였으나 여호와를 따르는 데에서 돌아서지 말고…여호와께서는 그의 크신 이름을 위해서라도 자기 백성을 버리지 아니하실 것이요(삼상 12:20-22).

하나님은 자기 이름의 영광을 위해 예루살렘을 공격에서 구해 주셨다.

내가 나와 나의 종 다윗을 위하여 이 성을 보호하여 구원하리라(왕하 19:34, 20:6 참조).

하나님은 자기 이름의 영광을 위해 이스라엘을 붙잡혀 간 곳에서 회복시키셨다.

그러므로 너는 이스라엘 족속에게 이르기를 주 여호와께서 이같이 말씀하시기를 이스라엘 족속아 내가 이렇게 행함은 너희를 위함이 아니요 너희가 들어간 그 여러 나라에서 더럽힌 나의 거룩한 이름을 위함이라…곧 너희가 그들 가운데에서 더럽힌 나의 큰 이름을 내가 거룩하게 할지라…내가 여호와인 줄을 여러 나라 사람이 알리라(겔 36:22-23, 32 참조).

예수님은 하시는 모든 일에서 아버지의 영광을 구하셨다.

스스로 말하는 자는 자기 영광만 구하되 보내신 이의 영광을 구하는 자는 참되니 그 속에 불의가 없느니라(요 7:18).

예수님은 우리에게 선한 일을 행함으로써 하나님이 영광을 받으시도록 하라고 말씀하셨다.

이같이 너희 빛이 사람 앞에 비치게 하여 그들로 너희 착한 행실을 보고 하늘에 계신 너희 아버지께 영광을 돌리게 하라(마 5:16, 벧전 2:12 참조).

예수님은 하나님의 영광을 구하지 않고서 믿음은 불가능하다고 경고하셨다.

너희가 서로 영광을 취하고 유일하신 하나님께로부터 오는 영광은 구하지 아니하니 어찌 나를 믿을 수 있느냐(요 5:44).

예수님은 자신이 기도에 응답하는 것은 하나님이 영광을 얻게 하시기 위함이라고 말씀하셨다.

너희가 내 이름으로 무엇을 구하든지 내가 행하리니 이는 아버지로 하여금 아들로 말미암아 영광을 받으시게 하려 함이라(요 14:13).

예수님은 하나님이 영광을 받으시도록 하기 위해 마지막 고난의 시간을 견디셨다.

지금 내 마음이 괴로우니 무슨 말을 하리요 아버지여 나를 구원하여 이때를 면하게 하여 주옵소서 그러나 내가 이를 위하여 이때에 왔나이다 아버지여, 아버지의 이름을 영광스럽게 하옵소서 하시니 이에 하늘에서 소리가 나서 이르되 내가 이미 영광스럽게 하였고 또다시 영광스럽게 하리라(요 12:27-28).

아버지여 때가 이르렀사오니 아들을 영화롭게 하사 아들로 아버지를 영화롭게 하게 하옵소서(요 17:1, 13:31-32 참조).

하나님은 자기가 의로우심을 입증하시기 위해 자기 아들을 내어주셨다.

이 예수를 하나님이 그의 피로써 믿음으로 말미암는 화목제물로 세우셨으니…자기의 의로우심을 나타내려 하심이니 곧 이때에 자기의 의로우심을 나타내사 자기도 의로우시며(롬 3:25-26).

하나님은 자기(의 이름)을 위해 우리 죄를 용서하신다.

나 곧 나는 나를 위하여 네 허물을 도말하는 자니 네 죄를 기억하지 아니하리라(사 43:25).

여호와여 나의 죄악이 크오니 주의 이름으로 말미암아 사하소서(시 25:11).

예수님은 하나님께 영광을 돌리시기 위해 우리를 불러 자기와 교제하게 하신다.

그러므로 그리스도께서 우리를 받아 하나님께 영광을 돌리심과 같이 너희도 서로 받으라(롬 15:7).

성령님은 하나님의 아들의 영광을 나타내는 일을 하신다.

그가 내 영광을 나타내리니 내 것을 가지고 너희에게 알리시겠음이라 (요 16:14).

하나님은 우리에게 모든 것을 하나님의 영광을 위해 하라고 가르치신다.

그런즉 너희가 먹든지 마시든지 무엇을 하든지 다 하나님의 영광을 위하여 하라(고전 10:31, 6:20 참조).

하나님은 우리의 섬김이 하나님께 영광이 되게 하라고 말씀하신다.

만일 누가 말하려면 하나님의 말씀을 하는 것같이 하고 누가 봉사하려면 하나님이 공급하시는 힘으로 하는 것같이 하라 이는 범사에 예수 그리스도로 말미암아 하나님이 영광을 받으시게 하려 함이니 그에게 영광과 권능이 세세에 무궁하도록 있느니라 아멘(벧전 4:11).

예수님은 우리를 의의 열매로 가득하게 하셔서 하나님의 영광이 되게 하실 것이다.

내가 기도하노라…예수 그리스도로 말미암아 의의 열매가 가득하여 하나님의 영광과 찬송이 되게 하시기를 구하노라(빌 1:9, 11).

하나님의 영광을 더럽혔기에 모든 사람은 심판 아래 있다.

스스로 지혜 있다 하나 어리석게 되어 썩어지지 아니하는 하나님의 영광을 썩어질 사람과 새와 짐승과 기어다니는 동물 모양의 우상으로 바꾸었느니라(롬 1:22-23).

모든 사람이 죄를 범하였으매 하나님의 영광에 이르지 못하더니(롬 3:23).

하나님은 헤롯이 하나님께 영광을 돌리지 않아서 그를 쳐서 죽게 하셨다.

헤롯이 영광을 하나님께로 돌리지 아니하므로 주의 사자가 곧 치니 벌레에게 먹혀 죽으니라(행 12:23).

예수님은 하나님의 영광을 위해 다시 오신다.

이런 자들은 주의 얼굴과 그의 힘의 영광을 떠나 영원한 멸망의 형벌을 받으리로다 그날에 그가 강림하사 그의 성도들에게서 영광을 받으시고 모든 믿는 자들에게서 놀랍게 여김을 얻으시리니(살후 1:9-10).

우리를 향한 예수님의 궁극적인 목표는 우리가 그분의 영광을 보고 향유하게 하는 것이다.

아버지여 내게 주신 자도 나 있는 곳에 나와 함께 있어 아버지께서 창세전부터 나를 사랑하시므로 내게 주신 나의 영광을 그들로 보게 하시기를 원하옵나이다(요 17:24).

진노하시는 순간에도 하나님의 목표는 자기 영광의 부요함을 알게 하시는 것이다.

만일 하나님이 그의 진노를 보이시고 그의 능력을 알게 하고자 하사 멸하기로 준비된 진노의 그릇을 오래 참으심으로 관용하시고 또한 영광 받기로 예비하신 바 긍휼의 그릇에 대하여 그 영광의 풍성함을 알게 하고자 하셨을지라도 무슨 말을 하리요(롬 9:22-23).

하나님의 계획은 세상이 하나님의 영광을 아는 지식으로 가득하게 하는 것이다.

이는 물이 바다를 덮음같이 여호와의 영광을 인정하는 것이 세상에 가득함이니라(합 2:14).

모든 일은 결국 하나님께 영광이 될 것이다.

이는 만물이 주에게서 나오고 주로 말미암고 주에게로 돌아감이라 그에게 영광이 세세에 있을지어다 아멘(롬 11:36).

새 예루살렘에서는 하나님의 영광이 해를 대신한다.

그 성은 해나 달의 비침이 쓸 데 없으니 이는 하나님의 영광이 비치고 어린양이 그 등불이 되심이라(계 21:23).

이 모든 말씀을 통해 하나님 자신을 향한 하나님의 열정이 너무나도 분명하게 드러난다. 조나단 에드워즈가 쓴 『하나님의 천지창조 목적』(The Dissertation Concerning the End for Which God Created the World)[8]을 처음으로 읽었을 때 나는 이 사실을 분명히 깨달았다. 이 책에서 에드워즈는 많은 근거와 성경 본문을 제시한 끝에 다음의 진리를 확인해 준다.

하나님께서 하시는 일의 궁극적인 목적은, 성경에 아주 다양하게 표현되어 있지만, 사실은 단 하나로 정리된다. 이 한 가지 목적을 가장 적절하고도 포괄적으로 표현하자면, 하나님의 영광이다.[9]

다시 말해, 하나님의 최고 목적은 하나님을 영화롭게 하고 영원토록 자신을 즐거워하는 것이다.

하나님의 영광을 하찮게 여기는 것과
지옥의 공포

사람의 부패한 마음 상태는 오히려 하나님의 하나님 중심성을 그 어느 것보다 확실하게 드러낸다. 사람은 본성상 하나님을 영화롭게 하려는 마음이 없다. "모든 사람이 죄를 범하였으매 하나님의 영광에 이르지 못하더니"(롬 3:23). 우리는 너무나 악해서, 하나님이 우리의 주권자시며 우리의 모든 충성과 사랑을 받기에 합당하신 분이라는 진리를 억누른다. 그리고 본성상 우리는 영원하신 하나님의 영광을 썩어 없어질 피조물의 형상과 바꿔 버렸다(롬 1:18, 23). 생수의 근원을 버리고 우리를 위하여 물을 전혀 담지 못할 터진 웅덩이를 판 셈이다(렘 2:13).

열방은 "총명이 어두워지고 그들 가운데 있는 무지함과 그들의 마음이 굳어짐으로 말미암아 하나님의 생명에서 떠나"(엡 4:18) 있다. 우리는 모두 허물과 죄로 죽었고 사탄을 따르기에 진노의 자식이었다(엡 2:1-3). 우리의 마지막은 "영원한 형벌"(마 25:46)이요, "주의 힘의 영광을 떠나"(살후 1:9) "둘째 사망 곧 불못"(계 14:11, 20:10, 21:8)에서 끝없는 고통을 받는 것이었다.[10]

무한한 지옥의 공포는 하나님이 자기 영광을 얼마나 무한히 귀하게 여기시는지를 생생하게 보여 주려는 의도가 담겼다. 부패한 인류의 마지막이 무한한 지옥으로 귀결된다는 점에서 하나님의 영광에 이르지 못하는 죄가 얼마나 심각한지를 명백하게 증거한다. 또한 그렇기에 지옥이야말로 하나님의 공의를 드러낸다고 성경은 강조한다. 우리 모두가 하나님의 영광에 이르지 못했다. 열방 가운데 누구도 예외가 없다. 하나님의 영광을 귀하게 여기지 못한 실패로 인한 결과, 예외 없이 모든 사람에게 극형의 유죄가 선고되었다.

이 대목에서 성경이 우리에게 보여 주는 그림은, 무한한 열정으로 자기 이름의 영광을 지키고 나타내는 일에 온전히 헌신하시는 하나님의 모습이다. 하나님의 하나님 중심성을 극명하게 드러낸다. 마찬가지로 성경은, 은혜 밖에 있는 사람에 대해 바로 이 진리를 억누르고 본성적으로 하나님의 영광보다 자신의 영광을 구하는 것을 즐거워하는 모습으로 그려낸다. 하나님은 예배를 받으시기에 합당한 분이시지만 사람은 자기 손으로 이루어 놓은 것을 예배한다. 이 이중의 현실에서 선교에 대한 절대적인 필요성이 나온다. 결과적으로 인류의 무한지옥행이라는 위기를 낳게 한, 이 하나님의 하나님 중심성이, 이번에는 그 위기에 대한 해결책도 만들어 내는 것이다.

하나님이 자기를 높이는 것이
어떻게 사랑이 될 수 있는가?

나는 하나님이 자기의 영광을 나타내는 일에 최고의 열정을 품고 계시다는 성경의 이 핵심 진리를 전 세계 그리스도인들에게 전하기 위해 지난 30년간 노력해 왔다. 사람들이 이 생각에 반대하는 주된 이유는, 이 진리가 하나님을 사랑 없는 분으로 보이게 만든다는 것이다. 자비하고 온유하며 사랑이신 하나님의 마음이 오히려 자기 자신을 향한 하나님의 과도한 열정에 가려 보이지 않는다는 것이다. 성경이 "사랑은 자기의 유익을 구하지 아니하며"(고전 13:5)라고 말하지 않았는가?

그렇다면 어떻게 하나님은 사랑이시면서 동시에 자기 자신의 영광을 그토록 열정적으로 추구하실 수 있단 말인가? 좋은 질문이다. 이 질문에 대한 답을 찾아가면서 우리는 하나님의 마음에서 하나님이 최고의 자리를 차지하시는 것이 어떻게 자비와 온유와 사랑의 근원(또한 선교의 근원)이 되는지 알게 될 것이다.

하나님이 자기의 영광을 열정적으로 추구하시는 것과, 바울이 "사랑은 자기의 유익을 구하지 아니하며"라고 말한 것이 서로 충돌하지 않는 두 가지 이유가 있다. 첫째는 바울이 어떠한 이유로든 자기의 유익을 구하는 것이 모두 잘못이라고 말하지 않았다는 점이다. 잘못인 경우도 있고 그렇지 않은 경우도 있다. 둘째는 하나님이 유일무이하시므로, 바울의 교훈은 우리에게는 적용되지만 하나님에게는 적용되지 않는다는 것이다. 나는 이 두 가지 명제 모두 옳다고 생각한다.

**사랑은 다른 사람의 기쁨 속에서
자기 기쁨을 구한다**

첫째, "사랑은 자기의 유익을 구하지 않는다"는 말씀은, 바울이 어떤 식으로든 '자기의 것을 구하는' 것을 정죄하려고 한 말이 아니다. 바울은 다른 사람들을 사랑하는 데서 자기 행복을 구하는 것이 사랑이 아니라고 말하지 않았다.

우리는 이것을 잘 알고 있다. 왜냐하면 사도행전 20장 35절에서 바울이 에베소 교회 장로들에게 주 예수께서 친히 "주는 것이 받는 것보다 복이 있다"고 말씀하신 것을 "기억하라"고 말했기 때문이다. 다른 사람에게 사랑을 쏟음으로써 행복을 얻고자 하는 마음이 사랑 없는 것이라면 바울이 장로들에게 이 말씀을 "기억하라"거나, 이를 명심하여 이타적인 사랑의 동기로 삼으라고 말하지 않았을 것이다. 다른 사람에게 사랑을 베푸는 데서 행복을 찾는 것이 오히려 그 행위를 오염시킬 뿐이라면 바울은 이 "복이 있다"는 행위를 명심하라고 말하지도 않았을 것이다.

사랑의 동기에 대해 진지하게 고민해 본 사람이라면, 이것을 잘 이해할 뿐 아니라 바울이 고린도전서 13장 5절에서 한 권면이 대단히 지혜롭다는 사실을 인정할 것이다. 예를 들어 조나단 에드워즈는 "사랑은 자기의 유익을 구하지 아니하며"라는 바울의 권면을 다음과 같이 해설한다.

"사랑은 자기의 유익을 구하지 않는다"는 바울의 표현은 사람이 자기의 행복을 구해선 안 된다는 것이 아니라, 오히려 행복을 찾을 데가 아닌 데서 지나치게 찾거나 사랑을 베풀어야 할 때 이를 제한하고 한정해선 안 된다는 의미다. 어떤 사람들은 자기 행복을 추구하면서도 그 행복을 자기의 유익에서만 찾으려 한정시키지 않고 공동의 유익, 다시 말하면 다른 사람의 유익, 곧 다른 사람들 속에서 그리고 다른 사람들이 누리게 될 유익에서 찾는다. …"사랑은 자기의 유익을 구하지 아

니하며"라고 할 때 우리는 이를 자기 유익에만 한정시킨 사랑이어선 안 된다는 의미로 이해해야 한다.[11]

다시 말해, 바울은 자기의 유익을 구하는 모든 것을 정죄하려는 의도가 아니다. 바울은 다른 사람을 돕기는커녕 오히려 자기 유익만을 위해 남을 이용하고 무시함으로써 행복을 추구하는 이기적인 태도를 비판하고 있다. 바울은 다른 이들에게 선을 행함으로써 기쁨을 얻고자 하는 태도를 지적한 것이 아니다. 바울은 그보다 두 구절 앞에서 "내가 내게 있는 모든 것으로 구제하고 또 내 몸을 불사르게 내줄지라도 사랑이 없으면 '내게 아무 유익이' 없느니라"(고전 13:3)고 말한 바 있다. 사랑으로 나의 모든 것을 내어준다면 나에게 유익이 있다는 말이다. 바울은 "정말 아무 유익도 얻지 못하길 바라는가? 그렇지 않을 것이다. 그렇다면 반드시 사랑이 있어야 한다. 그러면 많은 유익을 얻게 될 것"이라고 말하고 있다. 그러므로 바울은 동기를 지적하되, 저급하고 이기적이며 물질주의적인 동기에 대해서는 배격하는 입장이다. 그는 성도들이 마음의 철저한 변화를 통해 사랑으로 행할 것과 거기에서 말미암은 모든 유익으로부터 기쁨을 얻으라고 호소한다.

이와 같은 해석에 따르면, 하나님이 '자기의 유익을 구하시면서도' 여전히 사랑이실 수 있는 길이 열리게 된다. 나는 하나님이 자기 영광을 열정적으로 추구하시는 것과, 바울이 "사랑은 자기의 유익을 구하지 아니하며"라고 말한 것이 서로 충돌하지 않는 두 가지 이유가 있다고 앞에서 언급했다. 이미 한 가지는 살펴보았다. 즉 바울은 '자기의 유익'이 참으로 다른 사람의 유익을 위한 것이라면 '자기의 유익을 구하는 것'에 반대하지 않는다고 말한 것이다.

하나님을 흉내 내는 죄

이 두 말씀이 충돌을 일으키지 않는 또다른 이유는 다음과 같다. 바울이 한 말이 우리에게는 적용되지만 유일하신 하나님에게는 해당하지 않기 때문이다. 하나님에게는 금지되지 않았지만 우리에게는 금지된 것들이 있다. 우리는 하나님이 아니고, 그분은 하나님이시기 때문이다. 우리가 자신의 영광이 아니라 하나님의 영광을 높여야 하는 이유는, 하나님은 하나님이시며 우리는 하나님이 아니기 때문이다. 하나님이 이 원리에 충실하시다는 것은, 곧 하나님도 우리의 영광이 아니라 하나님 자신만의 영광을 추구하신다는 것을 의미한다.

가장 우선하는 기본 원리는 "너 자신의 영광을 높이지 말라"가 아니다. "무한히 영광스러운 하나님의 영광을 높여야 한다"가 가장 우선하는 기본 원리가 되어야 한다. 우리에게 그것은 마땅히 하나님을 높여야 함을 의미한다. 그리고 하나님으로서는 마땅히 하나님 자신을 높이시는 것을 의미한다. 이는 우리에게는 우리 자신의 영광을 구하지 말라는 의미다. 하나님에게는 자기의 영광을 구하신다는 의미로 적용된다.

이 말이 애매하게 들릴 수 있다. 이 사실을 간과한 사탄은 에덴동산에서 이를 써먹었다. 사탄은 아담과 하와에게 다가와 선악을 알게 하는 나무의 열매를 먹으면 "너희 눈이 밝아져 '하나님과 같이 되어' 선악을 알게 되리라"(창 3:5)고 유혹했다. 이때 아담과 하와는 "우리는 이미 하나님과 같다. 우리는 하나님의 형상대로 창조되었다"(창 1:27)고 말해야 했다. 그러나 두 사람은 사탄의 유혹에 대항하여 이 진리를 제시하지 않았고, 이 진리에 마치 오류가 있는 것처럼 만들어 버렸다. "만일 우리가 하나님의 형상대로 창조되었다면 하나님과 같이 되고 싶어 한다고 해서 잘못일 리 없다. 그러니까 우리가 하나님과 같이 된다고 한 뱀의 제안이 틀렸을 수 없어." 그래서 그들은 선악과를 먹었다.

그러나 문제는, 사람이 모든 면에서 하나님처럼 되려고 하는 것은 옳지 않다는 것이다. 하나님만이 유일한 하나님이시기에, 하나님이 행하실 때는 옳은 일도 우리가 행하면 옳지 않을 수 있다. 아담과 하와의 경우에서 보듯이 선과 악, 그리고 도움이 되는 것과 해로운 것의 여부를 결정할 권리는 하나님께만 있다. 두 사람은 유한한 존재이며, 행복하게 살기 위해 고려해야 할 모든 요소를 알 만한 지혜가 없다. 오직 하나님만이 모든 것을 아신다. 그러므로 인간은 하나님으로부터 독립할 권리가 없다. 어떤 것이 도움이 되고 어떤 것이 해로운지에 대해 하나님 없이 독립적으로 판단하는 것은 어리석은 일이자 반역이다. 이것이 그들에게 찾아온 유혹이자 그들이 저지른 불순종의 핵심이었다.

정리하면, 우리가 비록 하나님의 형상대로 지음 받았고, "하나님을 본받는 자"(be imitators of God, 엡 5:1)가 되어야 하지만, 그럼에도 불구하고 우리는, 우리에게 어떤 권리가 없다고 해서 하나님도 그 권리가 없을 거라 오해해선 안 된다는 것이다. 아버지는 자녀가 자신의 태도와 예의를 닮기 바라지만, 부모나 형제자매 앞에서 아버지의 권위를 흉내 내는 것(imitate)은 원하지 않는다.

결론은 이렇다. 우리에게는 금지되어 있지만 하나님은 행하셔도 옳은 일들이 있다는 것이다. 그 가운데 하나가 하나님이 자기의 영광을 높이시는 일이다. 하나님이 그렇게 하시지 않는다면, 무한히 가치 있는 것을 높이지 않으시는 것이 되므로 하나님은 불의한 존재가 되실 것이다. 자기의 영광보다 가치 없는 무언가를 무한한 보물처럼 소중히 여기신다면, 이 역시 하나님이 우상 숭배자가 되시는 것과 같다.

**우리가 하나님 안에서 최고의 만족을 누릴 때
하나님은 최고의 영광을 받으신다**

그러나 하나님이 자기의 영광만을 구하신다면 그분에게 사랑이 있다고 말할 수 있는가? 그렇다. 이 진리는 여러 가지 면에서 명확하다. 첫째, 하나님은 우리가 하나님 안에서 가장 만족할 때 우리 안에서 최고의 영광을 받으신다. 이 문장은 나의 신학[12]에서 가장 중요한 명제를 담고 있다. 이 말이 사실이라면, 왜 우리 인생에서 하나님이 자기의 영광을 구하고자 하실 때도 여전히 사랑이신지 명백해진다. 왜냐하면 이 말은 곧 우리가 하나님 안에서 최고의 만족을 누리도록 하나님이 애쓰실 것이라는 뜻이기 때문이다.

우리가 하나님 안에서 최고의 만족을 얻을 때 하나님은 우리 안에서 최고의 영광을 받으신다. 그러므로 하나님이 자기 영광을 구하시는 것은 우리의 기쁨과 상치되지 않으며, 이 말은 곧 하나님이 자기의 영광을 구하신다고 해서 온유하지 않거나 자비하지 않거나 사랑이 없으신 것이 아니라는 뜻이다. 사실 이 말은 하나님이 자기 영광을 더 뜨겁게 추구하실수록 그 영광 안에서 우리가 최고의 만족을 누리기를 더 뜨겁게 원하신다는 것이다. 그러므로 하나님의 지극한 하나님 중심성과 하나님의 사랑은 공존할 수 있다.

우리가 하나님 안에서 가장 만족할 때 하나님이 우리 안에서 가장 큰 영광을 받으신다는 진리를 다시금 설명해 보겠다. 내가 우리 교회 식구를 병문안할 때 나눌 만한 대화 장면이다. 병상에 누운 성도가 미소를 지으며 나를 향해 이렇게 말한다. "목사님, 이렇게 와 주시다니, 정말 큰 격려가 됩니다." 내가 손을 내저으며 당치도 않다는 듯 이렇게 말한다고 하자. "그런 말씀 마십시오. 목사로서 당연한 제 의무인 걸요." 여기서 잘못된 것은 무엇인가? 우리는 이 생각 없는 목회자의 말에 상처를 받는다. "이건 제 의무입니다." 의무는 좋은 말인데도, 왜 이렇게 상처를 주는가?

이 말은 아픈 사람을 향한 배려가 담겨 있지 않기 때문에 상처를 준다. 단순한 의무감으로 병문안을 해도 그것은 자기 희생이 따르는 존귀한 행동이다. 그러나 의무감 이전에 기쁨이 앞선 병문안은 환자를 존귀하게 여긴 행동이다. 환자들도 그것을 안다. 자신을 찾아준 목회자를 향한 환자의 감사 인사에 대한 올바른 반응은 이것이어야 한다. "성도님을 뵈니 오히려 제가 더 기쁩니다. 그리스도 안에서 함께 소망을 나눌 수 있으니 저는 얼마나 좋은지 모르겠습니다." 이 답변에 담긴 역설적인 요소가 보이는가? 이 두 문장에서 드러나는 바는 내가 "나의 유익을 구하고 있다"는 것이다. "성도님을 뵈니 오히려 '제가 더' 기쁩니다. 그리스도 안에서 함께 소망을 나눌 수 있으니 '저는 얼마나 좋은지' 모르겠습니다." 답변 속에서 분명 자기 유익을 구하는 이기적인 요소가 담겨 있다. 그런데도 이 말이 이기적으로 들리지 않는 이유는, 환자를 존귀하게 대하는 목사의 마음이 전해지기 때문이다.

누군가가 우리를 기뻐하면 우리는 존중받는다고 느낀다. 누군가가 우리 곁에서 행복을 느끼면, 우리는 자신이 소중하고 가치 있으며 영광스럽다고 느낀다. 내가 기뻐서 환자를 병문안 하는 것이 오히려 그 사람을 사랑하는 행동이 된다.

이것이 바로 하나님이 자기 영광을 추구하시지만 사랑이 없는 분이 아니라는 이유에 대한 답변이다. 우리가 하나님 안에서 만족을 얻을 때, 즉 우리가 하나님의 임재를 기뻐하고, 하나님 곁에 있기를 좋아하며, 하나님과의 교제를 소중히 여길 때 하나님은 영광을 받으신다. 나에게 이것은 삶을 완전히 바꾸는 발견이었다. 우리는 하나님 안에서 자유로이 우리의 기쁨을 추구할 수 있고, 마찬가지로 하나님은 우리 안에서 영광을 추구하시게 된다. 우리가 기쁨을 추구하는 것과 하나님이 영광을 추구하시는 두 가지가 결코 다르지 않기 때문이다. 우리가 하나님 안에서 최고의 만족을 얻을 때 하나님은 우리 안에서 최고의 영광을 받으신다.

하나님의 자기 높임:
우리를 만족으로 향하게 하는 표지판

그러므로 하나님이 자기 영광을 열렬히 추구하시는 것을 보여 주는 수백 개의 성경 말씀은, 더 이상 다른 사람을 아랑곳하지 않는 거만한 이기주의자의 열정과 다르다. 우리에게 이 말씀들은 무한히 높임을 받으셔야 하는 분이 마땅히 자기를 높이시는 말씀으로 들리며, 우리가 하나님 안에서 최고의 만족을 얻게 하기 위해 힘쓰시는 하나님의 말씀으로도 들린다.

하나님은 철저하게 유일무이한 존재시다. 우주에서 예배를 받을 자격이 있는 유일한 존재시다. 그러므로 하나님은 하나님을 높이는 사람들을 영원하고 참된 기쁨으로 인도하신다. "주께서 생명의 길을 내게 보이시리니 주의 앞에는 충만한 기쁨이 있고 주의 오른쪽에는 영원한 즐거움이 있나이다"(시 16:11).

우리가 우리 자신을 높일 때 그것은 사람들을 참되고 영원한 즐거움에서 벗어나게 만든다. 그러므로 우리의 사랑은 반드시 하나님을 높이는 것에서 시작되어야 하며, 하나님이 사랑이시려면 반드시 하나님 자신을 높이셔야만 한다. 사랑은 사람들이 최고의 아름다움, 최고의 가치, 가장 깊은 만족, 가장 오래가는 즐거움, 가장 큰 보상, 가장 놀라운 우정, 가장 압도적인 예배를 향하도록 돕는 것이다. 즉 사랑은 사람들이 하나님을 향하도록 돕는 것이다. 우리는 사람들이 하나님의 위대하심에 주목하게 하고, 하나님은 자기의 위대하심에 주목하게 하심으로써 이렇게 하신다.

하나님은 긍휼하심으로
자기를 높이신다

자기 영광을 추구하시는 하나님의 열심이 곧 사랑임을 보여 주는 또다른 사례가 있다. 여기에서 '하나님이 자기 마음 중심에 최고의 하나님으로 자리하시는 것'과 '우리가 선교를 해야 하는 이유'의 연관성이 분명해진다. 즉 하나님이 추구하시는 영광은 그분의 긍휼하심을 통해 가장 크게 드러난다는 점이다. 그 핵심이 로마서 15장 8-9절에 담겨 있다.

> 내가 말하노니 그리스도께서 하나님의 진실하심을 위하여 할례의 추종자가 되셨으니 이는 조상들에게 주신 약속들을 견고하게 하시고 이방인들도 그 긍휼하심으로 말미암아 하나님께 영광을 돌리게 하려 하심이라.

선교와 관련된 이 놀라운 말씀에 담겨 있는 서로 맞물린 세 가지 진리를 눈여겨보라.

1. 영광을 추구하시는 하나님의 열심이 세계 선교의 동기다. 바울은 그리스도께서 종으로 자신을 낮추고 하늘에서 땅으로, 그 위대한 최초의 선교 여행을 하러 세상에 오신 세 가지 이유를 밝히고 있다. 첫째, 그리스도는 하나님의 진실하심을 위하여 추종자(할례 받는 자들의 종)가 되셨다. 둘째, 그리스도는 (하나님의) 약속들을 견고하게 하려고(이루시려고) 오셨다. 셋째, 그리스도는 열방이 그 긍휼하심으로 말미암아 하나님께 영광을 돌리게 하려고 오셨다.

다시 말하면, 그리스도는 하나님을 높이려는 사명을 품고 이 땅에 오셨다. 하늘에서 파송된 선교사인 셈이다. 선교사로서 그리스도는 하나님이 진실하신 분임을 보여 주기 위해 오셨다. 하나님이 약속을 지키시는 분임을 보여 주기 위해 오셨다. 그리고 하나님이 영화로우신 분임을 보여 주기 위해 오셨다. 예수님이 이 세상에 오신 것은 전적으로 하나님을 위함이었다. 하나님의 진실하심을 확증하기 위해, 하나님의 말씀이 옳다는 것을 입증하기 위해, 하나님의 영광을 높이기 위해 오셨다. 이 모든 일을 위해 하나님이 자기 아들을 보내셨다. 그러므로 죽음 가운데 있던 사람들을 향한 최초의 위대한 선교의 주된 동기는 자기를 영화롭게 하고자 하신 하나님의 열심이었다. 이것이 로마서 15장 8-9절에서 발견하는 진리다. 하나님의 영광에 대한 하나님의 열심이 세계 선교의 동기가 된다는 것이다.

2. 종이 되고자 하는 마음과 긍휼히 여기는 마음이 세계 선교의 동기다.
"그리스도가 종이 되신 것은…이방인들도 하나님의 긍휼하심으로 말미암아 하나님께 영광을 돌리게 하기 위함이다." 로마서 15장 8-9절을 쉽게 풀어쓴 문장이다. "그리스도가 종이 되셨고…그리스도가 긍휼하심을 가져오셨다." 그리스도가 엄청난 대가를 치르며 성부 하나님의 뜻을 행하시려고 자기를 낮추셨다는 점에서 종이 되신 측면이 있지만, 또한 그리스도는 열방에 긍휼을 전하기 위한 삶을 사셨다는 점에서 종이 되신 것이기도 하다. 그리스도의 삶 전체를 들여다볼 때, 우리는 긍휼하심과 선교가 긴밀히 연결되어 있음을 발견하게 된다. 마태복음 9장 36-38절도 같은 내용을 전한다.

무리를 보시고 불쌍히 여기시니 이는 그들이 목자 없는 양과 같이 고생하며 기진함이라 이에 제자들에게 이르시되 추수할 것은 많되 일꾼이 적으니 그러므로 추수하는 주인에게 청하여 추수할 일꾼들을 보내 주소서 하라 하시니라.

긍휼히 여기시는 예수님의 마음은, 더 많은 선교사를 보내 달라고 기도하라는 말씀을 통해 잘 드러난다. 처음부터 끝까지 긍휼은 예수님의 사명을 수행케 하는 원동력이었다. 이 땅에 계실 때뿐 아니라 죽음을 맞으시는 순간에도 이는 변하지 않았다. "일찍이 죽임을 당하사 각 족속과 방언과 백성과 나라 가운데에서 사람들을 '피로 사서' 하나님께 드리시고"(계 5:9). 긍휼은 예수님의 삶에서 핵심 중의 핵심이었다. 예수님이 치르신 그 큰 희생을 우리 중 누구도 당연히 받을 자격이 없다. 그렇기에 예수님의 삶은 온통 긍휼과 종의 마음으로 가득하다. 이것이 로마서 15장 8-9절에 담긴 진리다. 즉 종의 마음과 긍휼이 세계 선교의 동기다.

3. 셋째 진리는 첫째와 둘째 진리가 하나의 진리라는 것이다. 영광을 받고자 하시는 하나님의 열심과 열방을 긍휼히 여기는 종의 마음은 하나다. 이는 9절의 문장 구조를 보면 더욱 명확해진다. 그리스도는 "…하나님께 영광을 돌리게 하려고" 오셨다. 그렇다! 이것이 그리스도의 열정이었으며, 이제 우리의 열정이 되어야 한다. 우리는 열방이 하나님의 영광을 사랑하고 하나님의 영광을 찬양하게 되기를 열정적으로 사모해야 한다. 그러나 이 구절은 거기서 끝나지 않는다. 그리스도는 "이방인들도 그 긍휼하심으로 말미암아 하나님

께 영광을 돌리게 하려" 하셨다. 긍휼이라는 동기와 하나님의 영광이라는 동기는 서로 다른 게 아니다. 우리가 열방 가운데서 드높여지기를 바라는 (하나님의) 그 영광은 곧 하나님의 긍휼하심에 따르는 영광이기 때문이다.

샘이 가득 차면 곧 흘러넘치듯, 하나님의 영광이 충만에 이를 때 긍휼이 흘러넘치게 된다. 하나님은 철저히 자존하시며 모든 것에 충만하신 분이시므로 그의 긍휼 또한 한없이 흘러넘친다. 하나님에게는 부족함이 없으며, 필요한 것도 없고, 문제도 없다. 하나님은 하나님으로서 필요한 모든 것을 전적으로 자기에게 의존하신다. 하나님은 시작도 없으시고, 외부로부터의 영향력에 의해 어떠한 변화도 겪지 않으신다. 모든 것에 부족함 없이 충만하신 하나님의 영광이 흘러넘칠 때 그것은 열방으로 퍼져나가는 긍휼이 된다. 그러므로 하나님의 긍휼을 널리 전하는 일과 하나님의 영광을 높이는 일은 같다.[13]

하나님을 영화롭게 하고자 하는 마음과 열방에 긍휼을 전하고자 하는 마음은 예수 그리스도를 닮은 선교사[14]를 빚어 낸다. 이 두 마음은 한데 묶여 있어야 한다. 하나님의 영광에 대한 열심이 없다면, 우리가 가진 긍휼은 피상적인 것이 될 뿐이며, 하나님이 주변부로 밀려난 그저 인간 중심의 결과물은 영원한 가치를 가질 수 없다. 또한 하나님의 영광을 추구하는 우리의 열심이 하나님의 긍휼을 전하는 일로 드러나지 않는다면, 그 어떤 주장에도 불구하고 소위 우리의 열심은 하나님과 무관하며 위선에 불과한 것이 되고 만다(마 9:13 참조).[15]

하나님이 행하시는 모든 일은
자기 은혜의 영광이 찬송을 받게 하기 위함이다

영광을 받고자 하시는 하나님의 열정과 은혜롭고자 하시는 하나님의 열정이 본질상 하나라는 사실은 에베소서 1장에서 분명하게 드러난다. 바울은 하나님이 구속의 모든 일을 행하시는 이유가 "하나님의 영광을 찬송하게 하려는 것"이라고 세 번이나 반복한다. 6절은 이 영광이 "그의 은혜의 영광"이라는 것을 분명히 밝힌다. 택하심, 예정하심, 자기의 아들들이 되게 하심, 속량 곧 죄 사함, 성령으로 인치심, 모든 일을 그의 뜻의 결정대로 역사하심. 이 모든 것을 하나님은 자기 은혜의 영광이 찬송을 받게 하기 위해 행하신다. 5-6절은 "그 기쁘신 뜻대로 우리를 예정하사 예수 그리스도로 말미암아 자기의 아들들이 되게 하셨으니…'그의 은혜의 영광을 찬송하게 하려는 것'이라"고 말한다. 11-12절은 "모든 일을 그의 뜻의 결정대로 일하시는 이의 계획을 따라 우리가 예정을 입어 그 안에서 기업이 되었으니 이는 우리가 그리스도 안에서 전부터 바라던 '그의 영광의 찬송이 되게 하려 하심'이라"고 말한다. 13-14절도 "약속의 성령으로 인치심을 받았으니 이는 우리 기업의 보증이 되사 그 얻으신 것을 속량하시고 '그의 영광을 찬송하게 하려 하심'이라"고 말한다.

  이것이 바로 우리가 로마서 15장 9절에서 확인한 내용이다. 로마서 15장에서 열방은 하나님의 긍휼하심으로 말미암아 하나님께 영광을 돌린다. 에베소서 1장에서는 열방이 하나님의 은혜로 인해 하나님을 찬양한다. 두 경우 모두 하나님은 영광을 받으시고 인간은 기쁨을 얻는다. 그러므로 하나님이 자기 영광에 대해 더 많은 열정을 품으실수록 죄인인 우리의 필요를 채우시는 데에도 더 많은 열정을 품으신다. 은혜는 우리의 유일한 소망이자 열방의 유일한 소망이다. 그러므로 하나님이 자기의 은혜가 영광 받기를 더 간절히 원하실수록 선교가 성공할 것이라는 소망은 더욱 커진다.

선교의 힘은 예배다

지금까지 우리는 하나님의 하나님 중심성, 즉 하나님이 자기 마음 중심에 최고의 하나님으로 자리를 차지하시는 것이 결코 사랑이 없어서가 아님을 살펴보았다. 오히려 하나님은 그렇게 하심으로써 자신이 사랑의 원천임을 보여 주신다. 하나님이 자기의 완전하심을 넘치도록 기뻐하실 때, 이 기쁨을 열방과 나누려는 긍휼하신 뜻이 흘러나온다. 그렇기에 앞에서 살펴본 대로, 예배는 우리로 하여금 선교로 나아가게 하는 연료이자 목표라는 진리를 재확인할 수 있다. 이는 예배가 하나님을 선교로 이끄는 연료이자 목표이기 때문이다.

선교는 하나님의 하나님을 향한 충만하신 열정이 넘쳐흐르는 것이며, 그 목표는 하나님의 하나님을 향한 충만하신 그 열정에 열방이 동참하게 하는 것이다(마 25:21, 23, 요 15:11, 17:13, 26 참조). 선교 사역의 힘은 하나님의 연료와 하나님의 목표에서 얻어야 한다. 그것은 곧 예배에 사로잡히는 것을 의미한다.

오직 우리 하나님만이 자기를 앙망하는 백성을 위해 일하신다

"너희를 긍휼히 여기려 일어나시는"(사 30:18) 하나님의 놀라운 이미지는 여러 면에서 세계 선교를 촉구한다. 이는 우리가 미처 생각해 보지 못한 진리로, 이렇게 행하는 분은 열방의 모든 신들 가운데 우리 하나님만이 유일무이하시다는 것이다.

이 사실을 깨달은 이사야는 "주 외에는 자기를 앙망하는 자를 위하여 이런 일을 행한 신을 옛부터 들은 자도 없고 귀로 들은 자도 없고 눈으로 본 자도 없었나이다"(사 64:4)라고 고백한다. 다시 말하면, 이사야는 전능하신 하나님에게서 한 가지 충격적인 역설을 발견한 셈인데, 그것은 하나님이 전능하시기에 자신을 위해 일해 줄 사람이 필요하지는 않으시지만, 사람들이 자기 의존성을 버리고 '하나님을 앙망할 때' 하나님이 그들을 위해 친히 일하심으로써 하나님 자신을 높이신다는 사실이다.

이사야의 이 고백은, "무엇이 부족한 것처럼 사람의 손으로 섬김을 받으시는 것이 아니니 이는 만민에게 생명과 호흡과 만물을 친히 주시는 이심이라"(행 17:25)고 한 바울의 고백의 예고편이었다. 기독교의 핵심을 들여다볼 때 참으로 독특한 점은 아낌없이 부어지는 은혜 속에서 하나님의 영광이 드러난다는 것이다. 하나님은 자기를 위해 일해 줄 열방이 필요하지 않다는 점에서 온전히 영광스러운 분이시다. 그럼에도 하나님은 열방을 위해 아낌없이 일하신다. "인자가 온 것은 섬김을 받으려 함이 아니라 도리어 섬기려 하고 자기 목숨을 많은 사람의 대속물로 주려 함이니라"(막

10:45). 선교는 하나님의 일꾼을 모집하는 사업이 아니다. 선교는 다른 신들의 무거운 짐과 힘든 멍에로부터 사람들을 자유케 하는 사업이다(마 11:28-30).

이사야는 세상 어디에서도 이런 신에 대해 듣거나 본 적이 없다고 말한다. "주 외에는 자기를 앙망하는 자를 위하여 이런 일을 행한 신을 옛부터 들은 자도 없고 귀로 들은 자도 없고 눈으로 본 자도 없었나이다"(사 64:4). 이사야가 세상에서 마주친 신들은 섬기기보다 그저 섬김을 받아야만 하는 존재들이었다. 예를 들어 바벨론의 신 벨과 느보를 보라.

벨은 엎드러졌고 느보는 구부러졌도다 그들의 우상들은 짐승과 가축에게 실렸으니 너희가 떠메고 다니던 그것들이 피곤한 짐승의 무거운 짐이 되었도다 그들은 구부러졌고 그들은 일제히 엎드러졌으므로 그 짐을 구하여 내지 못하고 자기들도 잡혀 갔느니라 야곱의 집이여 이스라엘 집에 남은 모든 자여 내게 들을지어다 배에서 태어남으로부터 내게 안겼고 태에서 남으로부터 내게 업힌 너희여 너희가 노년에 이르기까지 내가 그리하겠고 백발이 되기까지 내가 너희를 품을 것이라 내가 지었은즉 내가 업을 것이요 내가 품고 구하여 내리라(사 46:1-4. 렘 10:5 참조).

참 하나님과 열방의 신들의 차이점은, 참 하나님은 사람들을 이끌어 가시지만 다른 신들은 사람들에게 실려 가야 한다는 것이다. 하나님은 사람을 섬기시지만 다른 신들은 섬김을 받아야만 한다.

하나님은 긍휼을 베푸심으로써 영광을 받으시지만, 다른 신들은 종들을 모음으로써 영광을 얻는다. 그러므로 영광을 받고자 하시는 열정에 이끌려 긍휼을 베푸시려는 하나님의 모습은 선교를 촉발할 수밖에 없다. 하나님은 열방의 모든 신들 가운데 유일무이하시기 때문이다.

우리가 널리 전해야 하는 메시지

하나님이 선교 사역에 동기를 불어넣으시는 또다른 방법이 있다. 이는 하나님으로부터 나와 열방에게로 흘러가는 복음으로서 정말로 전할 만하며, 실행 가능한 요구다. 그것은 바로 하나님으로 말미암아 기뻐하고 즐거워하는 것이다. "여호와께서 다스리시나니 땅은 '즐거워하며' 허다한 섬은 '기뻐할지어다'"(시 97:1). "하나님이여 민족들이 주를 찬송하게 하시며 모든 민족들이 주를 찬송하게 하소서 온 백성은 '기쁘고 즐겁게 노래할지니'"(시 67:3-4). "곤고한 자가 이를 보고 '기뻐하나니' 하나님을 찾는 너희들아 '너희 마음을 소생하게 할지어다'"(시 69:32). "주를 찾는 모든 자들이 주로 말미암아 '기뻐하고 즐거워하게' 하시며 주의 구원을 사랑하는 자들이 항상 말하기를 하나님은 위대하시다 하게 하소서"(시 70:4).

선교사들이 들고 가야 할 메시지가 바로 이런 메시지 아니겠는가! "기뻐하고 즐거워하라! 하나님으로 말미암아 기뻐하라! 하나님으로 인해 즐겁게 노래하라! 우리가 하나님 안에서 가장 만족할 때 하나님이 가장 영광을 받으시기 때문이다! 하나님은 죄인에게 긍휼을 베푸심으로써 자기를 높이시기를 원하신다."

열방을 향해 우리가 전하러 가는 메시지가 사람들로 하여금 자신들의 가장 큰 유익을 구하라는 것일 때 우리 마음은 자유함을 누리게 된다. 우리는 사람들을 하나님께로 불러 모은다. 그리고 나아오는 사람들마다 "주의 앞에는 충만한 기쁨이 있고 주의 오른쪽에는 영원한 즐거움이 있나이다"(시 16:11)라고 고백하게 된다. "여호와를 기뻐하라"(시 37:4)는 명령을 통해 하나님이 열방 가운데서 영광을 받으시는 것이다. 하나님이 열방의 모든 백성에게 요구하시는 가장 중대하고 우선한 요구는 다른 데서 기쁨을 얻으려던 것을 회개하고 이제 오직 하나님 안에서만 기쁨을 찾으라는 것이다.

하나님은 우리의 섬김이 필요한 분이 아니다.[16] 우리는 그분을 즐거워할 수 있을 뿐이다. 인류가 하나님을 위해 일하지 않아 그분의 영광을 '더 증진시키지(increase) 못한 것'이 죄의 핵심이 아니다. 우리 없이도 하나님은 이미 그 영광이 충만하신 분이기 때문이다. 우리가 하나님으로 말미암아 기뻐하지 않아 그분의 영광을 '반영하지(reflect) 못한 것'이 죄의 핵심이다. 하나님의 영광은, 우리가 하나님으로 말미암아 가장 기뻐할 때 가장 잘 반영되기 때문이다.

교회의 선교 현장에서 자기의 영광을 드러내시려는 하나님의 변함없는 의지가 자기 백성에게 무한한 기쁨을 주고자 하시는 의지와 결코 다르지 않다는 점은 정말 신나는 일이다. 산 위에서 흘러넘치는 샘의 영광은 얼마나 많은 사람이(그리고 얼마나 다양한 사람들이) 그 넘쳐흐르는 물줄기에서 만족과 생명을 찾느냐에서 드러난다.

그러므로 하나님은 구속받은 자들, 곧 각 나라와 족속과 백성과 방언에서 나온 무리에게 거룩한 기쁨을 주시는 일에 헌신하시며, 모든 일에서 자기의 영광을 추구하시는 열심으로 헌신하신다. 하나님의 마음에서 하나님이 최고의 하나님으로서 중심을 차지하시는 것은 하나님의 긍휼과 교회 선교 사역을 이끄는 원동력이다.

선교에서 하나님이 최고의 하나님 되심을 보여 주는 성경의 표현들

지금까지 살펴본 바에 따르면, 교회가 선교에 뛰어들게 하는 데 있어 하나님이 최고의 하나님이심을 강조하는 성경 본문이 얼마나 강력한 동력을 제공하는지 느낄 수 있다. 우리는 성경 역시 선교에서 하나님 중심성을 중요하게 다룬다는 점을 확인하게 된다.

하나님의 영광이 선교의 중심 메시지임을 보여 주는 구약성경의 일부를 살펴보자. "그의 영광을 백성들 가운데에, 그의 기이한 행적을 만민 가운데에 선포할지어다"(시 96:3). "그날에 너희가 또 말하기를 여호와께 감사하라 그의 이름을 부르며 그의 행하심을 만국 중에 선포하며 그의 이름이 높다 하라"(사 12:4). 이외에도 많다.[17] 그러나 동일한 메시지를 담고 있되 예수님의 말씀과 바울과 요한의 선언처럼 단도직입적으로 언급하는 예는 본 적이 없다.

그 이름을 위해 가족과 소유를 버리는 것

젊은 관리가 자신의 많은 재물을 놔두고 예수님을 기꺼이 따르는 데 실패하자, 예수님은 제자들에게 이렇게 말씀하신다. "부자는 천국에 들어가기가 어려우니라"(마 19:23). 사도들이 놀라서 "그렇다면 누가 구원을 얻을 수 있으리이까?"(25절)라고 묻는다. 예수님은 "사람으로는 할 수 없으나 하나님으로서는 다 하실 수 있느니라"(26절)고 대답하신다.

그러자 예수님을 따르고자 자기 집과 일터를 떠나온 일종의 선교사라 할 수 있는 베드로가 "보소서 우리가 모든 것을 버리고 주를 따랐사온대 그런즉 우리가 무엇을 얻으리이까?"(27절)라고 묻는다. 베드로가 자신이 많은 것을 희생했다는 듯한 투로 여쭙자 예수님은 넌지시 그를 책망하시며 이렇게 대답하신다. "또 '내 이름을 위하여' 집이나 형제나 자매나 부모나 자식이나 전토를 버린 자마다 여러 배를 받고 또 영생을 상속하리라"(29절).

여기서 우리가 주목해야 할 것은 "내 이름을 위하여"라는 표현이다. 선교하느라 가족과 집과 소유를 버리는 것을 예수님이 당연하게 여기시는 이유는, 그것이 바로 예수님의 이름을 위한 것이기 때문이다. 이는 '예수님의 이름이 세상에 널리 알려지고 높아지기를 위하여'라는 뜻이다. 하나님의 목표는 예수님의 이름이 세상의 모든 족속 가운데서 높임을 받고 영광을 받으시는 것이다. 왜냐하면 아들이 존귀함을 받을 때 아버지도 존귀함을 받으시기 때문이다(막 9:37). 모든 사람이 예수라는 이름 앞에 무릎 꿇을 때 이는 "하나님 아버지께 영광"이 된다(빌 2:10-11). 그러므로 하나님이 최고의 하나님이심이 드러나는 하나님 중심의 선교는 예수님의 이름을 위한 것이기도 하다.

하나님의 이름이 거룩히 여김을 받으시기를 구하는 선교적 기도

주기도문에 나오는 처음 두 가지 간구는, 열방 가운데서 영광을 받기 원하시는 하나님의 열정에 의해 선교가 추동되어야 한다는 예수님의 가르침을 가장 잘 드러내는 말씀이다. "이름이 거룩히 여김을 받으시오며 나라가 임하시오며"(마 6:9-10). 여기서 예수님은 하나님의 이름이 높임을 받고 그분의 나라가 임하기를 위해 하나님께 간구하라고 가르치신다. 이것은 선교적 기도다. 그 목표는 하나님의 이름을 잊어버렸거나 능욕하는 자들 사이에서 다시금 그 이름이 높아지기를 바라는 하나님의 열정을 불러일으키는 것이다(시 9:17, 74:18). 하나님의 이름을 거룩히 여긴다는 것은, 하나님의 이름 그 자체를 모든 이름 위에 뛰어난 이름으로 여기고 우리의 충성이나 애정의 대상이 되는 그 어떤 것보다 더 사랑하고 존귀히 여기는 것을 의미한다.

주기도문의 첫 부분에서 드러나는 예수님의 최우선 관심사는 더욱더 많은 사람들과 민족들이 나아와서 하나님의 이름을 거룩히 여기는 것이다. 이것이 바로 우주가 존재하는 이유다. 선교는 이러한 거룩히 여김이 부재하기 때문에 존재하는 것이다.

그 이름을 위해 얼마나 고난을 받아야 하는가

다메섹으로 가던 길에서 바울이 회심했을 때, 예수 그리스도는 바울의 삶에서 최고의 보물이요 기쁨이 되셨다. "또한 모든 것을 해로 여김은 내 주 그리스도 예수를 아는 지식이 가장 고상하기 때문이라"(빌 3:8). 이는 큰 대가를 치르게 하는 충성이었다. 바울은 다메섹으로 가던 길에서 단지 죄를 용서받은 기쁨이나 우주의 왕 되신 분과의 사귐을 경험할 뿐 아니라 자신이 얼마나 고난을 받아야 하는지에 대해서도 배웠다.

예수님은 아나니아를 보내 이 말씀을 전하셨다. "그가 내 이름을 위하여 얼마나 고난을 받아야 할 것을 내가 그에게 보이리라"(행 9:16). 바울이 선교사로서 받은 고난은 '그분의 이름을 위해서'였다. 바울은 말년에 예루살렘에 가지 말라는 경고를 받자 "여러분이 어찌하여 울어 내 마음을 상하게 하느냐 나는 주 예수의 이름을 위하여 결박당할 뿐 아니라 예루살렘에서 죽을 것도 각오하였노라"(행 21:13)고 대답한다. 예수님의 이름이 영광을 얻고 그분의 이름이 세상에서 존귀케 되는 것이 바울에게는 자기 목숨보다 귀한 일이었다.

"그의 이름을 위하여 모든 열방 중에서"

로마서 1장 5절에서 바울은 자신의 부르심과 선교가 모든 열방 가운데서 그리스도의 이름이 높아지기 위한 것임을 명백히 밝힌다. "그로 말미암아 우리가 은혜와 사도의 직분을 받아 그의 이름을 위하여 모든 이방인 중에서 믿어 순종하게 하나니."

사도 요한은 초대 교회 성도들도 마찬가지의 선교적 동기를 가지고 복음을 전했다고 전한다. 그는 교회 중 한 곳에 편지를 써서 '하나님께 합당하게' 그리스도인 형제들을 파송해야 한다고 말하면서, 그 이유는 "그들이 '주의 이름을 위하여' 나가서 이방인에게 아무것도 받지 아니함이라"(요삼 1:6-7)고 했다.

존 스토트는 이 두 구절(롬 1:5, 요삼 1:7)에 대해 이렇게 말한다. "바울과 요한 두 사람은 하나님께서 예수님을 지극히 높이사 보좌 우편에 앉히시고 가장 높이심으로써 모든 입으로 예수님의 주되심을 고백하게 하셨다는 것을 알았다. 그들은 예수님이 그 이름에 합당한 영광을 받으시기를 바랐다."[18] 이 간절한 바람은 꿈이 아니라 확고한 믿음이었다. 그것은 우리의 모든 소망의 근본이며, 우리는 다른 모든 것이 무너져 버릴 때도 여전히 남아 있는 이 위대한 진리 위에 서 있다.

우리는 영원하고 모든 것에 부족함이 없으신 하나님이 무한히, 조금도 흔들림 없이, 영원히 자신의 위대하고 거룩한 이름의 영광을 추구하신다는 진리 위에 서 있다. 하나님은 열방 가운데서 자신의 명성을 위해 행동하실 것이다. 하나님의 이름은 더이상 더럽혀지지 않을 것이다. 교회의 선교는 승리의 길로 나아갈 것이다. 온 땅에서 하나님이 자기 백성들을 의롭다 하시고 자신의 뜻을 성취하실 것이다.

복 되신 구속자가
내 영혼의 수고한 것을 보시기를!

1740년대에 뉴저지 인디언들에게 선교한 데이비드 브레이너드는 29세의 젊은 나이로 숨을 거두기까지 이 확신을 놓치지 않았다. 1747년, 죽음을 일주일여 앞둔 그는 세상에서 하나님의 영광을 보기를 간절히 바라는 자신의 소망에 대해 기록했다. 그가 남은 힘을 다해 친필로 쓴 마지막 글은 다음과 같다.

10월 2일 금요일. 내 영혼은 오늘 시종 행복하게 하나님께 붙어 있었다. 나는 '하나님의 영광을 보기 위해' '하나님과 함께 있기를' 간절히 사모했다.⋯ 오, 하나님 나라가 세상에 임하면 얼마나 좋을까. 모든 사람이 하나님을 사랑하고 그분이 과연 누구신지를 알아 그분께 영광을 돌려드리면 좋겠다. 복 되신 구속자가 내 영혼의 수고한 것을 보고 만족하신다면, 얼마나 좋을까. 오, "주 예수여 오시옵소서. 속히 오시옵소서! 아멘."[19]

데이비드 브레이너드가 마지막까지 붙잡았던 하나님을 향한 열심이 이제는 없다는 것이 교회 선교가 힘을 잃은 주된 이유다. 이는 앤드류 머레이가 100년 전에 내린 판단이기도 하다.

우리는 그리스도인으로 자처하는 이들이 수백만이나 되는데도 왜 정작 어둠의 군대와 싸우는 하나님의 참 군대가 그토록 적은지 고민하고 있다. 그러나 사실 그 답은 오직 하나다. 마음이 부족하기 때문이다. 하나님의 나라를 향한 열심이 사그라들고 있다. 그리고 왕 되신 이를 향한 열정이 너무나 식었기 때문이다.[20]

이는 오늘날에도 여전히 사실이다. 피터 바이어하우스(Peter Beyerhaus)도 이 사실을 간파하고 우리의 삶과 선교의 중심에 하나님의 영광을 두라고 호소한다.

우리는 온 세상 앞에서 하나님의 다스리심을 영화롭게 하고 하나님의 구원 사역을 명백히 나타내는 일을 하도록 부르심을 받고 또한 보내심을 받았다.… 오늘날 선교의 다른 모든 목표들보다 이 영광스런 목표가 가장 먼저라는 것을 강조하는 일은 아주 중요하다. 인간과 그 사회에만 치중하는 우리의 기울어진 관심 탓에 선교는 왜곡되어 세속화 내지는 무신론적 활동 쯤으로 전락할 위협을 받고 있다. 우리는 인간이 교만하게도 자신을 만물의 척도로 삼는 배도의 시대에 살고 있다. 그러므로 우리가 맡은 선교적 임무 중 하나는 모든 십자가의 대적들 면전에서 이 땅이 하나님과 그 기름부으심 받은 분께 속했다고 용기 있게 고백하는 것이다.… 우리의 선교 사명은 온 세상 앞에 부활하신 주님의 깃발을 높이 드는 것이다. 실로 이 세상은 주님의 것이기 때문이다.[21]

왕 되신 분의 영광을 바라는 교회의 열심은, 목회자와 선교 동원가들과 신학을 가르치는 이들이 우리의 왕을 더욱더 높이지 않으면 결코 되살아나지 않을 것이다. 우리의 설교와 가르침, 대화와 글을 오직 하나님의 영광으로 가득 채울 때, 방법과 전략이라는 말을 앞세우고 고상한 심리학 용어를 늘어놓으며 문화적인 추세를 강조하던 모든 것이 그 기세가 꺾일 것이다. 그렇게 하나님이 그 모든 것 위에 자리하실 때, 그제서야 사람들은 하나님이 우리 삶의 중심이며, 하나님의 영광을 널리 나타내는 것이야말로 우리의 모든 소유와 계획보다 소중함을 깨닫게 될 것이다.

잃어버린 자들을 향한
사랑이 미약할 때의 선교

잃어버린 자들을 긍휼히 여기는 마음은 우리의 선교적 수고를 추동하는 크고 아름다운 동기가 된다. 이런 긍휼함이 없다면, 우리는 값없이 주어진 구원이라는 보화를 기꺼이 나누려는 겸손함을 잃어버리고 말 것이다. 그러나 사람들을 향한 이런 긍휼의 마음도 하나님의 영광을 향한 열정과 한 순간도 분리되어서는 안 된다. 예수전도단(YWAM)의 리더인 존 도슨(John Dawson)은 그 이유에 대해 또 하나의 설명을 덧붙인다. 그는 '잃어버린 자' 또는 '세상'에 대한 강렬한 사랑의 감정은 지속하기 매우 어려운 경험이며, 그 감정이 찾아올 때조차 항상 분명히 인식할 수 있는 것은 아니라고 지적한다.

잃어버린 자들에 대한 사랑을 품는다는 것이 어떤 느낌인지 궁금한 적이 있는가? 이것은 우리 그리스도인들 사이에서 잘 쓰는 표현이다. 신자들 가운데 많은 수가 자기 마음을 들여다보면서 그 안에 선교를 향한 마음이 부족함을 느끼고 죄책감을 갖는다. 어떻게든 담대하게 복음을 증거할 수 있게 이끄는 어떤 선한 감정이 찾아오기만을 고대한다. 그러나 그런 일은 일어나지 않는다. '잃어버린 자들'을 사랑하는 것은 불가능하다. 모호한 대상이나 관념적인 것을 마음속으로 깊이 느낄 수는 없는 법이다. 사진에서 본 낯선 인물을 깊이 사랑하는 것은 불가능하며, 더군다나 어떤 민족이나 인종, '잃어버린 자들'처럼 모호한 대상에 대해서는 말할 것도 없다.

낯선 사람에게 그리스도를 전하기 위해 사랑의 감정이 생길 때까지 기다리지 말라. 당신은 이미 하늘에 계신 아버지를 사랑하고 있으며, 하나님 아버지께서 창조하신 이 낯선 사람이 그분과 멀어져 있다는 것을 알고 있다. 그러므로 복음 증거의 맨처음 단계를 밟으라. 당신은 하나님을 사랑하고 있지 않은가? 우리의 믿음을 나누거나 잃어버린 자들을 위해 기도하는 것은 그저 인류를 불쌍히 여기는 마음에서 그렇게 하는 것이 아니다. 무엇보다도 하나님을 사랑하기 때문에 그렇게 하는 것이다. 이것이 핵심이다. 에베소서 6장 7-8절은 "기쁜 마음으로 섬기기를 주께 하듯 하고 사람들에게 하듯 하지 말라 이는 각 사람이 무슨 선을 행하든지 종이나 자유인이나 주께로부터 그대로 받을 줄을 앎이라"고 말한다.

인류는 당신이나 나와 마찬가지로 하나님의 사랑을 받을 자격이 없다. 우리는 마치 기독교 휴머니스트가 된 것처럼, 불쌍한 죄인들에게 예수님을 소개하고 예수님이 그들의 생활을 개선시켜 줄 어떤 '상품'인 양 격하시켜서는 안 된다. 사람들은 정죄를 받아 마땅하지만 하나님의 어린양 예수님은 자신이 받으신 고난의 보상을 받아 마땅하신 분이다.[22]

사랑의 기적

도슨의 말은, 우리가 알지 못하는 사람들을 긍휼히 여기는 마음의 수준으로 선교 사역을 제한하지 말라는 지혜로운 격려이자 경고다. 그렇다고 주님이 낯선 사람들에 대한 초자연적인 사랑의 부담감을 사람들에게 심어 주신다면 거기에서 이루어질 수많은 일들을 굳이 축소시키고 싶지 않다.

가령, 동양선교회(OMS International)의 웨슬리 듀웰(Wesley Duewel)은 자기 어머니가 중국과 인도를 향해 가졌던 놀라운 부담에 대한 이야기를 들려준다.

어머니는 수년 동안 중국과 인도 사람들에 대해 갈급한 마음을 품고 계셨다. 여러 해 동안 날마다 가족 기도회 때 이 두 나라를 위해 기도하다가 주체하지 못할 정도로 눈물을 흘리면서 기도를 마치셨다. 어머니의 사랑은 깊고도 지극한 것이어서 그 두 나라를 향해 어머니가 수년 동안 지셨던 사랑의 부담은 영원한 보상을 받을 것이다. 이것이야말로 성령님으로 말미암고 그리스도인들을 통해 전파되는 예수님의 사랑이다.[23]

긍휼히 여기는 마음이라는 동기와 하나님의 영광을 향한 열심이라는 동기는 서로 별개가 아님을 다시 한 번 강조하고 싶다. 긍휼히 여기는 마음으로 우는 것은, 하나님 안에서 누리는 기쁨을 다른 사람들과 나누고 싶으나 방해를 받아 우는 것과 동일하다.[24]

하나님의 부르심

하나님은 우리를 부르신다. 다른 어떤 것보다도 먼저 우리 삶 가운데 늘 하나님이 최고의 하나님이 되시게 하려는 열정을 품은 사람들이 되라고 하신다. 그리스도의 위대하심을 제대로 경험하지 못한 사람은 우리가 감당해야 하는 선교의 위대함 역시 제대로 경험하지 못할 것이다. 크고 놀라우신 하나님 없이는 세상을 향한 크고 놀라운 비전도 없다. 예배에 대한 열정이 없는 곳에서는 다른 이들을 우리 예배에 끌어들일 만한 열정도 없기 마련이다.

하나님은 가공할 만한 열정으로 모든 나라와 족속과 백성과 방언으로부터 하나님을 즐거이 예배할 사람들을 불러모으는 전 지구적 목적을 추구하고 계신다. 하나님은 열방 가운데서 자기 이름이 지극히 높임 받기를 한없이 원하신다.

그러므로 우리의 열심이 하나님의 열심과 일치되게 하자. 그리고 '하나님의 이름을 위하여,' 세상적 안락을 추구하는 것을 버리고 하나님의 원대하고 전 지구적인 목적에 합류하자. 그렇게 한다면 하나님의 이름을 향한 하나님의 전능하신 헌신이 우리 위에 깃발처럼 드리울 것이요, 큰 환난을 당하더라도 우리는 절대로 지지 않을 것이다(행 9:16, 롬 8:35-39).

선교는 교회의 궁극적인 목표가 아니다. 예배가 그 목표다. 선교가 존재하는 이유는 그곳에 예배가 존재하지 않기 때문이다. 우리의 대위임령은 먼저 주님을 기뻐하는 것이다(시 37:4). 그 다음에 "온 백성은 기쁘고 즐겁게 노래할지니"(시 67:4)라고 선포하는 것이다. 이렇게 할 때 하나님은 처음부터 끝까지 영광을 받으시고, 예배는 주님이 오실 때까지 선교 사역에 힘을 불어넣을 것이다.

주 하나님 곧 전능하신 이시여

하시는 일이 크고 놀라우시도다

만국의 왕이시여

주의 길이 의롭고 참되시도다

주여 누가 주의 이름을 두려워하지 아니하며

영화롭게 하지 아니하오리이까

오직 주만 거룩하시니이다

주의 의로우신 일이 나타났으매

만국이 와서 주께 경배하리이다(계 15:3-4).

2

기도, 선교를 위한 전략 무기

인생이 전쟁이라는 사실을 깨닫기 전까지 우리는 기도가 무엇을 위한 것인지 알지 못한다. 우리 삶은 전쟁이다. 물론 전쟁이 인생의 전부는 아니지만, 우리 삶은 항상 전쟁이다. 우리가 기도에 유약한 이유는 이 진리를 경홀히 여겼기 때문이다. 기도는 본질적으로 교회가 어둠의 권세와 불신에 맞서 날마다 전진해야 할 때 사용하는 전시(戰時)용 무전기다. 기도를 우리가 살고 있는 가정집에서 좀 더 편하자고 윗층에 연락할 때 쓰는 가정용 인터폰쯤으로 생각한다면, 기도가 제대로 작동하지 않는 것은 당연한 일이다. 그러나 하나님은 우리에게 기도를 전시용 무전기로 허락하셨다. 세상 속에서 그리스도의 나라가 전선을 확대해 갈 때 우리에게 필요한 모든 것을 작전사령부에 요청하는 데 쓰라고 말이다.

우리에게 기도는 최전방 전력의 중요성을 일깨우고, 무한 공급자이신 하나님께 영광을 돌리게 한다. 능력의 공급자이신 분이 마땅히 영광을 받으셔야 한다. 따라서 기도는 선교에 있어 하나님이 최고의 하나님 되심을 확실히 알게 하는 방편이자, 우리의 모든 필요를 채우시는 무한한 은혜의 주재와 연결시켜 주는 안전끈이다.

우리 삶은 전쟁이다

바울은 삶의 막바지에 이르러 디모데후서 4장 7절에서 이렇게 말한다. "나는 '선한 싸움'을 싸우고 나의 달려갈 길을 마치고 믿음을 지켰으니." 디모데전서 6장 12절에서 바울은 디모데에게 "믿음의 '선한 싸움'을 싸우라 영생을 취하라 이를 위하여 네가 부르심을 받았고"라고 권면한다. 바울에게는 삶 전체가 전쟁이었다. 물론 그는 농사, 운동 경기, 가정, 건물, 목양 등 전쟁 이외의 다른 이미지들도 즐겨 사용했다. 그가 평화를 사랑하는 사람이었다는 것은 두말할 필요가 없다. 그러나 전쟁이 주된 것이었음은 전쟁 무기들 중 하나가 평안의 복음이었다는 사실에서 분명히 알 수 있다(엡 6:15). 바울이 엄청난 기쁨을 누리는 사람이었던 것 또한 사실이다. 그러나 이 기쁨은 선교하다가 겪는 '환난 중에 기뻐한 것'이었다(롬 5:3, 12:12, 고후 6:10, 빌 2:17, 골 1:24, 벧전 1:6, 4:13 참조).

인생은 전쟁이다. 믿음을 지키고 영생을 굳게 붙잡는 것은 끝없는 전투이기 때문이다. 바울은 데살로니가전서 3장 5절에서 사탄이 우리의 믿음을 파괴하는 것을 목표로 삼고 있다고 분명히 밝힌다. "이러므로 나도 참다 못하여 너희 믿음을 알기 위하여 그를 보내었노니 이는 혹 시험하는 자가 너희를 시험하여 '우리 수고를 헛되게 할까' 함이니." 데살로니가 교회를 향한 사탄의 공격은 그리스도인의 믿음을 겨냥한 것이었다. 사탄의 목표는 바울이 그곳에서 한 일을 '헛되게', 즉 쓸모없게 만들고 파괴하는 것이었다.

바울이 택하심을 입은 자들의 영원한 안전을 믿은 것은 사실이다("의롭다 하신 그들을 또한 영화롭게 하셨느니라"—롬 8:30). 그러나 영원히 안전한 사람들은 "믿음의 선한 싸움을 싸우고 영생을 굳게 붙잡음으로써 부르심과 택하심을 굳게 하는" 자들이다(딤전 6:12, 벧후 1:10). 예수님은 "끝까지 견디는 자는 구원을 받으리라"(막 13:13)고 말씀하셨다. 그리고 사탄은 우리의 믿음을 파괴함으로써 우리를 망하게 하려고 항상 도발하고 있다.

디모데전서에 나오는 '싸우다'(아고니제스타이, *agōnizesthai*)는 단어는 그리스도인의 삶을 묘사할 때 반복해서 쓰인다. 예수님은 "좁은 문으로 들어가기를 '힘쓰라' 내가 너희에게 이르노니 들어가기를 구하여도 못하는 자가 많으리라"(눅 13:24)고 말씀하셨다. 히브리서 4장 11절은 "그러므로 우리가 저 안식에 들어가기를 '힘쓸지니' 이는 누구든지 저 순종하지 아니하는 본에 빠지지 않게 하려 함이라"고 말한다. 바울은 그리스도인의 삶을 경주에 비유하면서 "이기기를 '다투는' 자마다 모든 일에 절제하나니 그들은 썩을 승리자의 관을 얻고자 하되 우리는 썩지 아니할 것을 얻고자 하노라"(고전 9:25)고 말했다.

바울은 자신의 복음 선포와 가르침의 사역을 다음과 같은 용어들로 묘사한다. "이 일을 위하여 나도 내 속에서 능력으로 작용하는 그분의 활력을 따라 수고하며 '애쓰고' 있습니다"(골 1:29, 새번역). 바울은 또 기도가 이 싸움의 일부라고 말한다. "그리스도 예수의 종인 너희에게서 온 에바브라가 너희에게 문안하느니라 그가 항상 너희를 위하여 '애써' 기도하여"(골 4:12). "너희 기도에 나와 '힘을 같이하여' 나를 위하여 하나님께 빌어"(롬 15:30). 이때마다 헬라어 성경은 매번 같은 단어를 쓰고 있다. 즉 '싸우다'(아고니제스타이)라는 단어다.

바울은 때때로 다른 전쟁 용어를 더욱더 실감나게 사용한다. 자신의 전투 인생에 대해 바울은 "그러므로 나는 달음질하기를 향방 없는 것같이 아니하고 '싸우기를' 허공을 치는 것같이 아니하며 내가 내 몸을 쳐 복종하게 함은 내가 남에게 전파한 후에 자신이 도리어 버림을 당할까 두려워함이로다"(고전 9:26-27)라고 말했다. 바울은 달음질하고, 권투 시합을 하고, 자기 몸의 저항하는 힘에 맞서 싸우고 있다. 자신의 사역에 대해서도 바울은 "우리가 육신으로 행하나 육신에 따라 '싸우지' 아니하노니 우리의 '싸우는 무기'는 육신에 속한 것이 아니요 오직 어떤 견고한 진도 무너뜨리는 하나님의 능력이라 모든 이론을 무너뜨리며 하나님 아는 것을 대적하여 높아진 것을 다 무너뜨리고 모든 생각을 사로잡아 그리스도에게 복종하게 하니"(고후 10:3-5)라고 적고 있다.

바울은 디모데에게 자신의 사역을 전쟁으로 보라고 격려한다. "아들 디모데야 내가 네게 이 교훈으로써 명하노니 전에 너를 지도한 예언을 따라 그것으로 '선한 싸움을 싸우며'"(딤전 1:18). "'병사'

로 복무하는 자는 자기 생활에 얽매이는 자가 하나도 없나니 이는 '병사'로 모집한 자를 기쁘게 하려 함이라"(딤후 2:4). 다시 말하면 선교와 사역은 전쟁이다.

우리가 매일 참전하고 있는 전쟁에 대해 가장 잘 알려진 말씀은 아마도 에베소서 6장 12-18절일 것이다. 이 글에서 바울은 '하나님의 전신 갑주' 장비들을 나열한다. 여기서 우리는 나무를 보느라 숲을 놓치는 실수를 범해서는 안 된다. 우리에게 익숙한 이 말씀의 전제는 간단하다. 우리의 삶은 전쟁이라는 것이다.

바울은 이를 당연한 사실로 언급한 다음 이것이 어떤 전쟁인지를 말하고 있다. "우리의 씨름은 혈과 육을 상대하는 것이 아니요 통치자들과 권세들과 이 어둠의 세상 주관자들과 하늘에 있는 악의 영들을 상대함이라 그러므로 하나님의 전신 갑주를 취하라 이는 악한 날에 너희가 능히 대적하고 모든 일을 행한 후에 서기 위함이라"(12-13절).

그런 다음 바울은 전쟁이 아닌 다른 맥락에서 생각할 수 있는 삶의 모든 축복들을 전투를 위한 무기로 언급한다. 진리를 알고 있다면 이는 갑옷의 허리 띠에 필요하다. 우리에게 의가 있다면 이는 호심경으로 써야 한다. 평안의 복음을 소중히 여긴다면 이는 군사의 신발이 되어야 한다. 하나님의 약속을 즐겨 의지한다면 이 믿음은 불화살을 막는 방패로 우리 왼팔에 매야 한다. 우리의 구원을 기뻐한다면 이를 투구로 삼아 머리에 꼭 쓰고 있어야 한다. 하나님의 말씀을 꿀보다 더 사랑한다면 그 꿀을 검으로 삼아야 한다. 그리스도인의 삶에 주어지는 '평상시'의 축복이 사실상 모두 전쟁을 위해 소집된다. 그러므로 우리 삶에는 전시(戰時)와 비전시(非戰時)가 따로 구분되지 않는다. 인생은 전쟁이다.[1]

내핍의 부재

그러나 대부분의 사람들은 마음속으로 이것을 믿지 않는다. 영적인 일들에 심드렁하고 각자의 우선순위를 좇아 살아가기에 바쁘다. 그런 사람들의 모습은, 지금이 전시가 아닌 태평성대라고 믿고 있음을 보여 준다.

전시에는 전쟁 상황이라든지 군대의 주요 소식이 신문의 머리 기사를 장식한다. 가족들은 전선에 투입된 아들과 딸에 대해 이야기하고 그들에게 편지를 쓰고 안전을 걱정하여 가슴 졸이며 그들을 위해 기도한다. 전시에 우리는 늘 경계 상태에 놓인다. 무장을 하고, 긴장을 늦추지 않는다. 돈을 쓰는 것도 다르다. 즉 내핍을 한다. 단순히 돈을 아끼는 차원이 아니다. 전시 상황이기에 돈을 쓰는 우선순위가 달라지는 것이다. 새 차를 살지 말지 고민하기보다 더 전략적으로 돈을 써야 할 때를 위해 내핍 생활을 결행한다. 전시 상황에서는 모든 사람이 영향을 받는다. 모든 사람이 지출을 줄인다. 호화 여객선마저 군인 수송선이 된다.

그러나 지금 우리가 세계대전이나 혹 일어날 법한 핵전쟁보다 더 심각한 전쟁 중에 있다는 사실을 아는 사람은 거의 없다. 사탄이 지상의 어떤 적보다 더 두려운 원수라는 것을 깨닫는 사람도 찾아보기 힘들며, 이 전쟁이 지구상 한 지역에서 발발한 국지전이 아닌

전 지구적인 것이라고 생각하는 사람도 드물다. 이 전쟁의 희생자들이 단순히 팔이나 눈, 이 세상의 목숨을 잃는 것이 아니라, 그들의 모든 것, 심지어 영혼까지 잃고 영원한 고통의 지옥에 들어간다는 것을 누가 진지하게 생각하겠는가?

C. S. 루이스가 쓴 『스크루테이프의 편지』를 보면, 고참 악마 스크루테이프가 풋내기 악마 웜우드에게 "전쟁시 많은 수확을 얻을 거라고 기대하지 말라"고 충고한다. 그는 2차 세계대전의 끔찍했던 고통을 회상하면서 전쟁은 참 신자들의 믿음과 의지를 꺾지 못할 것이라고 말한다. 이는 전쟁이 만드는 달갑잖은 현상 때문인데, 전쟁이 벌어지면 하나님의 희한한 일하심으로 사람들이 원치 않게 삶과 죽음, 그리고 영원에 대해 진지하게 생각하게 된다는 것이다. 그 고참 악마는 이렇게 투덜댄다. "전쟁 때문에 인간들이 죽음에 대해 자꾸 생각하게 되는 게 우리한테 얼마나 손해인지 몰라. 최고의 성능을 발휘하는 무기인 '나만 좋으면'도 소용 없다니깐. 전시에는 어떤 인간도 자기가 안전하게 영원히 살 거라고 믿지 않게 된단 말이야."[2] 이렇게 보면 매일 우리 영혼을 향해 사납게 몰아쳐 오는 심각한 전쟁에 민감해지기 위해 그보다 덜 심각한 전쟁—3차 세계대전 또는 테러—이 필요할지 모를 일이다.

기도로 말씀을 검처럼 휘둘러야 한다

이 전쟁의 심각함을 느끼기 전까지 우리는 합당하게 기도하지 않을 것이다. 아니, 기도가 무엇인지조차 깨닫지 못할 것이다. 에베소서 6

장 17-18절에서 바울은 전쟁 같은 삶과 기도의 연관성을 밝히고 있다. "성령의 검 곧 하나님의 말씀을 가지라 모든 기도와 간구를 하되 항상 성령 안에서 기도하고 이를 위하여 깨어 구하기를 항상 힘쓰며 여러 성도를 위하여 구하라." 헬라어 원문에는 18절이 별도의 문장으로 나와 있지 않고, 다음과 같이 17절과 연결되어 있다. "검을 가지고 모든 일에 모든 기도와 간구를 하라." 성령의 검 곧 하나님의 말씀을 가지고 기도하라! 말씀을 검처럼 휘둘러야 한다. 그것이 바로 기도다.

기도는 작전사령부와의 소통이며 이를 통해 하나님의 뜻에 따라 전투 무기가 동원된다. 이것이 바로 에베소서 6장에 나오는 무기들과 기도의 연관성이다. 기도는 전쟁에 쓰는 것이다.

선교는 기도의 실천 현장이다

기도와 선교의 관련성은 전투 용어를 사용하지 않지만 동일한 현실을 다루고 있는 요한복음 15장 16절에서 잘 볼 수 있다. 예수님은 이렇게 말씀하신다. "너희가 나를 택한 것이 아니요 내가 너희를 택하여 세웠나니 이는 너희로 가서 열매를 맺게 하고 또 너희 열매가 항상 있게 하여 내 이름으로 아버지께 무엇을 구하든지 다 받게 하려 함이라."

이 문장의 논리 구조가 중요하다. 왜 하나님 아버지는 제자들이 예수님의 이름으로 구하는 것을 그들에게 주신다고 하는가? 그것은 그들이 열매를 맺도록 보내심을 받았기 때문이다. 아버지께서 제자들에게 기도라는 도구를 주신 이유는 예수님이 그들에게 사명을 주셨기 때문이다. 실제로 요한복음 15장 16절의 문법 구조는, 예수님이 제자들에게 사명을 주신 이유가 그들이 기도의 능력을 사용할 수 있게 하기 위함임을 암시한다. "이는 너희로 가서 열매를 맺게 하고…그리하여(우리말 성경에는 없음—역자 주) 내 이름으로 아버지께 무엇을 구하든지 다 받게 하려 함이라." 이것은 기도가 전시용 무전기라는 것을 달리 표현한 것이다.

하나님은 기도를 고안하셔서 우리에게 선교에 쓰라고 주셨다. 선교는 "열매를 맺는 것" 또는 "사로잡힌 자들을 자유케 하는 것"이라 할 수 있다. 어쨌든 요지는 같다. 기도는 열매 없는 불모지인 대적의 영토에 하나님 나라를 확장하기 위해 고안된 전투 무기다.

기도가 작동하지 않는 이유

신자들의 손에서 기도가 작동 불량이 되는 가장 큰 이유는 아마도 우리가 전시용 무전기를 가정용 인터폰으로 전환하려 하기 때문일 것이다. 삶이 전쟁이라는 것을 깨닫기 전까지는 기도가 어디에 필요한지 우리는 알 길이 없다. 기도는 전시 임무 완수를 위한 것이다. 이는 마치 야전 사령관(예수님)이 군대를 소집하고 그들에게 중요 임무(가서 열매를 맺으라)를 부여한 뒤, 각 병사에게는 작전사령부의 주파수로 연결된 개인 무전기를 건네면서 이렇게 말하는 것과도 같다.

"동지들이여, 총사령관께서 제군들에게 임무를 하달하셨다. 총사령관께서는 제군들을 통해 그 임무가 완수되기를 바라신다. 그것을 위해 총사령관께서는 제군들 각자에게 제공된 이 무전기를 통해 총사령관께 직접 연락할 수 있게 하라는 권한을 부여하셨다. 제군들이 충실하게 이 임무를 수행하고 무엇보다 총사령관의 승리를 우선적으로 추구한다면, 총사령관께서는 항상 제군들의 무전기만큼이나 가까이에 계실 것이며 필요할 때마다 언제든지 전술적 조언은 물론 강력한 공중 지원도 제공하실 것이다."

그런데 수백만의 그리스도인들은 지금까지 무엇을 했는가? 우리는 전쟁 중이라는 것을 더 이상 믿지 않는다. 긴급함도 없고, 깨어 있지도 않으며, 경계도 하지 않는다. 물론 전략이나 전술 계획도 없다. 안일한 평화와 번영만 있을 뿐이다. 그렇다면 그 무전기를 어떻게 했는가? 우리는 그 무전기를 자기 집과 별장과 보트와 자동차에서 인터폰으로 써먹으려고 애썼다. 목숨을 노리는 적과의 전투에서 화력 지원을 요청하는 데 사용한 것이 아니라 자기 집에서 더 많은 안락을 누리게 해달라고 구하는 데 사용한 것이다.

크게 고통하는 때

누가복음 21장 34-35절에서 예수님은 제자들에게 크게 고통하고 대적하는 날이 올 것이라고 경고하신다. 그러고는 "이러므로 너희는 장차 올 이 모든 일을 능히 피하고 인자 앞에 서도록 항상 기도하며 깨어 있으라"고 말씀하신다. 달리 말하면, 우리가 예수님을 따를 때 악의 세력과 심각한 충돌을 빚게 될 것이란 얘기다. 이는 전쟁을 의미한다. 악의 세력은 우리를 에워싸고 공격하며 우리의 믿음을 파괴하려고 위협할 것이다.

그래서 하나님은 우리 각자에게 무전기를 주셨다. 우리가 잠에 빠진다면 이 무전기는 아무 소용이 없다. 그러나 예수님이 말씀하신 것처럼 깨어 있어서 전투 중에 지원을 요청하면 언제든 받을 것이다. 우리의 사령관께서는 충성스런 병사들이 인자 앞에서 결코 승리의 면류관을 빼앗기지 않게 하실 것이다. 거듭 말하지만 이 진리를 기억하라. 우리는 인생이 전쟁이라는 것을 깨닫기 전까지는 기도가 왜 필요한지 알지 못한다.

평화를 위한 기도도 전쟁의 한 부분이다

그러나 디모데전서 2장 1-4절은 기도 속에 내포되어 있는 전쟁의 이미지와 상충되는 것처럼 보인다. 바울은 "우리가 모든 경건과 단정함으로 고요하고 평안한 생활을 하려면"(2절) 임금들과 높은 지위에 있는 모든 사람을 위해 기도하라고 말한다. 이 말씀은 매우 가정적이고 일상적이고 또 평화롭게 들린다.

그러나 계속 읽어 보라. 우리가 이렇게 기도해야 하는 것은 전략적인 이유 때문이다. 3-4절은 "이것(평화를 위한 기도)이 우리 구주 하나님 앞에 선하고 받으실 만한 것이니 하나님은 모든 사람이 구원을 받으며 진리를 아는 데에 이르기를 원하시느니라"고 한다. 하나님은 모든 족속과 방언과 백성과 나라 가운데서 사람들을 구원하려고 하신다. 그러나 승리의 가장 큰 장애물 중 하나는 사람들이 사회적, 정치적, 경제적 파도에 휩쓸린 나머지 정작 우주적인 진짜 전투에는 그들의 관심과 시간과 에너지와 창조력을 쏟지 못한다는 것이다.

사탄의 목표는 어느 누구도 구원을 받거나 진리를 아는 데에 이르지 못하게 하는 것이다. 그리고 사탄의 핵심 전략 중 하나는 잃어버린 자들의 구원과 성도들의 인내를 위한 진짜 전투로부터 우리의 관심을 빼앗는 전투를 벌이는 것이다. 사탄은 우리의 진짜 전투는 바울이 말한 것처럼 혈과 육에 대한 것이 아님을 알고 있다. 그러므로 우리가 '혈과 육'에 관련한 전쟁과 충돌과 혁명에 더 깊이 휘말릴수록 사탄은 더 좋아한다.

바울은 모든 사람이 구원을 받고 진리를 아는 데에 이르기를 하나님이 원하시기 때문에 평화를 위해 기도하라고 말할 때, 기도를 민간의 편의 증대를 위한 일종의 무해한 가정용 인터폰으로 묘사하지 않았다. 바울은 기도를 혈과 육의 유인용 전투에서 대적이 어떠한 화력도 빼내 가지 못하게 해달라고 작전사령부에 요청하는 전략적 호소로 묘사한다.

시대의 긴급한 필요

정리해 보자. 하나님은 우리에게 기도를 주셨고, 이는 예수님이 우리에게 임무를 맡기셨기 때문이다. 우리가 세상에 있는 것은 어둠의 세력을 몰아내기 위해서이며, 우리가 기도로 작전사령부에 직접 연락할 수 있게 된 것은 이 일을 잘하기 위해서다. 우리가 자신의 안락을 위해 기도를 가정용 인터폰으로 바꾸려고 한다면, 기도는 무익해지고 우리의 믿음은 비틀거리기 시작한다. 우리가 기도를 가정용으로 전용한다면, 우리 중 많은 이들에게 기도는 본래의 (그리스도의 사명을 이루기 위한 전시용 무전기) 기능을 상실하고 만다.

그러므로 우리는 우리 자신뿐 아니라 우리 편 사람들이 전시에 준하는 마음 자세를 잃지 않도록 노력해야 한다. 그렇지 않으면 기도를 대하는 긴급함, 깨어 있음, 인내를 호소하는 성경의 가르침은 아무 쓸모가 없고 기도를 포기할 때의 위험에 대해서도 무감각해지게 될 것이다. 더욱이 복음을 위해 공중 지원을 요청하거나 새로운 전략 요청을 위해 예수님의 이름으로 기도할 필요를 느끼지 못하게 될 것이다.

우리 시대의 긴급한 필요는 무엇보다 교회를 전시 체제에 돌입하게 만드는 것이다. 선교 동원가들의 비명 같은 외침을 보라. "날마다 전투를 치르는 교회의 모습은 더이상 찾을 수가 없다. 복음을 위해 고난을 두려워하지 않는 강한 군대, 세상을 이기겠다는 굳은 각오로 행군하는 전투 정신은 어디로 사라졌는가? 위험을 무릅쓰고 하나님을 위해 전진하는 교회의 모습은 어디에 있단 말인가?"[3] 우리의 삶이 태평성대뿐이라는 안일한 마음 자세가 그것을 삼켜버리고 말았다.

우리는 가시떨기에 뿌려진 씨앗이 처한 상황과 다르지 않은 시대를 살아간다. 씨 뿌리는 비유에서 예수님은 씨는 곧 말씀이라고 하셨다. 예수님은 하나님 나라의 권능에 대한 긴급한 말씀의 씨앗을 뿌리고 계신다. 그러나 우리는 그 말씀을 검으로 사용하는 (또는 열매 맺는) 대신 "말씀을 듣기는 하되 세상의 염려와 재물의 유혹과 기타 욕심이 들어와 말씀을 막아 결실하지 못하게 되는 자"(막 4:18-19)가 되었다.

우리 삶이 항상 전쟁이라고 바울이 말한 이유가 바로 이것이다. 모든 순간이 그렇다. 교회의 선교를 시작도 하기 전에 우리는 "재물의 유혹"과 "기타 욕심"과 먼저 싸워야 한다. 우리는 모든 '기타 욕심의 대상'들보다 훨씬 더 하나님 나라를 소중히 하기 위한 싸움을 벌여야 한다. 이것이 우리의 가장 우선하는 계속될 전투다. 이것이 '믿음의 싸움'이다. 이 전투에서 먼저 경험을 쌓은 뒤 비로소 우리는 열방 가운데 하나님 나라를 심는 싸움에 나설 수 있다.

하나님은 이 전쟁에서 승리하실 것이다

전쟁의 한복판에서 하나님은 자신이 승리할 것을 당당히 주장하신다. 누구도 의심할 수 없이 명백한 승리를 통해 하나님은 영광을 받으실 것이다. 전 역사를 통틀어 하나님의 목적은 하나님의 영광을 지키고 나타내심으로써 열방 중에서 구속받은 백성들이 그 영광을 즐거워하게 하시는 것이다. 그러므로 하나님은 승리가 명백해질 때까지 전쟁에 매진하실 것이다.

1장에서 살펴본 것처럼, 하나님의 최종 목표는 하나님이 영광을 받으시고 최고의 하나님 되심을 영원토록 누리시는 것이다. 이것이 그분의 대의가 승리하도록 이끌어가는 유일한 길이다. 영광의 깃발을 높이 들기 위해 하나님은 주권적인 능력을 발휘하시며 자신이 명하신 선교의 과업을 친히 완수하실 것이다.

청교도 소망의 힘

하나님이 최고의 하나님이 되시고 그분의 대의가 승리를 거두리라는 확신은, 하나님 백성들의 기도와 교회의 선교에 필수적이다. 선교 역사에서 이 확신이 지닌 강력한 힘이 증명되어 왔다. 영국 개신교 최초의 선교 사역은 청교도의 소망이라는 토양에서 솟아 나왔다. 청교도들은 대략 1560년에서 1660년 사이에 영국(그리고 뉴잉글랜드)에서 영국 교회를 정화하고 종교 개혁의 가르침을 신학적으로든 실천적으로 따르고자 했던 목회자들과 교사였다.[4]

그들은 '하나님이 최고의 하나님이 되셔야 한다'는 개념이 '온 세상에서 승리하시는 하나님'이라는 불굴의 소망을 낳는다고 보았다. 그들은 모든 열방 가운데 하나님 나라가 임하기를 바라는 열정에 깊이 고무된 사람들이었다. 그들의 마음 깊은 곳에는 그리스도의 대의가 마침내 승리하리라는 진리의 약속들에 대한 믿음이 있었다. "내가 이 반석 위에 내 교회를 세우리니 음부의 권세가 이기지 못하리라"(마 16:18). "이 천국 복음이 모든 민족에게 증언되기 위하여 온 세상에 전파되리니 그제야 끝이 오리라"(마 24:14). "주여 주께서 지으신 모든 민족이 와서 주의 앞에 경배하며 주의 이름에 영광을 돌리리이다"(시 86:9). "너를 축복하는 자에게는 내가 복을 내리고 너를 저주하는 자에게는 내가 저주하리니 땅의 모든 족속이 너로 말미암아 복을 얻을 것이라 하신지라"(창 12:3). "내게 구하라 내가 이방 나라를 네 유업으로 주리니 네 소유가 땅끝까지 이르리로다"(시 2:8). "땅의 모든 끝이 여호와를 기억하고 돌아오며 모든 나라의 모든 족속이 주의 앞에 예배하리니"(시 22:27). "온 땅이 주께 경배하고 주를 노래하며 주의 이름을 노래하리이다"(시 66:4). "규가 유다를 떠나지 아니하며 통치자의 지팡이가 그 발 사이에서 떠나지 아니하기를 실로가 오시기까지 이르리니 그에게 모든 백성이 복종하리로다"(창 49:10).[5]

언젠가 그리스도께서 열방의 마음을 사로잡으시고 땅 위의 모든 백성에게서 영광을 받으실 것이라는 이 엄청난 확신으로 인해 영어권 최초로 선교 활동이 시작되었다. 이는 현대 선교 운동의 아버지로 불리는 윌리엄 캐리가 1793년 선교의 첫 발을 내딛기 150년 전의 일이다.

1627년에서 1640년 사이에 영국에서 미국으로 건너간 15,000명 대부분이 청교도였다. 그들은 그리스도께서 온 세상을 다스리시게 될 것이라는 확신을 그대로 안고 갔다. 실제로 당시 매사추세츠 주에 정착한 이주민들의 인장에는 "마게도냐로 건너와서 우리를 도우라"고 요청하는 북미 인디언이 새겨져 있었다. 그것은 사도행전 16장 9절에서 따온 내용이다. 이를 통해 우리는 청교도들이 자신들의 신대륙 이주를 하나님 나라를 열방 가운데 넓히는 하나님의 선교 전략의 일환으로 보았다는 것을 알 수 있다.

존 엘리엇의 기도와 수고

1631년에 희망을 안고 대서양을 건너간 청교도 중 존 엘리엇(John Elliot)이 있었다. 당시 27세였던 그는 1년 뒤 보스톤에서 조금 떨어진 매사추세츠 주 록스버리의 개척 교회 목사가 되었다. 그러나 어떤 계기로 인해, 그는 목회자 이상의 인물이 된다.

코튼 매더(Cotton Mather)에 따르면, 그 인근에는 스무 개의 인디언 부족이 있었다. 존 엘리엇은 그가 설교하고 가르치는 신학이 실제로 의미하고 요구하는 바를 외면할 수 없었다. 오류가 없는 성경의 약속에 따르면 모든 열방이 언젠가 그리스도께 엎드릴 것이고, 주권자이신 그리스도께서 성령으로 말미암아 기도를 통해 모든 대적을 굴복시키고 약속된 통치를 펼치실 것이다. 그렇다면, 그리스도의 대사로 열방 중 한 나라에 가는 사람은 하나님이 택하신 도구가 되어 눈먼 자들의 눈을 뜨게 하고 그리스도 왕국의 전초 기지를 세우게 될 것이라는 선한 소망을 품을 수 있었다.

그리하여 그는 마흔(스물이 아니다! 마흔이다!)이 넘어 알곤킨 부족의 언어를 배우기 시작했다. 어휘와 문법과 통사 구조를 분석했고, 나중에는 리처드 백스터(Richard Baxter)의 『회개했는가』(*Call to the Unconverted*)를 비롯해 자신이 소중히 여기는 책들뿐 아니라 성경 전체를 번역했다. 엘리엇이 84세가 되었을 무렵에는 인디언 교회가 무수히 많아졌으며 인디언 목사가 사역하는 교회들도 있었다. 이는 "그리스도 예수를 믿음으로 말미암는 기도와 수고는 무엇이든 할 수 있다!"[6]고 고백했던 사람이 남긴 놀라운 이야기다.

내가 이 이야기를 하는 이유는, 우리가 세계 선교를 위해 기도하는 근거가 되는 성경의 소망을 굳건히 붙드는 것이 얼마나 중요한지를 강조하기 위해서다. 하나님은 약속하셨고, 하나님은 주권자시다. "주여 주께서 지으신 모든 민족이 와서 주의 앞에 경배하며 주의 이름에 영광을 돌리리이다"(시 86:9).

이 소망이 바로 청교도들의 마음을 사로잡았고 마침내 1793년에 현대 선교 운동을 탄생시켰다. 윌리엄 캐리는 이 소망 속에서 자랐으며 데이비드 브레이너드[7]와 아도니람 저드슨(Adoniram Judson), 알렉산더 더프(Alexander Duff), 데이비드 리빙스톤(David Livingston), 존 패튼(John Paton)[8]과 또 수많은 사람들이 세상의 미전도 종족에게 복음을 전하고자 목숨을 바쳤으니, 이들 모두가 이 소망을 잃지 않은 사람들이다. 현대 선교 운동은 신학적 진공 상태에서 이루어진 것이 아니다. 이는 하나님이 최고의 하나님이심을 삶의 중심에 두는 종교 개혁의 위대한 전통에서 말미암은 것이다. 세계 선교라는 전쟁에서 하나님은 자기 영광을 위해 팔을 걷어붙이고 뛰어들어 승리를 거두실 것이다.[9]

선교는 전적으로 하나님의 일이다

하나님이 자기 영광을 위하여 승리하실 것이란 사실을 위대한 선교사들의 믿음에서 보는 것보다 성경에서 보는 것이 훨씬 더 중요하다. 신약성경은 하나님이 자신의 대위임령을 인간 의지의 불확실성에 내맡긴 채 두고보지 않으신다는 것을 분명히 한다. 주님은 처음부터 "내가…내 교회를 세우리니"(마 16:18)라고 말씀하셨다. 세계 선교는 전적으로 부활하신 주 예수님의 일이다.

**"다른 양들이 내게 있어
내가 인도하여야 할 터이니"**

요한복음에서 예수님은 세계 선교를 이렇게 표현하셨다. "또 이 우리에 들지 아니한 다른 양들이 내게 있어 내가 인도하여야 할 터이니 그들도 내 음성을 듣고 한 무리가 되어 한 목자에게 있으리라"(요 10:16).

요한복음의 위대한 선교 본문인 이 말씀은 소망과 권능으로 가득하다. 이 말씀의 뜻은 그리스도에게는 이미 회심한 사람들 말고도 다른 사람들이 있다는 것이다. "이 우리에 들지 아니한 '다른 양들'이 내게 있다."[10] 이 말씀은 선택의 교리를 언급하고 있다. 하나님은 누가 자기 양 무리에 속할지 선택하시며, 그들은 예수님이 부르시기 전에 이미 하나님의 양이다. "아버지께서 내게 주시는 자는 다 내게로 올 것이요 내게 오는 자는 '내가 결코' 내쫓지 아니하리라"(요 6:37. 6:44, 45, 8:47, 10:26-27, 17:6, 18:37 참조). 주 예수님의 이 같은 주권적 '의지(내가 결코…하리라)'는 친히 세계 선교 활동에 관여하실 때 어떠한 것도 대적할 수 없음을 확인해 준다.

선택의 교리가 선교를 불필요하게 만든다고 주장하는 사람들이 언제나 있기 마련이다. 그러나 그들의 생각은 옳지 않다. 선택은 선교를 불필요하게 만들지 않는다. 오히려 더 풍성한 소망을 품고 선교를 기대하게 만든다.

기독학생회(IVF) 회장을 역임한 존 알렉산더(John Alexander)는, 내 인생의 중요한 시기이기도 했던 어바나 '67 집회 때 이런 메시지를 전했다. "저는 선교 사역을 시작한 지 얼마 안 되었을 때 만일 예정론이 맞다면 제가 선교사가 될 수 없을 거라고 말했습니다. 하지만 인간 마음의 강퍅함과 더불어 20여 년의 투쟁을 벌이고 난 지금에 와서, 저는 만일 제가 예정론을 믿지 않았다면 결코 선교사가 될 수 없었을 거라고 고백합니다."[11] 예정론은 열방 중에 그리스도에게 속한 '다른 양들'이 분명히 있다는 소망을 준다.[12]

예수님이 "내가 인도하여야 할 터이니"라고 하셨을 때, 이는 선교사 없이 이 일을 하겠다는 뜻으로 말씀하신 것이 아니다. 이는 구원이 믿음으로 말미암으며(요 1:12, 3:16, 6:35) 믿음은 제자들이 전하는 말씀으로 말미암는다(요 17:20)는 사실을 볼 때 분명하다. 하나님 아버지께서 예수님을 보내신 것처럼, 예수님은 자신이 보낸 이들이 전한 말씀을 통해 자기 양을 우리로 데려오신다(요 20:21). 그러므로 그때나 지금이나 "내 양은 내 음성을 들으며 나는 그들을 알며 그들은 나를 따르느니라"(요 10:27)는 말씀은 여전히 사실이다. 복음에 있어서 부르시는 분은 그리스도시다. 세계 선교에 있어서 자기 양을 모으시는 분도 그리스도시다. 그렇기 때문에 우리에게는 양들이 올 것이라는 분명한 확신이 있다.

선교를 위해 능력을 덧입다

예수님은 하늘로 올라가실 때 제자들에게 "하늘과 땅의 모든 권세를 내게 주셨으니…내가 세상 끝날까지 너희와 항상 함께 있으리라"(마 28:18, 20)고 말씀하셨다. 바로 이 권세로 예수님은 자기 양들을 불러 모으신다.

그리고 선교의 성패가 예수님의 권세와 예수님의 함께하심에 달렸음을 분명히 하기 위해, 예수님은 제자들에게 그들이 위로부터 오는 능력을 입을 때까지 예루살렘에서 기다리라고 말씀하셨다(눅 24:49). 성령님이 임하시면 그들은 권능을 받고 "예루살렘과 온 유대와 사마리아와 땅 끝까지 이르러"(행 1:8) 예수님의 증인이 될 것이라고도 말씀하셨다. 성령님이 임하시면, 자기 교회를 친히 세우겠다고 하신 약속을 주님이 친히 실행하시는 것이다. 따라서 누가는 "'주께서' 구원받는 사람을 날마다 더하게 하시니라"(행 2:47)고 증언한다. 주님이 그렇게 하셨다. 그리고 주님은 역사상 최고의 선교사를 회심시킴으로써(행 26:16-18), 또 선교사들의 여정을 이끄심으로써(행 8:26, 29, 16:7, 10), 그리고 그들이 마땅히 해야 할 말을 직접 주심으로써(막 13:11, 행 6:10) 그 일을 계속 주도하셨다.

**"나의 나 된 것은
하나님의 은혜로 된 것이니"**

바울은 자신이 감당한 선교의 열매는 주님이 이루신 것일 뿐 결코 자신의 공로가 아님을 알고 있었다. 그는 "그리스도께서 이방인들을 순종하게 하기 위하여 '나를 통하여 역사하신 것' 외에는 내가 감히 말하지 아니하노라 그 일은 말과 행위로 표적과 기사의 능력으로 성령의 능력으로 이루어졌으며"(롬 15:18-19)라고 증언했다. 바울의 열정은 늘 그랬듯이, 교회의 선교로 말미암아 그리스도가 영광을 받으시는 데 모아져 있었다. 주님은 그런 바울을 통해 친히 자신의 교회를 세우고 계셨다.

바울은 자신이 수고한 것에 대해 뭐라고 말했을까? "그러나 내가 나 된 것은 하나님의 은혜로 된 것이니 내게 주신 그의 은혜가 헛되지 아니하여 내가 모든 사도보다 더 많이 수고하였으나 '내가 한 것이 아니요 오직 나와 함께하신 하나님의 은혜로라'"(고전 15:10). 바울은 힘써 일했다. 싸움을 싸우고 달려갈 길을 달렸다. 그러나 바울이 그렇게 한 것은 빌립보서 2장 13절에서 말한 것처럼, 하나님이 바울의 마음에 하나님이 기뻐하시는 일을 하고자 하는 소원을 주셨고 그 일을 행하도록 친히 일하셨기 때문이다.

바울은 농사의 이치를 들어 이것을 표현했다. "나는 심었고 아볼로는 물을 주었으되 오직 하나님께서 자라나게 하셨나니 그런즉 심는 이나 물 주는 이는 아무것도 아니로되 오직 자라게 하시는 이는 하나님뿐이니라"(고전 3:6-7). 바울은 하나님이 교회의 선교를 통해 최고의 하나님으로 드러나시기를 그만큼 간절히 소원했다.

교회의 선교에서 하나님이 영광 받으시기를 이토록 간절히 원했기에 사도들은 자신들이 아니라 하나님만 항상 높임을 받으시게 하려고 애썼다. 예를 들어 베드로는 어린 교회들에게 이렇게 말했다. "만일 누가 말하려면 하나님의 말씀을 하는 것같이 하고 누가 봉사하려면 하나님이 공급하시는 힘으로 하는 것같이 하라 이는 범사에 예수 그리스도로 말미암아 하나님이 영광을 받으시게 하려 함이니 그에게 영광과 권능이 세세에 무궁하도록 있느니라 아멘"(벧전 4:11. 히 13:20-21 참조). 힘을 공급하시는 분이 영광을 받으신다. 그러므로 베드로는 우리 힘이 아니라 하나님이 주시는 힘으로 섬기는 것이 절대적으로 필요함을 분명히 했다. 하나님이 자기 교회를 세우시지 않는다면 세상이 볼 때 우리 일이 아무리 '성공적'으로 보이더라도 하나님은 영광을 받지 못하시고 모든 것이 허사가 될 것이다.

하나님의 주권에 대한 새 언약의 확신

사도들은 자신들이 선교할 때 일어나는 일들이 새 언약의 약속들의 성취라는 것을 알고 있었다. "그가 또한 우리를 새 언약의 일꾼 되기에 만족하게 하셨으니"(고후 3:6). 그리고 새 언약의 약속들은 바로 하나님이 사람들의 마음의 완악함을 극복하고 그 속을 새롭게 하시리라는 것이었다. "또 새 영을 너희 속에 두고 새 마음을 너희에게 주되 너희 육신에서 굳은 마음을 제거하고 부드러운 마음을 줄 것이며 또 내 영을 너희 속에 두어 너희로 내 율례를 행하게 하리니 너희가 내 규례를 지켜 행할지라"(겔 36:26-27).

그러므로 누가는 기독교 운동이 어떻게 시작되었는지를 전해 줄 때도 그랬듯이, 교회가 성장하는 데 있어서도 하나님이 주권적으로 역사하셨음을 거듭 기록하고 있다. 고넬료와 그 집안 사람들이 구원받았을 때 이는 하나님이 하신 일이라고 기록되어 있다. "그러면 하나님께서 이방인에게도 생명 얻는 회개를 주셨도다"(행 11:18). "하나님이 처음으로 이방인 중에서 자기 이름을 위할 백성을 취하시려고 그들을 돌보[셨다]"(행 15:14). 루디아를 시작으로 마케도니아 빌립보의 유럽 땅에 복음이 전해졌을 때, 이것을 행하신 분도 하나님이셨다. "주께서 그 마음을 열어 바울의 말을 따르게 하신지라"(행 16:14).

이 모든 방식을 통해 교회의 선교에서 하나님이 주권자로서 최고의 하나님 되심이 명확하게 드러난다. 하나님은 자신의 복음과 자기 백성들을 세상에 두면서 그들에게 홀로 전쟁을 벌이라고 내버려두시지 않는다. 하나님은 총사령관이시다. 그리고 우리는 그 하나님께 영광을 돌리기 위해 이 싸움을 싸워야 한다.

**선교에서 하나님이 최고의 하나님 되심을
기도가 증명한다**

이것이 바로 하나님이 교회의 선교에서 기도가 그토록 중대한 자리를 차지하게 하신 이유다. 기도의 목적은 이 전쟁에 참여하는 모든 이들에게 승리가 주님에게 속했다는 것을 명백히 밝히는 것이다. 기도는 우리에게 은혜를 가져다주고 하나님께 영광을 돌리기 위해 하나님이 택하신 수단이다. 이것은 시편 50편 15절을 보면 말할 필요도 없이 명백하다. 하나님은 "환난 날에 나를 부르라 내가 너를 건지리니 네가 나를 영화롭게 하리로다" 하고 말씀하셨다. 찰스 스펄전의 교훈은 이 사실을 조금도 오해할 수 없게 만든다.

하나님과 기도하는 사람은 각자의 역할이 나뉘어 있다.… 먼저, 우리 몫이 있다. "환난 날에 나를 부르라." 둘째, 하나님의 몫이 있다. "내가 너를 건지리니." 다시 우리는 우리 몫을 챙긴다. "건짐을 받을 것이니." 그 다음에는 다시 주님 차례다. "네가 나를 영화롭게 하리로다." 여기에 하나님이 자기를 향해 기도하는 사람이자 친히 도우시는 대상인 우리와 맺는 계약, 즉 언약이 있다. 하나님은 "너는 건짐을 받고 나는 반드시 영광을 받는다"고 말씀하신다. 여기에 기쁘기 그지없는 동역이 있다. 우리는 절실히 필요한 것을 얻고, 하나님이 얻으시는 전부는 자기 이름에 돌아가는 영광이다.[13]

기도는 하나님을 모든 것에 부족함이 없으신 시혜자의 자리에 계시도록 하고, 우리는 궁핍한 수혜자의 자리에 있게 한다. 그러므로 교회의 선교가 기도로 전진할 때 하나님의 하나님 되심은 명백히 드러나고 그리스도의 군대의 필요는 남김없이 채워진다.

기도, 아버지의 영광을 위한 것

기도는 하나님이 영광을 받으시게 하는 목적이 있다. 예수님은 떠나시기 전 제자들에게 이 사실을 가르치셨다. "너희가 내 이름으로 무엇을 구하든지 내가 행하리니 이는 아버지로 하여금 아들로 말미암아 영광을 받으시게 하려 함이라"(요 14:13). 다시 말해 기도의 궁극적인 목적은 아버지께서 영광을 받으시는 것이다. 기도의 또다른 목적은 요한복음 16장 24절에 나온다. 예수님은 "지금까지는 너희가 내 이름으로 아무것도 구하지 아니하였으나 구하라 그리하면 받으리니 너희 기쁨이 충만하리라"고 말씀하신다. 기도의 또다른 목적은 우리의 기쁨이 충만해지는 것이다. 하나님의 영광과 백성의 기쁨, 이 두 가지는 항상 기도로 말미암아 하나가 된다.

사도들이 선교 사역을 행할 때마다 변함없이 주권자 하나님이 높임을 받으시도록 열망했던 그 마음은 예수님이 불어넣으신 것이었다. 요한복음 15장 5절에서 예수님은 "나는 포도나무요 너희는 가지라 그가 내 안에, 내가 그 안에 거하면 사람이 열매를 많이 맺나니 '나를 떠나서는 너희가 아무것도 할 수 없음이라'"고 말씀하셨다. 그러므로 우리는 정말 우리끼리만 있으면 완전히 무익한 선교사들이다.

우리 나름대로 인간적인 전략이나 계획을 세우고 많은 노력을 기울일 수 있다. 그러나 그리스도께 영광을 돌릴 만한 영적 영향력은 전혀 없을 것이다. 요한복음 15장 5절에 따르면, 하나님은 우리가 열매 없는 것을 원하지 않으시며 '열매를 많이 맺기' 원하신다. 그러므로 하나님은 우리가 우리 힘으로 할 수 없는 것을 우리를 위해 행하시고 또 우리를 통해 하겠다고 약속하신다.

그렇다면 우리는 어떻게 해야 하나님이 영광을 받으시게 할 수 있는가? 예수님은 요한복음 15장 7절에서 그 답을 주셨다. "너희가 내 안에 거하고 내 말이 너희 안에 거하면 무엇이든지 원하는 대로 구하라 그리하면 이루리라." 우리는 기도한다. 하나님께 우리를 위해 그리스도로 말미암아 우리 힘으로 할 수 없는 (열매 맺는) 일을 해주실 것을 구한다. 이어지는 8절은 그 결과를 말해 준다. "너희가 열매를 많이 맺으면 내 아버지께서 영광을 받으실 것이요."

그렇다면 하나님은 어떻게 기도로 영광을 받으시는가? 기도는 그리스도 없이 우리가 할 수 있는 것이 아무것도 없음을 공개적으로 인정하는 것이다. 또한 기도는 하나님이 우리에게 필요한 도움을 주실 것이라는 확신 가운데 우리 자신에게서 돌이켜 하나님을 향하는 것이다. 기도는 우리를 낮춰 궁핍한 자가 되게 하며, 하나님을 높여 그분이 모든 것에 부족함 없는 분이 되게 한다.

바로 이 때문에 선교 사역은 기도로 나아간다. 하나님의 궁극적인 목적은 하나님이 영광을 받으시는 것이다. 하나님은 열방이 하나님께 예배하는 선교의 궁극적인 목적 달성이라는 승리를 주권적으로 쟁취하심으로써 영광을 받으실 것이다. 하나님은 전쟁에 개입해 주 전투원이 되심으로써 이 승리를 확보하실 것이다. 그리고 하나님은 기도를 통해 모든 군사들에게 자신이 전쟁의 선봉에 서 계심을 분명히 하실 것이다. 기도하면 권능이 주님으로부터 온다는 사실이 드러날 것이기 때문이다. 선교라는 전쟁에서 하나님의 능력이 어디까지 개입할 수 있는지 확인하려면, 교회가 선교 사역을 위해 어디까지 기도하는지를 보면 분명해진다. 초대 교회 선교사들의 역동적인 생애에 나타난 놀라운 기도의 열매를 보라. 그들이 어떤 것까지 하나님께 구했는지 확인해 보라. 하나님은 그들의 기도에 놀랍게 응답하심으로써 얼마나 큰 영광을 받으셨던가!

그들은 범사에 하나님을 구했다

그들은 참으로 모든 일에 하나님이 주권적으로 역사하실 것을 간구했다. 우선 그들은 세상에서 하나님이 자기 이름을 높이실 것을 하나님께 구했다. "그러므로 너희는 이렇게 기도하라 하늘에 계신 우리 아버지여 이름이 거룩히 여김을 받으시오며"(마 6:9).

그들은 세상에서 하나님 나라가 확장될 것을 하나님께 구했다. "나라가 임하시오며 뜻이 하늘에서 이루어진 것같이 땅에서도 이루어지이다"(마 6:10).

그들은 복음이 빠르게 전파되어 하나님이 영광을 받으실 것을 하나님께 구했다. "끝으로 형제들아 너희는 우리를 위하여 기도하기를 주의 말씀이 너희 가운데서와 같이 퍼져 나가 영광스럽게 되고"(살후 3:1).

그들은 성령의 충만을 입게 해달라고 하나님께 구했다. "너희가 악할지라도 좋은 것을 자식에게 줄 줄 알거든 하물며 너희 하늘 아버지께서 구하는 자에게 성령을 주시지 않겠느냐 하시니라"(눅 11:13, 엡 3:19 참조).

그들은 하나님이 맡기신 사명을 감당하는 자기 백성들을 지키고 억울함을 풀어 주실 것을 하나님께 구했다. "하물며 하나님께서 그 밤낮 부르짖는 택하신 자들의 원한을 풀어 주지 아니하시겠느냐 그들에게 오래 참으시겠느냐"(눅 18:7).

그들은 믿지 않는 자들을 구원해 주실 것을 하나님께 구했다. "형제들아 내 마음에 원하는 바와 하나님께 구하는 바는 이스라엘을 위함이니 곧 그들로 구원을 받게 함이라"(롬 10:1).

그들은 성령의 검 사용법을 가르쳐 주실 것을 하나님께 구했다. "구원의 투구와 성령의 검 곧 하나님의 말씀을 가지라 모든 기도와 간구를 하되 항상 성령 안에서 기도하고 이를 위하여 깨어 구하기를 항상 힘쓰며 여러 성도를 위하여 구하라"(엡 6:17-18).

그들은 복음을 선포할 담대함을 주실 것을 하나님께 구했다. "모든 기도와 간구를 하되 항상 성령 안에서 기도하고 이를 위하여 깨어 구하기를 항상 힘쓰며 여러 성도를 위하여 구하라 또 나를 위하여 구할 것은 내게 말씀을 주사 나로 입을 열어 복음의 비밀을 담대히 알리게 하옵소서 할 것이니"(엡 6:18-19). "주여 이제도 그들의 위협함을 굽어보시옵고 또 종들로 하여금 담대히 하나님의 말씀을 전하게 하여 주시오며"(행 4:29).

그들은 표적과 기사를 보여 주실 것을 하나님께 구했다. "손을 내밀어 병을 낫게 하시옵고 표적과 기사가 거룩한 종 예수의 이름으로 이루어지게 하옵소서 하더라"(행 4:30). "엘리야는 우리와 성정이 같은 사람이로되 그가 비가 오지 않기를 간절히 기도한즉 삼년 육 개월 동안 땅에 비가 오지 아니하고 다시 기도하니 하늘이 비를 주고 땅이 열매를 맺었느니라"(약 5:17-18).

그들은 부상당한 전우들을 치료해 주실 것을 하나님께 구했다. "너희 중에 병든 자가 있느냐 그는 교회의 장로들을 청할 것이요 그들은 주의 이름으로 기름을 바르며 그를 위하여 기도할지니라 믿음의 기도는 병든 자를 구원하리니 주께서 그를 일으키시리라 혹시 죄를 범하였을지라도 사하심을 받으리라"(약 5:14-15).

그들은 믿지 않는 자들을 치료해 주실 것을 하나님께 구했다. "보블리오의 부친이 열병과 이질에 걸려 누워 있거늘 바울이 들어가서 기도하고 그에게 안수하여 낫게 하매"(행 28:8).

그들은 귀신을 쫓아내 주실 것을 하나님께 구했다. "이르시되 기도 외에 다른 것으로는 이런 종류가 나갈 수 없느니라 하시니라"(막 9:29).

그들은 기적적인 구조를 베풀어 주실 것을 하나님께 구했다. "이에 베드로는 옥에 갇혔고 교회는 그를 위하여 간절히 하나님께 기도하더라…깨닫고 마가라 하는 요한의 어머니 마리아의 집에 가니 여러 사람이 거기에 모여 기도하고 있더라"(행 12:5, 12). "한밤중에 바울과 실라가 기도하고 하나님을 찬송하매 죄수들이 듣더라 이에 갑자기 큰 지진이 나서 옥터가 움직이고 문이 곧 다 열리며 모든 사람의 매인 것이 다 벗어진지라"(행 16:25-26).

그들은 죽은 자를 일으켜 주실 것을 하나님께 구했다. "베드로가 사람을 다 내보내고 무릎을 꿇고 기도하고 돌이켜 시체를 향하여 이르되 다비다야 일어나라 하니 그가 눈을 떠 베드로를 보고 일어나 앉는지라"(행 9:40).

그들은 군대에 필수 물자를 공급해 주실 것을 하나님께 구했다. "오늘 우리에게 일용할 양식을 주시옵고"(마 6:11).

그들은 전략적인 지혜를 주실 것을 하나님께 구했다. "너희 중에 누구든지 지혜가 부족하거든 모든 사람에게 후히 주시고 꾸짖지 아니하시는 하나님께 구하라 그리하면 주시리라"(약 1:5).

그들은 전진 기지의 지도자들을 굳게 세워 주실 것을 하나님께 구했다. "각 교회에서 장로들을 택하여 금식 기도하며 그들이 믿는 주께 그들을 위탁하고"(행 14:23).

그들은 보충 부대를 보내 주실 것을 하나님께 구했다. "그러므로 추수하는 주인에게 청하여 추수할 일꾼들을 보내 주소서 하라 하시니라"(마 9:38). "주를 섬겨 금식할 때에 성령이 이르시되 내가 불러 시키는 일을 위하여 바나바와 사울을 따로 세우라 하시니 이에 금식하며 기도하고 두 사람에게 안수하여 보내니라"(행 13:2-3).

그들은 다른 선교사들이 성공하게 해주실 것을 하나님께 구했다. "형제들아 내가 우리 주 예수 그리스도와 성령의 사랑으로 말미암아 너희를 권하노니 너희 기도에 나와 힘을 같이하여 나를 위하여 하나님께 빌어 나로 유대에서 순종하지 아니하는 자들로부터 건짐을 받게 하고 또 예루살렘에 대하여 내가 섬기는 일을 성도들이 받을 만하게 하고"(롬 15:30-31).

그들은 군사들이 연합하고 화합하게 해주실 것을 하나님께 구했다. "내가 비옵는 것은 이 사람들만 위함이 아니요 또 그들의 말로 말미암아 나를 믿는 사람들도 위함이니 아버지여, 아버지께서 내 안에, 내가 아버지 안에 있는 것같이 그들도 다 하나가 되어 우리 안에 있게 하사 세상으로 아버지께서 나를 보내신 것을 믿게 하옵소서"(요 17:20-21).

그들은 함께 있음으로 격려를 얻을 수 있기를 하나님께 구했다. "주야로 심히 간구함은 너희 얼굴을 보고 너희 믿음이 부족한 것을 보충하게 하려 함이라"(살전 3:10).

그들은 분별력 있는 마음을 주실 것을 하나님께 구했다. "내가 기도하노라 너희 사랑을 지식과 모든 총명으로 점점 더 풍성하게 하사 너희로 지극히 선한 것을 분별하며 또 진실하여 허물 없이 그리스도의 날까지 이르고"(빌 1:9-10).

그들은 하나님의 뜻을 아는 지식을 주실 것을 하나님께 구했다. "이로써 우리도 듣던 날부터 너희를 위하여 기도하기를 그치지 아니하고 구하노니 너희로 하여금 모든 신령한 지혜와 총명에 하나님의 뜻을 아는 것으로 채우게 하시고"(골 1:9).

그들은 하나님을 더 잘 알게 해주실 것을 하나님께 구했다. "너희를 위하여 기도하기를 그치지 아니하고 구하노니…하나님을 아는 것에 자라게 하시고"(골 1:10. 엡 1:17 참조).

그들은 그리스도의 사랑을 깨달을 수 있는 능력을 주실 것을 하나님께 구했다. "이러므로 내가 하늘과 땅에 있는 각 족속에게 이름을 주신 아버지 앞에 무릎을 꿇고 비노니…능히 모든 성도와 함께 지식에 넘치는 그리스도의 사랑을 알고 그 너비와 길이와 높이와 깊이가 어떠함을 깨달아 하나님의 모든 충만하신 것으로 너희에게 충만하게 하시기를 구하노라"(엡 3:14-15, 18-19).

그들은 부르심의 소망을 더 깊이 깨닫게 해주실 것을 하나님께 구했다. "내가 기도할 때에 기억하며 너희로 말미암아 감사하기를 그치지 아니하고…너희 마음의 눈을 밝히사 그의 부르심의 소망이 무엇이며 성도 안에서 그 기업의 영광의 풍성함이 무엇이며…너희로 알게 하시기를 구하노라"(엡 1:16, 18-19).

그들은 능력과 인내함을 주실 것을 하나님께 구했다. "그의 영광의 힘을 따라 모든 능력으로 능하게 하시며 기쁨으로 모든 견딤과 오래 참음에 이르게 하시고"(골 1:11. 엡 3:16 참조).

그들은 자기들 안에 있는 하나님의 능력을 더 깊이 깨닫게 해주실 것을 하나님께 구했다. "내가 기도할 때에 기억하며 너희로 말미암아 감사하기를 그치지 아니하고…그의 힘의 위력으로 역사하심을 따라 믿는 우리에게 베푸신 능력의 지극히 크심이 어떠한 것을 너희로 알게 하시기를 구하노라"(엡 1:16, 19).

그들은 자기들의 믿음이 떨어지지 않게 해주실 것을 하나님께 구했다. "그러나 내가 너를 위하여 네 믿음이 떨어지지 않기를 기도하였노니 너는 돌이킨 후에 네 형제를 굳게 하라"(눅 22:32). "이러므로 너희는 장차 올 이 모든 일을 능히 피하고 인자 앞에 서도록 항상 기도하며 깨어 있으라"(눅 21:36).

그들은 믿음을 더해 주실 것을 하나님께 구했다. "곧 그 아이의 아버지가 소리를 질러 이르되 내가 믿나이다 나의 믿음 없는 것을 도와 주소서 하더라"(막 9:24, 엡 3:17 참조).

그들은 시험에 빠지지 않게 해주실 것을 하나님께 구했다. "우리를 시험에 들게 하지 마시옵고"(마 6:13). "시험에 들지 않게 깨어 기도하라 마음에는 원이로되 육신이 약하도다"(마 26:41).

그들은 모든 선한 일을 기쁨으로 하게 해주실 것을 하나님께 구했다. "이러므로 우리도 항상 너희를 위하여 기도함은 우리 하나님이 너희를 그 부르심에 합당한 자로 여기시고 모든 선을 기뻐함과 믿음의 역사를 능력으로 이루게 하시고"(살후 1:11).

그들은 모든 선한 일에 열매를 맺게 해주실 것을 하나님께 구했다. "주께 합당하게 행하여 범사에 기쁘시게 하고 모든 선한 일에 열매를 맺게 하시며 하나님을 아는 것에 자라게 하시고"(골 1:10).

그들은 자신들이 저지른 죄를 용서해 주실 것을 하나님께 구했다. "우리가 우리에게 죄 지은 자를 사하여 준 것같이 우리 죄를 사하여 주시옵고"(마 6:12).

그들은 악한 자로부터 보호해 주실 것을 하나님께 구했다. "다만 악에서 구하시옵소서"(마 6:13).

믿음이 있는 자들은 하나님께 구하지만 최종적으로는 그 모든 것을 주시는 자가 영광을 받으실 것이다. 그러므로 앞에서 열거한 성경 본문들은 초대 교회가 선교에 있어 하나님이 최고의 하나님으로 드러나게 하려 했음을 보여 준다. 교회는 자기 힘이나 지혜, 심지어 자기 믿음으로도 살아갈 수 없다. 오직 하나님으로 말미암아 살 수 있다. 하나님은 교회에 힘과 지혜와 믿음을 주시는 분이시다. 그러므로 하나님은 영광을 받으신다.

**하나님의 궁극적인 목표는
오직 기도로 달성된다**

기도가 이토록 중대한 자리를 차지한다는 사실은, 자신의 영광을 지키고 나타내심으로써 열방 가운데 구속받은 자들이 누리며 기뻐할 수 있도록 하시려는 하나님의 원대한 목표를 다시금 확인시켜 준다. 하나님은 자신의 영광을 가리켜 자기 맹세의 근거로 삼으셨다. "그러나 진실로 내가 살아 있는 것과 여호와의 영광이 온 세계에 충만할 것을 두고 맹세하노니"(민 14:21). 하나님의 선교 목표는 하나님이 최고의 하나님이 되신다는 사실이 밝히 드러나는 것이다. 하나님은 모든 백성과 방언과 족속과 나라로부터 하나님을 열렬히 예배하는 이들을 불러내심으로써 이 목적을 달성하실 것이다(계 5:9, 7:9). 그리고 하나님은 기도를 통해 이 일을 행하실 것이다.

그러나 선교 사역과 기도는 별개다

그러므로 세상을 향한 하나님의 목적 가운데 기도가 차지하는 비중을 아무리 강조해도 지나치지 않다. 그러나 여기서 주의할 것이 있다. 하나님의 말씀과 복음을 전파하는 것과 관련해 기도의 역할을 지나치게 과장할 위험성이 있다는 것이다. 예를 들어 기도를 '선교의 핵심 사역'이라고 부르는 것을 들으면 나는 마음이 불편해진다. 내가 이 말을 하는 것은, 기도의 위치를 평가 절하하거나 그 놀라운 필수 불가결함을 흔들려는 것이 아니다. 오히려 하나님의 말씀이 차지하는 비중이 얼마나 큰지 알기 때문이다. 내가 분명하게 짚고 가려는 사실은, 나는 말씀과 선행을 통한 복음 전파야말로 선교의 핵심 사역이라고 전적으로 믿는다는 점이다. 기도는 말씀이라는 무기를 휘두르는 힘이며, 말씀이야말로 열방을 믿음과 순종에 이르게 하는 무기다.

 선교의 최전방 사역은 하나님의 말씀, 곧 복음을 전파하는 것이다. 이 공개적인 행위가 기도로 대치된다면, 교회의 선교에서 드러나야 하는 그리스도의 탁월하심은 타협의 대상이 되고 말 것이다.

예수님은 "진리의 성령이 오시면…그가 내 영광을 나타내리니"(요 16:13-14)라고 말씀하셨다. 바로 이 때문에 성령님은 예수님의 복음이 전파된 그곳에서 사람들을 적극적으로 구원하신다. 예수님과 예수님의 구원 사역이 전파되지 않는 곳에서는 성령님이 권능을 발하실 진리도 없고 높이실 그리스도의 지식도 없다. 그러므로 그리스도의 복음을 볼 수 없는 곳에서 사람들의 마음을 열기 위해 기도하는 것은 헛된 일이다.

누구든지 주의 이름을 부르는 자는 구원을 받으리라 그런즉 그들이 믿지 아니하는 이를 어찌 부르리요 듣지도 못한 이를 어찌 믿으리요 '전파하는 자가 없이 어찌 들으리요'…그러므로 믿음은 들음에서 나며 들음은 그리스도의 말씀으로 말미암았느니라(롬 10:13-14, 17).

하나님은 구원받는 믿음이 그리스도의 말씀을 들음으로 말미암게 하셨다. 이는 믿음이 그리스도에게 응답하는 것이기 때문이다. 그리스도께서 교회의 선교에서 영광을 받으시려면, 그리스도에 대해 들어야 하고 또 그리스도에 대해 알아야 한다. 이 부분에 대해서는 4장에서 다룰 예정이다. 이 일은 오직 말씀을 통해서만 일어난다. 어떤 기도도 이를 대신하지 못한다. 기도는 단지 말씀에 권능을 불어넣을 수 있다. 신약의 방식은 이렇다. "성령의 검 곧 하나님의 말씀을 가지라 모든 기도와 간구를 하되 항상 성령 안에서 기도하고"(엡 6:17-18). "빌기를 다하매…무리가 다 성령이 충만하여 담대히 하나님의 말씀을 전하니라"(행 4:31).

기도, 복음의 능력을 펼쳐놓다

그러나 기도를 통해 성령님으로부터 말미암는 능력조차도 어떤 의미에서는 하나님의 말씀 그 자체의 고유한 능력이다. "이 '복음은' 모든 믿는 자에게 구원을 주시는 '하나님의 능력'이 됨이라"(롬 1:16). 어쩌면 우리는 기도를 복음의 능력을 펼쳐 놓는 하나님의 도구라고 불러야 할 것 같다. 왜냐하면 하나님의 말씀은 성령님이 영혼을 거듭나게 하는 일에 직접 사용하시는 도구가 분명하기 때문이다. "너희가 거듭난 것은 썩어질 씨로 된 것이 아니요 썩지 아니할 씨로 된 것이니 살아 있고 항상 있는 '하나님의 말씀'으로 되었느니라"(벧전 1:23). "그가 그 피조물 중에 우리로 한 첫 열매가 되게 하시려고 자기의 뜻을 따라 '진리의 말씀'으로 우리를 낳으셨느니라"(약 1:18).

세계 선교를 명령하시면서 예수님이 주신 핵심 약속은 말씀의 '전파'와 관련되어 있다. "이 '천국 복음'이 모든 민족에게 증언되기 위하여 온 세상에 '전파되리니' 그제야 끝이 오리라"(마 24:14). 씨 뿌리는 비유에서 예수님은 "씨는 '하나님의 말씀'"(눅 8:11)이라고 하셨다. 제자들이 앞으로 감당하게 될 선교를 위해 기도하시면서 예수님은 "내가 비옵는 것은 이 사람들만 위함이 아니요 또 '그들의 말로 말미암아' 나를 믿는 사람들도 위함이니"(요 17:20)라고 하셨다. 또 부활하신 후 교회가 선교를 행하는 동안에도 예수님은 말씀의 능력을 입증하셨다. "두 사도가 오래 있어 주를 힘입어 담대히 말하니 주께서 그들의 손으로 표적과 기사를 행하게 하여 주사 자기 은혜의 말씀을 증언하시니"(행 14:3).

사도행전에서 기독교 운동이 확산되어 갈 때, 누가는 거듭 그 성장을 하나님 말씀의 성장으로 묘사했다. "하나님의 말씀이 점점 왕성하여 예루살렘에 있는 제자의 수가 더 심히 많아지고"(행 6:7). "하나님의 말씀은 흥왕하여 더하더라"(행 12:24). "주의 말씀이 그 지방에 두루 퍼지니라"(행 13:49). "이와 같이 주의 말씀이 힘이 있어 흥왕하여 세력을 얻으니라"(행 19:20).

이것이 바로 복음을 선포하는 것이 '선교의 핵심 사역'이라고 내가 열심을 다해 말하는 이유다. 이는 하나님이 어둠, 곧 사탄의 권세를 물리치고 열방으로부터 빛의 자녀들을 모으는 데 사용하려고 고안하신 무기다(행 26:16-18). 온 우주를 구속하시려는 하나님의 원대한 계획의 모든 것은 하나님의 말씀의 성공 여부에 달려 있다. 말씀의 선포가 실패하면 하나님의 목적 달성도 불가능하다.

하나님의 말씀은 결코 실패하지 않는다

하지만 그런 일은 절대로 일어나지 않는다.

> 이는 비와 눈이 하늘로부터 내려서 그리로 되돌아가지 아니하고 땅을 적셔서 소출이 나게 하며 싹이 나게 하여 파종하는 자에게는 종자를 주며 먹는 자에게는 양식을 줌과 같이 '내 입에서 나가는 말'도 이와 같이 헛되이 내게로 되돌아오지 아니하고 나의 기뻐하는 뜻을 이루며 내가 보낸 일에 형통함이니라(사 55:10-11).

하나님은 전능하시다. 물론 하나님이 연약하고 죄 많은 사람들을 통한 말씀 선포 여부에 의해 자신의 계획의 성공 여부가 달리도록 해놓으셨지만, 그럼에도 불구하고 그분의 목적은 결코 실패하지 않을 것이다. 이는 새 언약의 맹세에 담긴 핵심이기도 하다. "또 내 영을 너희 속에 두어 너희로 내 율례를 행하게 하리니 너희가 내 규례를 지켜 행할지라"(겔 36:27). "네 하나님 여호와께서 네 마음과 네 자손의 마음에 할례를 베푸사 너로 마음을 다하며 뜻을 다하여 네 하나님 여호와를 사랑하게 하사 너로 생명을 얻게 하실 것이며"(신 30:6). 주님은 자기 교회 안에 "자기의 기쁘신 뜻을 위하여…소원을 두고 행하게 하시나니"(빌 2:13). 어느 한 세대 전부가 하나님의 계획에 불순종하는 일이 일어날 수는 있지만, 그 누구도 하나님의 계획을 훼손하거나 어그러지게 할 수는 없다.

욥은 오래전에 이것을 배웠다. "주께서는 못 하실 일이 없사오며 무슨 계획이든지 못 이루실 것이 없는 줄 아오니"(욥 42:2). 하나님이 뜻을 품으실 때마다, 하나님의 말씀은 바로 설 것이며, 누구도 하나님의 손을 거스를 수 없다.[14]

무덤에서조차 승리하신다

그리스도께서 패배하신 것처럼 보일 때가 있다. 예수님이 십자가에 못박혀 죽으신 성금요일에 그렇게 보였다. 예수님은 사람들이 자기를 중상모략하고 괴롭히며 조롱하고 이리저리 끌고다니며 죽이도록 내버려 두셨다. 그러나 이 모든 일 가운데서도 예수님은 통제

권을 쥐고 계셨다. "이(목숨)를 내게서 빼앗는 자가 있는 것이 아니라"(요 10:18). 그러므로 주도권은 언제나 예수님께 있다. 비록 중국이 40년간 서양 선교사들에게 닫혀 있었지만, 그것은 예수님이 우연히 미끄러져서 무덤에 들어가신 게 아닌 것과 같은 일이었다. 예수님은 자기 발로 무덤에 들어가셨다. 그리고 중국이 폐쇄되었을 때 예수님은 그 죽의 장막 안에 있던 5천만 명을 구원하셨다. 서양 선교사 없이 말이다. 그리고 때가 되었을 때 예수님은 무덤을 막고 있던 커다란 돌을 밀어내셨고, 그 이후 예수님이 무슨 일을 하셨는지 우리는 잘 알고 있다.[15]

영원히 무덤 속에 매장되신 것처럼 보이던 그때에도, 예수님은 무언가 놀라운 일을 행하고 계셨다. 그것은 지금도 마찬가지다. "또 이르시되 하나님의 나라는 사람이 씨를 땅에 뿌림과 같으니 그가 밤낮 자고 깨고 하는 중에 씨가 나서 자라되 어떻게 그리 되는지를 알지 못하느니라"(막 4:26-27). 세상은 예수님이 무대에서 사라졌다고 생각한다. 그분의 말씀은 매장되었고 그분의 계획은 실패로 돌아갔다고 생각한다. 하지만 그것은 사실이 아니다.

우리는 보지 못하지만 예수님은 어둠 속에서도 일하고 계신다. "내가 진실로 진실로 너희에게 이르노니 한 알의 밀이 땅에 떨어져 죽지 아니하면 한 알 그대로 있고 죽으면 많은 열매를 맺느니라"(요 12:24). 예수님은 자기를 증오하는 악의 권세에 의해 무력하게 매장되신 것처럼 보이지만, 언제든 자신이 원하는 때 원하는 곳에서 모습을 보이시고 권능을 나타내신다.

그리고 그때 예수님의 손에는 어둠 속에서 거두신 열매로 가득하다. "하나님께서 그를 사망의 고통에서 풀어 살리셨으니 이는 그가 사망에 매여 있을 수 없었음이라"(행 2:24). 예수님은 결코 파괴할 수 없는 생명의 능력으로(히 7:16) 결코 실패할 수 없는 선교 계획을 실행하신다.

지난 2천 년 동안 세상은 예수님을 묻어 두려고 온갖 애를 썼다. 세상은 예수님을 매장할 수 없다. 예수님을 묻어 둘 수 없다. 예수님을 침묵하게 할 수도 없고 제한할 수도 없다. 예수님은 살아 계시고 원하시는 곳은 어디나 자유롭게 오가신다. '하늘의 모든 권세'가 예수님의 것이다. 만물이 그분으로 말미암고 그분을 위해 창조되었으며, 예수님은 모든 권세를 압도하는 절대적인 최고 권위를 가지고 계신다(골 1:16-17). 예수님은 자기 능력의 말씀으로 만물을 붙들고 계신다(히 1:3). 그리고 예수님의 말씀 전파는 결코 실패할 수 없는 선교의 핵심 사역이다.

하나님의 목적에서
기도가 차지하는 무게

이제 우리는 세상을 자기 영광으로 충만하게 하시려는 하나님의 목적에서 기도가 얼마나 큰 비중을 차지하는지 말할 수 있다. 이는 틀림없는 말이요, 또한 놀라운 진리다. 하나님은 자신의 목적 성취가 말씀 전파에 달려 있도록 만드셨을 뿐 아니라, 이 말씀 전파의 성공이 기도에 달려 있게 하셨다. 영광을 받으시려는 하나님의 목표는 능력 있는 복음의 선포가 없다면 성공하지 못할 것이다. 그리고 그 복음은 간절하고도 믿음으로 가득한 하나님의 백성들의 응답받는 기도 없이는 능력으로 선포되지 않을 것이다. 이것이 세상을 향한 하나님의 목적에서 기도가 차지하는 놀라운 자리다. 기도 없이는 이 목적은 결코 이루어지지 않는다.

이는 바울이 말씀 전파를 위해 기도해 달라고 거듭 부탁한 이유를 설명해 준다. "끝으로 형제들아 너희는 우리를 위하여 기도하기를 주의 말씀이 너희 가운데서와 같이 퍼져 나가 영광스럽게 되고"(살후 3:1). "또 나를 위하여 구할 것은 내게 말씀을 주사 나로 입을 열어 복음의 비밀을 담대히 알리게 하옵소서 할 것이니"(엡 6:19). "또한 우리를 위하여 기도하되 하나님이 말씀의 문(우리말 성경은 '전도할 문'이라고 번역하고 있다—역자 주)을 우리에게 열어 주사 그리스도의 비밀을 말하게 하시기를 구하라"(골 4:3. 고후 1:10-11. 빌 1:19 참조).

기도는 세상이라는 전쟁터에서 말씀을 전파하기 위한 전투를 벌이는 교회의 무전기다. 기도는 잠깐 있다 없어질 안락을 배가시키는 데 쓰는 가정용 인터폰이 아니다. 기도는 무단 탈영한 군사들의 손에서는 작동 불량을 일으킨다. 기도는 현역병들을 위한 것이다. 그리고 그들의 손에서 기도는 열방 가운데 하나님이 최고의 하나님이심을 증명한다. 기도로 나아가는 선교는 주권자 하나님을 높이고 하나님의 권세를 드러낸다. 그러나 선교가 사람의 지혜와 경영으로 움직일 때 하나님이 아닌 사람이 높임을 받게 될 뿐이다.

기도로 돌아가자

지난날 하나님이 기도의 계절을 불러 일으키시고 기도를 존귀하게 하셨던 방법을 되돌아보면, 그 놀라운 능력의 역사가 다시금 우리에게도 시작되리라는 기대를 품을 수 있다. 약 백 년 전에, A. T. 피어슨(Pierson)이 바로 내가 기대하는 그 일을 했다. 피어슨은 기도와 하나님의 하나님 되심의 관련성을 부각시킴으로써 다시금 기도의 계절이 회복되는 기적을 경험했다. 그는 이렇게 말했다.

> 새로 돌아오는 오순절에는 이전과 달리 기도로 준비하는 별도의 시간을 가졌다.…그 기간 동안에 하나님은 성도들로 하여금 은혜의 보좌 앞에 나아가 하나님을 구하지 않고는 견딜 수 없게 만드셨다. 그리하여 기도로 오순절을 준비한 자들마다 하나님의 능력으로 모든 새로운 변화와 갱신이 이루어졌음을 깨닫게 하셨고, 심지어 믿지 않는 자들조차도 "이는 분명 하나님의 손이 행하셨다!"라고 고백하게 하셨다.[16]

근래에 일어난 여러 운동들로 인해 오늘날 선교에 상당한 돌파구가 마련될 것이라는 기대로 사람들의 마음이 부풀고 있다. "영원한 것을 얻고자, 영원할 수 없는 것을 버리는 자는 바보가 아니다"라고 고백한 선교사 짐 엘리엇의 신념에 깊은 감동을 받은 이들이 수천 명에 이른다. 그러나 우리 중 1940-50년대에 사람들의 마음에 선교의 불을 댕겼던 기도의 계절을 아는 사람은 얼마 되지 않는다. 세계복음주의협의회(World Evangelical Fellowship) 회장 데이비드 하워드(David Howard)는 그 당시 선교를 위해 학생들이 드리던 기도를 통해 하나님이 어떻게 하나님의 하나님 되심을 크게 드러내셨는지를 들려준다.

1946년이라고 찍혀 있고, 내 서명이 들어 있는, 작고 빛 바랜 세계 복음화 결신 카드를 나는 아직도 갖고 있다. 아쉽게도 날짜는 기록해 두지 않았다. 하지만 토론토 대학에서 처음으로 열린 학생 선교대회가 막을 내리던 날 이 카드에 서명한 것이 거의 틀림없다.

이 카드는 원래 녹색이었다. 그날 이후 대학 생활을 마칠 때까지 줄곧 내 책상 위에 이 카드를 붙이는 데 쓰였던 압정이 박혀 있던 자리에 남은 자그마한 녹색 원을 보면 알 수 있다. 이 카드는 내가 만일 하나님이 명확하게 다른 길로 인도하시지 않는 한, 해외에서 하나님을 섬기기로 헌신했던 것을 매일 기억하고 기도할 수 있게 해주었다. 내가 라틴아메리카에서 15년간 흥미진진한 사역을 할 수 있었던 것은 거의 기도 덕분이었으며, 대부분의 경우 이 작은 카드에 자극을 받아 기도한 적이 많았다.

토론토 부흥회 후에 대학으로 돌아오자마자 학생들은 선교를 위해 기도하려고 정기적으로 만났다. 대학에서 나와 가장 친했던 친구는 짐 엘리엇이었다. 짐은 대학을 졸업하고 나서 몇 년 밖에 살지 못했지만 그 짧은 삶 동안 그는 나를 포함한 수백 명의 삶에 영원히 지워지지 않을 흔적을 남겼다. 토론토 부흥회가 끝나고 정확히 10년이 되던 해, 짐과 그의 동역자 4명은 에콰도르에서 쿠라라이 강 와오라니 부족

인디언들의 창에 찔려 죽었다. 훗날 짐은 죽음을 통해 수만 명에게 말하게 되지만, 대학 시절 우리는 이런 일이 있게 되리라고는 전혀 몰랐다. 짐은 몇 명 모이지 않던 우리에게 매일 아침 6시 30분에 만나서 선교회들을 대신해 우리 자신과 학우들을 위해 기도하자고 격려했다. 이것은 정기적인 내 대학 생활의 일부가 되었다.

또한 짐 엘리엇은 24시간 기도를 조직해 학생들에게 한 사람씩 매일 15분씩을 맡아 선교사들을 위해, 그리고 대학 내 선교사 모집을 위해 기도하겠다고 약속하는 약정서에 서명해 달라고 했다. 이렇게 해서 24시간 전부가 채워졌다. 그리하여 밤낮으로 15분마다 최소한 학생 한 명씩 무릎을 꿇고 휘튼 대학교에서의 선교를 위해 중보 기도를 했다.

이탈리아에서 복무했던 참전 용사 출신의 아트 윈즈(Art Wiens)는 선교사가 되어 돌아갈 계획이었다. 그는 학생 명단을 체계적으로 훑어 내려가면서 기도하기로 결심하고 매일 학생 10명씩 이름을 불러 가며 기도했다. 아트는 대학 시절 내내 신실하게 이렇게 했다.

나는 한동안 아트를 못 보다가 1974년 스위스 로잔 세계선교대회에서 그를 만날 수 있었다. 그때 우리가 다시 만나 교제를 나누고 옛 시절을 돌이켜보던 중 아트는 "자네, 우리가 휘튼에서 가졌던 그 기도회들 기억하나?"라고 물었다. "물론이지." 내가 대답했다.

아트는 말했다. "여보게, 나는 그 당시 학우들 중 지금은 선교지에 가 있는 500명을 위해 아직도 기도한다네." 내가 물었다. "해외에 있는 사람들을 어떻게 그리 많이 알고 있나?" 아트는 대답했다. "동창회 사무실과 연락을 계속 주고받으면서 누가 선교사로 나갔는지 알아냈지.

그래서 아직도 그들을 위해 기도한다네."

깜짝 놀란 나는 친구에게 기도 목록을 봐도 되겠느냐고 물어보았다. 다음 날 아트는 그 목록을 가져왔다. 대학 시절부터 갖고 있었던 낡디 낡은 공책에는 우리 학과 급우들과 다른 학우들 수백 명의 이름이 적혀 있었다.[17]

기도에 헌신한 자들과 그들의 기도로 말미암아 성령님의 능력을 입은 선교사들의 삶을 통해 그리스도께서 오롯이 영광을 받으신 이야기를 처음 읽었을 때, 나 역시 그 일에 헌신하고픈 간절한 마음이 깊은 곳에서 솟아올랐다. 무엇보다 나는 조지 뮬러처럼 쉼 없이 기도하며 선교하고 싶은 마음이 간절하다. 뮬러는 자서전에 이렇게 썼다.

1864년이 된 지금 나는 하나님이 어떤 축복들을 내려 주시길 바라고 있다. 지난 19년 6개월 동안 이 축복들을 꼭 내려 주시기를 매일 하나님께 구했으며 단 하루도 빠뜨리지 않았다. 아직도 몇 사람의 구원에 대한 완전한 응답이 오지 않았기 때문이다. 그동안 다른 한편으로 나는 수천 번의 기도 응답을 받았다. 나는 매일, 하루도 빠짐없이, 어떤 사람들의 구원을 위해 약 10년간, 또 다른 사람들을 위해 6-7년을, 또 어떤 사람들을 위해 4년, 3년, 2년을, 또 어떤 사람들을 위해서는 약 18개월을 기도했다. 그런데 아직도 이 사람들(내가 19년 6개월 동안 기도한 사람들)에 대한 기도 응답은 오지 않았다.…그래도 나는 매일 기도를 계속하며, 응답을 기대하고 있다.…그리스도인들이여, 힘을 내어 새롭게 간절한 마음으로 기도에 자신을 바치라. 다만 당신이 하나님께 영광이 될 일을 위해 기도한다는 확신을 가질 수만 있다면, 그 기도를 멈추지 말라.[18]

예수님은 우리를 향해 기도에 헌신하라고 부르신다. "항상 기도하고 낙심하지 말라"(눅 18:1). 이렇게 할 때 예수님의 아버지께서 영광을 받으실 것이다(요 14:13). 교회의 선교에서 하나님의 하나님 되심은 기도에 헌신한 자들을 통해 증명되고 높임을 받게 될 것이다. 나는 그리스도께서 오늘날 교회에게 주시는 말씀이 다름 아닌 바로 이것이라고 믿는다. "하물며 하나님께서 그 밤낮 부르짖는 택하신 자들의 원한을 풀어 주지 아니하시겠느냐 그들에게 오래 참으시겠느냐 내가 너희에게 이르노니 속히 그 원한을 풀어 주시리라"(눅 18:7-8).

당신은 주님 앞에 나아가 이렇게 무릎꿇고 기도로 호소한 적이 있는가? "언제까지입니까, 오 주님! 이 땅에서 주님의 뜻을 이루시고 주님의 주님 되심을 드러내시기까지 얼마나 더 기다려야 합니까? 주께서 당신이 세우신 교회를 위해 하늘을 가르고 능력으로 임하시기까지 얼마나 더 있어야 할까요? 주께서 세상의 모든 족속 가운데 승리를 선포하시는 날이 언제입니까?"

주님의 대답은 명백하다. "내 백성이 밤낮으로 내게 부르짖으면, 내가 그들을 옳다 하고 내 뜻이 열방 가운데서 온전히 서게 하리라"(눅 18:7 참조). 전쟁은 하나님의 승리로 마무리될 것이다. 하나님은 예수 그리스도의 복음으로 이 전쟁을 이기실 것이다. 이 복음은 기도에 헌신한 자들을 통해 전파되고 온 세상에서 풍성한 열매를 맺을 것이다. 그리고 이 모든 일들을 통해 주권자 하나님이 열방 가운데 예수 그리스도로 말미암아 영광을 받으신다는 진리가 밝히 드러날 것이다.

3

선교에 고난이 따르는 이유

숨겨진 보화의 가치는 어떻게 결정되는가? 그것을 얻기 위해 무엇을 대가로 희생하느냐에 의해서다. 그 보화를 얻기 위해 우리가 가진 모든 것을 판다면 그 가치를 최고로 여기는 것이다. 반면 그렇게 하지 않는다면, 우리가 이미 가지고 있는 다른 것을 더 소중히 여기는 것이다. "천국은 마치 밭에 감추인 보화와 같으니 사람이 이를 발견한 후 숨겨 두고 기뻐하며 돌아가서 자기의 소유를 다 팔아 그 밭을 사느니라"(마 13:44). 하나님이라는 보화의 가치 역시 우리가 치르는 희생의 크기와 우리가 누리는 기쁨의 크기에 의해 결정된다. 어떤 희생이라도 기쁨으로 여기고 감수한다는 것은 하나님과 하나님의 나라가 우리에게 비할 바 없이 고귀하다는 사실을 우리의 모든 기도와 예배보다 더 분명하게 보여 준다.

바로 이 때문에 자신이 가진 모든 것을 바친 선교사들의 이야기는 하나님이 얼마나 가치 있는 분이신지를 현실감 있게 증거한다. 헨리 마틴(Henry Martyn)의 이야기는 거의 200년 동안이나 우리에게 울림을 주고 있다.

하나님께 순복한 헨리 마틴

헨리 마틴은 1781년 2월 18일 영국에서 태어났다. 부유했던 부친 덕분에 그는 당시 영국 성공회가 운영하는 값비싼 사립 학교에 다닐 수 있었고, 16살이던 1797년에는 캠브리지 대학교에 들어간다.

4년 뒤 헨리 마틴은 수학에서 최우수 성적을 거두고, 이듬해에는 라틴어 산문 쓰기에서 일등상을 받는다. 학창 시절 그는 신앙에 별 관심이 없었다. 하나님을 등지고 살았다고 해야 맞을 것이다. 이 시기에 다른 사람들의 칭송을 받을 만한 학문적 성취를 이룬 반면, 그는 정작 자신의 삶을 짓누르는 허무함 같은 것에 놀라곤 했다. "나는 내가 바라던 것들을 소원 이상으로 얻어 냈다. 그럼에도 내가 붙잡은 것들이 그림자에 불과하다는 걸 깨닫고 깜짝 놀랐다."[1] 그의 손에서 반짝거리던 온갖 것들이 어느 순간 녹이 슬었다. 아버지의 죽음, 누이의 끈질긴 기도, 경건한 목회자와의 상담, 데이비드 브레이너드가 남긴 일기 등 그는 예상하지 못한 일련의 과정을 겪으며 하나님 앞에 나아왔고 무릎꿇고 복종하기에 이르렀다. 1802년 그는 학자로서의 명성과 편안한 삶을 포기하고 선교사가 되기로 결심한다. 자신의 삶에서 하나님의 나라가 얼마나 가치 있는지를 맨처음 드러낸 결정이기도 하다.

캠브리지 트리니티 교회의 위대한 설교자 찰스 시므온(Charles Simeon) 곁에서 그의 목회를 돕다가 1805년 7월 17일 인도로 떠났다. 그의 공식 임무는 동인도 회사의 사목으로 일하는 것이었다. 1806년 5월 16일 캘커타에 도착한 당일에 그는 윌리엄 캐리를 찾아간다.

마틴은 복음주의 성공회 소속이었던 반면, 캐리는 침례교 소속이었다. 그 때문에 예배와 관련해 둘 사이의 의견 충돌이 빚어지기도 했다. 그러나 캐리는 자신의 일기장에 이렇게 기록했다. "최근에 마틴이라는 젊은 성직자가 도착했는데 그는 선교사로서 선한 마음과 진실한 태도를 가진 사람이다.…우리는 스스럼없이 서로의 생각을 나누고 있으며 동역자로서 하나님께 나아가고 있다."

마틴은 동인도 회사의 사목으로 공식적인 업무를 감당하면서 윌리엄 캐리와 함께 성경 번역에 힘을 썼다. 1808년 3월, 인도에 도착한 지 채 2년이 되지 않은 시점에, 그는 공동 기도서 일부와 비유에 대한 주석서 한 권, 신약 전체를 힌두스탄어로 번역했다.

그 뒤 마틴은 신약성경을 페르시아어로 번역하는 작업의 총책임을 맡는다. 그러나 이 과정은 그리 순탄하지 못했으며, 그는 건강까지 잃었다. 건강 회복을 위해 영국으로 돌아가기로 계획했으나, 가던 도중 더 나은 성경 번역을 위한 조치가 필요하다는 판단에 따라 경로를 바꿔 페르시아를 방문했다.

병이 깊어지는 중에도 포기하지 않은 끝에 페르시아어 성경 번역을 완성했을 때, 병세가 너무 심해져 그는 침대에서 일어나는 것조차 감당하지 못했다. 1812년 10월 16일, 헨리 마틴은 아르메니아 (현재의 튀르키에) 도캇의 낯선 사람들 사이에서 생을 마감한다. 그의 나이 31세였다.

마틴이 겪은 숨은 고통

마틴의 삶을 개략적으로 살펴보는 것만으로는 사람들에게 매우 큰 영향력을 끼친 그가 겪었던 영혼의 싸움은 놓치기 쉽다. 데이비드 브레이너드의 일기, 그리고 헨리 마틴의 일기와 서신이 선교에 그토록 지속적으로 깊은 힘을 발휘하는 이유는, 이들이 선교사의 삶을 고요한 삶이 아니라 끊임없는 영적 전쟁으로 묘사하기 때문이라고 나는 확신한다. 그 전쟁터에서 겪는 온갖 고난과 갈등은 우리로 하여금 그들의 삶에서 하나님이 최고의 하나님이 되신다는 사실을 피부로 느끼게 해준다.

인도로 향하던 배 위에서 그가 남긴 내면의 고뇌를 들어보자.

하나님의 일들을 깨닫는 것은 결코 쉬운 일이 아니었다. 지난 2년 동안 나는 세상을 향한 욕망에 더욱 이끌렸다.…앞으로도 여러 달 동안 뱃멀미와 역한 냄새에 시달려야 한다. 영국에서의 안락한 삶을 버리고 성도들과의 친밀한 교제 없이, 내가 알지 못하는 미지의 땅으로 간다는 것, 그곳으로 항해하는 내내 좁은 배 안에서 경건하지 않은 자들과 뒤엉켜 지내며 병에 걸리고 곤고함을 견뎌 내야 한다는 생각이 내 마음을 무겁게 짓누른다. 나는 거의 부서질 지경이다.

이야기 한켠에 러브스토리도 있다. 마틴은 리디아 그렌펠(Lydia Grenfell)과 사랑에 빠졌다. 그는 그녀보다 먼저 나가서 자신이 하나님만 의지하고 있음을 증명하기 전까지 그녀를 선교지로 데려오는 것이 온당하지 않다고 생각했다. 그러나 1806년 7월 30일, 인도에 도착한 지 두 달 만에 그는 편지로 청혼하면서 그녀에게 와달라고 부탁했다.

15개월이나 기다린 끝에 그녀로부터 답장이 도착했다. 1807년 10월 24일에 기록한 그의 일기를 보자.

슬픈 날이다. 마침내 그녀로부터 답신을 받았다. 그녀는 오지 않겠다고 한다. 어머니가 허락하지 않는다는 게 거절 이유였다. 처음엔 슬픔과 실망으로 내 영혼이 어쩔 줄을 몰랐다. 하지만 차츰 혼란이 사그라들면서 모든 게 분명해졌고 제자리를 찾아갔다. 나로선 그녀의 결정에 동의하지 않을 수가 없었다. 그녀가 어머니의 뜻에 불순종한다면 이는 하나님께 영광이 될 리 없기 때문이다. 하나님의 축복이 절대적으로 필요한 우리로서는 이것이 최선의 선택이었다.

같은 날, 그는 펜을 들어 그녀에게 답장을 썼다.

비록 내 마음은 슬픔과 실망으로 터질 것 같지만 당신을 원망하고자 이 편지를 쓰는 것은 아닙니다. 당신은 마땅한 결정을 내렸습니다. 그러니 결코 내 원망을 살 일이 아닙니다. …아, 하지만 내 마음이 가만 있질 않는군요. 거센 바람이 지금 이 순간에도 몰아치고 있습니다. 모든 것을 하나님의 뜻에 순종하겠다고 다짐했건만, 내 마음이 이토록 유약한지 미처 몰랐습니다.

그럼에도 그는 희망을 놓지 않았다. 그 뒤로도 5년 동안 그는 인도양 너머 머나먼 영국으로 편지를 보냈다. 그가 마지막으로 쓴 것으로 알려진, 그가 죽기 두 달 전(1812년 8월 28일)의 편지는 여느 때처럼 '너무도 사랑하는 리디아' 앞으로 되어 있다. 그 편지는 이렇게 끝맺고 있다.

> 곧 우리는 펜과 잉크로 대화할 일이 없게 될 것입니다. 그러나 나는 곧 당신을 대면하여 보게 될 것을 확신합니다. 모든 성도에게 사랑을 전합니다.
> 　내가 언제나 당신의 사람임을 믿어 주기 바라오. 내 모든 신뢰와 애정을 담아.
>
> 　　　　　　　　　　　　　　　　　　H. 마틴(Martyn)

마틴은 이 땅에서 그녀를 다시 보지 못했다. 그러나 그가 가장 두려워했던 것은 죽음이 아니었으며, 리디아와의 재회가 그가 가장 바라던 것도 아니었다. 그의 열정은 평생 동안 그리스도의 존귀하심을 알리는 것이었다. 세상을 떠날 날이 가까웠을 때 그는 "생명이나 죽음 어느 쪽이 내 것이 된다 하더라도 그리스도께서 내 안에서 영광 받으시기를! 그리스도께서 내게 하라고 하실 일이 있다면 나는 죽을 수 없다"고 썼다. 마틴에게 맡기신 그리스도의 일은 완수되었다. 그리고 마틴은 그 일을 훌륭하게 해냈다. 그가 겪은 상실과 고통은 그의 삶에서 하나님이야말로 최고의 하나님이 되신다는 사실을 언제나 강력하게 드러낸다.

하나님의 선교 부르심에 죽음이 배제되지 않는다

모든 신자가 고난을 겪는다. 하지만 미전도 족속에게 가서 복음을 전하라고 하나님이 부르시는 자들에게는 특히나 고난이 피해 가지 않는다. 디트리히 본회퍼가 남긴 인상적이면서도 매우 성경적인 말이 있다. "십자가는 하나님을 경외하는 복된 사람들이 마주하는 비참한 결말이 결코 아니다. 십자가는 우리가 그리스도와 거룩한 교제를 나누기 시작할 때부터 마련돼 있었다. 그러므로 그리스도가 누군가를 부르실 때는, 그 부르심에 죽음까지 예정되어 있는 셈이다."[2] 이는 "누구든지 나를 따라오려거든 자기를 부인하고 '자기 십자가를 지고' 나를 따를 것이니라"는 마가복음 8장 34절 말씀을 풀어 쓴 것이기도 하다. '십자가를 지고 예수님을 따르는 것'은 예수님과 함께 고난을 받으며 죽기로 결심하고 갈보리 길을 함께 가는 것을 의미한다. 십자가는 그저 지고 가는 짐이 아니다. 십자가는 고문과 처형을 위한 도구다. 십자가를 지고 나를 따르라는 말씀은, "전기 의자를 들고 사형실로 나를 따라오라" 혹은 "이 칼을 들고 단두대로 올라가라" 혹은 "이 밧줄을 목에 메고 교수대로 가라"는 말씀과 같다.

십자가를 진다는 것을, 잔소리를 퍼붓는 가시 돋친 배우자를 힘겹게 상대하는 것 정도로 생각한다면, 그리스도의 부르심은 어떤 힘도 발휘하지 못한다. 그리스도는 모든 믿는 자를 불러 '자기의 모든 소유'를 버리고 '자기 목숨까지' 미워하며(눅 14:33, 26), 이 땅에서 무엇을 잃든지 기쁨으로 순종의 길을 가라고 하신다. 예수님을 따른다는 것은, 말씀하시는 어디서든 순종할 때 기꺼이 배신, 거절, 폭행, 조롱, 십자가에 못박히는 것과 죽음까지도 받아들이는 것을 의미한다. 하지만 예수님은 우리가 이 땅에서 보내는 모든 날들이 예수님을 따라 골고다로 올라가는 성금요일이 된다면, 마지막 부활절에 그분과 함께 영광을 얻게 될 것이라는 확신을 주신다. "누구든지 자기 목숨을 구원하고자 하면 잃을 것이요 누구든지 나와 복음을 위하여 자기 목숨을 잃으면 구원하리라"(막 8:35). "자기의 생명을 사랑하는 자는 잃어버릴 것이요 이 세상에서 자기의 생명을 미워하는 자는 영생하도록 보전하리라"(요 12:25).

순교자 모델이 필요한가?

21세기에 들어와 테러리즘이 새롭게 대두됨에 따라, 순교라는 주제 또한 위험한 사안이 되었다. 그리스도인 순교자들과 테러 행위로 악명을 떨치는 사람들 사이에는 어떤 근본적인 차이점이 있을까? 첫째, 그리스도인 순교자들은 자신이 구원하길 원하는 사람들에 의해 죽음을 맞는다. 그들은 자신의 칼로 죽지도 않고, 그 칼로 적을 죽이지도 않는다. 둘째, 그리스도인 순교자들이 추구하는 것은 죽음이 아니다. 그들이 추구하는 것은 사랑이다. 그들은 주의 복음을 전파하기 위해 칼을 휘두르지 않는다. "칼을 가지는 자는 다 칼로 망하느니라"(마 26:52). 또한 예수님은 "내 나라는 이 세상에 속한 것이 아니니라 만일 내 나라가 이 세상에 속한 것이었더라면 내 종들이 싸워…이제 내 나라는 여기에 속한 것이 아니니라"(요 18:36)고 말씀하셨다. 기독교가 전파되는 길에 다른 사람을 피 흘리게 만드는 일은 결코 없다. 비록 그 길이 우리 자신의 피로 물든다 하더라도 말이다. 기독교는 생명을 주기 위해 고난 받는 종교이지, 죽기 위해 고난 받는 종교가 아니다(막 10:24, 골 1:24 참조).

1989년 마닐라에서 열린 제2차 로잔 세계복음화대회에서 나온 가장 놀랍고도 정신이 번쩍 들게 하는 말씀 중 하나는 조지 오티스(George Otis)가 순교의 부르심에 대해 한 말이었다. 그는 "우리가 무슬림 국가에서 많은 열매를 맺지 못하는 것은 순교자가 없어서일까요? 은밀하게 숨어 있는 교회는 힘있게 성장할 수 있을까요? 아직 어린 교회에게 필요한 건 순교자 모델일까요?"라고 문제를 제기했다. 오늘날 세계 많은 지역에서는 예수님의 말씀이 급진적인 결과를 가져온다는 느낌을 받는다. 즉 그리스도를 선택할 때, 그것은 죽음 또는 죽음의 위기를 선택하는 것이다. 미국 고든 콘웰 신학대학원의 세계 기독교 연구 센터 소장인 토드 존슨(Todd M. Johnson)은 2019년에 다음과 같이 보고했다.

우리가 추정하기로 지난 2천 년 동안 7천만이 넘는 그리스도인들이 순교 당했으며 그 중 절반 이상이 20세기 파시스트와 공산주의 체제 아래 목숨을 잃었다. 우리가 또한 추정하기로 2001-2010년 사이에 백

만 명의 그리스도인이, 2011-2020년 사이에 90만 명의 그리스도인이 목숨을 잃었다.[3]

"내가 그리스도와 함께 십자가에 못 박혔나니"

진실로 십자가를 지는 것에는, 우리의 '옛 본성'(old nature) 또는 '육'(the flesh)이 그리스도와 함께 죽고 '새 피조물'로 다시 태어나는 영적 거래가 포함되어 있다. 사도 바울은 십자가를 지라고 하신 예수님의 부르심을 그렇게 적용하고 있다. "그리스도 예수의 사람들은 '육체와 함께' 그 정욕과 탐심을 '십자가에 못 박았느니라'"(갈 5:24). "'내가 그리스도와 함께 십자가에 못 박혔나니' 그런즉 이제는 내가 사는 것이 아니요 오직 내 안에 그리스도께서 사시는 것이라 이제 내가 육체 가운데 사는 것은 나를 사랑하사 나를 위하여 자기 자신을 버리신 하나님의 아들을 믿는 믿음 안에서 사는 것이라"(갈 2:20). "우리가 알거니와 '우리의 옛 사람이 예수와 함께 십자가에 못 박힌 것'은 죄의 몸이 죽어 다시는 우리가 죄에게 종 노릇 하지 아니하려 함이니"(롬 6:6). "위의 것을 생각하고 땅의 것을 생각하지 말라 이는 '너희가 죽었고' 너희 생명이 그리스도와 함께 하나님 안에 감추어졌음이라"(골 3:2-3).

그러나 십자가를 짊으로써 일어나는 이 영적 죽음은 예수님의 가르침을 우리의 육체적 고난과 죽음에 실제로 적용하는 것을 배제하지 않는다. 오히려 그러한 적용이 일어나야 한다. 이는 다름 아니라 우리의 이기적이고 세상적이며 사랑 없고 두려움 가득하며 교만한 옛 자아가 그리스도와 함께 죽고, 신뢰하고 사랑하며 천국을 바라보고 소망으로 가득한 새 자아가 탄생했기 때문이다. 바로 이 내적 죽음과 새 생명 때문에 우리는 위험을 감수하고 고통을 견뎌 내고 죽기까지 할 수 있다. 그러한 우리에게는 절망이 없고 소망만이 가득하다.

"사람들이 나를 박해하였은즉 너희도 박해할 것이요"

그러므로 우리는 고난 받으라는 부르심을 절대 영적인 의미로만 흐릿하게 만들어선 안 된다. 우리 생활이 너무 평탄하다는 이유로 고난과 박해에 대한 신약의 모든 가르침을 희석시켜서는 절대로 안 된다. 어쩌면 우리는 하나님이 원하시는 온전한 사랑의 삶을 살지 않는 쪽을 택했을지도 모른다. 우리 역시 고난 당할 때를 바로 목전에 두고 있는지 누가 알겠는가. 안락한 생활을 한다고 해서 우리 나름대로 성경의 의미를 축소 해석해서는 안 된다.

예수님은 자기 목숨을 많은 사람의 대속물로 주려고 이 세상에 오셨다(막 10:45). 예수님이 고난 받으신 것은 하나님이 필요하다고 정하셨기 때문이다. "인자가 많은 고난을 받고"(막 8:31, 눅 17:25 참조). 이는 주님의 부르심이었기에, 고난은 그분을 따르는 자들에게 당연한 부르심이기도 하다. 이는 "아버지께서 나를 보내신 것 같이 나도 너희를 보내노라"(요 20:21)는 말씀에 암시되어 있다. 또 예수님은 "내가 너희에게 종이 주인보다 더 크지 못하다 한 말을 기억하라 사람들이 나를 박해하였은즉 너희도 박해할 것이요"(요 15:20)라고 하신 말씀에서 이 점을 분명하게 밝히셨다. "집 주인을 바알세불이라 하였거든 하물며 그 집 사람들이랴"(마 10:25).

예수님이 우리를 대신해 고난 받으셨으므로
우리는 고난을 면할 수 있는가?

그리스도가 우리를 위해 대속의 죽으심을 당하셨다는 사실에 대해 우리는 자칫 오해를 하기 쉽다. 그리스도께서 나를 위해 죽으셨으니 나는 다른 사람들을 위해 죽을 필요가 없다는 판단이다. 그리스도께서 나를 위해 고난 받으셨으므로 나는 다른 이들을 위해 고난 받을 필요가 사라졌다는 것이다. 다시 말하면, 그리스도의 죽으심이 정말 대속을 위한 것이었다면, 나를 대신해 받으신 그 고난은 내가 면할 수 있어야 하는 게 아닌가? 그리스도의 죽으심이 우리의 죽음을 대신하셨는데 어떻게 그분의 부르심이 나의 죽음을 요구할 수 있는가?

그리스도께서 우리를 대신해 죽으신 것은 우리가 '죄 때문에 죽을 필요'가 없게 하려는 것이지, 우리가 다른 사람을 위해 죽을 필요가 없게 하려는 것은 아니다. 그리스도께서 우리 죄의 형벌을 대신 감당하셨으므로, 우리가 더 이상 '하나님께로부터 온 형벌로' 죽거나 고난 받지 않게 되었을 뿐이다. 그리스도와 함께 고난을 받으라는 부르심은 그리스도께서 우리 죄를 담당하신 것처럼 우리도 죄를 담당하라는 것이 아니라, 그리스도께서 사랑하신 것처럼 사랑하라는 부르심이다.

나의 이기심이라는 죄 때문에 그리스도께서 당하신 죽음은 나로 하여금 사랑의 고난을 면하게 하려는 의도가 아니었고, 오히려 사랑의 고난을 감당하게 하려는 것이었다. 그리스도께서 나의 죄책과 형벌을 대신 감당하시고 나와 하나님 아버지 사이에 화목을 이루셨으므로, 나는 더 이상 세상이 주는 위로에 집착하면서 만족을 구할 필요가 없다. 나는 하나님이 최고의 하나님이 되신다는 놀라운 진리를 드러내기 위해 이런 세상의 것들로부터 자유로울 수 있다.

그리스도의 죽으심: 대속과 모본

베드로는 그리스도의 죽음이 갖는 두 가지 의미, 즉 우리가 믿음으로 받아들여야 할 대속이자 우리가 따라야 할 모본이라는 것 사이의 연관성을 설명한다. 그는 믿지 않는 주인에게 학대를 당할지도 모르는 그리스도인 종들에게 이렇게 말한다.

> 죄가 있어 매를 맞고 참으면 무슨 칭찬이 있으리요 그러나 선을 행함으로 고난을 받고 참으면 이는 하나님 앞에 아름다우니라 이를 위하여 너희가 부르심을 받았으니 그리스도 너희를 위하여 고난을 받으사 너희에게 본을 끼쳐 그 자취를 따라오게 하려 하셨느니라(벧전 2:20-21).

짧지만 지극히 중요한 문구인 '너희를 위하여'를 눈여겨보라. 그리스도는 '너희를 위하여' 고난을 받으셨다. 이것이 대속이다. 그리스도는 우리를 대신하여 우리 힘으로 할 수 없는 것을 하셨다. "친히 나무에 달려 그 몸으로 우리 죄를 담당하셨으니"(벧전 2:24). 이는 우리를 위해 하나님의 아들 말고는 어느 누구도 감당할 수 없는 일이다(롬 8:3). 이것은 흉내 낼 수도, 다시금 반복할 수도 없는 일이다. 그리스도의 대속의 죽음은 단 한 번에 영원히 끝났다. "이제 자기를 단번에 제물로 드려 죄를 없이 하시려고 세상 끝에 나타나셨느니라"(히 9:26). 그렇기에 그리스도의 죽으심은 우리가 소망을 품고 기뻐하고 자유하며 사랑하는 근거이자 토대가 된다. 우리는 죄를 용서받았고 우리에게는 영생이 있다(요 3:16, 엡 1:7). 하나님이 우리를 위하시니 그 어떤 것도 우리를 하나님으로부터 끊을 수 없다(롬 8:31, 35-39).

그러므로 베드로가 예수님이 "너희에게 본을 끼쳐 그 자취를 따라오게 하려 하셨"다고 말한 의미는, 우리 역시 죄를 대속하라는 부르심을 받았다는 의미가 아니다. 베드로의 말은 우리도 예수님처럼 사랑하고 예수님처럼 의를 행하기 위해 기꺼이 고난을 받도록 부르심을 받았다는 뜻이다. 우리가 따라야 할 모본은 죄의 대속이 아니라 기꺼이 사랑하고 고난받는 것이다. 대속과 사랑, 이 두 가지는 매우 중요하다. 대속은 우리가 그리스도를 닮아야 할 토대이지 그 반대가 아니다. 우리는 예수님처럼 고난 받음으로써 죄 사함을 얻지 않는다. 우리는 죄 사함을 받았으므로 자유함을 얻고 예수님처럼 사랑한다. 예수님이 우리를 위해 고난을 받으셨으므로,

우리는 그분처럼 고난을 받을 수 있다.

사실 베드로는 "이(고난)를 위하여 너희가 '부르심'을 받았으니" 라고 말한다. 이것이 우리가 받은 소명이다. "그 부르심은 잔인한 주인 밑에 있는 종에게 한 말씀일 뿐 우리에게는 적용되지 않는다" 라고 말하는 실수를 범하지 말라. 베드로전서 3장 8-9절은 모든 신자를 향한 말씀이지만 2장 20-21절과 동일한 요지를 담고 있기 때문이다. "마지막으로 말하노니 '너희가 다' 마음을 같이하여 동정하며 형제를 사랑하며 불쌍히 여기며 겸손하며 악을 악으로, 욕을 욕으로 갚지 말고 도리어 복을 빌라 '이를 위하여 너희가 부르심을 받았으니' 이는 복을 이어받게 하려 하심이라." 이는 종들에게만 해당하는 부르심이 아니다. 모든 그리스도인들을 향한 부르심이다. 그리스도께서 그렇게 살다가 고난을 받고 죽으셨기에 우리도 그분처럼 그리스도의 놀라우신 사랑을 삶으로 보여 주라는 부르심을 받은 것이다.

더 나아가 베드로는 예수님이 불의한 고난을 어떻게 감당하셨는지 묘사하고 있다. 이 고난에 대해 우리 역시 오롯이 예수님처럼 하라는 부르심을 받는다. "그는 죄를 범하지 아니하시고 그 입에 거짓도 없으시며 욕을 당하시되 맞대어 욕하지 아니하시고 고난을 당하시되 위협하지 아니하시고 오직 공의로 심판하시는 이에게 부탁하시며"(벧전 2:22-23).

너희도 같은 마음으로 갑옷을 삼으라

베드로는 이 부르심을 강조하기 위해, "그리스도께서 이미 육체의 고난을 받으셨으니 너희도 '같은 마음으로'(with the same thought) 갑옷을 삼으라"(벧전 4:1)고 분명히 말한다. 그리스도의 고난은 고난을 대하는 특정한 마음가짐을 우리에게 요구한다. 즉 고난은 정상적인 것이며 사랑하고 선교를 행하는 길에는 늘상 고난이 필요하다는 것이다. 그래서 베드로는 "사랑하는 자들아 너희를 연단하려고 오는 불 시험을 이상한 일 당하는 것같이 이상히 여기지 말라"(벧전 4:12)고 말한다.

그리스도와 함께 고난 받는 것은 이상한 일이 아니다. 오히려 이는 우리의 일상이요, 부르심이다. "이는 세상에 있는 너희 형제들도 동일한 고난을 당하는 줄을 앎이라"(벧전 5:9). 이 "마음"(thought)을 갑옷으로 삼을 때, 우리는 고난을 아주 이상한 일로 여겨 쉽게 상처받지 않을 수 있다.

당장 고난을 대비하라

리차드 범브란트(Richard Wurmbrand)는 고국 루마니아에서 1948년부터 1964년 사이 14년 동안 투옥과 고문을 겪었다. 그는 공산당이 루마니아를 점령하고 그들의 목적대로 교회를 통제하려던 시기에 비밀 지하 사역을 이끌었다. 범브란트는 사도 바울이 가르친 것처럼, 고난 받을 영적 준비가 지극히 필요하다는 것을 강조한다.

이 고문 앞에서 우리는 무엇을 해야 할까? 우리가 견딜 수 있을까? 고문을 견디지 못한다면 내가 알고 있는 사람 가운데 50-60명이 더 투옥될 것이다. 내 주위 사람을 배신하는 것. 이것이 바로 공산주의자들이 내게 원하는 것이다. 그러므로 지금 당장이라도 고난을 대비하는 일이 절실하게 필요하다. 공산주의자들이 우리를 투옥할 때에야 뒤늦게 대비한다면, 일은 아주 어려워질 것이다.

내가 루마니아를 떠나기 전 마지막으로 지도했던 견진성사 반이 기억난다. 열 명에서 열다섯 명 정도 되는 남자, 여자 아이들 한 반을 주일 아침에 교회가 아닌 동물원으로 데려갔다. 사자 우리 앞에서 나는 아이들에게 이렇게 말했다. "너희 믿음의 조상들은 자신의 믿음 때문에 이런 야생 짐승들에게 던져졌단다. 그리고 너희도 고난을 당해야 한다는 것을 알아야 해. 너희는 사자한테 던져지지는 않겠지만 사자보다 더 나쁜 사람들을 상대해야 할 거야. 그리스도께 충성을 맹세하고 싶다면 지금 여기서 해라." 아이들은 눈물을 글썽거리며 "예"라고 대답했다.

우리의 대비는 지금 시작되어야 한다. 감옥에 들어가기 전에 말이다. 감옥에서는 모든 것을 잃는다. 자기 옷을 벗고 죄수복을 지급받는다. 쓸 만한 가구나 카펫, 커튼 따위는 없다. 더 이상 아내도 없고 자녀도 곁에 없다. 서재도 없고 꽃도 다시 못 본다. 인생에서 사소한 기쁨을 줄 만한 것은 하나도 남지 않을 것이다. 그러므로 사전에 인생의 즐거움을 포기하는 사람만이 저항할 수 있다.⁴

바울은 믿음의 사람들이 고난을 대비할 수 있게 하려고 힘썼다.

베드로처럼 바울은 고난조차 우리의 부르심이라는 '마음'으로 성도들을 무장시켰다. 바울은 데살로니가의 초신자들에게 "우리 형제 곧 그리스도의 복음을 전하는 하나님의 일꾼인 디모데를 보내노니 이는 너희를 굳건하게 하고 너희 믿음에 대하여 위로함으로 아무도 이 여러 환난 중에 흔들리지 않게 하려 함이라 '우리가 이것(고난)을 위하여 세움 받은 줄'(we are destined for this)을 너희가 친히 알리라"(살전 3:2-3)고 말했다. 글자 그대로 옮기면 "성도는 고난을 받을 운명이다"라는 뜻이다. 즉 고난은 우리의 부르심이다.

마찬가지로 바울은 1차 선교 여행에서 돌아오면서 개척한 교회들에 들러 이 '마음'을 갖도록 격려했다. "제자들의 마음을 굳게 하여 이 믿음에 머물러 있으라 권하고 또 '우리가 하나님의 나라에 들어가려면 많은 환난을 겪어야 할 것'이라 하고"(행 14:22). 초신자들이 이 마음으로 갑옷을 삼는 것이 중요했다. 하나님 나라로 가는 길은 갈보리의 길이며, 환난이 많기 때문이다. 이것은 하나님이 필수로 정하신 길이다. 이 길로 "우리는 들어가야만 한다." 고난은 우리의 부르심이다. "무릇 그리스도 예수 안에서 경건하게 살고자 하는 자는 박해를 받으리라"(딤후 3:12).

그의 치욕을 짊어지고
영문 밖으로 그에게 나아가자

히브리서 기자는 베드로가 한 것처럼 그리스도의 대속 사역과 그 고난을 마찬가지의 논리로 연결하고 있으며, 베드로와 다른 부분이 있다면 이를 생생한 이미지 언어로 전달하고 있다는 점이다.

> 그러므로 예수도 자기 피로써 백성을 거룩하게 하려고 성문 밖에서 고난을 받으셨느니라 그런즉 우리도 그의 치욕을 짊어지고 영문 밖으로 그에게 나아가자 우리가 여기에는 영구한 도성이 없으므로 장차 올 것을 찾나니 (히 13:12-14).

먼저 우리가 고난 받는 목적은 예수님이 "자기 피로써 백성을 거룩하게 하려고" 고난 받으신 것과 다르다. 하나님의 아들의 죽으심은 그 효력에 있어 절대적으로 유일무이하다. 하지만 '그런즉'(therefore)이라는 단어에 주목하라. 예수님이 이렇게 우리를 위해 죽으셨으므로, '그런즉' 우리도 영문 밖으로 그분과 함께 나가서 그분이 견디신 치욕을 짊어지자는 것이다. 예수님이 우리를 위해 고난 받으셨으므로 우리는 이제 고난과 치욕과 위험이 없는 편안한 생활을 누릴 수 있다는 의미가 아니다. 그와 정반대다. 예수님의 고난은, 우리가 그분과 함께 가서 그분처럼 치욕을 짊어져야 할 근거가 된다.

영문 밖은 안전과 안락의 경계 밖을 의미한다. 이는 매우 선교적인 말씀이다. 영문 밖에는 "이 우리에 들지 아니한 다른 양들"이 있다. 영문 밖에는 복음이 가닿지 않은 열방이 있다. 영문 밖에는 결코 적지 않은 대가와 희생을 감수해야만 복음을 전할 수 있는 지역과 사람들이 있다. 우리는 이 일에 부르심을 받았다. "그의 치욕을 짊어지고 영문 밖으로 그에게 나아가자." 이는 우리의 소명이다.

그가 지신 치욕을 수단에서 짊어지다

치욕의 범위는 은근한 따돌림부터 고문과 끔찍한 죽음까지 아우른다. 아마도 지금도 세상에서 끊임없이 일어나고 있을 것이다. 우리는 그 중 '예수님이 지신 치욕'의 일부분에 대해 들을 수 있다. 〈미션 프론티어스〉에는 1988년에 다음과 같은 보고서가 실렸다.

1983년 수단은 자신들이 이슬람 공화국임을 선포했다. 이슬람 샤리아 율법이 전 국민에게 발효되었다. 그때부터 기독교 목회자 수십 명이 죽임을 당했고 연이어 많은 교회들이 불탔다…

1987년 3월 27-28일, 카툼대학교 교수 우샤리 아마드 마무드 박사와 슐레이만 알리 발도 박사(두 사람 모두 무슬림이다)가 펴낸 33쪽짜리 보고서에 따르면 1,000명이 넘는 딩카족 성인 남녀와 아이들이 수단 서부 디인 마을에서 불에 타 죽었다.

이 학살은 딩카족 그리스도인 25명이 저녁 기도회를 가지던 중 몽둥이, 창, 도끼, 소련제 칼라시니코프 총을 휘두르며 들이닥친 리제이가트족 무슬림 폭도들에게 쫓겨나면서 시작됐다. 그날 저녁 딩카족 5-7명이 살해당했고 수십 채의 가옥이 불탔다.

그 다음날 아침 일찍, 딩카족 사람들이 마을을 떠나 안전하게 대피하기 위해 화물 열차에 오르고 있었다. 그때 무장한 리제이가트족 수백 명이 기차역에 몰려들었고 저항할 능력이 없는 딩카족 사람들을 공격했다. 한곳에 웅크린 딩카족 위로 불타는 매트리스가 계속 던져졌다. 어떤 사람들은 총에 맞거나 신체가 절단되거나 몽둥이에 맞아

죽었다. 해질 무렵까지 학살이 이어졌고 1,000여 명의 딩카족이 목숨을 잃었다.[5]

이 끔찍한 이야기는 거의 40년 전에 일어났다. 하지만 21세기 초기 20년 동안 이슬람 무장 세력이 등장하면서 이보다 더 많은 그리스도인이 죽음을 맞이했다. 일례로 40년 전만 해도 나이지리아는 안정되고 평화로우며 그리스도인이 많은 나라였다. 이제 나이지리아는 기독교 박해 국가 10위 안에 포함된다. "('서구식 교육은 죄악'이라는 뜻을 가진) 보코하람이라는 이슬람 단체는 나이지리아에서 샤리아 법 도입을 목표로 하고 있으며 최근 빈번해진 기독교 교회를 향한 공격이 자신들의 소행임을 당당히 밝힌다."[6] 어린이 유괴, 신체 절단, 참수 등 이들의 공격은 너무 잔인해 묘사할 수 없을 정도다.

비단 나이지리아만의 문제가 아니다. 2021년을 시작할 무렵 "매일 전 세계적으로 열세 명의 그리스도인이 믿음 때문에 죽임을 당했으며, 매일 열두 개의 교회 건물이 공격을 받았다. 그리고 매일 열두 명의 그리스도인이 부당하게 체포되거나 투옥되고, 다섯 명이 납치당했다."[7]

이처럼 끔찍한 일이지만 베드로는 불 시험이 찾아올 때 마치 이상한 일이 우리에게 일어나는 것처럼 놀라서는 안 된다고 말한다. 우리는 상대적으로 너무 편하게 살기 때문에 베드로가 말하는 그런 생각을 이해하는 것이 어려워 보인다. 그러나 나는 하나님이 우리를 불러 바로 이 생각으로 무장하라고 말씀하신다고 믿는다. 그리스도는 영문 밖에서 잔인하고 부당하게 고난을 받으심으로 우리가 따라야 할 본을 남기셨다.

사형수와 함께 보낸 마지막 밤

찰스 웨슬리(Charles Wesley)는 어떻게 하면 히브리서 13장 13절 말씀에 순종해 '영문 밖으로' 나가서 예수님이 짊어지신 치욕을 질 수 있는지 한 예를 보여 준다. 1738년 7월 18일 웨슬리는 구원받은 지 두 달 되었을 때 놀라운 경험을 했다. 그는 뉴게이트 감옥의 죄수들에게 전도하며 그 주를 보냈는데, 자신을 '가난하고 무지한 기계공'이라고 소개한 '브레이'라는 친구와 함께했다. 두 사람이 말을 건넨 이들 중 하나는 '주인에게 강도질을 한 흑인 노예'였다. 그는 열병을 앓고 있었고 사형 언도를 받은 몸이었다.

    화요일에 두 사람은 다음 날 사형당할 죄수들과 함께 지낼 수 있는지(영문 밖에서 말이다!) 물어보았다. 그날 밤 두 사람은 사형수들에게 복음을 전했다. 그들은 사형수들에게 "한 사람이 잃어버린 죄인들을 구하기 위해 하늘로부터 내려오셨다"고 말해 주었다. 하나님의 아들이 겪으신 고난, 슬픔, 고통, 그리고 죽으심이 어떠했는지 말해 주었다.

    다음 날 사형수들은 수레에 실려 사형장으로 호송되었다. 찰스 웨슬리는 그들과 함께 갔다. 밧줄이 사형수들의 목에 감겨 있어서, 수레가 출발하면 그들은 교수대 아래 공중에 매달린 채로 질식해 죽게 될 것이었다.

웨슬리와 브레이가 밤새 기울인 수고의 열매는 놀랍기 그지없었다. 다음은 웨슬리가 쓴 글이다.

> 교수대 아래 그들의 얼굴은 빛나고 있었다. 위로와 평안과 승리감으로 충만했다. 그리스도께서 자신들을 위해 죽으셨으며 천국으로 데려가려 기다리고 계신다는 확신에 붙들려 있었다.···흑인은 말없이 표정으로 내게 인사했다. 그와 눈이 마주칠 때마다 그는 내가 여태껏 보았던 가장 평온하고도 기쁜 얼굴로 미소 지었다.
>   우리는 그들이 주님을 만나러, 신랑을 맞을 준비를 갖추고 가는 것을 바라보았다. 수레가 내달리자 한 사람도 동요하거나 살려고 발버둥치지 않고 순순히 숨을 거두었다. 정확히 열두 시에 그들은 절명했다. 나는 사형 집행 장면을 지켜보던 군중에게 몇 마디 필요한 말을 전한 다음, 우리 친구들이 복된 곳으로 들어갔다는 확신과 평안을 안고 집으로 돌아갔다. 교수대 아래에서 보낸 그 짧은 시간은 내 인생에서 가장 복된 시간이었다.[8]

이 이야기에는 나에게 놀라움과 감동을 주는 두 가지 면이 있다. 하나는 웨슬리가 그리스도의 진리와 사랑에 대해 전한 메시지의 놀라운 능력이다. 사형 선고를 받은 죄수들이 모두 회심했다. 그리고 그들은 깊이 회심한 까닭에 죽음의 얼굴을 똑바로 쳐다보고 (오랜 기간에 걸친 '양육'이나 '제자 훈련'을 안 받았지만) 자기 목숨을 포기할 수 있었으며, 그리스도께서 자기들을 영접하실 것이라는 확신을 가졌다. 물론 그들의 고난은 의를 위한 것이 아니었다. 그러나 그들을 붙들어 준 것은 그 같은 원리에서 나온 것이었다. 그들은 천국에 가기 위해 거쳐야 할 관문으로 고난을 바라보았으며, 그 영광의 소망이 아주 실제적이었기에 평안하게 죽었다. 아, 전도할 때 이런 능력이 따를 수만 있다면!

나에게 놀라움을 주는 또 한 가지는, 웨슬리가 다른 사람을 한 명 더 죽인들 더 이상 잃을 것이 없는 사형수들과 함께 밤새 갇혀 있게 해달라고 부탁했다는 사실이다. 웨슬리에게는 이것이 그가 할 일이라고 말해 주는 감독자가 없었다. 그는 전문적인 교도소 목회자가 아니었다. 친구들과 이야기를 나누며 집에서 저녁을 보냈다면 편안하고 즐거웠을 것이다. 그런데 그는 왜 감옥에 갔을까?

하나님이 그에게 갈 마음을 주셨고, 웨슬리는 순종했다. 세계 선교를 위해 하나님은 자기 백성들을 불러 갖가지 이상하고도 극단적인 일을 하게 하신다. 다 같은 부르심을 듣는 것은 아니다. 당신의 부르심은 더 독특할지 모른다. 자기가 하게 되리라고는 꿈조차 꾸지 못했던 것일 수도 있다. 해보았으면 하고 그저 꿈만 꾸었던 것일 수도 있다. 그러나 나는 당신에게 예수님이 짊어지신 치욕을 지도록 '영문 밖' 어디로 데려가시든지 성령님의 인도하심을 따를 것을 촉구한다.

"그가 얼마나 고난을 받아야 할 것을 내가 그에게 보이리라"

고난은 우리가 져야 할 소명이다. 우리가 선교사든 그렇지 않든 상관없이 말이다. 그러나 온 세상 미전도 족속에게 가도록 위임받은 이들에게 고난은 특별한 소명이다. 사도 바울이 이런 선교사의 전형이다. 주님은 다메섹의 바울에게 아나니아를 보내실 때 베드로전서 4장 1절에 언급된 이 '마음'이라는 갑옷도 함께 보내셨다. 다만 바울에게는 이것이 더 강화되었을 뿐이다. 주님은 "가라 이 사람은 내 이름을 이방인과 임금들과 이스라엘 자손들에게 전하기 위하여 택한 나의 그릇이라 '그가 내 이름을 위하여 얼마나 고난을 받아야 할 것을 내가 그에게 보이리라'"(행 9:15-16)고 하셨다. 그 후 하나님은 이 '마음'을 바울에게 거듭 주지시키셨다. "오직 성령이 각 성에서 내게 증언하여 '결박과 환난이 나를 기다린다' 하시나"(행 20:23).

고난은 바울의 부르심의 일부였다. 바울의 형편과 사역에서 이 고난이 너무 큰 부분을 차지하게 된 나머지, 자신도 이 고난을 참 사도임을 확인하는 증표로 여겼다. 이는 하나님이 바울을 불러 맡기신 일에 대한 일종의 자격 증명서 같은 것이었다.

> 오직 모든 일에 하나님의 일꾼으로 자천하여 많이 견디는 것과 환난과 궁핍과 고난과 매 맞음과 갇힘과 난동과 수고로움과 자지 못함과 먹지 못함 가운데서도 깨끗함과 지식과 오래 참음과 자비함과 성령의 감화와 거짓이 없는 사랑과 진리의 말씀과 하나님의 능력으로 의의 무기를 좌우에 가지고 영광과 욕됨으로 그러했으며 악한 이름과 아름다운 이름으로 그러했느니라 우리는 속이는 자 같으나 참되고 무명한 자 같으나 유명한 자요 죽은 자 같으나 보라 우리가 살아 있고 징계를 받는 자 같으나 죽임을 당하지 아니하고 근심하는 자 같으나 항상 기

뻐하고 가난한 자 같으나 많은 사람을 부요하게 하고 아무것도 없는 자 같으나 모든 것을 가진 자로다(고후 6:4-10).

사도 바울이 자신이 겪었다며 털어놓는 온갖 고난은 읽는 이의 마음을 휘청거리게 할 정도다. 고린도후서 11장 23-28절에 나열된 내용은 우리를 압도하며, 그 각각의 고난이 다른 고난과 겹쳐 증폭되는 것까지 생각하면 더욱 그렇다. 이는 선교사로 살면서 바울이 겪은 그 모든 고통과 슬픔을 일견 들여다보게 해주는 흔치 않은 기록이다.

그들이 그리스도의 일꾼이냐 정신 없는 말을 하거니와 나는 더욱 그러하도다 내가 수고를 넘치도록 하고 옥에 갇히기도 더 많이 하고 매도 수없이 맞고 여러 번 죽을 뻔하였으니 유대인들에게 사십에서 하나 감한 매를 다섯 번 맞았으며 세 번 태장으로 맞고 한 번 돌로 맞고 세 번 파선하고 일 주야를 깊은 바다에서 지냈으며 여러 번 여행하면서 강의 위험과 강도의 위험과 동족의 위험과 이방인의 위험과 시내의 위험과 광야의 위험과 바다의 위험과 거짓 형제 중의 위험을 당하고 또 수고하며 애쓰고 여러 번 자지 못하고 주리며 목마르고 여러 번 굶고 춥고 헐벗었노라 이 외의 일은 고사하고 아직도 날마다 내 속에 눌리는 일이 있으니 곧 모든 교회를 위하여 염려하는 것이라.

이 부분을 숨 돌릴 틈 없이 빨리 읽어서는 안 된다. "사십에 하나 감한 매"를 맞는 것이 무엇을 뜻하는지 생각해 보라. 이는 옷을 벗기고 일종의 말뚝에 묶어 도망가거나 넘어지지 못하게 했다는 뜻이다. 그 다음에는 때리는 훈련을 받은 사람이 가죽에 날카로운 뼛조각이 박힌 채찍을 집어들고 바울의 등의 맨살을 서른아홉 번 내려쳤다는 의미다. 그 절반도 못 맞아서, 혹은 그보다 더 일찍 살이 터지고 찢어졌을 것이다. 채찍질이 끝났을 무렵 바울의 등 피부는 마치 흐물거리는 젤리처럼 문드러져 있었을 것이다. 이렇게 찢긴 상처는 면도날로 벤 것처럼 말끔하지 않다. 살이 터지고 갈기갈기 찢겨져 회복이 더디며 여기에 감염으로 인한 합병증도 뒤따랐을 것이다. 그 당시에는 소독이 뭔지 몰랐으니 소독약도 없었을 것이다. 옷을 입을 때마다 등의 고통을 느낄 수 없게 되기까지는 아마도 몇 달이 걸렸을 것이다.

이제 이 모습을 염두에 두고, 이미 흉이 진 자리에 다시 채찍질을 가하여 눈뜨고 보기 힘들 정도로 엉망이 된 등을 상상해 보라. 두 번째 매질은 회복이 더뎠을 것이다. 그 다음 몇 달 뒤에 세 번째로 이런 일을 당했다고 생각해 보라. 바울의 등이 어땠을까? 그 후 또 이런 일이 일어났다. 바울은 결국 다섯 번이나 이런 일을 겪었다. 이것은 바울이 당한 고난 중 단 한 가지에 불과했다.

하나님은 복음 전파자에게 일어나는 고난을 허용하시는가, 아니면 고난을 받도록 정하시는가?

하나님은 왜 이런 일들을 허용하시는가? 아니, 이것은 그리 바른 질문이 아니다. 우리는 "왜 하나님은 이것을 정하셨는가(appoint)"라고 물어야 한다. 이런 일들은 하나님이 자기 백성들을 향해 가지신 계획의 일부다. 예수님의 고난과 죽으심이 하나님의 구원 계획의 일부였던 것과 마찬가지다(사 53:10, 행 4:27-28). 사탄이 고난을 더 직접적으로 가할 수 있는 것은 사실이지만, 사탄조차도 하나님의 허락 없이는 아무것도 할 수 없다.[9]

바울은 고난을 하나님이 주시는 것으로 묘사하고 있다. "그리스도를 위하여 너희에게 은혜를 주신 것은 다만 그를 믿을 뿐 아니라 또한 '그를 위하여 고난도 받게' 하려 하심이라"(빌 1:29).

베드로는 두 번이나 고난을 하나님의 뜻이라고 말한다. "선을 행함으로 고난 받는 것이 '하나님의 뜻일진대' 악을 행함으로 고난 받는 것보다 나으니라…그러므로 '하나님의 뜻대로' 고난을 받는 자들은 또한 선을 행하는 가운데에 그 영혼을 미쁘신 창조주께 의탁할지어다"(벧전 3:17, 4:19).[10]

야고보는 우리 삶의 모든 것, 언뜻 보기에는 우리 삶에 우연히 일어나 계획을 어그러뜨리는 것까지 포함해, 전부 하나님의 주권적인 뜻 아래 있다고 말한다. "들으라 너희 중에 말하기를 오늘이나 내일이나 우리가 어떤 도시에 가서 거기서 일 년을 머물며 장사하여 이익을 보리라 하는 자들아…너희가 도리어 말하기를 '주의 뜻이면' 우리가 살기도 하고 이것이나 저것을 하리라 할 것이거늘"(약 4:13, 15). 타이어 펑크, 자동차 사고, 도로 공사 등 우리의 계획에 딴지를 놓는 무엇이라도 하나님의 뜻 아래 있다. "주의 뜻이면 우리가 살기도 하고 이것이나 저것을 하리라."

히브리서 기자는 우리가 당하는 모든 고난을 사랑이신 하나님의 징계(God's loving discipline)라는 깃발 아래 둔다. 우리의 고난이 하나님이 허용하시는 우연한 불행이 아니라 우리를 거룩하게 하시려는 하나님의 계획의 일환이라는 의미다.

> 너희가 죄와 싸우되 아직 피 흘리기까지는 대항하지 아니하고 또 아들들에게 권하는 것같이 너희에게 권면하신 말씀도 잊었도다 일렀으되 내 아들아 주의 징계하심을 경히 여기지 말며 그에게 꾸지람을 받을 때에 낙심하지 말라 주께서 그 사랑하시는 자를 징계하시고 그가 받아들이시는 아들마다 채찍질하심이라 하였으니(히 12:4-6).

선교사들이 마주하는 고난은 주님이 예상치 못한 일이 아니다. 주님은 이를 분명히 아시고, 스스로도 이를 겪으셨으며, 제자들을 똑같은 위험 속으로 보내셨다. "보라 내가 너희를 보냄이 양을 이리 가운데로 보냄과 같도다"(마 10:16). "내가 선지자와 사도들을 그들에게 보내리니 그중에서 더러는 죽이며 또 박해하리라"(눅 11:49). 바울이 데살로니가전서 3장 3절에서 말한 대로 우리는 고난을 받도록 정하심을 받았다("destined" 또는 "appointed", 개역개정, "이것을 위하여 세움 받았다").

하나님이 자기 종들로 고난 받도록 정하시는 여섯 가지 이유

그러므로 우리의 질문은 이것이어야 한다. "왜인가?" 왜 하나님은 바울을 개척 선교사로 세워 그토록 많은 고난을 받도록 정하셨는가? 모두가 알다시피 하나님은 원하시면 오늘이라도 사탄을 무저갱에 던져 넣으시고 사탄이 교회에 가하는 모든 위협을 끝장내실 수 있다. 그러나 하나님은 교회가 행하는 선교가 폭풍과 고난을 겪으며 전진하기를 원하신다. 그 이유는 무엇인가?

이유 1: 고난은 믿음과 거룩이 깊어지게 한다
히브리서 12장에서 방금 본 대로 하나님은 자기 자녀들을 고난을 통해 연단하신다. 하나님의 목표는 자녀들이 더 깊은 믿음과 거룩에 들어가게 하시는 데 있다. "오직 하나님은 우리의 유익을 위하여 그의 거룩하심에 참여하게 하시느니라"(히 12:10). 예수님도 동일한 경험을 하셨다. "그가 아들이시면서도 받으신 고난으로 순종함을 배워서"(히 5:8). 이는 예수님이 불순종하다가 고난을 받고 순종을 배우셨다는 뜻이 아니다. 히브리서 기자는 예수님이 죄를 지으신 적이 없다고 말한다(히 4:15). 이는 예수님이 점점 더 깊은 순종으로 자라가는 과정이 고난의 과정이었다는 뜻이다. 우리는 순종을 시험받고 증명해야 할 필요가 있을 뿐 아니라, 자기를 의지하던 세상의 습관으로부터도 완전히 정결해져야 한다.

바울도 이런 경험을 한 후에 다음과 같은 소회를 남겼다.

형제들아 우리가 아시아에서 당한 환난을 너희가 모르기를 원하지 아니하노니 힘에 겹도록 심한 고난을 당하여 살 소망까지 끊어지고 우리는 우리 자신이 사형 선고를 받은 줄 알았으니 이는 우리로 자기를 의지하지 말고 오직 죽은 자를 다시 살리시는 하나님만 의지하게 하심이라(고후 1:8-9).

바울은 자신이 겪은 고난이 사탄에게서 왔다고 말하는 대신, 하나님이 자신의 믿음의 성숙을 위해 고난 받도록 정하셨다고 말한다. 하나님은 고난을 주심으로 바울이 의지하던 인생의 버팀목들을 쳐서 빼내셨고, 그리하여 바울이 하나님께만 엎드러져 부활의 약속에서 유일한 소망을 찾게 하셨다. 이것이 바로 선교사가 받는 고난의 첫째 목적이다. 우리로 하여금 세상을 사랑하지 않고 오직 하나님께만 소망을 두게 하는 것이다(롬 5:3-4 참조). 또한 세상 대신 오직 하늘에 소망을 쌓아둘 때 그로부터 순전한 사랑이 흘러나온다(골 1:4-5). 세상을 등지고 하나님께만 소망을 두게 하는 이 고난은 다른 사람을 긍휼히 여기는 마음이 하나님의 종들의 삶에 배어나게 하는 주요 수단이 된다.

오랜 세월에 걸쳐 수많은 선교사들이 깨달은 진리는, 고난이란 다른 데서는 배울 수 없는 믿음의 교훈을 배우는 그리스도의 학교라는 것이다. 예를 들면 1824년 스코틀랜드에서 태어난 존 패튼(John G. Paton) 선교사는 1858년부터 1907년 사망하던 순간까지 남태평양의 뉴헤브리즈(오늘날의 바누아투)에서 선교 활동을 했다. 패튼은 34세에 타나 섬에 도착하여 4개월 만에 아내를 잃었으며, 그로부터 두 주 후에 갓난아이마저 잃었다. 패튼은 홀로 그 둘을 땅에 묻었다. "예수님이 없었다면, 그분과의 깊은 교제가 없었다면, 나는 정말 미쳐서 아무도 없는 그 무덤 옆에서 죽었을 것이다!"[11]

패튼은 섬에 머물면서 온갖 위험 속에서 4년을 보냈으며, 결국 자신을 노린 폭동이 일어나자 섬을 떠나는 것이 현명하다고 판단했다. 패튼은 그 섬에서 믿을 만한 유일한 친구 노와(Nowar)에게 도움을 청했다. 섬을 탈출하면서 그는 잊지 못할 큰 은혜를 경험했다. 노와는 패튼에게 마을을 빠져나와 자기 아들이 알려 주는 나무에 올라가 달이 뜰 때까지 숨어 있으라고 말했다.

그렇게 의심스럽고 우유부단한 친구들의 손에 완전히 내맡겨진 상황이 무척 당황스러웠지만 그대로 따르는 게 최선이라고 생각했다. 나는 그 나무에 올라갔고 숲에 혼자 남겨졌다. 그곳에서 보낸 시간은 마치 어제 일처럼 생생하다. 이따금씩 구식 소총이 발사되는 소리와 원주민들의 고함 소리가 들렸다. 하지만 나는 숲이 마치 예수님의 품인 양 평안한 마음으로 앉아 있었다. 내 생애 동안 어떤 슬픔을 겪었던 때라도, 그날만큼 하나님이 내 곁에 가까이 계시면서 부드럽게 속삭이신 적이 없었다. 그날 밤 달빛은 나무 잎사귀 사이로 어른거렸으며, 시원한 밤바람이 나의 떨리는 이마 위로 살랑거렸다. 나는 예수님께 마음에 있는 것을 모두 말씀드렸다.

그날 밤 그곳에 나를 도우러 누구도 나타나지 않았지만, 나는 결코 혼자가 아니었다! 만약 그것이 주님을 높이는 일이라면, 수많은 밤을 나무 위에서 보내야 하더라도 나의 구주가 임재하여 내 영혼을 위로하시는 그곳을 결코 떠나지 않으리라. 당신은 한밤중 숲에 혼자 남겨졌을 때, 그리고 사방이 죽음뿐인 한가운데 홀로 남겨졌을 때 결코 당신을 버리지 않을 친구 되신 그분을 소유하고 있는가?[12]

이유 2: 고난은 장래에 누릴 영광의 무게를 더해 준다

고난을 인내함으로 견딜 때, 우리에게는 장차 하나님의 영광을 더욱 풍성하게 누릴 수 있는 상급이 주어진다. 이것은 고린도후서 4장 17-18절에 잘 나와 있다.

> 우리가 잠시 받는 환난의 경한 것이 지극히 크고 영원한 영광의 중한 것을 우리에게 이루게 함(preparing)이니 우리가 주목하는 것은 보이는 것이 아니요 보이지 않는 것이니 보이는 것은 잠깐이요 보이지 않는 것은 영원함이라.

바울의 환난은 비할 바 없이 중한 영광을 '예비', '초래' 또는 '이루게 하는' 것이다. 우리는 여기서 바울의 말을 심각하게 받아들여야 한다. 바울은 그저 자신은 천국에 대한 큰 소망이 있어 고난을 견딜 수 있다고 말한 것이 아니다. 그래도 틀린 말은 아니지만, 바울은 여기서 고난이 영광의 무게에 영향을 준다고 말하고 있다. 견뎌 낸 고난과 누리게 될 영광의 정도 사이에는 연관이 있는 것 같다. 물론 영광은 고난을 무한히 능가하는 것이므로, 바울이 로마서 8장 18절에서 "생각하건대 현재의 고난은 '장차 우리에게 나타날 영광과 비교할 수 없도다'"라고 말한 그대로다. 그렇지만 그 영광의 무게, 달리 말해 우리가 장차 경험하게 될 영광은 부분적으로 우리가 여기서 인내와 믿음으로 견뎌 낸 고난의 정도에 따라 더 많을 수도 있고, 또 더 적을 수도 있는 것 같다.

예수님이 "나로 말미암아 너희를 욕하고 박해하고 거짓으로 너희를 거슬러 모든 악한 말을 할 때에는 너희에게 복이 있나니 기뻐하고 즐거워하라 '하늘에서 너희의 상이 큼이라' 너희 전에 있던 선지자들도 이같이 박해하였느니라"(마 5:11-12)고 하신 것도 같은 맥락에서 나온 말씀이다. 예수님의 말씀이 우리가 믿음으로 고난을 더 많이 견딜수록 우리의 상급이 더 크다는 뜻이라면, 이것이야말로 기뻐하라는 격려 중 가장 큰 동기부여가 되는 것이리라.

예수님을 위해 고난을 많이 받은 그리스도인과 그렇지 않은 그리스도인이 하나님의 최종적인 영광을 다르지 않은 정도와 수준으로 경험한다면, 고난 받는 그리스도인에게 기뻐하고 즐거워하라(바로 그날에, 눅 6:23 참조)고 말하는 것은 이상하게 보인다. 고난 받지 않아도 상급은 똑같으니 말이다. 약속된 상급은 고난에 대한 응답이요, 그에 대한 구체적인 보상이다. 이 점이 여기서 분명하고 확실하게 느껴지지 않는다면, 신약의 다른 본문들을 살펴보겠다.

이 문제에 대해 내가 여태껏 읽어 본 가장 심오한 묵상 중 하나는 조나단 에드워즈가 남긴 말이다. 에드워즈는 완전한 기쁨의 세상에서 행복의 수준과 정도가 어떻게 해서 다를 수 있는가의 문제를 참으로 숨이 멎을 만큼 멋지게 잘 표현하고 있다.

> 천국에서는 행복과 영광의 정도가 모두 다르다.…위에 있는 성도들이 누릴 영광은 여기서 거룩과 선한 일에 얼마나 탁월했는지에 비례한다(그리고 고난을 통한 인내는 가장 뛰어난 선한 일 중 하나다, 롬 2:7 참조). 그리스도는 모든 이들에게 그 행위대로 상급을 주실 것이다. 한 므나로 열 므나의 이익을 남긴 사람은 열 고을을 다스리는 권세를 받았고, 다

섯 므나를 남긴 사람은 다섯 고을을 다스리는 권세를 받았다(눅 19:16-19). "이것이 곧 적게 심는 자는 적게 거두고 많이 심는 자는 많이 거둔다 하는 말이로다"(고후 9:6). 그리고 사도 바울은 해의 영광이 다르고 달의 영광이 다르며 별의 영광도 다른데 별과 별의 영광이 다른 것처럼 죽은 자들이 부활할 때도 그럴 것이라고 말한다(고전 15:41). 그리스도는 누구든지 제자의 이름으로 작은 자 중 하나에게 냉수 한 잔이라도 주는 사람은 결코 자기 상을 잃지 않을 것이라고 말씀하신다. 그러나 선한 일과 별 상관이 없는 사람보다 선한 일을 많이 한 사람이 더 큰 상을 받지 못한다면 이 말씀은 사실일 리 없다.

행복과 영광의 수준이 낮은 사람들은 자기들보다 더 높은 영광을 누리는 사람들이 있다고 해서 불행하지는 않을 것이다. 왜냐하면 모든 사람들이 완전한 행복을 누리고 모두가 완전한 만족을 누릴 것이기 때문이다. 이 행복의 바다에 있는 모든 배는 만선이다. 다른 배들보다 훨씬 더 큰 배가 있다고 해도 말이다. 또 천국에는 시기가 없으며 완전한 사랑이 사회 전체를 다스리게 될 것이다.

다른 사람들보다 영광이 더 크지 않은 사람들은, 자기보다 더 큰 사람들을 시기하지 않고 오히려 그들을 아주 크고 강하고 순수한 사랑으로 사랑하기에 그들의 더 큰 행복을 기뻐한다. 이들의 사랑이 어찌나 놀라운지 이들은 자신들보다 그 사람들이 더 행복하기 때문에 기뻐하게 될 것이다. 그리하여 자신들의 행복이 줄어들기는커녕 오히려 늘어나게 될 것이다.

그리고 가장 큰 영광 중에 있는 사람들은 가장 훌륭한 사람들이어서 비례적으로 다른 사람들을 향한 고결한 자선과 사랑이 훨씬 더 뛰어나게 마련이며, 또 하나님께 거룩과 행복 면에서 자기들보다 더 못한 성도들에게 더 많은 사랑을 갖고 있게 마련이다. 그 외에도 특출한 영광 중에 있게 될 사람들은 겸손도 특별하기 마련이다. 여기 이 세상에서는 다른 사람들보다 높은 자리에 있는 사람들이 시기의 대상이다. 왜냐하면 다른 사람들은 이 사람들이 우쭐거린다고 느끼기 때문이다.

그러나 천국에서는 그렇지 않다. 천국에서 남달리 큰 행복을 누리는 성도들은 또 거룩에 있어 남달리 특출하며 결과적으로 겸손 면에서도 특출하다.… 천국에서 어떤 사람들을 나머지 사람들보다 더 높인다고 해서 더 못한 사람들의 완전한 행복과 즐거움이 결코 줄어들지 않을 것이며, 오히려 그로 인해 더 행복하게 될 것이다. 그 사회에서는 사람들이 놀랍게 연합할 것이기 때문에 각자 서로의 행복에 참여하게 될 것이다. 그렇게 되면 고린도전서 12장 26절에 선포된 "한 지체가 영광을 얻으면 모든 지체가 함께 즐거워하느니라"는 말씀이 완벽하게 성취될 것이다.[13]

그러므로 성도들의 고난에 담긴 하나님의 목적 중 하나는 성도들이 하나님의 영광을 여기서 그리고 장차 올 세대에서도 기뻐할 수 있도록 그들의 수용력을 한껏 키우는 것이다. 그리하여 그들의 잔을 "만물의 찌꺼기"(고전 4:13)에서 들어올려 천국의 행복이라는 바다에 놓았을 때, 그들이 세상의 정을 버리고 오직 하나님만 의지하여 살아 왔다면 그 잔에는 더 큰 행복이 담길 것이다.

이유 3: 고난은 다른 사람들을 담대하게 하려고 치르는 대가다

하나님은 무관심의 미몽에 빠진 사람들을 일깨워 담대하게 만드는 데 선교사들의 고난을 사용하신다. 바울은 로마에서 갇힌 몸이 되었을 때 빌립보 교회에 편지를 보내 이렇게 말했다. "형제 중 다수가 나의 매임으로 말미암아 주 안에서 신뢰함으로 겁 없이 하나님의 말씀을 더욱 담대히 전하게 되었느니라"(빌 1:14). 만약 필요하다면, 하나님은 잠들어 있는 교회를 깨우고 하나님을 위해 위험을 무릅쓰도록 만들기 위해 헌신된 자들에게 고난을 주실 것이다.

젊은 데이비드 브레이너드의 고난과 헌신은 무수한 사람들에게 영향을 끼쳤다. 그 중에서도 헨리 마틴은 브레이너드의 삶을 통해 자신이 어떤 변화를 겪었는지 일기장에 상세히 기록하고 있다.

1805년 9월 11일. "그는 내게 얼마나 자주 원기를 소생시키는 본이 되었는지 모른다. 특히 이 기록에 나온 대로 그가 몸이 약하고 쉽게 병에 걸리는 체질이었는데도 말이다!"

1806년 5월 8일. "복되도다, 저 거룩한 사람의 추억이여! 그의 책을 인도에 가지고 가서, 그를 내 곁에 두고 본으로 삼을 생각을 하니 행복하다."

1806년 5월 12일. "오늘 내 영혼은 하나님의 변함없는 긍휼하심으로 말미암아 잠에서 깨어났다. 그리하여 은밀한 봉사를 하는 동안에도 하나님의 임재가 줄곧 나를 새롭게 하고 계심을 깨달았다. 특히 브레이너드가 이교도들에게 선교하면서 겪은 어려움에 대해 쓴 기사를 읽고 가장 풍성한 격려를 받았다. 하나님께 사랑받은 성도의 기록이 얼마나 내게 복되던지! 영감을 받은 성경 저자가 아닌 사람 중에 내게 이토록 유익을 끼친 이는 없었다. 이제 나는 여기 가난한 원주민들 사이에서 수고하는 것이 정말 행복하고 즐겁다. 아울러 내 속에 있는 자원하는 마음을 그릇된 심령으로 이끌어 가끔 우쭐하게 만들었던 생각들이 많이 빠져나간 것 같다."[14]

• 용기를 키워 준 선교사의 아내들

우리 시대에 짐 엘리엇, 네이트 세인트(Nate Saint), 에드 맥컬리(Ed McCully), 피트 플레밍(Pete Fleming), 로저 유더리안(Roger Youderian)의 순교가 여러 세대의 학생들에게 얼마나 많은 영향을 끼쳤는가는 새삼 더 말할 필요도 없다.[15] 와오라니 부족[16] 이야기를 들은 사람들의 간증에서 거듭 나오는 단어는 '헌신'이다. 그러나 흔히 알고 있는 것과는 달리, 우리 중 많은 이들이 그들처럼 되고 싶어 하는 마음이 드는 것은 바로 그 아내들 때문이다.

로저의 아내 바바라 유더리안(Barbara Youderian)은 1956년 1월, 그날 밤 일기에 이렇게 썼다.

오늘 밤 대위가 강에서 시체 4구를 발견했다고 알려 왔다. 그 중 한 사람은 티셔츠에 청바지를 입고 있었다고 했다. 그런 옷차림을 한 사람은 로저가 유일했다.…하나님은 이틀 전 시편 48편 14절, "이 하나님은 영원히 우리 하나님이시니 그가 우리를 죽을 때까지 인도하시리로다"라는 말씀을 주셨다. 로저가 죽었다는 소식을 들었을 때 내 마음은 찬양으로 가득했다. 그이는 본향으로 부르심 받을 자격이 있었다. 주님, 제가 아이들에게 엄마와 아빠 둘 다 되게 도와주소서.[17]

바울이 빌립보 교회에 보낸 편지에서 한 말의 요지가 무엇인지 우리는 쉽게 알 수 있다. 하나님의 종들이 겪는 고난, 믿음과 심지어 찬양으로 견뎌낸 그 고난은 너무 안락한 환경에 취한 나머지 무감각하고 무심하게 살아가는 성도들을 일깨우는 귀한 희생이다.

- **그의 죽음으로 지원은 두 배로 늘었다**

위클리프 선교사 쳇 비터만(Chet Bitterman)이 1981년 3월 6일 콜롬비아 게릴라 단체 M-19에 의해 처형되면서, 그리스도를 위한 사역의 불길은 더욱 불타올랐다. 쳇이 7주 동안 포로로 잡혀 있는 동안 그의 아내 브렌다와 딸 애나와 에스더는 보고타에 머물면서 그의 무사귀환만을 애타게 기다렸다. M-19의 요구는 위클리프 선교회가 콜롬비아에서 철수하는 것이었다.

동트기 직전에 그의 처형이 집행되었다. 그들은 비터만에게 총 한 발을 쐈고 총알은 그의 가슴을 관통했다. 경찰은 마을 남쪽 주차장에 세워진 버스에서 싸늘하게 식은 그의 시신을 발견했다. 깨끗하게 면도한 그의 얼굴은 편안해 보였다. 그의 주검 위로 게릴라 단체의 깃발이 덮여 있었다. 고문의 흔적은 없었다.

쳇이 죽은 그 이듬해 "위클리프 성경번역선교회 이름으로 해외 선교를 자원하는 수가 이전의 배로 늘었다. 이 추세는 계속되었다."[18] 이것은 우리 중 누구도 선택하고 싶어 하지 않는 선교사 동원법이다. 그러나 이것은 하나님의 방법이다. "한 알의 밀이 땅에 떨어져 죽지 아니하면 한 알 그대로 있고 죽으면 많은 열매를 맺느니라"(요 12:24).

이유 4: 고난은 그리스도의 남은 고난을 채운다

그리스도께 헌신한 자들이 받는 고난은, 그들이 다가가려고 애쓰는 이들에게 영향을 주고 복음의 문을 열어 줄 수 있다. 이것은 바로 바울이 데살로니가 사람들에게 복음을 전하려던 방법 중 하나였다. "이는 우리 복음이 너희에게 말로만 이른 것이 아니라 또한 능력과 성령과 큰 확신으로 된 것임이라 우리가 너희 가운데서 '너희를 위하여' 어떤 사람이 된 것은 너희가 아는 바와 같으니라 또 '너희는 많은 환난 가운데서' 성령의 기쁨으로 말씀을 받아 '우리와 주를 본받은 자가 되었으니'"(살전 1:5-6). 데살로니가 성도들은 바울을 본받아 기쁨으로 많은 고난을 견뎌냈다. 그리고 바울도 그들과 마찬가지로 기쁨으로 고난을 견딘 사람임이 입증되었다. 그러므로 그들을 변화시키고 진실한 사랑과 진리에 이끌리게 한 것은 바울이 겪은 고난이었다.

바울이 "그리스도의 고난이 우리에게 넘친 것같이 우리가 받는 위로도 그리스도로 말미암아 넘치는도다 우리가 환난 당하는 것도 너희가 위로와 구원을 받게 하려는 것이요"(고후 1:5-6)라고 말했을 때 바로 고난이 미치는 영향력을 염두에 두고 있었다. 하나님은 고린도 교회에 구원을 가져다주기 위해 바울이 겪은 고난을 중요한 방편으로 사용하셨다. 고린도 교인들은 고난을 겪은 바울에게서 무엇보다 고난을 받으신 그리스도의 사랑을 볼 수 있었다. 실제로 바울은 그리스도의 남은 고난에 참여했으며, 그 고난이 교회에게 실제적인 유익이 될 수 있기를 기대했다.

이것이 바로 골로새서 1장 24절에서 바울이 "나는 이제 너희를 위하여 받는 괴로움을 기뻐하고 '그리스도의 남은 고난을 그의 몸 된 교회를 위하여 내 육체에 채우노라'"고 한 말에 담긴 의미다. 그리스도의 고난이 대속을 이루는 데 부족하다는 의미가 아니다. 그리스도의 고난이 남았다는 것은, 그리스도가 고난을 받고 십자가에 못박혀 돌아가신 사실과 그 의미를 알지 못하는 사람들이 아직 남았다는 것이다. 그러므로 그들에게 그리스도를 전하다가 고난을 받는 것은 당연한 일이기 때문이다. 바울은 이 고난의 메시지를 전하기 위해서만 아니라 사람들이 '그리스도의 고난'을 보게 되는 방식으로, 그리스도와 함께 또 그리스도를 위해 고난 받는 데 자신을 바쳤다.

이렇게 바울은 교회의 생명을 위해 자기 생명을 바칠 정도로 그리스도의 모본을 따랐다. "그러므로 내가 택함 받은 자들을 위하여 모든 것을 참음은 그들도 그리스도 예수 안에 있는 구원을 영원한 영광과 함께 받게 하려 함이라"(딤후 2:10).

• **물집 잡힌 당신의 발을 보았을 때**

1992년에 J. 오스왈드 샌더스의 메시지를 들을 기회가 있었다. 그가 전하는 메시지는 고난을 깊이 다루고 있었다. 그는 89세였는데, 70

세를 넘기면서부터 해마다 책을 한 권씩 쓰고 있었다! 내가 이 말을 하는 이유는, 65세에 은퇴하여 무덤에 가기 전까지 자신만을 위해 즐기기보다는 오직 복음을 위해 자신의 모든 것을 남김없이 쏟은 한 인생의 철저한 헌신이 정말 기뻤기 때문이다.[19]

그는 인도에서 맨발로 다니며 복음을 전하는 현지인 선교사에 대한 이야기를 들려주었다. 온종일 길을 걷고 걸으며 크게 낙심했던 어느 긴 하루가 끝나 갈 무렵이었다. 한 마을에 도착해 복음을 전하려고 했지만 역시나 문전 박대를 당했다. 그는 낙심하여 마을 어귀로 갔고 탈진한 상태로 나무 아래서 잠이 들었다.

그런데 그가 깨어났을 때, 마을 사람들이 그의 주위에 모여 있었다. 마을 촌장이 잠깐 사이에 벌어진 일을 들려주었다. 그가 잠들어 있는 동안 사람들이 그의 정체가 궁금해 몰래 와봤다고 한다. 그러다 물집과 상처로 엉망인 그의 발을 보고 그가 거룩한 사람임에 틀림없으며, 그 사람을 배척했으니 자신들이 악행을 저질렀다고 결론 내렸다고 한다. 그들은 미안해 했고, 그 사람이 그토록 고생하면서까지 자신들에게 전하려 했던 메시지를 듣고 싶어 했다.

• **세번이나 계속된 폭행 끝에 여자들이 눈물을 흘리다**

빌리 그레이엄 협회가 후원하는 암스테르담의 순회 전도자 수양회에 절대로 참석할 것 같지 않은 한 사람이 왔다. 조셉(Joseph)이라는 마사이족 전사였다. 그러나 그의 이야기는 그레이엄조차도 귀를 기울일 정도였다. 마이클 카드(Michael Card)가 전해 준 그의 이야기는 이렇다.

어느 무더운 날, 아프리카의 흙먼지 길을 걷던 조셉은 어떤 사람을 만나 예수 그리스도의 복음을 들었다. 바로 그 자리에서 조셉은 예수님을 자신의 구주로 영접했다. 성령의 능력으로 그의 삶은 변화되었다. 그는 어찌나 신이 나고 기쁨이 충만했던지 마을로 돌아가서 그 좋은 소식을 가장 먼저 부족 사람들과 나누었다.

조셉은 집집마다 다니며 만나는 모든 사람에게 예수님의 십자가 고난과 구원에 대해 말했고, 복음을 들은 그들도 자신처럼 얼굴이 환하게 밝아질 거라고 기대했다. 하지만 놀랍게도 마을 사람들은 그의 말에 아랑곳하지 않았고 오히려 사나워졌다. 마을 남자들은 조셉을 붙잡아 바닥에 내동댕이쳤고, 여자들은 가시 돋친 쇠꼬챙이로 그를 때렸다. 그는 마을에서 질질 끌려 나가 죽을 지경이 되도록 맞다가 홀로 숲에 버려졌다.

조셉은 기어서 물웅덩이까지 갔고, 기절했다 깨어나기를 반복하며 며칠을 쓰러져 있다가 가까스로 몸을 추슬렀다. 평생을 알고 지내던 이웃에게서 받은 냉대와 적의와 폭력을 감안할 때, 자신이 예수님 이야기에서 뭔가 빼먹었거나 정확하게 전하지 못한 게 틀림없다고 생각했다. 자기가 처음 들었던 메시지를 정리하고 반복 연습한 뒤에 자신의 믿음을 한 번 더 나누기로 결심했다.

조셉은 절뚝거리며 부족민이 모여 사는 오두막으로 들어가 예수님을 전하기 시작했다. "그분은 여러분을 위해 죽으셨습니다. 여러분이 용서를 받고 또 살아 계신 하나님을 알게 하려고 말입니다." 그는 간곡하게 전했다. 다시 그가 마을 남자들에게 붙들려 꼼짝도 못하는 동안 여자들은 다시 그를 때렸다. 채 아물지 않은 상처는 다시 터지고 찢어졌다. 다시 한 번 그들은 의식을 잃은 조셉을 마을에서 끌고 나가 죽게 내버려 두었다.

처음에 매를 맞고 살아난 것도 놀라운 일이었다. 살기 가득한 두 번째 폭행을 당하고 살아난다면 기적일 것이다. 며칠 후 여전히 온 몸에 피멍이 들고 상처투성이인 조셉은 다시 마을로 돌아가기로 결심했다.

마을로 돌아갔을 때, 이번에는 그가 입을 열기도 전에 사람들의 폭행이 시작되었다. 세 번째 아니 마지막이 될지도 모를 폭행을 당하면서도 그는 자신과 평생 함께 지내온 부족민들에게 예수 그리스도에 대해 말하길 멈추지 않았다. 정신을 잃을 때 쯤 그가 마지막으로 본 것은 자기를 때리던 여자들이 울고 있는 모습이었다.

그는 이번에는 침대에서 깨어났다. 자기를 죽이려 폭행하던 사람들이 이제는 그를 살리기 위해 극진히 간호했다. 온 마을이 그리스도에게 나아왔던 것이다.[20]

이 이야기는 바울이 "그리스도의 남은 고난을 그의 몸된 교회를 위하여 내 육체에 채우노라"고 한 말이 뜻하는 바일 것이다.

이유 5: 고난은 선교사에게 정말 가야 할 곳으로 가게 한다

만일 고난이 없었다면 가지 않았을 곳으로 선교사를 재배치하시기 위해 하나님은 교회에게 고난을 사용하신다. 이는 누가가 스데반의 순교와 이후에 찾아온 박해 소식을 전하면서 우리에게 보여 주려 했던 바로 그 효과였다. 하나님은 고난을 통해 교회가 선교 사역에 뛰어들도록 박차를 가하신다. 그러므로 우리는 분명 교회가 후퇴하고 전략적으로 패배한 것처럼 보여도 성급한 판단을 내려서는 안 된다. 탁월한 전략가이신 하나님의 눈으로 보면, 모든 후퇴는 이보 전진을 위한 병력 재배치와, 하나님의 지혜와 권능과 사랑을 더 놀라운 방식으로 드러내기 때문이다.

사도행전 8장 1절은 박해를 통한 하나님의 전략을 일목요연하게 그리고 있다. "그날(스데반이 살해당한 날)에 예루살렘에 있는 교회에 큰 박해가 있어 사도 외에는 다 '유대와 사마리아' 모든 땅으로 흩어지니라." 예수님이 사도행전 1장 8절에서 하신 말씀에도 불구하고 지금까지 아무도 유대와 사마리아로 나가지 않았다. "오직 성령이 너희에게 임하시면 너희가 권능을 받고 예루살렘과 온 '유대와 사마리아'와 땅끝까지 이르러 내 증인이 되리라 하시니라." 박해로 인해 교회가 흩어진 곳이 바로 이 두 지역이었던 것은 결코 우연이 아니다. 순종이 이루지 못하는 것을 박해가 이룬 것이다.

박해에 담긴 하나님의 선교 목적을 확인하기 위해 누가는 사도행전 11장 19절에서 이를 언급하고 있다. "그때에 스데반의 일로 일어난 환난으로 말미암아 흩어진 자들이 베니게와 구브로와 안디옥까지 이르러 유대인에게만 말씀을 전하는데." 그러나 안디옥에서는 헬라인에게도 말씀을 전한 이들이 있었다. 다시 말하면 박해는 교회를 유대와 사마리아(행 1:8)로만 보낸 것이 아니라 멀리 열방을 향해 가도록 만들었다(행 11:19).

- **안락함의 무기력, 풍요의 무관심**

여기서 교훈은 단지 하나님이 주권자시며 우리의 후퇴를 승리로 바꾸신다는 것만이 아니다. 그 교훈은 편안함과 안락과 풍요와 번영과 안전이 종종 교회에 엄청난 무기력을 몰고 온다는 것이다. 우리가 생각하기에 어떤 것들은 선교 사역에 인력과 에너지, 시간과 재정의 막대한 투자를 유발할 것 같은데 정작 그 반대의 결과, 즉 나약함, 무관심, 무기력, 냉담함, 안전제일주의 등을 불러온다. 이는 우리의 죄성과 그에 대비되는 그리스도의 부요하심이 뒤얽히며 만들어 내는 이상한 현상이다. 안락할 때보다 고난을 받을 때 오히려 더 많은 인력, 더 많은 기도, 더 많은 동력, 더 많은 투자가 일어난다. 이는 고린도후서 8장 2절에서도 확인할 수 있다. "환난의 많은 시련 가운데서 그들의 넘치는 기쁨과 극심한 가난이 그들의 풍성한 연보를 넘치도록 하게 하였느니라."

예수님은 부자가 천국에 들어가기 힘들다고 말씀하셨다(마 19:23). 부자들이 다른 사람들을 도와 천국에 들어가게 하는 것도 힘들다. 예수님은 땅에 떨어진 씨의 비유에서도 거의 같은 말씀을 하셨다. "세상의 염려와 '재물의 유혹과 기타 욕심'이 들어와 말씀을 막아 결실하지 못하게 되는 자요"(막 4:19). 즉 재물의 유혹과 기타 욕심은 선교뿐 아니라 거의 대부분의 선한 일에 무익하다는 말이다.

박해는 교회에 해로운 영향을 줄 수 있다. 그렇지만 내가 보기에 번영은 하나님이 우리를 부르신 선교에 더 심각한 폐해를 끼치는 것 같다. 그렇다고 우리가 박해를 구해야 한다는 말은 아니다. 그렇게 한다면 성전에서 뛰어내리는 것처럼 주제넘은 일이 될 것이다. 요지는, 번영과 지나친 편안함과 안락과 풍요를 다분히 경계

해야 한다는 것이다. 그리고 의를 위해 박해를 받는다면 낙심하는 대신 소망을 가득 품어야 한다. 왜냐하면 사도행전 8장 1절의 요지는, 박해가 일어날 때 하나님이 그것을 통해 교회가 선교에 나서도록 하신다는 것이기 때문이다.

그렇다고 박해를 대수롭지 않게 여겨서도 안 된다. 선교가 요구하는 대가는 엄청나다. 스데반은 자기 목숨을 내놓았다. 그는 예루살렘 하늘에 밝게 빛나는 별 중 하나였다. "스데반이 지혜와 성령으로 말함을" 그의 원수들은 "능히 당하지 못했다"(행 6:10). 그는 죽어서보다 살아 있을 때 훨씬 더 큰 일을 할 사람이었다. 그는 교회에 정말 필요한 사람이었다! 스데반만 한 사람이 없었다! 그러나 하나님은 이 점을 우리와 다르게 보셨다.

- **스탈린은 선교에 공헌했다**

20세기에 우즈벡 마을 전체가 그리스도께 나아온 일이 있었다. 이는 하나님이 대재난과 추방을 비상하게 사용하신다는 점을 보여 주는 놀라운 사례. 빌(Bill)과 에이미 스턴즈(Amy Stearns)는 소망으로 가득한 책 『서기 2000년! 성취된 일과 남은 과업』(*Catch the Vision 2000*)에서 이 이야기를 전해 준다. 그 주인공은 요시프 스탈린(Joseph Stalin)이었다.

1930년대에 일본군이 침략했을 당시 수천 명의 한국인이 지금의 북한에서 도망쳐 나왔다. 이들 중 많은 이들은 블라디보스톡 주변에 정착했다. 스탈린이 블라디보스톡을 무기 제조 중심지로 개발하기 시작한 1930년대 후반과 1940년대 초반, 그는 한국인들이 보안상 위험한 존재들이라고 판단했다. 그래서 소비에트 연방 전역의 다섯 개 지역으로 한국인을 강제 이주시켰다. 그 지역 중 하나가 타슈켄트였는데 그곳은 우즈벡족이라는 열성 무슬림 교도들의 아성이었다. 2천만이나 되는 우즈벡족은 수백 년 동안 기독교를 들여오려던 서구의 노력에 거세게 저항했다. 한국인들이 타슈켄트 주변에 정착하면서 우즈벡 사람들은 그들의 근면함과 온화함을 환영했다. 수십 년 내에 한국인들은 우즈벡 문화 생활의 거의 모든 분야에 참여했다.

세상사를 주관하시며 으레 그러하시듯 하나님은 강제로 이주한 한국 사람들 사이에 이미 신실한 신자 무리를 심어 놓으셨다. 스탈린은 이 한국인들이 동포들 사이에서 들불과 같은 부흥을 일으킬 뿐 아니라 우즈벡과 카자흐족 무슬림 친구들을 그리스도에게로 인도할 것을 전혀 몰랐다.

한국인의 부흥과 그로 인해 우즈베키스탄과 카자흐스탄에 끼친 결정적 영향이 처음 공개적으로 그 모습을 드러낸 것은, 1990년 6월 2일 소련 중앙아시아 역사상 최초의 야외 기독교 집회에서 미국 출신의 젊은 한국인 청년이 카자흐스탄의 수도 알마타 거리에서 군중에게 설교했을 때다.[21]

자기 백성들을 접근 불가능한 곳에 배치하기 위해 하나님이 수십 년에 걸쳐 벌이신 우회적인 작전의 결과, 선교사들을 받아들이려 하지 않던 무슬림들은 예수님이 길이요 진리요 생명이라고 고백하게 되었다. 이 전략은 많은 믿는 자들에게 비싼 대가를 치르게 했다. 고국 한국에서의 삶의 근거를 뿌리째 뽑혔다가 블라디보스톡 주변에 마련한 새 주거지에서 다시 쫓겨나 송두리째 터전을 잃는 것은, 이들이 믿는 하나님이 선하시며 자신들을 향한 사랑의 계획을 가지고 계신다는 믿음에 대한 혹독한 시험이었다. 실제로 하나님은 사랑의 계획을 가지고 계셨다. 그것은 단지 한국민들뿐 아니라 우즈베키스탄과 카자흐스탄에서 오랫동안 복음을 접하지 못한 수많은 무슬림들을 위한 계획이기도 했다.

• 체포당함으로 전진한다

우리가 생각하기에 하나님이 참으로 이상한 방식으로 선교를 행하신다는 사실은 예수님도 인정하신 바 있다. 예수님은 다른 방법으로는 결코 접근할 수 없는 사람들에게 제자들을 보내시기 위한 하나님의 파송 전략으로 체포와 투옥이 있을 것을 말씀하셨다. "이 모든 일 전에 내 이름으로 말미암아 너희에게 손을 대어 박해하며 회당과 옥에 넘겨 주며 임금들과 집권자들 앞에 끌어 가려니와 '이 일이 도리어 너희에게 증거가 되리라'"(눅 21:12-13. 막 13:9 참조).

1989년 6/7월호 〈미션 프론티어스〉지에 프랭크 마샬이란 가명으로 기사가 실렸다.[22] 정치적으로 민감한 라틴 아메리카 지역의 선교사인 그는 최근에 자신이 투옥당한 이야기를 들려주었다. 그와 동역자들은 이전에도 여러 차례 구타를 당하고 감옥에 내던져진 적이 있었다. 이번에는 연방 검찰들이 그와 그의 동역자들을 사기와 뇌물공여 혐의로 기소했다. 그들은 그가 그 나라에서 태어났다는 것을 믿지 않았다. 그러니 속임수와 부정이 있지 않고는 그가 갖고 있던 정부 공문서를 구할 수 없었을 것이라 판단했던 것이다.

감옥에서 주님은 목에 금 사슬 목걸이를 네 개나 걸고 손가락마다 반지를 끼고 타월로 몸을 감싼 거구의 남자에게 그가 성폭행당하지 않게 해주셨다. 이 남자와 함께 수감되었을 때 프랭크는 "주님, 저를 악에서 구해 주소서"라고 속으로 기도하며, 복음을 나누기 시작했다. 하지만 그 남자는 얼굴색이 변하더니 프랭크에게 입 닥치고 자기를 내버려두라고 소리쳤다.

프랭크는 모든 수감자들이 감옥 뜰에서 자유 시간을 즐길 때 그들에게도 그리스도를 전했다. 사타와(Satawa)라는 한 무슬림은 그 첫 주에 그리스도에 대한 믿음을 고백했다. 그리고 프랭크는 다른 무슬림 열다섯 명이 모인 자리에 와서 질문에 대답해 달라는 초청을 받았다. 2주 만에 프랭크는 마침내 변호사를 구할 수 있었다. 그는 성경을 한 상자 구해 달라고 부탁했다. 그 다음 주 주일에 45명의 남자들이 프랭크의 설교를 들으려고 감옥 뜰에 모였다. 그는 자신이 가족들과 떨어져 있는 것이 얼마나 힘든지를 말하면서, 하나님은 자기 아들을 너무 사랑하셨음에도 불구하고 죄인들을 위해 그 아들을 포기하심으로써 우리가 그분을 믿고 살게 해주셨다고 말했다.

이 사람들 중 30명이 주님께 나아왔다. 그들은 주님께 자신의 죄를 용서하실 뿐 아니라 인도해 주실 것을 구했다. 프랭크는 곧 석방되어 미국으로 추방되었다. 이제 그는 "이 일이 도리어 너희에게 증거가 되리라"는 말씀의 의미를 몸소 깨달아 알게 되었다.

• 모잠비크에서 겪은 일

1960년대에 주님은 모잠비크 교회에 마팅뉴 캄포스(Martinho Campos)라는 현지인 지도자를 일으켜 세우셨다. 그의 사역 이야기를 담은 『죽음에서 삶으로, 모잠비크 이야기』(*Life out of Death: in Mozambique*)는 하나님이 선교를 축복하시는 기이한 방법들에 대한 놀라운 간증이다.

캄포스는 자기가 살던 곳에서 100킬로미터 떨어진 구루라는 지역에서 집회를 인도하던 중이었다. 경찰들이 갑자기 들이닥쳤고 그를 체포하여 재판도 하지 않고 감옥에 집어넣었다. 유럽계인 경찰서장은 그날의 집회가 신흥 게릴라 단체인 프렐리모와 관련 있을 거라고 단정했다. 한 가톨릭 사제가 그날 거기 모였던 이들이 그저 '광신도'일 뿐이라고 말했을 때도 서장은 정의 구현에는 관심이 없었다. 다만 자신들이 체포 구금한 캄포스가 마치 중요한 사람이라도 되는 양 사람들이 많은 음식을 가져다주는 것에 조금 의아했을 뿐이다.

어느 날 밤 서장은 캄포스를 포함한 여섯 명의 수감자를 태운 트럭을 운전하고 있었다. 그때 "사람처럼 보이는 무언가가 빛이 나는 흰옷을 입고 도로에서 자신을 향해 서 있는 것"을 보았다. 너무 놀라서 급하게 방향을 틀다가 트럭이 도로를 벗어나 전복되었고 서장은 그 밑에 깔리고 말았다. 서장을 구한 건 트럭을 맨손으로 직접 들어올린 수감자들이었다.

병원에서 치료를 받은 후에, 서장은 자신이 사고 직전에 본 환상이 왠지 캄포스와 관련이 있다고 느꼈고 그와 이야기를 나눠보고 싶었다. 놀랍게도 서장은 캄포스의 독방에 들어가서 그에게 용서를 구했다. 캄포스는 서장에게 하나님의 용서가 필요하며 어떻게 용서받을 수 있는지 말해 주었다. 서장은 "나를 위해 기도해 주시오"라고 겸손히 말했다. 즉시 서장은 이 죄수가 따뜻한 물로 씻을 수 있게 해주었고, 독방에서 나오게 했으며, 공정한 재판을 받을 수 있도록 조치했다. 캄포스는 석방되었다.

가장 놀라운 일은 그 후에 일어났다. "경찰서장은 캄포스가 믿음으로 전하려던 분에 대해 마음 깊은 곳으로부터 경의를 표했다. 그뿐 아니라 자신의 관할 지역 어디나 자유롭게 다닐 수 있는 공식 허가증을 발급해 주었으며, 캄포스가 설교하고 예배를 인도하는 데 아무 제약이 없게 배려했다."[23] 정상적인 경로를 통해서는 이런 허가를 받을 방법이 전혀 없었을 것이다. 그러나 하나님은 고난을 통해 길을 여신다. 투옥은 복음의 진보를 위한 것이었다.

• **감옥에서 하나님은 더 나은 섬김을 받으신다**

1985년 1월 9일, 불가리아 회중 교회의 흐리스토 쿨리체프(Hristo Kulichev) 목사가 체포되어 투옥되었다. 교회 회중이 정식으로 세우지 않은 목사가 설교를 행했다는 죄목이었다. 재판은 정의를 가장한 형식에 불과했으며, 그는 징역 8개월을 언도받았다. 감옥에 있는 동안 그는 자기가 할 수 있는 모든 방법으로 그리스도를 알렸다.

출소했을 때 그는 이렇게 고백했다. "죄수들과 간수들이 이런 저런 질문을 했습니다. 결국 우리는 교회에서 흔히 할 수 있다고 생각하는 것보다 더 많은 사역을 그곳에서 감당했어요. 우리는 자유로울 때보다 감옥에 있게 됨으로써 하나님을 더 잘 섬길 수 있었습니다."[24] 세상 어느 곳에서든 예수님의 말씀은 마치 어제 하신 말씀처럼 유효적절하게 실현된다. "이 모든 일 전에 내 이름으로 말미암아 너희에게 손을 대어 박해하며 회당과 옥에 넘겨 주며…이 일이 도리어 너희에게 증거가 되리라"(눅 21:12-13). 우리의 계획이 좌절되면서 찾아오는 고통은 은혜가 확산되는 동력이 된다.

이유 6: 그리스도의 지존하심은 고난에서 명백히 드러난다

하나님은 그리스도의 능력과 그 부요하심을 드높이기 위해 선교사들이 고난 받게 하신다. 고난은 결국 하나님이 최고의 하나님 되심을 드러낸다. 바울이 '육체의 가시'라는 고난을 제거해 달라고 기도했을 때 하나님은, "내 은혜가 네게 족하도다 이는 '내 능력이 약한 데서 온전하여짐'이라"고 거절하셨다. 바울은 "그러므로 도리어 크게 기뻐함으로 나의 여러 약한 것들에 대하여 자랑하리니 이는 그리스도의 능력이 내게 머물게 하려 함이라 그러므로 내가 그리스도를 위하여 약한 것들과 능욕과 궁핍과 박해와 곤고를 기뻐하노니 이는 내가 약한 그때에 강함이라"(고후 12:9-10)고 응답했다.

박해 속에서 바울이 더 강해질 수 있었던 것은 '그리스도의 능력'이 그 위에 머물렀고, 그리스도 안에서 비로소 온전하게 되었기 때문이다. 다시 말하면, 고난으로 인해 바울이 가진 자원이 바닥나서 오직 예수님만 의지하게 되었을 때, 그리스도의 능력이 바울에게 유일한 능력이 되었다는 것이다. 이것이 바울의 가시에 담긴 하나님의 뜻이었고, 또한 우리의 모든 고난에 담긴 하나님의 뜻이기도 하다. 하나님은 우리가 전적으로 하나님만 의지하기를 원하신다. "이는 우리로 자기를 의지하지 말고 오직 죽은 자를 다시 살리시는 하나님만 의지하게 하심이라"(고후 1:9). 우리가 하나님만 의지하기를 원하시는 이유는 우리가 자신을 지탱하기 위해 뭔가 할 수 있는 것이 전혀 없을 때 우리를 붙들어 주시는 하나님의 지극히 크신 능력과 사랑이 드러나기 때문이다.

나는 하나님 나라를 위해 기쁘게 받아들이는 상실과 고난은 하나님이야말로 최고의 하나님이 되신다는 사실을 모든 예배와 기도보다 더 명확하게 드러낸다는 주장으로 이 장을 시작했다. 그리고 하나님이 은혜를 맡은 자들에게 고난을 정하신 여섯 가지 이유 안에 이 진리가 암시되어 있음을 보았다. 이제 우리는 하나님의 하나님 되심이 가장 선명한 고난의 이유임을 분명히 밝혀야 한다. 하나님이 고난을 정하신 것은, 하나님이 세상 그 어느 것보다 존귀하신 분이라는 사실이, 세상의 모든 보화보다 빛나신다는 사실이 우리가 고난당할 때 가장 분명하게 드러나기 때문이다. 그리고 그 사실을 세상이 가장 잘 깨달을 수 있기 때문이다.

예수님은 우리가 박해 중에서도 왜 기뻐할 수 있는지를 명확하게 밝히셨다. "나로 말미암아 너희를 욕하고 박해하고 거짓으로 너희를 거슬러 모든 악한 말을 할 때에는 너희에게 복이 있나니 기뻐하고 즐거워하라 '하늘에서 너희의 상이 큼이라' 너희 전에 있던 선지자들도 이같이 박해하였느니라"(마 5:11-12). 우리가 박해 가운데서 기뻐할 수 있는 이유는, 천국에서 우리가 받을 상급의 가치가 땅에서 고난으로 인해 우리가 잃는 모든 것의 가치보다 훨씬 크기 때문이다. 그러므로 기쁘게 고난 받는 것은 우리의 보화가 땅에 있지 않고 하늘에 있으며, 또 이 보화가 세상이 줄 수 있는 그 무엇보다 더 값지다는 것을 세상에 증명한다. 하나님이 최고의 하나님 되신다는 진리는 백성들이 하나님의 이름을 위해 고난을 기쁘게 견딤으로써 찬란히 빛난다.

• **나의 약함과 고난을 기쁘게 자랑하리라**

내가 앞에서 '기쁘게'라는 단어를 사용한 것은 우리 믿음의 선배들이 그렇게 말했기 때문이다. 예를 들어 바울은 "그러므로 도리어 크게 기뻐함으로 나의 여러 약한 것들에 대하여 자랑하리니 이는 그리스도의 능력이 내게 머물게 하려 함이라 그러므로 내가 그리스도를 위하여 약한 것들과 능욕과 궁핍과 박해와 곤고를 기뻐하노니"(고후 12:9-10)라고 말했다. 또한 바울은 로마서 5장 3절에서 "우리가 환난 중에도 즐거워하나니"라고 말하며, 그 이유는 환난이 인내와 또 시험을 거친 인격과 떨어지지 않는 소망을 낳기 때문이라고 했다(롬 5:3-4). 다시 말하면, 그의 기쁨은 그의 소망에서 흘러나왔으며, 이는 예수님이 응당 그래야 한다고 말씀하신 그대로다. 또 바울은 하나님의 영광이 그 보상임을 명백하게 밝힌다. "하나님의 영광을 바라고 즐거워하느니라"(롬 5:2). 그러므로 환난 중에 바울이 기뻐함으로써 찬란히 빛나게 되는 것은 하나님의 하나님 되심이다.

그 다음으로, 다른 사도들도 설교하고 매를 맞고 난 뒤 동일하게 반응하고 있음을 사도행전 5장 41절에서 볼 수 있다. "사도들은 그 이름을 위하여 능욕 받는 일에 합당한 자로 여기심을 기뻐하면서 공회 앞을 떠나니라." 실제적인 위험과 엄청난 고통에도 불구하고 이렇게 담대하게 기뻐한 것은 세상이 줄 수 있는 모든 것보다 하나님이 훨씬 더 존귀하신 분임을 보여 준다.

• 소유를 빼앗기는 것도 기쁘게 당하리라

감옥에 있는 신자들을 찾아간 초대 교회 그리스도인들은 비록 그 대가로 소유물을 빼앗겼지만 기뻐했다. "너희가 갇힌 자를 동정하고 너희 소유를 빼앗기는 것도 기쁘게 당한 것은 더 낫고 영구한 소유가 있는 줄 앎이라"(히 10:34). 고난 중의 기쁨은 큰 보상에 대한 소망에서 솟아나온다. 그러므로 그리스도인들은 무거운 박해를 당하면서 우울한 삶을 살도록 부르심을 받지 않았다. 우리는 고난 중에서도 기뻐하라는 부르심을 받았다. "오히려 너희가 그리스도의 고난에 참여하는 것으로 즐거워하라"(벧전 4:13). "내 형제들아 너희가 여러 가지 시험을 당하거든 온전히 기쁘게 여기라"(약 1:2).

• 하나님의 사랑이 생명보다 낫다

절대로 꺾이지 않는 이 기쁨의 근원은 생명보다 낫고 존귀하신 하나님의 사랑에 있다. "주의 인자가 생명보다 나으므로"(시 63:3). 이 생에서의 쾌락은 '잠시'이며(히 11:25), 환난은 '경하고 잠시 받는 것'이다(고후 4:17). 그러니 주님의 사랑은 변치 않고 영원하다. 주님에게서 비롯되는 즐거움은 다른 모든 것보다 탁월하며, 고통은 더 이상 고통으로 다가오지 않는다. "주께서 생명의 길을 내게 보이시리니 주의 앞에는 충만한 기쁨이 있고 주의 오른쪽에는 영원한 즐거움이 있나이다"(시 16:11).

• **기쁘게 받는 고난은 감사보다 빛난다**
우리는 하나님이 주시는 좋은 선물들을 감사함으로 받음으로써 하나님의 선하심을 증거해야 한다(딤전 4:3). 그러나 많은 그리스도인에게 이는 하나님을 영화롭게 하는 유일한 방식이 되었다. 선하신 하나님이 그들에게 참으로 많은 것을 베푸셨으므로 하나님을 증거하는 유일한 방법은 그저 받고 감사하는 것이라고 생각한다.

물론 우리가 가진 것을 감사함으로 누려야 하는 것은 사실이지만, 성경은 재물을 쌓기보다 나누고, 사랑한다면 가진 것을 기꺼이 포기하라고 단호하게 가르친다. 예수님이 젊은 관원에게 주신 부르심대로 우리가 가진 모든 것을 나누어 주라는 것인지, 아니면 삭개오에게 주신 것처럼 우리가 가진 것의 반을 나누어 주라는 것인지 정확한 규정은 없다. 다만 신약성경을 통해 분명히 알 수 있는 것은, 우리가 세상에서 살아가는 동안 기쁨으로 고난 받는 것이야말로 예수님의 존귀하심이 가장 밝게 빛나는 길이라는 것이다.

바울이 몸소 보여주었던 이런 삶이야말로 그리스도의 존귀하심을 가장 밝게 드러낸다는 것은 아무도 의심하지 못할 것이다.

> 그러나 무엇이든지 내게 유익하던 것을 내가 그리스도를 위하여 다 해로 여길 뿐더러 또한 모든 것을 해로 여김은 내 주 그리스도 예수를 아는 지식이 가장 고상하기 때문이라 내가 그를 위하여 모든 것을 잃

어버리고 배설물로 여김은 그리스도를 얻고(빌 3:7-8).

선물을 받고 기분이 좋다고 해서 선물을 준 사람의 소중함이 드러나지는 않는다. 물론 선물을 받고도 감사함이 없다면 선물을 준 사람에 대한 사랑이 없다는 증거일 테지만, 선물에 대한 감사가 그 선물을 준 사람에 대한 소중함으로 곧장 연결되지는 않는다. 오히려 선물을 준 사람과 함께하기 위해서라면 그가 준 귀한 선물까지 기꺼이 내려놓을 수 있을 때, 선물을 준 그 사람이 얼마나 소중한지가 드러날 것이다. 이것이 바로 고난이 교회의 선교에서 가장 핵심인 이유다. 우리의 선교 목표는 열방에서 나온 사람들이 참되신 하나님을 예배하는 것이다. 그런데 예배는 우리의 생명을 포함한 다른 모든 것보다 하나님을 더 존귀하게 여기는 것을 의미한다. 재물을 귀히 여기는 생활 방식에 젖어 있는 사람들이 이렇듯 무엇보다 하나님을 사랑하게 만드는 일은 매우 힘들 것이다.

그러므로 하나님은 복음 전파자들의 삶에 고난이 찾아오게 하시며, 이 고난은 우리와 세상의 오래되고 끈질긴 결속을 단절시킨다. 이 고난 끝에 여전히 우리에게 기쁨과 사랑이 살아 있다면, 우리는 비로소 정금같이 나아가 열방을 향해 능력으로 말할 자격을 갖추게 된다. 하나님께만 소망이 있다고 말이다.

- **하나님에 대한 소망**

베드로는 이 소망을 어떻게 볼 수 있는지 말한다. "너희 마음에 그리스도를 주로 삼아 거룩하게 하고 너희 속에 있는 소망에 관한 이유를 묻는 자에게는 대답할 것을 항상 준비하되 온유와 두려움으로 하고"(벧전 3:15). 왜 사람들은 소망에 대해 묻는가? 우리가 어떤 삶을 살아야 사람들이 우리의 소망에 대해 궁금해 할까? 우리 미래의 안전과 행복이 세상이 미래를 보장하는 방식으로 확보된다면, 아무도 우리에게 소망에 대해 묻지 않을 것이다. 소망에 관해서라면 우리와 그들 사이에 별다른 차이가 없을 것이기 때문이다. 그러나 베드로는, 세상이 그리스도인의 삶에서 그들과 전혀 다른 소망을 보아야 한다고 역설한다. 돈과 권력으로 마련할 수 있는 안전 장치, 집이나 땅이나 재산으로 확보할 수 있는 안전 장치에서 소망을 찾을 게 아니라 "예수 그리스도께서 나타나실 때에 너희에게 가져다주실 은혜"(벧전 1:13)라는 안전 장치에서 소망을 찾아야 한다고 말한다.

그러므로 하나님은 우리가 세상의 소망을 잡은 손을 놓아 버리고 '하나님께 소망'(벧전 1:21)을 두게 하기 위해 고난을 정하신다. 불 시험이 예정된 것은 세상에 의존하는 습관을 소진시키고 오직 '순전한 믿음'(벧전 1:7)이라는 정금만 남겨 놓기 위해서다. "그러므로 하나님의 뜻대로 고난을 받는 자들은 또한 선을 행하는 가운데에 그 영혼을 미쁘신 창조주께 의탁할지어다"(벧전 4:19). 다른 모든 안전 장치들과는 비교할 수 없는 하나님의 하나님 되심이 바로 우리를 자유롭게 하여 "그리스도의 고난에 참여하는 것으로 즐거워하게"(벧전 4:13) 만든다. 그러므로 그리스도를 위해 받는 고난을 기뻐할 때, 우리가 많은 재물로 인해 감사할 때보다 확연히 선명하게 하나님이 최고의 하나님 되심을 밝히 드러낼 수 있다.

선교라는 대의를 위한 전시 내핍

예수님이 우리에게 요구하시는 삶이 검소함이라면, 그것은 그저 검소함을 위한 검소함이 아니다. 세계 복음화라는 대의를 완수하기 위해 일종의 전시 내핍 생활을 추구할 것을 가르치셨다. 예수님은 이렇게 말씀하셨다. "너희 소유를 팔아 구제하여 낡아지지 아니하는 배낭을 만들라 곧 하늘에 둔 바 다함이 없는 보물이니 거기는 도둑도 가까이 하는 일이 없고 좀도 먹는 일이 없느니라"(눅 12:33). "내가 너희에게 말하노니 불의의 재물로 친구를 사귀라 그리하면 그 재물이 없어질 때에 그들이 너희를 영주할 처소로 영접하리라"(눅 16:9). "너희는 무엇을 먹을까 무엇을 마실까 하여 구하지 말며 근심하지도 말라 이 모든 것은 세상 백성들이 구하는 것이라 너희 아버지께서는 이런 것이 너희에게 있어야 할 것을 아시느니라 다만 너희는 그의 나라를 구하라 그리하면 이런 것들을 너희에게 더하시리라"(눅 12:29-31).

요점은, 연봉이 1억 또는 2억 원이라고 해서 1억 또는 2억 원에 준하는 생활을 할 필요가 없다는 것이다. 하나님은 우리를 부르셔서 은혜의 통로가 되라고 하신다. 받은 것으로만 멈추는 막힌 파이프가 아니라 하나님의 은혜를 전달하는 파이프가 되라고 하신다. 그런데 우리는 이 파이프를 황금으로 둘러야 한다고 생각하는 경향이 있다. 그래서는 안 된다. 구리 파이프면 충분하다. 우리야 감사할 수 있지만, 세상은 황금으로 두른 파이프를 보고 하나님이 선하시다고 생각하기가 불가능하다. 오히려 사람들로 하여금 우리

하나님이 황금이라고 오해하게 만들 것이다. 이것은 하나님께 조금도 영광이 되지 않는다.

하나님 대신 재물이 우리 갈망의 대상일 때

부에 대한 갈망은 치명적이다. 엘리사의 종 게하시는 보상을 포기하지 못하는 바람에 나아만과 같은 나병에 걸리고 말았다(왕하 5:26-27). 아나니아는 돈에 대한 갈망에 이끌려 거짓말을 하고 그 자리에서 죽음을 맞았다(행 5:5-6). 재물이 많은 젊은 관원은 하나님의 나라에 들어갈 수 없었다(막 10:22-23). 호화롭게 잔치를 벌이면서도 나사로를 철저히 외면했던 부자는 음부(하데스)에서 고통을 받았다(눅 16:23). 바울은 부자가 되고 싶은 갈망이 사람을 파멸과 멸망에 빠지게 한다고 말했다(딤전 6:9).

성경에 기록된 이런 비극들을 통해 하나님이 의도하시는 바는, 우리가 돈을 미워하게 되는 것이 아니라 하나님을 사랑하게 되는 데 있다. 돈을 사랑하는 것에 대한 결과가 이토록 비참한 것은, 하나님이 최고의 하나님 되심의 반증이다. 우리가 하나님을 무한히 존귀하게 여기지 않는다는 것은 곧 다른 무언가를 하나님 대신 깊이 탐하고 있다는 표시다. 이 때문에 바울은 탐심을 우상 숭배라고 부르고, 그 탐심으로 인해 하나님의 진노가 임한다고 경고한다(골 3:5-6).

"셔츠가 없었어요"

예수님이 칭찬하신 과부는 "가난한 중에서 자기가 가지고 있는 생활비 전부를 넣었다"(눅 21:4). 서구 그리스도인들에게 이와 같은 삶의 방식은 잘 다가오지 않는다. 실제로 이와 같은 방식으로 살아가는 사람들을 제대로 보려면 다른 나라로 가야 할 것이다. 스탠포드 켈리(Stanford Kelly)는 이러한 예를 아이티에서 보았다.

그가 목회하는 아이티의 교회에서 추수감사절 축제가 열렸을 때, 그리스도인들에게 사랑의 예물을 준비해 달라고 부탁했다. 에드먼드라는 한 아이티 남자가 드린 봉투에는 13달러가 들어 있었다. 아이티 노동자의 석 달치 임금에 해당하는 돈이었다. 켈리는 미국에서 주일 헌금을 계수하는 사람들이 6,000달러짜리 수표를 받고 놀랄 때만큼이나 놀랐다. 축제가 시작되었을 때 그가 주위를 둘러보았지만 에드먼드는 보이지 않았다.

나중에 켈리는 마을에서 에드먼드를 만나 자초지종을 물었다. 그리고 에드먼드가 하나님께 13달러의 헌금을 드리기 위해 자기 말을 팔았다는 것을 알게 되었다. 그런데 왜 축제에 오지 않았을까? 그는 머뭇거리며 대답을 피했다.

마침내 에드먼드가 입을 열었다. "입을 셔츠가 없었어요."[25]

은퇴를 앞둔 그리스도인들에게

은퇴 이후에 골프나 낚시를 즐기며 여유로운 시간을 보내겠다는 바람 대신 이 땅에서의 삶을 마무리할 보다 나은 방법을 고민하는 사람들에게 바울의 고백은 생생한 도전이 된다. "내가 달려갈 길과 주 예수께 받은 사명 곧 하나님의 은혜의 복음을 증언하는 일을 마치려 함에는 나의 생명조차 조금도 귀한 것으로 여기지 아니하노라"(행 20:24). 바울은 자기 생명조차 귀하게 여기지 않았다. 오늘날 많은 사람들이 '은퇴'와 관련해 성경적이지 않은 생각을 갖고 있다. 경제적 여유가 충분하다면 은퇴와 함께 천국이 시작된다는 것이다. 사실 천국은 천국에 가야 시작된다. 그때까지 우리는 안개와 바람 같으나 소중한 이생의 청지기로 살아야 한다. 부디 은퇴를 앞둔 많은 그리스도인들이 자기 삶의 마지막 장을 선교에 대한 헌신으로 채워가길 바란다.[26]

랄프 윈터(Ralph Winter)는 묻는다. "성경 어디에 은퇴가 나오는가? 모세가 은퇴했는가? 바울이 은퇴했는가? 베드로? 요한? 군 장교들이 전쟁 중에 은퇴하는가?"[27] 오스왈드 샌더스는 90세에 생을 마감하기까지 전 세계를 다니며 사역했고, 70세가 넘어서는 일 년에 책을 한 권씩 썼다고 앞서 언급한 바 있다.

왜 시므온의 힘은 60세에 4배가 되었는가

2백 년 전 캠브리지의 트리니티교회 목사였던 찰스 시므온(Charles Simeon)은 자신의 '은퇴'를 바라보시는 하나님의 시각에서 뼈아픈 교훈을 배웠다. 트리니티교회에서 사역한 지 25년이 지난 1807년에 그의 건강은 몹시 안 좋았다. 몸이 쇠약해져서 일을 못하고 장기

휴가를 내야 했다. 핸들리 모울(Handley Moule)은 하나님이 시므온의 삶에서 행하신 일에 대한 감동적인 이야기를 다음과 같이 기록한다.

그의 건강은 망가진 채로 13년 동안 부침을 거듭하다가 예순이 되던 해 별안간 좋아졌다. 딱히 신체 어디가 더 좋아진 건 아니었다. 1819년에 그가 스코틀랜드를 방문하러 가던 길이었는데, 막 국경을 넘어갈 때 "여인이 우리 주님의 옷자락을 만진 다음 경험했던 것처럼 새 힘이 솟는 것을 확연하게" 느꼈다. 참으로 놀라운 일이었다. 그는 이 소생의 체험에서 일반적 의미의 기적이 아닌 하나님의 분명한 섭리가 있었다고 간증했다.

그는 몸이 쇠약해지기 전, 자신은 60세까지 활동적으로 섬기다가 그 후에는 은퇴하여 안락하게 지내겠다고 다짐했었다. 그런데 (은퇴하기로 했던) 주일 저녁에 주님이 이렇게 말씀하시는 것 같았다고 한다. "나는 너를 제쳐 놓았었다. 이는 네가 수고하기를 멈추고 그만 쉬겠다고 생각했기 때문이다. 하지만 네가 자신에게 약속했던 바로 그 시기에 이르렀고, 이제는 그렇게 하는 대신 네 힘을 인생의 마지막 순간까지 나를 위해 쓰겠다고 결심했으므로 내가 네 힘을 두 배, 세 배, 네 배로 늘려서 네가 소원하는 바를 더 연장된 계획에 따라 실행할 수 있게 하겠다."[28]

무덤 너머에 '안식할 저녁'이 있음을 믿지 않는 그리스도인들이 얼마나 많은가. 천국을 세상에서 맛보기 위해 인생의 저녁을 휴식과 놀이와 여행으로 채우려는 이들은 또 얼마나 많은가. 흔히 우리는 오랜 세월의 노고에 대해 이 세상에서 우리 스스로 보상받아야 한다고 생각한다. 죽음 이후의 영원한 안식과 기쁨은 고려 사항이 아니다. 한쪽에서는 무명의 헌신자들이 수백만 명의 미전도 종족과 무한히 중요한 마지막 날들을 보내고 있는데, 다른 한쪽에서는 20년 동안 레저활동이라니! 자신의 달려갈 길을 마치셨던 왕 앞에 나아가기 전 그분과 판이하게 다른 마지막을 보내다니!

라몬 류이처럼 된다는 것

라몬 류이(Raymond Lull)는 1235년 스페인 연안의 마요르카 섬 팔마의 명문가 자녀로 태어났다. 그는 젊은 시절을 방탕하게 보냈다. 그러다가 다섯 차례의 환상을 경험하면서 급격히 변화되었다. 그는 무슬림에서 개종하여 그리스도에게 헌신하는 삶을 살기 시작했다. 처음에는 수도원 생활을 시작했지만 나중에는 선교사로 헌신해 북아프리카의 무슬림 국가로 들어갔다. 아랍어를 배웠고, 79세의 나이에 유럽에서 아랍어를 가르쳤다.

학생들과 친구들은 그가 여유로이 배움에 정진하고 동료들과 즐겁게 지내면서 여생을 마치기를 바랐다. 류이의 생각은 달랐다. 그의 바람은 철학 선생이 아닌 선교사로 죽는 것이었다. "생명으로 사는 자는 죽지 않는다"는 확신 가운데, 그는 '차선'이 아닌 '최선'의 삶을 선택했다. 류이의 묵상집을 보면 이런 고백이 있다. "오 주님, 사람은 나이가 많아 타고난 온기가 끊어지고 지나치게 몸이 식으면 죽기 마련입니다. 하지만 주님의 뜻이라면, 주님의 종은 그렇게 죽기를 원치 않습니다. 차라리 주님이 종을 위해 기꺼이 죽으시려고 했던 것처럼, 종도 사랑의 열기 속에 죽고 싶습니다."

1291년 튀니지에서는 여러 위험과 어려움들로 일정을 포기하고 물러서야 했지만 오히려 그로 인해 1314년에 다시 한 번 북아프리카로 나아가게 된다. 그의 사랑은 차가워지지 않고 "타고난 온기가 끊어지고 나이가 많아 쇠약해졌어도" 더 밝게 불탔다.

그는 순교자의 면류관을 갈망했을 뿐 아니라 자신이 아프리카에서 만났던 신자들을 다시 한 번 보고 싶어 했다. 이것을 생각하며 힘을 얻은 그는 1314년 8월 14일, 튀니지로 넘어가 회심자들의 모임에서 은밀히 사역했다. 그들은 그가 예전에 방문했을 때 복음을 전하여 그리스도를 믿게 된 사람들이었다.

하지만 은밀히 숨어 지내는 생활에 지친 그는 순교를 갈망하듯 어느 날 시장으로 갔고 사람들에게 자신이 한때 그들의 마을에서 쫓겨났던 장본인이라고 밝혔다. 아합의 무리에게 자기를 드러낸 엘리야처럼 말이다! 류이는 그들 앞에 서서, 만일 그들이 아직도 그 과오를 뉘우치지 않는다면 하나님의 진노를 불러올 것이라고 경고했다. 그는 사랑으로 호소하면서도 진리를 담대하게 전했다. 그 결과는 쉽게 예상할 수 있었다. 그의 담대함으로 인해, 또 그의 선포에 대응하지 못함으로 인해 광적인 분노로 가득 찬 마을 사람들이 그를 붙잡아 마을 밖으로 끌고 나갔다. 거기서 왕의 명령에 따라, 아니 최소한 왕의 묵인 아래, 류이는 1315년 6월 30일에 돌에 맞아 죽었다.[29]

북아프리카 무슬림들을 위해 목숨을 바쳤을 때 그는 80세였다. 사슴이 시냇물을 갈망하듯이—샘이 더 가까워져 그 냄새가 향긋해지고 갈증이 깊어질수록 시냇물을 더욱 갈망하듯이—신실한 성도의 영혼은 죽을 때 그리스도를 뵙고 그분을 영화롭게 하기를 간절히 원한다(요 21:19 참조). 십자가의 병사들이 승리의 나팔소리가 울리지 않고 왕의 대관식이 열리기 전에 은퇴하면서도 만족한다는 것은 결코 있을 수 없는 일이다.

'경로우대 할인'은 선교 여행에 쓰는 것이다

그렇다고 해서 65세나 70세가 넘어서까지 직장이든 사업이든 무조건 하던 일을 계속할 수 있어야 한다는 말은 아니다. 내 말은 대부분의 사람들에게 65세가 되면(어쩌면 그보다 일찍) 인생의 새로운 장이 열린다는 뜻이다. 그리고 만약 평소에 우리가 고난 받으신 구주에 대한 '마음'으로 갑옷을 삼고 어떻게 해야 하나님이 최고의 하나님 되심이 드러날지 깊이 묵상해 보았다면, 인생의 새로운 장이 열렸을 때 우리의 시간과 자원과 에너지를 완전히 다른 방법으로 쓸 수 있게 될 것이다. '은퇴한' 수백만의 그리스도인들은 세계 전역에서 그들의 참여를 기다리는 수만 가지 임무에 온갖 다양한 방식으로 뛰어들어야 한다.

은퇴와 더불어 여행을 해보고 싶은가? 그렇다면 레저용 캠핑카는 주차장에 놓아두고 경로우대 할인과 '초특가 상품'을 활용해 선교 단체에서 도움을 원하는 곳으로 비행기를 타고 가라. 열방 가운데 누군가의 복음 전파가 필요한 미전도 종족들로 하여금 영생의 유익을 누리게 하라. "의인들의 부활시에 네가 갚음을 받겠음이라"(눅 14:14).

"당신은 식인종에게 잡아먹힐 거요"

언젠가 존 G. 패튼이 남태평양 열도에 선교사로 가겠다고 하자, 나이가 지긋한 한 그리스도인이 "그러면 식인종에게 잡아먹힐 거요!"라며 반대했다. 패튼은 이렇게 대답했다.

> 딕슨 씨, 당신은 이제 연세가 많으시니 아마도 곧 무덤에 안치되어 벌레에게 잡아먹히게 될 것입니다. 하지만 고백하건대, 만일 내가 주 예수님을 섬기고 공경하며 살다가 죽는다면, 식인종에게 잡아먹히든 벌레에게 잡아먹히든 아무런 차이가 없을 겁니다. 마지막 날에 부활한 내 몸이 부활하신 구속자를 닮은 몸이 되어 일어날 때 나는 당신의 몸만큼이나 아름다울 겁니다.[30]

'은퇴한' 수백만의 그리스도인들이 천국을 바라보며 자기 삶의 마지막 한 순간까지 미전도 종족을 위해 기쁘게 드리는 것을 세상이 본다면 하나님의 하나님 되심은 더욱 빛날 것이다. 하나님은 휴양지의 멋진 레저용 시설로 가득 찬 호화 콘도에서는 그렇게 빛나시지 않을 것이다.

궁극적인 자기 부인

그리스도는 젊은이들은 물론이고 나이가 많은 사람들까지 함께 부르신다. 열방을 향해 나아가라는 그리스도의 부르심에 나이는 아무 문제가 되지 않는다. 우리 모두가 그리스도의 교회이기에 전시의 삶을 준비하되 기회의 문이 열리면 주저함 없이 세계 선교에 나서라고 명령하신다. 그리스도는 고난 없이는 이 일이 되지 않는다고 분명히 밝히신다. 당연히 고난이 있을 것이므로 그 때문에 그리스도인이 자기 연민에 빠져서는 안 된다. 그렇다고 무조건 자기 부인(否認)만을 강요하는 것도 아니다. 복음을 위해 고난 받은 선교사들의 이야기를 들어 보면, 놀랍게도 그들의 간증은 한결같다. 고난을 받았다는 명백한 사실에도 불구하고, 그들의 모든 간증이 풍성한 기쁨과 비교할 수 없는 보상에 대한 증거로 가득하다. 고난을 많이 받은 사람들일수록, 자기 목숨을 다른 이들의 영생을 위해 바치는 일이 가져다주는 놀라운 축복과 기쁨에 대해 최고의 표현을 아끼지 않는다.

로티 문(Lotte Moon)은 "분명 영혼을 구원하는 기쁨보다 더 큰 것은 없다"고 했다. 셔우드 에디(Sherwood Eddy)는 에이미 카마이클(Amy Carmichael)에 대해 "그녀의 삶은 내가 아는 한 가장 향기롭고 가장 기쁘게 희생한 삶이었다"고 말했다. 어린 자녀 둘을 잃는 가운데서도 50년 동안 수고한 새뮤얼 즈웨머(Samuel Zwemer)는 "내가 겪은 그 모든 것이 순전한 기쁨으로 되돌아온다. 나는 기꺼이 다시 이 일을 하고 싶다"고 고백했다. 허드슨 테일러(Hudson

Taylor)와 데이비드 리빙스턴(David Livingstone)은 인생에서 엄청난 고난과 상실을 겪었지만, 그들은 훗날 "나는 결코 희생한 것이 아니다"라고 말했다.[31]

나는 우리의 선배 선교사들이 고난의 삶을 통해 깨닫고 증거하듯, 사랑을 실행하는 길은 자기부인의 길인 동시에 최고의 기쁨을 누리는 길임을 배웠다. 하나님의 나라를 먼저 구하려면 죄와 화려함과 자기를 향한 지나친 사랑을 거부해야 한다. 이렇게 함으로써 우리는 다른 사람들에게 가장 큰 유익을 끼치고, 기쁨의 보화인 그리스도의 존귀함과 가치를 가장 크게 드러내며, 또한 우리는 가장 큰 만족을 얻게 된다.

우리가 하나님 안에서 가장 만족할 때 하나님은 우리 안에서 가장 큰 영광을 받으신다. 그리고 그 영광의 탁월함은 우리가 사랑의 선교를 하는 가운데 고난과 고통을 겪더라도 하나님 안에서 만족을 누릴 때 가장 밝게 빛난다.

2부

선교 과업의 필요성과 본질

4

그리스도는 구원의 필수 요건인가

선교에 있어 하나님의 하나님 되심은, 그 아들 예수 그리스도가 만물의 으뜸 되심을 확증함으로써 성경적으로 확증할 수 있다. 신약성경이 말하는 놀라운 진리는, 하나님의 아들이 성육신하신 이후로 모든 구원에 이르는 믿음은 반드시 의식적으로(consciously) 그리스도에게 고정되어야 한다는 것이다. 하지만 이 진리가 언제나 확인되었던 것은 아니며, 성경은 그런 시대를 가리켜 "알지 못하던 시대"(times of ignorance, 행 17:30)라고 부른다. 이제는 예수 그리스도가 구원의 유일한 초점이며, 그분은 교회의 선교에서 변함없는 중심이 되신다. 선교의 목표는 "'그의 이름을 위하여' 모든 민족들(개역개정 "이방인") 중에서 믿어 순종하게 하는"(롬 1:5) 것이다. 이것은 그리스도께서 성육신하여 오심으로 보다 분명하게 선포된 내용이다. 하나님의 뜻은 독생하신 그의 아들로 하여금 구원하는 믿음의 변함없는 중심이 되게 하심으로 그 아들을 영화롭게 하는 것이다.

문제 제기

우리가 이 장에서 제기하려는 질문은, 그리스도가 으뜸 되신다 (supremacy)는 말이 곧 그분이 구원에 이르는 유일한 길이라는 뜻인가 하는 문제다. 이 질문에는 사실 세 가지의 질문이 담겨 있다. 이 질문들은 교회의 선교 사역에서 매우 중요하며, 사람들에 따라 이 세 가지 질문에 대한 대답과 중요도는 차이가 있다.

누구든지 하나님의 진노 아래 영원한 고통을 의식적으로 경험하게 되는가?
오늘날 많은 사람들은 그리스도가 유일한 소망이심을 인정하면서도 그분을 믿지 않으면 영원한 형벌을 받는다는 사실은 부인한다.[1] 이 땅에서 그리스도에 대한 소식을 듣든지 그렇지 않든지 상관없이 모든 사람이 구원받을 것이라고 말하는 사람들도 있다. 예를 들어 설교자이자 소설가인 조지 맥도널드(George MacDonald)는 1905년에 세상을 떠났음에도 불구하고 그의 글은 그 어느 때보다 많이 출간되어 널리 읽히고 있으며, 그가 주장한 보편구원론 역시 영향력을 넓혀 가고 있다.

그는 지옥을 자기 속죄와 성화를 위한 추가적 수단이라고 보았다. 구원받지 못한 죄인들이 지옥에 들어가면, 하나님의 공의가 결국에는 그의 피조물의 모든 죄를 멸할 것이며, 이런 방법으로 하나님은 모든 사람을 영광에 이르게 하실 것이란 주장이다.² 그는 모든 사람이 구원받을 것이며, (모든 사람이 구원받았으므로) 지옥은 영원하지 않다는 보편구원론의 신봉자다.

어떤 사람들은 모든 사람이 구원받는 것은 아니지만 영원한 형벌 역시 없을 거라고 주장한다. 그리스도를 배척하던 사람들이 불심판에 의해 완전 소멸될(annihilate) 것으로 보기 때문이다. 그러므로 불심판에 의해 존재 자체가 사라져 버린 자들은 더 이상 고통스런 형벌을 의식할 수도(conscious) 없게 된다는 것이다. 지옥은 영원한 형벌이 가해지는 장소가 아니라 형벌을 통해 존재의 완전 소멸이 일어나는 장소라는 것이다. 이것은 클라크 피녹(Clark Pinnock), 존 스토트, 에드워드 퍼지(Edward Fudge)와 그 밖에 여러 인물들이 선택한 방향이다.³

그러므로 우리가 물어야 할 질문에는 반드시 이것이 포함된다. 영원한 형벌이 존재하는가? 다시 말해, 누구든지 그리스도로부터 영원히 단절된다면 예외없이 하나님의 진노 아래 영원한 고통을 의식이 깨어있는 채로 경험하게 되는가?

그리스도의 사역은 필요한가?

오늘날 어떤 사람들은 그리스도가 구원의 유일한 소망이심을 부인한다. 그들은 그리스도는 하나님이 그리스도인들을 위해 보내신 분이며, 다른 종교에도 하나님과 바른 관계를 맺고 영생의 복을 얻는 여러 다른 길이 있다고 믿는다. 그리스도의 사역은 그리스도인들에게는 유용하지만 비그리스도인들에게는 불필요하다는 것이다.

예를 들어 영국의 신학자 존 힉(John Hick)은, 다른 종교들이 "강조점은 다를 수 있지만 모두 동등하다"고 주장한다. 기독교가 우월한 것이 아니라 구원으로 향하는 여럿 중 하나의 방편일 뿐이라고 말한다. 그러므로 우리는 단 하나의 세계 종교를 만들기 위해 노력하는 대신 "에큐메니컬 정신으로 변화된 기독교가 전 세계의 많은 믿음들 사이에서 영향력을 점차 넓혀 가는 날을 기대해야 한다"[4]고 주장한다.

이는 우리가 묻는 질문에 다음의 질문이 포함되어야 한다는 것을 의미한다. 그리스도의 사역은 그리스도인뿐 아니라 모든 사람들이 영원한 구원을 얻기 위해 하나님이 허락하신 필수 방편인가?

그리스도에 대한 의식적인 믿음이 필요한가?

이 부분에 대해 어떤 복음주의자들은 더러 잘 모르겠다고 말한다.[5] 영원한 심판의 존재나 그리스도의 구원 사역의 필수성을 부인하지 않기에 "그리스도는 우리의 유일한 소망"이라고 말하지만, 그리스도에 대해 전혀 들을 기회가 없었던 사람인 경우라면 그리스도를 의식하지는 못한 채, 그저 믿음으로 구원을 받을 수 있다고 주장하는 사람들도 있다. 예를 들어 밀러드 에릭슨(Millard Erickson)은 오늘날 복음을 듣지 못한 사람들도 구약의 성도들처럼 "예수님의 이름을 의식적으로 알거나 구체적으로 인식하면서 믿지 못하더라도 그리스도의 죽으심에서 유익을 누릴 수"[6] 있다고 주장하는 일부 복음주의자들[7]을 대변한다.

자, 그러면 우리가 정말로 묻고 있는 것이 무엇인지 명확하게 밝혀 보자. 사람들은 영원한 구원을 받기 위해 그리스도에 대해 들어야 하는가? 즉 그리스도께서 이루신 사역에 대해 들을 기회가 없었더라도 오늘날 사람들은 그리스도의 사역에 의해 구원받을 수 있는가?

그러므로 "예수 그리스도는 인류에게 유일한 구원의 소망이 되시는가?"라고 묻는다면 우리는 사실상 세 가지 질문을 던지고 있는 셈이다.

1. 누구든지 하나님의 진노 아래 '영원한 고통을 의식적으로' 경험하게 되는가?
2. 그리스도의 사역은 인류가 영원한 구원을 얻기 위해 하나님이 허락하신 '필수' 방편인가?
3. 사람들은 영원한 구원을 받기 위해 그리스도에 대해 '들어야' 하는가?

선교의 긴급성

이 세 가지 질문에 성경이 뭐라고 대답하는지가 아주 중요하다. 각각의 질문에 부정적인 대답이 나올 경우, 선교가 긴급하지 않은 것으로 보일 수 있기 때문이다. 에릭슨과 같은 복음주의자들은 선교의 긴급성을 부정하려는 의도는 없었다. 그들의 관점은 힉이나 맥도널드와도 꽤 다르다. 이들은 그리스도를 전파함이 없었음에도 누군가 구원을 받는다면 그것은 예외적인 경우이며, 따라서 모든 사람에게 그리스도를 전하는 것이 (필수, 즉 반드시는 아니지만) 지극히 중요하다고 주장한다.

그럼에도 불구하고 에릭슨과 같은 주장은 선교의 긴급성에 구멍을 내고 말 것이다. 반면에 누군가 영원한 형벌을 면하고 영생을 얻기 위해선 그리스도의 복음을 '듣는 것'만이 유일한 소망이라고 믿는 사람이라면 선교의 긴급성에서 전혀 다른 반응을 보일 것이다. 그러므로 윌리엄 크로켓(William Crockett)과 제임스 시군터스(James Sigountos)의 주장, 즉 '(그리스도에 대해 듣지 못했지만 일반계시를 통해 구원받은) 사실상의 그리스도인'이 있을 거라는 사실이 선교의 '동기를 증가시킨다'는 것은 사실이 아니다. 그들은 복음을 듣지 못한 이 회심자들이 "하나님에 대해 더 듣기를 간절히 기다리고 있다"고 말한다. 우리가 그들에게 나아간다면 "강건한 교회가 탄생하여 하나님께 영광을 돌리고 이교도 이웃에게도 복음을 전하게 될 것"이라고 한다.[8] 나는 이것이 선교의 긴급성을 오히려 해치는 무익한 주장이라고 생각한다. 그들의 주장과 달리, 선교 없이도 구원받을 수 있는 것처럼 보일수록 선교의 긴급성은 오히려 더 줄어들 것이다.

결국 중요한 것은 앞에서 정리한 세 가지 질문에 대한 성경의 답변에 있다. 선교의 긴급성을 호소하는 우리의 바람이 아니라 성경이 어떻게 가르치는지가 결정적이다.

여기서 나의 목표는 위 세 가지 질문에 대한 성경의 자료를 제공하는 것이다. 내가 판단할 때, 성경은 이 세 가지 질문에 대해 거부할 수 없는 긍정적인 답변을 준다. 나는 예수 그리스도가 인간의 유일한 구원의 소망이심을 의미 그대로 완벽하게 설명하고 싶다. 이렇게 하기 위해 나는 우리가 제기한 세 가지 질문과 가장 직접적으로 연관된 성경 본문들을 한데 모으고 이를 세 그룹으로 묶으려 한다. 그렇게 하면서 내 의견도 곁들일 것이다.

고통이 영원히 지속되는 지옥

> 땅의 티끌 가운데에서 자는 자 중에서 많은 사람이 깨어나 영생을 받는 자도 있겠고 수치를 당하여서 '영원히 부끄러움'을 당할 자도 있을 것이며(단 12:2).

히브리어 올람('olam)이 항상 '영원한'이라는 뜻을 갖지는 않는다. 그러나 이 구절에서는 죽음과 부활 이후에 기쁨 아니면 비참함으로 결정적으로 나뉜다고 언급하고 있기 때문에 '영원한'을 의미하는 것으로 보인다. 생명이 영원한 것처럼 수치와 부끄러움도 영원하다.

> 손에 키를 들고 자기의 타작 마당을 정하게 하사 알곡은 모아 곳간에 들이고 쭉정이는 '꺼지지 않는 불'에 태우시리라(마 3:12. 눅 3:17 참조).

이것은 세례 요한이 예수님께서 마지막에 가져오실 심판에 대해 언급한 내용이다. 그도 최종적인 분리에 대해 말하고 있다. '꺼지지 않는 불'이란 용어는 소멸되지 않는 불을 암시하기에 끝나지 않는 형벌을 가리킨다. 이것은 마가복음 9장 43-48절에서도 확인할 수 있다.

> 만일 네 손이 너를 범죄하게 하거든 찍어 버리라 장애인으로 영생에 들어가는 것이 두 손을 가지고 지옥 곧 꺼지지 않는 불에 들어가는 것보다 나으니라 만일 네 발이 너를 범죄하게 하거든 찍어 버리라 다리 저는 자로 영생에 들어가는 것이 두 발을 가지고 지옥에 던져지는 것보다 나으니라 만일 네 눈이 너를 범죄하게 하거든 빼 버리라 한 눈으로 하나님의 나라에 들어가는 것이 두 눈을 가지고 지옥에 던져지는 것보다 나으니라 '거기에서는 구더기도 죽지 않고 불도 꺼지지 아니하느니라'.

여기서 언급된 '꺼지지 않는 불'은 분명히 지옥이며, 마지막 구절은 구더기도 죽지 않는 그곳에 들어가는 사람들의 끝나지 않는 비참함을 핵심적으로 보여 준다. 지옥에서 일정한 기간 동안 형벌을 받은 다음이나, 또는 죽음 이후에 존재 자체가 사라진다면[9], 다시 말해 사람들이 소멸한다면, 왜 이 구절은 불이 절대로 꺼지지 않을 것과 구더기가 절대로 죽지 않을 것을 강조하는가?

존 스토트는 이 같은 생각들을 피해가기 위해 "아마도 존재를 소멸시키는 일이 종료될 때까지"[10] 구더기도 죽지 않고 불도 꺼지지 않을 것이라고 해석했다. 하지만 이 구절들에 그런 암시는 없다. 오히려 지옥 형벌이 영원할 것이라는 주장은 마태복음 18장 8절도 뒷받침한다.

만일 네 손이나 네 발이 너를 범죄하게 하거든 찍어 내버리라 장애인이나 다리 저는 자로 영생에 들어가는 것이 두 손과 두 발을 가지고 영원한 불에 던져지는 것보다 나으니라.

여기서 불은 끌 수 없을 뿐만 아니라 더 노골적으로 말해 '영원하다.' 이 불이 단지 장차 올 시대—어떤 이들은 헬라어 아이오니온(aiōnion)이 이것을 의미한다고 생각한다—의 정결하게 하는 불이 아니라는 것은 그 이후 예수님이 하신 말씀, 특히 용서받을 수 없는 죄에 대한 경고에서 드러난다.

몸은 죽여도 영혼은 능히 죽이지 못하는 자들을 두려워하지 말고 오직 몸과 영혼을 능히 지옥에 멸하실(destroy) 수 있는 이를 두려워하라"(마 10:28, 눅 12:4-5 참조).

여기서 언급된 '멸함'(destruction)은 결정적이며 최종적이지만 굳이 말소한다거나 소멸한다는 뜻은 아니다. 아폴리미(apollymi)라는 단어는 흔히 '죽다'(ruin, 마 8:25) '버리게 되다'(lose, 마 9:17), '잃어버리다'(perish, 마 10:6) 또는 '제거하다'(get rid of, 마 12:14)를 의미하는데, '소멸하다'(annihilate)라는 뜻은 암시되어 있지 않다. 이것은 데살로니가후서 1장에 언급되는 영원한 멸망의 형벌이다.

하나님을 모르는 자들과 우리 주 예수의 복음에 복종하지 않는 자들에게 형벌을 내리시리니 이런 자들은 주의 얼굴과 그의 힘의 영광을 떠나 영원한 멸망의 형벌을 받으리로다(살후 1:8-9).

마태복음 25장에도 이와 맥을 같이하는 말씀이 언급된다.

또 왼편에 있는 자들에게 이르시되 저주를 받은 자들아 나를 떠나 마귀와 그 사자들을 위하여 예비된 영원한 불에 들어가라…그들은 영벌에, 의인들은 영생에 들어가리라 하시니라(마 25:41, 46).

여기서 영원한 불은 명백히 '영원한 형벌'이다. 그리고 그 반대는 영생이다. '영생'이란 영원의 의미가 아니라 고귀한 생명을 가리킬 뿐이라고 말한다면 그것은 '영생'의 온전한 진리를 담고 있지 않은 해석이다.[11] 마찬가지로 '영원한 형벌'이 영원히 지속되는 형벌의 의미가 아니라면 그것은 진리를 제대로 반영하지 못하는 해석인 것이다. 레온 모리스(Leon Morris)의 말대로, "악인의 운명이 믿는 자의 운명보다 덜 영구적이라고 보기는 쉽지 않다."[12]

이뿐 아니라 이 본문 말씀을 요한계시록 20장 10절과 비교해 보면, 고통을 지속적으로 느끼는 영원한 형벌을 받는다는 주장은 한층 강화된다. 여기 마태복음 25장 41절에서 왼편에 있는 자들(염소들)은 "'마귀와 그 사자들을 위하여' 예비된 영원한 불"에 들어가라는 형을 언도받는다. 이는 정확히 요한계시록 20장 10절에 묘사된 바로 그것, 즉 마귀의 최후 운명이다. 그 상태는 명백히 의식이 깨어 있어 고통을 느끼는 상태다. 다음 말씀도 이에 대한 긍정의 확신을 더해 준다.

인자는 자기에 대하여 기록된 대로 가거니와 인자를 파는 그 사람에게는 화가 있으리로다 그 사람은 차라리 태어나지 아니하였더라면 제게 좋을 뻔하였느니라(마 26:24).

유다가 결국 영광을 받게 될 운명이었거나(보편구원론의 주장처럼) 아니면 심지어 소멸을 당할 운명이었다면(영혼소멸설의 주장처럼), 왜 그가 태어나지 않았더라면 좋을 뻔했는지는 상상하기 어렵다.[13] 요한복음 17장 12절은 유다를 (마태복음 10장 28절의 '멸하다'는 단어와 연결되는) '멸망의 자식'(son of destruction)이라고 부른다.

누구든지 성령을 모독하는 자는 영원히 사하심을 얻지 못하고 영원한 죄가 되느니라 하시니(막 3:29).

또 누구든지 말로 인자를 거역하면 사하심을 얻되 누구든지 말로 성령을 거역하면 이 세상과 오는 세상에서도 사하심을 얻지 못하리라(마 12:32).

위의 말씀은 지옥에서 고난의 일정한 시간이 지나면 죄인들이 용서받고 천국에 받아들여진다는 생각을 일축한다. 마태는 용서받지 못할 죄에 대해서는 장차 오는 세상에서도 사하심을 얻지 못하리라고 말하며, 마가는 이것을 가리켜 '영원한 죄'라고 부르는데 여기서 '영원한'이라는 단어는 시간적으로 끝없이 지속된다는 의미이며, 오는 세상이라는 한정된 기간을 언급하는 단어가 아니다.

그뿐 아니라 너희와 우리 사이에 큰 구렁텅이가 놓여 있어 여기서 너희에게 건너가고자 하되 갈 수 없고 거기서 우리에게 건너올 수도 없게 하였느니라(눅 16:26).

이것은 천국에 있는 아브라함이 하데스(Hades, 우리말 성경에는 '음부'로 번역됨—역자 주)에 있는 부자에게 한 말이다. 요점은 그곳에서의 고난은 피할 수 없다는 것이다. 전혀 출구가 없다.

하나님께서 각 사람에게 그 행한 대로 보응하시되 참고 선을 행하여 영광과 존귀와 썩지 아니함을 구하는 자에게는 영생으로 하시고 오직 당을 지어 진리를 따르지 아니하고 불의를 따르는 자에게는 진노와 분노로 하시리라(롬 2:6-8).

이 구절은 진노와 분노를 '영생'의 반대편에 있는 것으로 밝혔기 때문에 매우 중요하다. 이것은 생명 대신에 진노와 분노를 '영원히' 경험한다는 것을 암시하는 것으로 보인다.

이런 자들은 주의 얼굴과 그의 힘의 영광을 떠나 영원한 멸망(eternal destruction)의 형벌을 받으리로다 그날에 그가 강림하사 그의 성도들에게서 영광을 받으시고 모든 믿는 자들에게서 놀랍게 여김을 얻으시리니 이는 우리의 증거가 너희에게 믿어졌음이라(살후 1:9-10).

여기서 '멸망'(destruction, *olethros*)이라는 단어는 '파멸'(ruin, 고

전 5:5, 딤전 6:9)을 의미한다. 이는 사라짐(obliteration)이 아니라 하나님의 임재에서 영원히 분리된 인간의 파멸을 가리킨다.

그러므로 우리가 그리스도의 도의 초보를 버리고 죽은 행실을 회개함과 하나님께 대한 신앙과 세례들과 안수와 죽은 자의 부활과 영원한 심판에 관한 교훈의 터를 다시 닦지 말고 완전한 데로 나아갈지니라(히 6:1-2).

그들은 기탄 없이 너희와 함께 먹으니 너희의 애찬에 암초요 자기 몸만 기르는 목자요 바람에 불려가는 물 없는 구름이요 죽고 또 죽어 뿌리까지 뽑힌 열매 없는 가을 나무요 자기 수치의 거품을 뿜는 바다의 거친 물결이요 영원히 예비된 캄캄한 흑암으로 돌아갈 유리하는 별들이라(유 12-13).

그 고난의 연기가 세세토록 올라가리로다 짐승과 그의 우상에게 경배하고 그의 이름표를 받는 자는 누구든지 밤낮 쉼을 얻지 못하리라 하더라(계 14:11).

'세세토록'(unto ages of ages, *eis aiōnas aiōnōn*). 영원함을 나타내는 표현 가운데 이보다 더 강력한 단어는 헬라어에 없다.

두 번째로 할렐루야 하니 그 연기가 세세토록 올라가더라(계 19:3).

또 그들을 미혹하는 마귀가 불과 유황 못에 던져지니 거기는 그 짐승과 거짓 선지자도 있어 세세토록 밤낮 괴로움을 받으리라(계 20:10).

여기서도 다시금 영원한 지속성을 의미하는 강력한 표현들이 사용되었다. '세세토록'(unto the ages of the ages, *eis aiōnas aiōnōn tōn aiōnōn*). 존 스토트는 이 대목에서 다시금 불못의 영원한 고통이라는 명백한 의미를 피하려고 하지만 그것은 헛수고일 뿐이다. 요한계시록 20장 10절에 대한 그의 해석은 이렇다. "이 구절은 개별적인 사람들이 아니라 여러 면에서 하나님을 대적하는 세상을 상징하는 짐승과 거짓 선지자를 가리킨다. 그럴 경우, 본질적으로 사람들은 고통을 경험할 수 없다."[14]

그러나 스토트는 "누구든지(짐승과 거짓 선지자뿐 아니라) 생명책에 기록되지 못한 자는 불못에 던져지더라"고 말하는 요한계시록 20장 15절은 언급하지 않고 있다. 이와 유사한 것으로 요한계시록 21장 8절에는 죄인들이 제각기 개별적으로 "불과 유황으로 타는 못에 던져지리니 이것이 둘째 사망이라"고 되어 있다. 그리고 요한계시록 14장 10-11절에서 '세세토록' 지속되는 고통은 바로 '불과 유황'의 고통, 즉 "불과 유황으로 타는 못"(21:8)에서 사람들이 당하는 고통을 말한다. 다시 말해, '불못'은 존 스토트가 제안하는 것처럼 짐승과 거짓 선지자와 사망과 하데스가 던져질 때만 고려되는 것(20:13)이 아니라 믿지 않는 자들 개개인이 마침내 정죄를 받을 때도(14:10-11, 20:15, 21:8) 해당하며, 이것은 믿지 않는 자들 한 사람 한 사람이 의식이 깨어 있는 채로 영원한 고통을 겪게

된다는 것을 결정적으로 보여 준다.[15]

지옥은 현실이며 끔찍하다. 지옥을 가볍게 얘기한다면 그것은 그 무서움을 몰라서 하는 소리다. 내가 알기로 지옥의 두려움을 지나치다 싶을 정도로 무섭게 말한 사람은 아직 아무도 없었다. 우리로서는 예수님이 사용하신 그 끔찍한 이미지를 능가해서 설명할 도리가 없다. 지옥을 생각할 때 우리는 두려워 떨어야 마땅하다.

왜인가? 지옥의 무한한 공포는 죄인들이 하찮게 여기던 하나님의 영광의 무한한 가치를 생생히 드러내시기 위해 하나님이 의도하신 것이기 때문이다. 성경이 지옥의 공의로움을 말하는 것[16]은 우리가 하나님께 영광을 돌리지 못한 죄가 무한히 크다는 것에 대한 가장 명백한 증거다. 우리 모두는 실패했다. 모든 열방이 실패했다. 우리는 우리가 가진 것으로도 온전한 기쁨을 누릴 수 있다며 하나님을 기뻐하는 일에 철저히 실패했다. 그로 인한 무한한 죄책이 한 사람 한 사람의 머리를 무겁게 짓누른다.

성경이 진술하는 하나님의 모습은 자기 영광의 위대하심을 드높이는 일에 모든 것을 쏟아부으시는 주권자 하나님이다. 그리고 하나님은 이를 자기 백성이 영원토록 누리고 즐거워하게 하는 데 뜻을 두셨다. 그러나 성경이 진술하는 사람의 형편은, 이 진리를 억누르고 하나님의 영광보다는 자신의 영광을 더 기뻐한다.

클라크 피녹[17]과 존 스토트[18]가 아주 오래되어 케케묵은 논리를 반복하면서, 죄를 범하는 인간의 삶이 '유한'한데 어째서 '무한한' 형벌을 받아야 하느냐며, 이는 결코 사리에 맞지 않는다고 주장할 때, 이는 조나단 에드워즈가 아주 명쾌하게 간파한 중요한 사실을 놓친 것이다. 즉 죄인에게 그 죄책을 묻는 정도는 그가 얼마나 오랫동안 죄를 범했느냐가 아니라 얼마나 심각한 죄를 범했느냐에 의해 결정되어야 한다는 사실이다. 문제는 그가 훼손한 하나님의 위엄이 지극히 높으시다는 데 있다.

> 누군가를 멸시하고 경멸했을 때 그 죄의 양상은 비슷하더라도 죄를 범한 자에게 쏟아지는 죄책의 경중은 달라질 수 있다. 이는 죄를 범한 상대가 누구인가에 달렸다. 만일 절대 경외해야 할 무한 권위를 가진 누군가를 사랑하고 복종하고 공경하는 일에 철저히 실패했다면, 그에 따르는 잘못은 무한하며 그에 따르는 죄책 역시 무한히 무거울 것이다.
>
> 누군가를 사랑하고 공경하고 복종해야 하는 의무는 그 대상이 얼마나 사랑할 만한가, 얼마나 공경할 만한가, 얼마나 권위 있는가에 비례한다.…그리고 우리가 섬겨야 하는 하나님은 무한히 탁월하시고 아름다우며 무한히 사랑할 만한 분이시다.…
>
> 그러한 하나님께 지은 죄는, 우리에게 부과된 무한한 의무를 어기는 것이므로 무한히 흉악스런 죄임에 틀림없으며 무한한 형벌을 받아야 마땅하다.…경건하지 않은 자들이 받는 형벌의 영원함은 그 형벌의 무게를 무한하게 만든다.…이는 그들이 저지른 잘못과 그에 따른 죄책의 흉악함에 비례한다.[19]

지옥에 대한 성경의 관점을 해석하는 우리 시대의 설교자들과 조나단 에드워즈의 핵심적 차이는, 에드워즈가 하나님의 공의와 사랑에 대한 자신의 관점을 하나님으로부터 도출했다는 것이다. 그러나 현대 복음주의자들은 갈수록 자신들의 도덕적인 정서에 '부합하는' 논리에 순응하는 것 같다.[20] 이런 관점은 교회나 교회의 선교를 강화시키지 못한다. 우리에게 필요한 것은, 무엇이 진짜이고 무엇이 아닌지를 판단하는 기준으로서, 하나님이 최고의 하나님이 되신다는 진리에 철저히 헌신하는 것이다.

**구원받기 위해서는 반드시
그리스도의 대속이 필요하다**

우리가 제기했던 중요한 둘째 질문은, 누구든지 구원을 받으려면 그리스도의 대속 사역이 반드시 필요한가 하는 것이다. 어떤 사람들은 그리스도의 사역의 효력이 아닌 다른 방법으로도 구원받을 수 있는가? 사람들이 하나님과 더불어 영원한 복락을 누릴 수 있는 충분한 방편을 다른 종교들도 제공하는가?

아래 성경 말씀은 구원을 얻는 모든 사람에게 그리스도의 대속 사역이 절대적으로 필요하다는 확신으로 우리를 이끈다. 그리스도께서 십자가의 죽으심과 부활로 성취하신 구원 외에는 어떤 구원도 가능하지 않다.

> 한 사람의 범죄로 말미암아 사망이 그 한 사람을 통하여 왕 노릇 하였은즉 더욱 은혜와 의의 선물을 넘치게 받는 자들은 한 분 예수 그리스도를 통하여 생명 안에서 왕 노릇 하리로다 그런즉 한 범죄로 많은 사

람이 정죄에 이른 것같이 한 의로운 행위로 말미암아 많은 사람이 의롭다 하심을 받아 생명에 이르렀느니라 한 사람이 순종하지 아니함으로 많은 사람이 죄인 된 것같이 한 사람이 순종하심으로 많은 사람이 의인이 되리라(롬 5:17-19).

여기서 핵심은 '그리스도 사역의 보편성'이다. 그리스도의 사역은 단순히 유대인에게만 해당하는 국지적인 사건이 아니다. 둘째 아담, 곧 그리스도의 사역은 첫째 아담의 사역과 상응한다. 아담의 범죄가 그를 머리로 하여 연합한 모든 인류의 정죄에 이른 것처럼 그리스도의 순종은 그리스도를 머리로 하여 그리스도와 연합한 모든 사람—"은혜를 넘치게 받는 자들"(17절)—을 의롭게 한다. 그리스도께서 십자가의 순종으로 이루신 사역은 온 인류가 처한 곤경에 대한 하나님의 해답으로 기록되어 있다.

사망이 한 사람으로 말미암았으니 죽은 자의 부활도 한 사람으로 말미암는도다 아담 안에서 모든 사람이 죽은 것같이 그리스도 안에서 모든 사람이 삶을 얻으리라 그러나 각각 자기 차례대로 되니니 먼저는 첫 열매인 그리스도요 다음에는 그가 강림하실 때에 그리스도에게 속한 자요(고전 15:21-23).

이 본문은 그리스도의 부활이 인간의 보편적인 불행인 죽음에 대한 해결책이라고 말한다. 아담은 죽음으로 귀결되는 옛 인류의 머리다. 그리스도는 부활로 귀결되는 새 인류의 머리가 되신다. 이 새 인류에 속한 사람들은 "그리스도에게 속한 자들이다"(23절).[21] 그리스도는 한 무리의 재앙에만 관여하는 부족신이 아니다. 하나님이 죽음이라는 인류 보편의 문제를 해결하기 위한 정답으로 우리 모두에게 허락하신 분이다. 죽은 자 가운데서 부활을 얻는 모든 자는 오직 그리스도 안에서만 얻는다.

> 하나님은 한 분이시요 또 하나님과 사람 사이에 중보자도 한 분이시니 곧 사람이신 그리스도 예수라 그가 모든 사람을 위하여 자기를 대속물로 주셨으니 기약이 이르러 주신 증거니라(딤전 2:5-6).

그리스도의 대속 사역은 하나님과 사람 사이에 화목을 이루는 우주 유일의 중보자로서의 역할에 따른 것이다.

> 그들이 새 노래를 불러 이르되 두루마리를 가지시고 그 인봉을 떼기에 합당하시도다 일찍이 죽임을 당하사 각 족속과 방언과 백성과 나라 가운데에서 사람들을 피로 사서 하나님께 드리시고 그들로 우리 하나님 앞에서 나라와 제사장들을 삼으셨으니 그들이 땅에서 왕 노릇 하리로다 하더라(계 5:9-10).

요한계시록은 예수 그리스도를 만왕의 왕이요 만주의 주—모든 민족과 권세들을 다스리는 우주의 통치자—로 묘사한다(17:14, 19:16). 위의 구절은 그리스도께서 세상의 모든 족속과 방언과 백성과 나라 가운데서 사람들을 피로 사셨다고 말한다. 즉 그리스도의 대속 사역은 인종과 국경과 문화를 가리지 않고 흩어진 자녀들을 모아 그리스도의 나라의 일원으로 만드는 유일무이한 방편이다(요 11:51-52을 보라).

다른 이로써는 구원을 받을 수 없나니 천하 사람 중에 구원을 받을 만한 다른 이름을 우리에게 주신 일이 없음이라 하였더라(행 4:12).

이 구절에선 그리스도의 사역을 명시적으로 언급하지는 않지만, '천하 만민이 구원을 얻을 만한' 유일한 이름이라고 말함으로써 그리스도가 자기 백성의 구원을 위해 행하신 모든 일(즉 피를 흘리신 것, 행 20:28)이 '보편적' 의미를 갖는다는 점을 암시한다. 다른 종교를 믿는 사람이 구원을 얻을 만한 다른 길은 결코 없다. 누구든지 구원을 얻으려면 오직 예수 그리스도의 이름으로만 가능하다.

모든 사람이 죄를 범하였으매 하나님의 영광에 이르지 못하더니 그리스도 예수 안에 있는 속량으로 말미암아 하나님의 은혜로 값없이 의롭다 하심을 얻은 자 되었느니라 이 예수를 하나님이 그의 피로써 믿음으로 말미암는 화목제물로 세우셨으니(롬 3:23-25).

로마서 3장 9-20절은 "유대인이나 헬라인이나 다", 즉 모든 사람이 죄의 권세 아래 있으며 모든 입이 닫히고 "온 세상으로 하나님의 심판 아래" 있게 되었다고 분명히 말한다. 그래서 그리스도의 죽으심은 죄라는 이 보편적인 문제에 대한 해결책으로 제시된다.

그리스도의 죽으심은 하나님이 인류의 죄를 없이 하시고자 고안하신 여러 방법 중 하나가 아니다.

우리의 둘째 질문에 대한 대답으로, 성경은 그리스도의 대속 사역이 단지 유대인 같은 어느 한 민족이나 족속이나 방언을 위한 것이 아님을 명확히 밝히고 있다. 그리스도의 대속 사역은 누구든지 하나님 앞에서 의롭다 하심을 얻기 위한 단 하나뿐인 유일한 길이다. 죄 문제는 인류 누구나 얽매여 있으며 사람들을 하나님으로부터 끊어 놓는 심각한 사안이다. 이 보편적 문제에 대한 해결책은 십자가에서 단번에 드린 바 되신 하나님의 아들의 대속의 죽음이다. 이것이 바로 선교의 토대. 우리가 선교를 행할 결정적 이유다. 그리스도의 사역이 구원의 유일한 근거이므로,[22] 우리는 누가복음 24장 46-47절에 나와 있는 대로 이를 모든 열방에 선포해야 한다.

> 또 이르시되 이같이 그리스도가 고난을 받고 제삼일에 죽은 자 가운데서 살아날 것과 또 그의 이름으로 죄 사함을 받게 하는 회개가 예루살렘에서 시작하여 모든 족속에게 전파될 것이 기록되었으니.

구원받기 위해서는
그리스도에 대해 들어야 한다

여기서 우리와 관련된 질문은, 살면서 예수님에 대해 전혀 듣지 못하고도 성령님의 일깨우심을 받고 은혜로 말미암아 자비로운 창조주를 믿음으로 구원받는 사람들이 (몇 명이라도) 있는가 하는 것이다. 다시 말해, 다른 종교를 믿는 사람들 중에 자연을 통해(롬 1:19-21) 알게 된 하나님의 은혜를 겸손히 의지함으로 영원한 구원을 받는 경건한 사람들이 있는가 하는 것이다.[23]

하나님의 아들이 세상에 오시면서 역사적으로 지극히 중요한 일이 일어났다. 이 사건의 중요성이 지극히 크다 보니 그 이후로 구원받는 믿음의 초점은 오직 예수 그리스도에게만 모아지게 되었다. 그리스도는 하나님의 모든 계시와 하나님 백성들의 모든 소망을 완전하게 성취하신 분이다. 그렇기에 만약 구원받는 믿음이 그리스도가 아닌 다른 이에게 향해도 된다면 이는 그리스도를 욕되게 만드는 것이다.[24]

그리스도께서 오시기 전에 이 거대한 '비밀'은 장구한 세대를 지나는 동안 감추어져 있었다. 이 비밀이 마침내 드러나면서 '알지 못하던 시대'가 끝났고, 회개하라는 부르심은 이제 새롭게 구체적인 복음으로 울려 퍼지고 있다. 즉 예수 그리스도께서 죽은 자 가운데서 부활하심으로 모든 열방의 구원자요 심판자가 되셨다는 것이다. 긍휼과 죄 용서를 구하는 모든 탄원은 이제 반드시 그리스도를 통해야만 하며, 오직 그리스도만을 통해야 한다. 이 진리를 우리에게 밝혀 주는 본문 말씀을 살펴보자.

'그리스도의 비밀'

그것을 읽으면 내가 그리스도의 비밀을 깨달은 것을 너희가 알 수 있으리라 이제 그의 거룩한 사도들과 선지자들에게 성령으로 나타내신 것

같이 다른 세대에서는 사람의 아들들에게 알리지 아니하셨으니 이는 이방인들이 복음으로 말미암아 그리스도 예수 안에서 함께 상속자가 되고 함께 지체가 되고 함께 약속에 참여하는 자가 됨이라 이 복음을 위하여 그의 능력이 역사하시는 대로 내게 주신 하나님의 은혜의 선물을 따라 내가 일꾼이 되었노라 모든 성도 중에 지극히 작은 자보다 더 작은 나에게 이 은혜를 주신 것은 측량할 수 없는 그리스도의 풍성함을 이방인에게 전하게 하시고 영원부터 만물을 창조하신 하나님 속에 감추어졌던 비밀의 경륜이 어떠한 것을 드러내게 하려 하심이라 이는 이제 교회로 말미암아 하늘에 있는 통치자들과 권세들에게 하나님의 각종 지혜를 알게 하려 하심이니(엡 3:4-10).

그리스도께서 오시기 전까지 이 진리는 온전하게 그리고 분명하게 드러나지 않았다. 그러나 이제 이 진리는 밝히 드러났고 '그리스도의 비밀'(mystery of Christ)이라고 불린다. 이것은 이방인들이, 즉 열방에서 나온 사람들이 그리스도 예수 안에서 유대인들과, 즉 하나님께서 택하신 백성들과 함께 상속자가 되고 지체가 되고 함께 약속에 참여하는 자가 될 것이라는 진리다(엡 3:6). 이것을 '그리스도의 비밀'이라고 하는 이유는, 그 일이 다른 세대에서는 감춰져 있다가 '복음으로 말미암아'(엡 3:6) 드러나고 성취되기 때문이다.

그러므로 복음은 열방이 이미 하나님께 속했다는 계시가 아니다. 복음은 열방을 (하나님이 택하신 백성들과 동등한) 구원받은 자의 자리로 들어가게 하는 도구다. 그리스도의 비밀(열방을 아브라함의 기업으로 이끌어들이는 것)은 복음 전파를 통해 실행될 것이다. 바울

역시 자신의 사도적 소명을 가리켜, 하나님이 그리스도의 풍성함을 열방에 전하게 하는 데 은혜롭게 사용하시는 수단임을 언급한다(엡 3:8).

그러므로 구원의 역사에 엄청난 변화가 일어났다. 그리스도께서 오시기 전에는 진리가 완전히 계시되지 않았다. 그 진리는 열방이 유대인과 동등하게 하나님의 권속이 된다는 내용이다(엡 2:19). 그리스도께서 하늘로부터 나타나지 않으신 것은 '아직 때가 차지' 않았기 때문이다. 모든 민족을 연합하고 한 백성으로 삼는 영광과 찬사는 그리스도의 구원 사역이 성취되기까지 미루어져 있었다. 그러므로 오직 그리스도의 말씀의 전파를 통해서만 열방이 하나가 되는 것이 합당하며, 그리스도의 십자가는 열방으로 교회를 삼는 화평이 된다(엡 2:11-21).

다시 말하면, 하나님의 아들이 성육신하시기 전에 구원이 열방에 확산되지 않은 데는 심오한 신학적 이유가 있다. 즉 열방이 그리스도의 영광을 위해 하나로 모일 것이라는 진리가 그리스도의 성육신 이전에는 분명하게 드러나지 않았기 때문이다. 하나님은 모든 열방이 주님의 화목케 하시는 말씀을 듣고 받을 때 그로부터 자기 아들이 예배의 중심이 되게 하셨다. 또한 이러한 이유로 우리는 '그리스도를 전파하는 것'이 열방을 모으기 위해 하나님이 정하신 방편임을 보게 된다. 이에 대해 좀더 살펴 보기로 하자.

(25절) 하나님께서는 내가 전하는 복음 곧 예수 그리스도에 관한 선포로 여러분을 능히 튼튼히 세워주십니다. 그는 오랜 세월 동안 감추어

두셨던 비밀을 계시해 주셨습니다. (26절) 그 비밀이 지금은 예언자들의 글로 환히 공개되고, 영원하신 하나님의 명을 따라 모든 이방 사람들에게 알려져서, 그들이 믿고 순종하게 되었습니다. (27절) 오직 한 분이신 지혜로우신 하나님께, 예수 그리스도로 말미암아 영광이 영원무궁하도록 있기를 바랍니다. 아멘(롬 16:25-27, 새번역).

(25절) Now to him who is able to strengthen you according to my gospel and the preaching of Jesus Christ, according to the revelation of the mystery that was kept secret for long ages (26절) but has now been disclosed and through the prophetic writings has been made known to all nations, according to the command of the eternal God, to bring about the obedience of faith— (27절) to the only wise God be glory forevermore through Jesus Christ! Amen.

영어성경에서 이는 매우 복잡한 문장으로 되어 있다. 그러나 그 부분들을 잘 살펴서 서로 어떤 연관이 있는지 주목한다면 선교에 담긴 중대한 의미를 파악할 수 있다.

25절부터 27절까지, 이 세 구절 전체가 하나의 송영이다. ESV 성경 25절은 다음과 같이 시작한다. "Now to him who is able to strengthen you…(여러분을 능히 튼튼히 세워주실 하나님께…)." 그러나 바울은 하나님께 깊이 몰입한 나머지 송영을 이어가지 않다가 27절에서야, "오직 한 분이신 지혜로우신 하나님께, 예수 그리스도로 말미암아 영광이 영원 무궁하도록 있기를 바랍니다. 아멘"이라고 다시금 송영을 말한다.

25절과 27절의 두 송영부 사이에는, 하나님의 영원한 목적과 관련해 바울이 전하는 복음이 어떤 의미를 갖는지에 대한 놀라운 진술이 들어 있다.

이 송영에서 바울은 먼저 로마의 성도들에게 '능력'이 임하기를 기도하는데, 그 능력은 그가 전하는 복음 곧 그리스도에 관한 선포와 일치한다. 즉, 하나님의 능력이 바울이 전하는 복음 안에서 나타났으며, 바울은 그 능력으로 로마의 성도들을 튼튼히 세워 달라고 기도하는 것이다.

다음으로 바울은 전파된 이 복음이 오랜 세월 동안 감추어 두셨다가 계시된 비밀과도 일치한다고 말한다(25-26절). 다시 말하면, 바울이 전파하는 것은 하나님의 목적과 상치되지 않는다는 것이다. 바울이 전파하는 복음은 하나님의 목적을 드러내고 그 목적에 합치한다. 바울이 전파하는 복음은 하나님의 계획의 일부이며, 그것은 전에는 감추어졌다가 이제 역사 속에서 밝히 드러나고 있다.

이것이 어떻게 드러나고 있는가? 예언자들의 글을 통해 밝히 드러나고 있다(26절). 이는 그 비밀이 과거에도 완전히 감추어지지 않았음을 의미한다. 예언자들의 글에는 암시가 들어 있었다. 그렇기에 여기서 이 구약의 글들이 이 비밀을 밝히는 데 쓰이고 있다. 바울 역시 복음을 전하면서 이 비밀을 알리는 데 도움을 받고자 예언자들의 글을 사용한다(예를 들어 바울이 로마서 15장 9-13절에서 어떻게 이렇게 하는지 보라).

그렇다면 이 비밀은 무엇인가? 26절에 따르면, 이 비밀을 알리는 것은 "모든 민족이 믿어 순종하게 하시려는 영원하신 하나님의 명령"(저자 번역)을 따르는 것이다. 이를 보다 자연스럽게 해석하자면, 이 비밀은 모든 민족에게 믿음으로 말미암아 하나님께 순종하라고 명하시는 하나님의 뜻이라는 것이다.

그러나 이것을 비밀로 만드는 것은, 열방에게 믿어 순종하게 하시려는 하나님의 명령이 아주 특별한 명령, 즉 구체적으로는 이스라엘의 메시아 예수를 믿고 그리하여 하나님의 백성이자 아브라함의 상속자가 되라는 명령으로 드러난다는 사실이다(엡 2:19-3:6). 로마서 1장 5절에서 바울은 자신이 이방인들에게 가도록 부르심을 받은 것을 이렇게 표현한다. "그로 말미암아 우리가 은혜와 사도의 직분을 받아 그(그리스도)의 이름을 위하여 모든 이방인 중에서 믿어 순종하게 하나니." 여기서 바울은 로마서 16장 26절의 "믿고 순종하게" 하는 것이 '그리스도의 이름을 위한' 부르심이라고 분명하게 밝힌다. 이는 곧 그리스도를 시인하고 신뢰하고 순종하라는 부르심이다. 이것이 영세 전부터 감추인 비밀이다. 열방이 이스라엘의 메시아를 믿고 그분을 통해 구원을 받으라는 명령을 받게 되는 것이다.

26절에 나오는 "지금은"(now, 개역개정은 "이제는"으로 번역됨)이라는 단어가 아주 중요하다. 이는 구원의 역사에서 하나님이 그리스도를 역사의 무대 한가운데로 불러내실 때가 찼음을 말한다. '지금'부터는 상황이 달라진다. 비밀이 밝히 드러날 때가 되었다. 모든 민족에게 메시아 예수를 믿음으로 말미암아 하나님께 순종하라고 명령할 때가 온 것이다.

하나님은 '지금' 새 일을 하고 계신다. 그리스도께서 오심으로 하나님은 더 이상 "모든 민족으로 자기들의 길들을 가게 방임하시지" 않을 것이다(행 14:16, 그 이하를 보라). 모든 민족이 회개하라는 부르심을 받는 때가 왔으며, 또 그리스도를 믿음으로써 열방이 "복음으로 말미암아 그리스도 예수 안에서 함께 상속자가 되고 함께 지체가 되고 함께 약속에 참여하는 자"(엡 3:6)가 되리라는 비밀이 완전히 밝혀지는 때가 이르렀다. '복음 없이'가 아니다! '복음으로 말미암아'서다. 이 사실은 우리가 이 책을 계속 읽어 가는 동안 앞으로 점점 더 분명해지고 중요해질 것이다.

'알지 못하던 시대'

알지 못하던 시대에는 하나님이 간과하셨거니와 이제는 어디든지 사람에게 다 명하사 회개하라 하셨으니 이는 정하신 사람으로 하여금 천하를 공의로 심판할 날을 작정하시고 이에 그를 죽은 자 가운데서 다시 살리신 것으로 모든 사람에게 믿을 만한 증거를 주셨음이니라 하니라(행 17:30-31).

이 본문은 바울이 아덴의 아레오바고에서 헬라인들에게 전한 설교의 일부다. 그들은 자신들이 모르는 어떤 신이 우주에 존재할 것을 대비해 '알지 못하는 신'에게 제단을 쌓아 예배를 받아 주기를 바랐다. 그래서 바울은 "너희가 알지 못하고 위하는 그것을 내가 너희에게 알게 하리라"(17:23)고 말했다.

바울이 아덴 사람들이 알지 못하는 신에게 제단을 쌓은 행위를 참 하나님에 대한 참 신앙으로 여겼다고 보는 것에는 무리가 있다. 누구도 잘 알지 못하는 신을 올바로 믿을 수 없다. '알지 못하는 신'에게 예배하는 것은 또 하나의 신이 있을 수 있다는 다신교에 불과하다. 만일 그런 신이 존재한다면 그 신에게서도 은총을 받겠다는 마음에서 말이다.

이 '알지 못하는 신'을 향한 예배는 과거 세대들을 '알지 못하던 시대'(30절)로 만든 것 중 하나다. 그뿐 아니라 참 하나님에 대한 약간의 지식이 있더라도(고넬료의 경우처럼) '무지한' 예배를 드리는 것은 결코 구원으로 인도하지 않는다는 사실을 뒤에서 살펴볼 것이다.

바울의 설교에 나오는 '알지 못하던 시대'는 '그리스도의 비밀'이 은밀히 감추어져 있던 시대와 일치한다(롬 16:25, 엡 3:4-5, 골 1:26). 이 시대는 사도행전 14장 16절에 따르면, 하나님이 "모든 민족으로 자기들의 길들을 가게 방임하셨던" 시대다. 또는 사도행전 17장 30절에 나온 대로 하나님이 '간과하셨던' 시기다.

알지 못하던 시대에 하나님이 '간과하셨다'(overlooked)고 해서 죄를 무시하고 죄인들을 벌하지 않으셨다는 것을 뜻하지 않는다. 만일 그렇다면 이는 로마서 1장 18절("하나님의 진노가 불로 진리를 막는 사람들의 모든 경건하지 않음과 불의에 대하여 하늘로부터 나타나나니") 및 로마서 2장 12절("무릇 율법 없이 범죄한 자는 또한 율법 없이 망하고")과 모순된다.

'알지 못하던 시대'에 하나님이 간과하셨다는 것은, 사람들이 자기 마음대로 하도록 내버려 두셨다는 것을 의미한다. 하나님의

'간과하심'은, 하나님 백성들의 선교를 통해 사람들에게 회개를 전면적으로 촉구하는 것을 뒤로 미루시는 주권적인 결정이었다. "사람들이 진리를 떠나 그토록 오랫동안 방황한 이유는 하나님이 그들을 그 길에서 돌아서도록 이끄시려고 하늘로부터 손을 뻗지 않으셨기 때문이다.…무지가 세상에 만연했으니, 하나님이 그분의 뜻을 따라 무지를 내버려 두시는 동안은 그러했다."[25]

그렇다고 해서 이스라엘에게 하나님의 은혜를 열방에 증거하고 함께 참여하도록 권하라는 명령과 가르침(가령 창 12:2-3, 시 67편)이 구약성경에 없었다는 의미는 아니다. 이는 오랜 세대 동안 하나님이 성육신, 십자가 사건, 대위임령 부여, 그리고 오순절에 그 사명을 완수할 능력을 부어 주시는 사건을 통해 그의 백성을 정결케 하고 권능을 주시며 명령하시는 등의 적극적인 개입을 하지 않으셨음을 뜻한다. 하나님은 그분의 지혜로운 목적을 위해 단지 "모든 민족으로 자기의 길을 가게 방임"(행 14:16)하셨을 뿐이다. 그리고 하나님의 소유인 이스라엘 백성조차 하나님을 경외하고 사랑하며 거룩함을 지키는 일에 실패할 때 이를 허락하신 것도, 다른 민족들로 하여금 죄의 부패성과 율법의 저주를 깨닫게 하고 세상을 복음화 하는 일에 옛 언약이 갖는 한계를 보게 함으로써 그들에게 구속자가 꼭 필요함을 깨닫게 하시기 위함이었다.

하나님의 방법은 우리의 방법과 같지 않다. 오늘날에도 우리는 여전히 '완악함'의 시대에 살고 있다. 다만 지금은 상황이 역전되었다. 잠깐 동안 열외로 두는 대상이 이제는 이스라엘인 것이다.

형제들아 너희가 스스로 지혜 있다 하면서 이 신비를 너희가 모르기를 내가 원하지 아니하노니 이 신비는 이방인의 충만한 수가 들어오기까지 이스라엘의 더러는 우둔하게 된 것이라 그리하여 온 이스라엘이 구원을 받으리라 기록된 바 구원자가 시온에서 오사 야곱에게서 경건하지 않은 것을 돌이키시겠고(롬 11:25-26).

하나님이 이스라엘을 다루시는 동안 이방인들을 방임하셨던 시기가 있었다면, 지금은 하나님이 열방 가운데서 택하신 자들의 충만한 수를 모으시는 동안 대체로 이스라엘을 방임하시는 시기다. 그렇다고 하더라도 하나님의 백성들은 유대인이나 이방인을 향한 복음 증거의 사명을 소홀히 해서는 안 된다. 이는 "그들 중에서 얼마를 구원하려 함"(고전 9:22, 롬 11:14)이기 때문이다. 그러나 실제로 어떤 사람들이 복음을 듣고 믿을지에 대해서는 오직 하나님만이 주권적인 뜻을 가지고 계신다. 그리고 우리는 그분의 뜻이 참으로 지혜롭고 거룩할 뿐 아니라 하나님의 이름의 영광을 가장 크게 높일 것임을 확신한다.

우리는 고린도전서 1장 21절에서 이런 하나님의 지혜에 관한 언급을 볼 수 있다. "하나님의 지혜에 있어서는 '이 세상이 자기 지혜로 하나님을 알지 못하므로' 하나님께서 전도의 미련한 것으로 믿는 자들을 구원하시기를 기뻐하셨도다." 사람들이 자기 지혜로는 하나님을 알지 못하도록 결정한 것은 하나님의 지혜라고 말한다. 다시 말하면, 이것은 알지 못하던 시대에는 하나님이 어떻게 간과하셨고(즉 방임하셨고) 사람들로 자기 길을 가게 하셨는지에 대한 일종의 설명인 셈이다.

왜 이렇게 하셨는가? 사람들이 스스로의 능력이나, 자신들의 지혜로(종교로)는 하나님을 결코 참되게 알 수 없다는 것을 분명히 하기 위해서다. 그렇기에 사람들로 하여금 하나님에 대한 참되고 또한 구원에 이르게 할 만한 지식을 얻게 하기 위해서는 오직 하나님의 특별한 사역이 필요해진다. 바로 십자가에 못 박히신 그리스도를 전파하는 것이다. "하나님께서 전도의 미련한 것으로 믿는 자들을 구원하시기를 기뻐하셨도다." 이것이 바로 바울이 에베소서 3장 6절에서 그리스도의 비밀은 열방이 '복음으로 말미암아' 약속에 참여하는 자가 됨이라고 한 말의 의미다. 그러므로 고린도전서 1장 21절과 에베소서 3장 6절은 서로 상응하는 개념을 말하고 있으며, 이 두 구절은 (구원 역사의 '지금'이라는 이 시기에) '복음을 아는 것'이야말로 약속의 상속자가 되는 유일한 길임을 깨닫는 데 지극히 중요하다.

모든 인간의 지혜로는, 또한 인간 스스로 만들어 낸 종교로는 결코 하나님께 나아갈 수 없다는 사실을 하나님이 보여 주심으로써 인간의 모든 자랑은 배척되었다. 오히려 하나님은 지금은 "유대인에게는 거리끼는 것이요 이방인에게는 미련한 것이로되 오직 부르심을 받은 자들에게는 유대인이나 헬라인이나 그리스도는 하나님의 능력이요 하나님의 지혜"(고전 1:23-24)인 복음을 전파하심으로써 구원하신다. 하나님이 결정하신 이런 방식으로 인간의 모든 자랑은 배척된다. 왜냐하면 혼자 내버려 두면 인간은 결코 하나님께 나아오지 않기 때문이다.

톰 웰즈(Tom Wells)는 『선교를 위한 비전』(*A Vision for Missions*) 이라는 감동적인 책에서 윌리엄 캐리가 설교 중에 이 확신을 어떻게 예증하는지 전해 준다. 윌리엄 캐리는 1793년 인도로 들어가 인내로 40년 복음 사역을 감당한 선교사다.

1797년, 윌리엄 캐리는 브라만 계급의 한 남자와 이야기를 나누게 되었다. 브라만은 자기들의 우상숭배에 대해 적극 변론했고, 캐리는 사도행전 14장 16절과 17장 30절을 인용했다. "지나간 세대에는 하나님이 모든 민족으로 자기들의 길들을 가게 방임하셨으나, 이제는 어디든지 사람에게 다 명하사 회개하라 하셨습니다."

그러자 브라만이 말했다. "그건 맞습니다만, 나는 하나님이 복음을 우리에게 더 일찍 보내지 않으신 것에 대해 회개해야 한다고 생각합니다."

캐리는 대답할 말을 준비하고 있었다. 그는 이렇게 말했다.

덧붙여 말씀드리자면, 만약 한 나라가 왕의 대적들에 의해 오랫동안 침탈당했다고 합시다. 왕에게는 대적들을 정복할 충분한 힘이 있었음에도 대적들이 승승장구하고 원하는 만큼 자리를 잡을 때까지 내버려 두었다고 합시다. 그런 상황에서 어느 날 때가 되어 대적들을 단번에 섬멸해 버린다면 왕이 처음에 대적들에게 맞서 자기 영토를 방어했을 때보다 그 용기와 지혜가 더 돋보이지 않겠습니까? 그러므로 이 복음을 전파하고 복음의 빛을 확산시킴으로써, 그리하여 뿌리 깊은 우상 숭배를 타파하고 이 나라 구석구석 만연한 어둠과 악을 단번에 일소한다면, 하나님의 지혜와 능력과 은혜는, 과거에 모든 사람이 오랜

세월 자기들의 길들을 다니도록 방임하지 않으실 때보다 오히려 더욱 돋보일 것입니다.[26]

캐리는 하나님이 모든 민족으로 자기 길들을 다니게 방임하신 이유는, 그렇게 하심으로써 어느 날 찾아올 하나님의 최종 승리가 더욱 영화로울 것이기 때문이라고 대답했다. 하나님이 어둠에서 열방을 건지시는 시기는 그분의 지혜에 속한다. 우리는 하나님이 반역하는 세상을 어떻게 다루셔야 하는지에 대해 더 잘 안다고 나서기보다는 겸손히 스스로를 낮추어야 한다.

바울은 사도행전 17장 30절에서 알지 못하는 신을 예배하는 것(17:23)을 어떻게 평가하고 있는가? 예수 그리스도의 임박한 심판을 언급하면서 바울은 회개할 때가 왔다고 말한다. "이는 정하신 사람으로 하여금 천하를 공의로 심판할 날을 작정하시고"(행 17:31). 다시 말하면, 바울은 아덴의 예배하는 자들에게 그들이 알지 못하는 신을 위해 세운 단(행 17:23)을 통해 참 하나님께 일종의 예배를 드렸으므로 재판장을 만날 준비가 이미 다 되었다고 말하지 않았다. 그들은 아직 준비되지 않았으며 따라서 회개해야 한다.

예수님이 누가복음 24장 47절에서 말씀하신 것처럼 부활하신 그때 이후로 "'그의 이름으로' 죄 사함을 받게 하는 회개가 예루살렘에서 시작하여 모든 족속에게 전파될 것이다." 전파되는 것은 "예수님의 이름을 고백하는 것을 통해 죄 사함을 받는다"는 것이다. 전에는 이것이 알려지지 않았다. 예수님이 전에는 여기 계시지 않았기 때문이다. 그러나 알지 못하던 시대는 지나갔다. 예수님이 하나님의 뜻을 성취하셨다. "하나님의 약속은 얼마든지 그리스도 안에서 '예'가 되니"(고후 1:20). 모든 무릎이 예수님의 이름에 꿇게 될 것이다(빌 2:10). 그러므로 이제부터는 예수님이 구원받는 믿음의 초점이다. 예수님이 재판장으로서 공개적으로 추대되고 선포되셨다. 이제 사면 탄원은 오직 예수님만 접수하실 수 있다.

지금까지 우리가 다룬 내용은 이렇다. 즉 예수 그리스도께서 성육신하심으로 이 땅에 오신 것이 구원받는 믿음의 초점에 대전환을 가져온 사건이라는 것이다. 예수 그리스도께서 오시기 전에 구원받는 믿음은 (출애굽과 희생 제사와 이사야 53장 같은 예언의 약속들에서 드러나는) 하나님의 용서와 도우심과 자비에 집중되어 있었다. 예수님은 알려지지 않았다. 예수 그리스도의 이름이 전파됨으로써 열방이 하나님의 권속에 포함되리라는 비밀은 오랜 세월 동안 감춰져 있었다. 이 시기가 알지 못하던 시대였다. 이 시기 동안 하나님은 열방이 자기의 길들을 다니도록 방임하셨다.

그러나 '지금은'—하나님의 구원 역사의 전환점에서 핵심 단어다—뭔가 새로운 일이 일어났다. 하나님의 아들이 나타나셨다. 그분이 아버지를 나타내셨다. 그분이 죄를 대속하셨다. 죽은 자 가운데서 부활하셨다. 온 우주의 재판장으로서 그분의 권세가 공식 선포되었다. 그분의 구원 사역에 대한 메시지가 모든 족속에게 퍼져야만 한다. 이 구원 역사의 대전환은 예수 그리스도의 영광을 위한 일이다. 그 목표는 예수 그리스도를 하나님의 모든 구원 사역의 중심에 두는 것이다. 그러므로 향후 그리스도께서 구원받는 믿음의 유일한 필수 초점이 되신다는 것은 이 목표와 부합한다. 그리스도를 아

는 지식이 없다면, 뭔가를 알 수 있는 능력이 있더라도 아무도 구원받지 못할 것이다.[27]

알지 못했으며 그리스도의 비밀이 감춰졌던 때로부터 이토록 엄청난 구원 역사의 대전환이 이루어졌지만, 구약에서 그리스도를 알지 못하던 사람들이 구원받았기 때문에 오늘날에도 그리스도를 모르는 사람들이 구원받을 수 있다고 말하는 사람은 이를 제대로 진지하게 받아들이지 않은 것이다. 예를 들어 밀러드 에릭슨이 이런 식의 논증을 펴고 있지만, 신약에서 알지 못하던 시대를 종결짓고 그리스도의 비밀을 명확히 밝혀 주는 성육신이라는 이 역사적 전환점을 그 무엇보다 중대하게 다루는 것과는 달리, 그는 이를 그리 심각하게 다루지 않는다.

구약 시대의 유대인들이 기독교 복음의 내용은 없이 다만 그 모양만 가지고 있었더라도 그 덕택에 구원을 받았다면 이 원리를 확장시켜 적용할 수 있는가? 그리스도께서 오신 이래로 특별 계시를 통해 전해진 복음을 들을 기회가 없었던 사람들이라 해도, 동일한 근거로 이 구원에 참여할 수 있는가?[28]

그리스도의 오심이 구원 역사에 결정적 전환을 가져왔으므로 이후로는 그리스도께서 모든 이를 구원하는 믿음의 초점이 된다고 신약이 가르치지 않았다면 이것은 타당한 주장이 될지도 모른다. 하지만 신약의 다른 가르침들은 이 결론을 뒷받침하는가? 고넬료의 경우는 어떠한가? 그는 이방인이며 그리스도께서 부활하신 이후의 사람이다. 그는 그리스도에게 믿음을 두지 않고 순수한 경건함만으로 구원받았는가?

고넬료의 경우(행 10:1-11:18)

이방인 백부장 고넬료의 이야기를 읽으면서 어떤 사람들은 오늘날에도 복음을 알지 못하고도 그저 하나님을 경외하고 선한 일을 함으로써 구원받을 수 있다고 믿게 될 수 있다.

고넬료는 "경건하여 온 집안과 더불어 하나님을 경외하며 백성을 많이 구제하고 하나님께 항상 기도하던"(행 10:2) 사람으로 묘사된다. 어느 날 천사가 그에게 "고넬료야 하나님이 네 기도를 들으시고 네 구제를 기억하셨으니 사람을 욥바에 보내어 베드로라 하는 시몬을 청하라 그가 바닷가 무두장이 시몬의 집에 유숙하느니라"(행 10:31-32)고 말했다.

한편 사도 베드로는 이방인들의 의식(儀式)상의 부정함이 그들을 받지 못하게 하는 장애물이 아님을 가르치기 위해 하나님이 마련하신 환상을 보았다. 한 음성이 베드로에게 들려왔다. "하나님께서 깨끗하게 하신 것을 네가 속되다 하지 말라"(행 10:15).

베드로는 고넬료를 만나 "내가 참으로 하나님은 사람의 외모를 보지 아니하시고 각 나라 중 하나님을 경외하며 의를 행하는 사람은 다 받으시는 줄 깨달았도다"(행 10:34-35) 하고 말한다. 이 말씀을 통해 고넬료가 복음을 듣고 믿기도 전에 이미 구원받았다고 생각하는 이들도 있을 것이다. 그러나 사도행전의 기록자인 누가가 이 이야기를 하는 주안점은 그 정반대인 것으로 보인다.

이 이야기에서 정말로 중요한 두 가지 질문을 던지면 이해하는 데 도움이 될 것이다. 그 하나는 "고넬료는 베드로가 그리스도를 전파하기 전에 이미 구원받았는가?"다. 이것이 정말로 중요한 이유는 많은 사람들이 34-35절을 읽고 그가 이미 구원받았다고 해석하기 때문이다. 이 두 구절은 베드로의 설교 서두다. "내가 참으로 하나님은 사람의 외모를 보지 아니하시고 각 나라 중 하나님을 경외하며 의를 행하는 사람은 다 받으시는 줄 깨달았도다."

　2절에서 고넬료가 하나님을 경외하며 백성을 많이 구제하고 하나님께 항상 기도한다고 나오므로, 이 말씀을 읽는 사람들이 어떻게 해서 하나님이 이미 그를 받으셨다고 쉽게 결론 내리는지 알 수 있을 것이다. 그렇다면 베드로는 이미 하나님이 고넬료를 받으셨고, 그래서 그가 구원받았다는 것을 단지 그에게 알려 준 것뿐인가? 그러면 우리는 선교와 관련해 그리스도의 복음을 듣기 전에 이미 구원받을 만큼 하나님과의 관계를 유지하고 있는 미전도 종족이 있다는 결론을 끌어낼 수 있는가?

　그러므로 나의 첫 질문은 이것이다. 35절의 내용은 고넬료가 (또 고넬료처럼 살아가는 다른 사람들도) 이미 의롭다 하심을 받고 하나님과 화목했으며 진노에서 구원받았다는 것을 의미하는가? 베드로가 한 말의 요지가 이것이며, 누가가 이 글을 쓴 요지도 바로 이것이란 말인가?

고넬료는 이미 구원받았나?
나는 "그렇지 않다"는 것을 네 가지 이유를 들어 제시하려 한다.

1. 사도행전 11장 14절에서 베드로가 전해 준 메시지는 고넬료가 어떻게 구원받는지에 대한 것이다. 베드로가 고넬료에게 천사가 나타났던 이야기를 전해 주는 11장 13-14절을 보라. "그가 우리에게 말하기를 천사가 내 집에 서서 말하되 네가 사람을 욥바에 보내어 베드로라 하는 시몬을 청하라 그가 너와 네 온 집이 '구원받을 말씀'(a message by which you will be saved)을 네게 이르리라 함을 보았다 하거늘."

두 가지에 주목하라. 먼저, 말씀(메시지, message)이 반드시 필요했다는 점에 주목하라. 복음은 구원에 이르게 하는 하나님의 능력이다. 그 다음, 동사의 시제가 미래라는 점에 주목하라. "너와 네 온 집이 '구원받을'(by which you 'will' be saved) 말씀." 다시 말하면, 그 메시지는 고넬료에게 그가 이미 구원받았음을 단지 통보하는 것이 아니었다.

만일 고넬료가 베드로에게 사람을 보내 모셔와 그 메시지를 듣고 그 메시지에 담긴 그리스도를 믿는다면 그는 구원받을 것이다. 하지만 그렇게 하지 않으면 구원받지 못할 것이다. 그렇기 때문에 이 이야기 전체가 하나님이 고넬료와 베드로를 기적적으로 만나게 하시는 것을 중심으로 구성된 것이 틀림없다. 고넬료가 구원받기 위해 들어야 할 메시지 또는 소식이 있었던 것이다(행 10:22, 33).

그러므로 사도행전 10장 35절에서 미전도 종족 중 하나님을 경외하며 의를 행하는 사람들을 하나님이 받으신다고 할 때 이것은 고넬료가 이미 구원받았다는 뜻이 아닌 것으로 보인다. 고넬료는 구원받기 위해 복음의 메시지를 들어야 했다.

2. 베드로는 10장 43절에 나오는 자신의 설교 마지막 부분에서 이 점을 밝히고 있다. "그(즉 그리스도)에 대하여 모든 선지자도 증언하되 '그를 믿는 사람들이 다 그의 이름을 힘입어' 죄 사함을 받는다 하였느니라."

죄 사함은 구원받는 데 있어서 필수다. 하나님께 저지른 죄를 하나님께 용서받지 못하는 사람은 누구도 구원받지 못한다. 또 베드로는 죄 사함이 그리스도를 믿음으로 말미암아 오며 그리스도의 이름을 힘입어 온다고 말한다.

베드로는 "내가 여기 온 것은 여러분 중 하나님을 경외하며 의를 행하는 사람들이 이미 죄 사함을 받았다고 발표하려는 것입니다"라고 하지 않았다. 그는 "내가 여기 온 것은 여러분이 복음을 듣고 그리스도를 믿음으로 말미암아 그 이름을 힘입어 죄 사함을 받게 하려는 것입니다"라고 했다. 그러므로 35절은 고넬료와 그 집이 그리스도에 대한 말씀을 듣기 전에 이미 죄 사함을 받았다는 것을 뜻하지 않는다.

3. 사도행전의 다른 곳을 보면 하나님을 경외하고 매우 도덕적인 사람들, 곧 유대인들조차도 구원받기 위해서는 반드시 회개하고 믿어야 한다는 말이 나온다. 고넬료가 경건한 사람이라고 불렸던 것처럼(행 10:2) 오순절에 예루살렘에 머물던 어떤 유대인들도 '경건하다'(행 2:5)고 불렸다. 그러나 베드로는 그 경건한 유대인들을 향해서도 마찬가지로 회개하여 예수님의 이름으로 세례를 받고 죄 사함을 받으라는 호소로 자신의 설교를 끝맺는다(38절). 이는 사도행전 3장 19절과 13장 38-39절에서도 마찬가지다.

그러므로 누가가 이 본문을 통해 우리에게 하려는 말은, 자기 나름대로 최선을 다해 선한 일을 행하고 하나님을 경외하는 경건한 사람들은 이미 구원받았기에 복음이 필요 없다는 것이 아니다.

복음은 세상에서 가장 경건한 사람들, 즉 유대인들로부터 시작되었다. 그들은 세상의 다른 어떤 민족보다도 하나님을 아는 데 유리했다. 그러나 그들 역시 경건함과 의로운 행위와 종교적인 신실함이 죄 문제를 해결하지 못한다는 사실을 듣고 또 들었다. 유일한 소망은 예수님을 믿는 것이다.

4. 10장 35절의 내용이 고넬료가 (또 고넬료처럼 살아가는 다른 사람들이) 이미 구원받았다는 뜻이 아니라고 말하는 넷째 이유가 사도행전 11장 18절에도 나온다. 베드로가 고넬료에 대한 이야기를 들려 주어 사람들이 처음에 가졌던 오해가 잠잠해졌다. 누가는 이렇게 말한다. "그들이 이 말을 듣고 잠잠하여 하나님께 영광을 돌려 이르되 그러면 하나님께서 이방인에게도 생명 얻는 회개를 주셨도다."

다시 말해, 고넬료를 포함한 경건한 이방인에게 이미 영원한 생명이 있었던 것이 아니다. 그들은 (문자 그대로) 회개를 통해 영생을 얻었다. 그리스도에 대한 말씀을 듣고 회심하여 그분을 믿고 따르게 되었을 때 비로소 영생을 받았다.

그러므로 사도행전 10장 35절은 고넬료가 하나님을 경외하는 자요, 의롭고 숭고한 일을 많이 했기 때문에 이미 구원받았다는 뜻이 아니라고 결론을 내리는 바다. 이것이 첫 질문에 대한 답이다.

고넬료는 어떻게 해서 하나님이 '받으실 만했는가?'

그 다음 질문은 이것이다. 그렇다면 베드로가 고넬료에게 한 발언은 어떻게 받아들여야 하는가? "각 나라 중 하나님을 경외하며 의를 행하는 사람은 다 받으시는(acceptable) 줄 깨달았도다"(행 10:35). 이 발언은 우리의 세계 복음화 사명과 어떤 관련이 있는가?

이에 답하기에 앞서 먼저 짚어야 할 것이 있는데, 베드로가 35절에서 말하려던 바는 그보다 앞서 15절에서 하나님이 부정한 짐승들에 대한 환상을 통해 베드로에게 알려주신 내용이라는 점이다. "하나님께서 깨끗하게 하신 것을 네가 속되다 하지 말라." 그러나 이 대목에서 고민이 되는 부분이 있다.

28절을 보라. 유대인인 베드로가 이방인인 고넬료를 기꺼이 만나러 온 이유를 설명한다. "유대인으로서 이방인과 교제하며 가까이하는 것이 위법인 줄은 너희도 알거니와 하나님께서 내게 지시하사 '아무도'(any person/anyone) 속되다 하거나 깨끗하지 않다 하지 말라 하시기로"라고 한다.

이것이 의미하는 바는, 그리스도인은 복음을 전파하는 일에서 결코 어떤 인종이나 민족이라도 업신여기거나 거부해선 안 된다는 것이다. 복음을 전하는 일에 다음과 같은 이유로 거부하는 일 따위는 결코 없어야 한다는 것이다. "이 사람들은 나한테 복음을 들을 자격이 없어" 혹은 "이렇게 부정한 사람 집에까지 들어가서 복음을 나눌 수는 없어" 혹은 "이런 사람들에게 굳이 복음화가 필요하진 않겠다" 혹은 "이렇게 불경한 관습을 행하는 사람들은 가까이해선 안 돼."

그러나 28절이 강력한 힘을 갖는 이유는 '아무도'라는 표현 때문이다. "하나님께서 내게 지시하사 '아무도' 속되다 하거나 깨끗하지 않다 하지 말라 하시기로." 다시 말해, 베드로는 욥바의 지붕 위 환상에서 하나님이 인종이나 단순한 문화적, 또는 신체적 특성에 따라 사람을 차별하지 않으신다는 것을 배웠다. "속되고 깨끗하지 않다"는 것은 '거부당하다', '멸시받다' 또는 '금기시되다' 등을 의미한다. 그것은 나병 같은 것이었다.

여기 28절에서 베드로의 요지는 이 땅에서 그렇게 취급받을 사람이 단 한 명도 없다는 것이다. 단 한 명도 없다. 우리는 모든 사람에게 하나하나 나아가야 한다. 인종, 피부색, 민족, 장애, 문화 차이 등은 결코 복음을 전하지 않을 이유가 되어선 안 된다. 어느 누구도 배제되어선 안 된다. "하나님께서 내게 지시하사 아무도—단 한 사람도—속되다 하거나 깨끗하지 않다 하지 말라 하시기로."

그런데, 베드로가 35절에서 정작 하려던 말은 이것이 아니다. 나를 고민하게 만든 건 28절과 달리, 35절을 모든 사람은 (민족적 배경에 관계없이) 구원받을 후보로 받아들여질 수 있다는 의미로 단순히 해석할 수 없기 때문이다. 35절에서 베드로는 "각 나라 중 하나님을 경외하며 의를 행하는 사람은 다 받으신다"고 말한다. 여기서 베드로는 28절과 달리 모든 사람(any person)에 대해 말하고 있지 않다. 여기서는 각 나라 중 특정한 사람에 대해 말하고 있다. "각 나라 중 하나님을 경외하며 의를 행하는 사람은 다 받으신다."

그러므로 여기서 베드로가 염두에 두고 있는, "받으실 만하다는 것"(acceptability)은 (28절의) 그저 속되거나 깨끗하지 않은 정도가 아니라 그 이상인 것으로 보인다. 베드로가 "아무도(any person) 속되다 하거나 깨끗하지 않다 하지 말라"고 할 때는 모든 사람을 두고 말한 것이었다. 그러나 여기서 베드로는 각 나라 중 일부의 사람들이(some) 하나님을 경외하고 의를 행하며, 하나님이 이들을 다 받으신다고 말한다.

그러므로 이제 우리는 35절이 의미하지 않는 두 가지를 알 수 있다. 첫째, 35절은 하나님을 경외하며 의를 행하는 사람들이 구원받았다는 것을 뜻하지 않는다. 우리는 왜 그런 뜻이 아닌지에 대한 네 가지 이유를 살펴보았다. 둘째, 35절은 그 사람들이 단순히 복음 전도의 대상으로 받으실 만하다는(속되거나 깨끗하지 않거나 금기 대상이 아니라는) 것을 의미하지 않는다. 왜냐하면 28절에서 이미 모든 사람들이 전도의 대상이지, 단지 일부만 그런 것은 아니라고 했기 때문이다. 35절은 단지 일부의 사람들이 하나님을 경외하고 의를 행하므로 받으실 만하다고 말한다. 그러므로 그 의미는, 하나님을 경외하고 의를 행하는 사람들이 위치상으로는 이미 구원받은 사람과 전도 대상으로서 마음이 끌리는 사람 사이에 놓여 있다고 해석할 수 있다.

28절과 35절을 통해 내가 제안하는 바는, (하나님을 경외하며 의를 행하는 이방인) 고넬료가 모든 미전도 종족 집단 가운데 '하나님을 특별한 방식으로 찾고 있는,' 그러나 아직 구원받지 못한 사람을 대표한다는 것이다. 그리고 베드로는, 이렇게 하나님을 찾는 사람을 하나님이 진실한 사람으로 받으시며(그러므로 35절에 '받으신다'가 나온다), 고넬료와 베드로에게 각각의 환상을 통해 일하신 것처럼 놀라운 일을 행하셔서 예수 그리스도의 복음을 전하신다고 말하고 있는 것이다.

우리 시대의 고넬료

하나님을 향한 이 '특별한 찾음'은 오늘날에도 여전히 일어나고 있다. 돈 리처드슨(Don Richardson)은 『영원을 사모하는 마음』(Eternity in Their Hearts)에서 고넬료와 매우 유사한 사례에 속하는 이야기를 들려준다.

에티오피아 중남부에서 커피 재배에 종사하는 대략 50만 명에 달하는 게데오(Gedeo) 부족 사람들은 모든 것의 전능한 창조자인 마가노(Magano)라는 한 자비로운 존재를 믿었다. 그런데 정작 게데오 사람들 중 마가노에게 기도하는 이들은 거의 없었고 대신 쉐이탄(Sheit'an)이라고 부르는 악한 존재를 달래는 데만 마음을 썼다. 그러다 부족 변두리의 딜라(Dilla) 마을에 사는 게데오 사람 와라사 왕가(Warrasa Wanga)가 마가노 신에게 자기 부족 사람들에게 제발 나타나 달라고 기도했다.

얼마 뒤 와라사 왕가는 환상을 보았다. 피부가 하얀 낯선 두 사람이 와서 딜라 근처의 한 상수리 나무 그늘 밑에 자기네가 머물 허술한 거처를 만드는 것이었다. 나중에 그들은 지붕이 빛나는 좀더 영구적인 구조물을 지었는데 이것이 곧 언덕 곳곳으로 퍼져 나갔다. 와라사는 이런 구조물을 전혀 본 적이 없었다. 게데오 사람들의 주거지는 지붕이 모두 지푸라기로 덮여 있었기 때문이다.

와라사는 다음과 같은 음성을 들었다. "이 사람들이 너희가 찾는 신 마가노의 말씀을 전해 줄 것이다. 그들을 기다려라." 환상의 마지막 장면에서 와라사는 자신이 자기 집 한가운데 세워둔 장대를 빼서 마을 밖으로 가지고 가 지붕이 빛나는 낯설지만 영구적으로 보이는 거처 중 한 곳의 옆 땅바닥에 내려놓는 것을 보았다. 게데오 부족에서 통하는 상징적 의미로 볼 때, 집 한가운데 장대는 바로 그 집 사람의 목숨을 가리킨다.

그로부터 8년이 흐르고, 캐나다인 선교사 알버트 브랜트(Albert Brant)와 글렌 카인(Glen Cain)이 에티오피아의 게데오 부족 사람들에게로 왔다. 그들은 정부 당국으로부터 게데오 지역에 선교부의 설치 허가를 받을 계획이었다. 가능하다면 게데오 부족 중심지면 좋겠다고 생각했다. 그들의 계획을 들은 에티오피아 사람들은 고개를 가로저으며 현재의 정치적 혼란 때문에 그들의 요청이 단번에 거부될 것이라고 했다. 궁리 끝에 자문을 해주던 사람들은 게데오 부족 가장 변두리에 위치한 딜라에 선교부 설치 허가를 요청해 보라고 했다. 기다림 끝에 허가가 떨어졌고 딜라에 도착한 선교사들은 가장 먼저 오래된 상수리 나무 아래에 텐트를 쳤다.

그로부터 다시 30년이 흘러 게데오 부족 땅에 200개 넘는 교회가 생겼고, 각 교회마다 평균 200명 이상이 모였다.[29] 게데오 부족 거의 전부가 복음을 들었다. 와라사는 최초의 회심자 중 하나이자, 믿음 때문에 투옥된 최초의 그리스도인이었다.[30]

하나님이 받으실 만한 '하나님을 경외함'

누가가 언급한 "하나님이 받으실 만한 사람"이란, 참되신 하나님과 그분의 말씀 전파자들을 찾지만 아직 '구원받지 못한' 사람을 가리킨다는 논지의 주된 증거는 사도행전 10장 31-32절에서 발견된다. 고넬료는 천사가 나타나 자기에게 이렇게 말했다고 한다. "고넬료야 하나님이 네 기도를 들으시고… (그러므로) 사람을 욥바에 보내어 베드로라 하는 시몬을 청하라." 한글 성경에는 생략되었으나, '그러므로'(therefore)라는 접속사가 들어 있다. "하나님이 네 기도를 들으셨다…'그러므로' 베드로를 청하라." 이로 미루어보건대, 고넬료가 자신이 구원받기 위해 필요한 것을 보내달라고 하나님께 기도했다는 것을 짐작할 수 있다.

따라서 35절에서 기술한 바, 하나님이 받으실 만한 '하나님을 경외함'(the fear of God)이란, 하나님을 향한 진실한 감각을 가리킨다고 보아야 한다. 이는 거룩하신 한분 하나님이 계시다는 인식, 언젠가 우리는 절박한 죄인으로서 그분을 만나야 한다는 인식, 우리는 스스로를 구원할 수 없고 하나님이 마련하신 구원의 길이 필요하다는 인식, 밤낮으로 그 구원의 길을 찾기 위해 기도하고 우리에게 있는 빛을 따라 행하고자 애써야 한다는 인식이 필요하다는 것이다. 이것이 '하나님을 경외하는' 고넬료의 모습이었다. 하나님은 고넬료의 기도와 그가 삶 가운데 진리를 찾으려고 애쓰는 것을 받으셨으며(행 17:27), 환상이라는 이적을 일으켜 구원하는 복음의 메시지를 그에게 가져다주셨다. 만일 고넬료에게 아무도 복음을 가져다주지 않았다면 그는 구원받지 못했을 것이다. 오늘날도 마찬가지다. 영성이 뛰어나 계시를 이해할 만한 사람이라도(각주 29를 보라) 복음 전파 없이는 아무도 구원받지 못한다.

그러므로 고넬료는 복음을 듣지 않고도 믿은 사람들을 대표하지 않는다. 오히려 하나님이 자기 이름을 위해 (예전에는 금기시하던 문화적 경계선을 넘어) 복음 전파자들을 보내심으로 '각 나라'(every nation, 행 10:35)에서 한 백성을 불러내시려는 의도를 보여 주는 사례다.

예루살렘의 유대인 교회와 마찬가지로 우리도 "하나님께서 이방인에게도 생명 얻는 회개를 주셨다"(행 11:18)는 것을 배워야 한다. 하지만 우리는 이것을 그들이 배운 방식으로 배운다는 것을 확신해야 한다. 즉 그들은 이방인들이 '베드로가 전한 복음을 믿었고' 성령을 받았다는 사실에서 이것(하나님이 이방인에게도 생명 얻는 회개를 주셨다는 사실)을 추론했다. 그들은 이방인들이 하나님을 경외하고 선한 일을 많이 행했다는 것에서 추론하지 않았다.

그러므로 누가가 고넬료의 이야기를 기록한 이유는, 이방인들이 비록 의식(儀式)상 '부정'하지만 그리스도에 대한 믿음으로 말미암아 하나님이 택하신 백성의 일원이 될 수 있음을 보여 주려는 것 같다. 요지는 이방인들이 하나님을 경외하고 선행을 많이 하기 때문에 이미 하나님의 백성의 일부가 되었다는 게 아니라는 것이다. 핵심 문장은 사도행전 11장 14절이다. "그가 너와 네 온 집이 구원받을 말씀을 네게 이르리라."

"천하 사람 중에 구원을 받을 만한 다른 이름"

사도행전 11장 14절의 "구원 받을 만한 말씀"에서 묻고 싶은 부분은 이것이다. 이 "말씀"(message)이 어떻게 구원을 가능케 하는가? 이 말씀이 "구원을 받을 만한 이름"(행 4:12), 즉 예수라는 이름을 선포하기 때문이다. 그러므로 하나님이 자기 이름을 위할 백성을 택하시기 위한 선포는 곧 그 아들 예수의 이름을 전하는 메시지라는 것은 충분히 이해할 수 있다(행 15:14 참고).

실제로 이것은 베드로가 고넬료에게 선포한 말씀에서도 확인할 수 있는 내용이다. 베드로의 설교는 예수님을 전하는 대목에서 절정에 이른다. "그를 믿는 사람들이 다 그의 이름을 힘입어 죄 사함을 받는다 하였느니라"(행 10:43).

예수님의 이름을 듣고 받아들여야 할 절대적 필요성은 고넬료의 이야기에서뿐 아니라 베드로가 예루살렘의 유대인 관원들 앞에서 한 설교의 절정(행 4:12)에서도 분명하게 나온다. "다른 이로써는 구원을 받을 수 없나니 천하 사람 중에 구원을 받을 만한 다른 이름을 우리에게 주신 일이 없음이라."

이 유명한 말씀은, 부활하신 예수님이 베드로와 요한을 통해 한 사람을 고치셨던 사건(사도행전 3장)을 배경으로 한다. 그는 태어날 때부터 걷지 못했지만 베드로를 만난 후에 곧바로 일어나 걷고 뛰며 성전으로 들어가 하나님을 찬송했다. 그 모습을 보고 모든 백성이 모여들었고 베드로가 그들에게 말씀을 전했다. 베드로는 그날 성전에서 일어난 일이 특정 지역에서 발생한 종교적 현상이 아니며, 온 세상 모든 사람들을 위한 사건임을 강조했다.

사도행전 4장 1절에 따르면, 제사장들과 성전 맡은 자와 사두개인들이 와서 베드로와 요한을 체포하고 그들을 밤새 가두었다. 이튿날 아침에는 관리들과 장로들과 서기관들이 모여 베드로와 요한을 심문했다. 심문 과정에서 베드로는 예수님이 세상 모든 사람의 주가 되심을 암시하는 말을 꺼낸다. "다른 이로써는 구원을 받을 수 없나니 천하 사람 중에 구원을 받을 만한 다른 이름을 우리에게 주신 일이 없음이라"(행 4:12).

우리는 이 구절의 몇몇 표현 속에서 베드로의 이 선언이 매우 강력한 힘을 갖는 이유를 찾을 수 있다. 다른 이로써는 구원을 받을 수 없는 이유는, 천하(단지 이스라엘뿐 아니라 그리스와 로마와 스페인을 아우르는 천하) 사람 중에(단지 유대인뿐 아니라 세상 모든 사람 중에) 구원을 받을 만한 다른 이름을 우리에게 주신 일이 없기 때문이다. '천하'와 '사람 중에'라는 이 두 문구는, 특정 지역이나 특정 사람에게 국한하는 것이 아닌 천하 모든 사람이라는 '보편성' 주장을 더할 나위 없이 명백하게 드러낸다.

그러나 여기서 유념해야 할 것이 더 있다. 주석가들은 대부분 사도행전 4장 12절이 예수님을 믿지 않고는 구원받을 수 없다는 의미를 담고 있다고 해석한다. 다시 말해, 사도행전 4장 12절을 예수님의 복음을 전혀 듣지 못한 사람들이 구원받을 수 있느냐는 질문에 대한 답변이 담긴 중요 본문으로 간주한다. 그러나 클라크 피녹을 위시한 다른 이들은 이렇게 말한다. "사도행전 4장 12절은 (이 질문에 대해) 한 마디도 하고 있지 않다.… 이 구절은 이교도의 운명에 대해 언급하는 게 아니다. 이는 비록 우리에게 아주 중요한 질문이지만, 사도행전 4장 12절은 그 질문에 대해 긍정도 부정도 하지 않는다."[31] 오히려 사도행전 4장 12절이 말하고자 하는 바는 "하나님이 오직 그 아들 예수 안에서 구원을 제공하셨기 때문에 인류가 온전한 구원을 얻을 수 있게 되었다"는 것이다.[32] 다시 말해, 피녹이 주장하는 바는, 이 구절은 구원이 오직 예수님의 '사역'으로 말미암는다는 사실을 말할 뿐이지, 구원이 오직 예수님을 믿음으로써 말미암는다는 사실을 말하는 게 아니라는 것이다. 예수님이 성취하신 '사역'은 그저 하나님과 바른 관계를 맺는 사람들, 가령 예수님과 상관없이도, 자연 속 일반 계시에 기초해 하나님을 알게 된 사람들에게 유익을 줄 수 있다고 주장한다.

이 같은 피녹의 해석이 문제가 되는 것은, 베드로가 전한 예수라는 '이름'에 집중된 그 의미심장함을 무시했다는 데 있다. "다른 이로써는 구원을 받을 수 없나니 천하 사람 중에 구원을 받을 만한 다른 '이름'을 우리에게 주신 일이 없음이라." 베드로는 다른 어떤 이름에도 구원을 받게 할 능력이 없다는 것 이상의 무언가를 말하고 있다. "다른 이름은 없나니"라는 말의 요지는, 우리가 오직 주 예수의 이름을 부름으로써만 구원받는다는 것이다. 예수님의 이름을 부르는 것은 하나님과 사귐을 시작한다는 것이다. 누군가 익명의 예수에게 구원받았다면, 그의 이름으로 구원받았다고 할 수 없다.

베드로는 사도행전 10장 43절에서 "'그를 믿는 사람들'이 다 '그의 이름을 힘입어' 죄 사함을 받는다"고 말했다. 예수님의 이름은 믿음과 회개의 구심점이다. 죄 사함을 받기 위해 예수님을 믿으려면 그의 이름을 믿어야 한다. 이것은 죄 사함을 받기 위해서는 예수님에 대해 듣고 그분이 누구인지, 어떤 구원 사역을 하셨으며, 어떻게 부활하셨는지를 알아야 한다는 뜻이다.

사도행전 4장 12절이 선교에 대해 던지는 의의는, 바울이 로마서 10장 13-15절에서 '주의 이름'이라는 사안을 어떤 식으로 끄집어 내는지를 보면 명백해진다. 해당 구절을 보면, 선교가 필수적임을 알게 된다. "누구든지 '주의 이름을' 부르는 자는 구원을 받으리라 그런즉 그들이 믿지 아니하는 이를 어찌 부르리요 듣지도 못한 이를 어찌 믿으리요 전파하는 자가 없이 어찌 들으리요."

**"듣지도 못한 이를 어찌 믿으리요
전파하는 자가 없이 어찌 들으리요"**

로마서 10장 13절에서 바울이 선포한 복음은 요엘 2장 32절을 인용한 것이다. "누구든지 주의 이름을 부르는 자는 구원을 받으리라." 바울은 계속해서 설득력 있게 이런 질문을 던진다. "그런즉 그들이 믿지 아니하는 이를 어찌 부르리요 듣지도 못한 이를 어찌 믿으리요." 이 질문들은 선교 사역의 필요성과 관련한 아주 중요한 말씀이다.

로마서 9장 30절에서 10장 21절까지의 본문에서 10장 13절 말씀의 배경을 살펴보자. 바울은 배경이 되는 이 본문의 시작과 끝 부분에서 다음과 같은 견지를 내세운다. 하나님이 계시해 주신 율법을 갖는 유익을 누리지 못했던 이방인들은 그럼에도 불구하고 그리스도를 통해 하나님 앞에서 의롭다함을 얻게 되었으며, 이들에 비해 우월한 입장에 있었던 유대인들이 오히려 하나님 앞에서 의롭다함을 얻지 못하게 되었다는 것이다.

9장 30-31절에서 바울이 하는 말을 들어 보라. "의를 따르지 아니한 이방인들이 의를 얻었으니 곧 믿음에서 난 의요 의의 법을 따라간 이스라엘은 율법에 이르지 못하였으니." 10장 20-21절은 어떠한가? "이사야는 매우 담대하여 내가 나를 찾지 아니한 자들에게 찾은 바 되고 내게 묻지 아니한 자들에게 나타났노라 말하였고 이스라엘에 대하여 이르되 순종하지 아니하고 거슬러 말하는 백성에게 내가 종일 내 손을 벌렸노라 하였느니라."

바울은 이 이상한 역전 현상—이방인들은 하나님께 의를 얻어 율법의 요구를 이룬 반면 이스라엘 백성들은 하나님께 의를 얻지도, 율법의 요구를 이루지도 못했다는 것—에 대한 위대한 근거를 제시한다. 즉 율법의 목표(마침)는 모든 믿는 자에게 의를 이루게 하시는 그리스도, 바로 그분이라는 것이다(롬 10:4 참조). 이스라엘 백성들은 율법의 핵심, 즉 율법을 이룰 수 있는 유일한 소망이 그리스도를 믿음으로 의롭다 칭함 받는 길뿐이라는 사실을 놓치고 말았다(롬 9:32). 그리하여 그리스도께서 나타나셨을 때 그들은 "부딪칠 돌에 부딪쳤던" 것이다(롬 9:32). 결국 이스라엘 백성들은 "하나님의 의에 복종하지" 않은 반면(롬 10:3), 이방인들은 "그를 믿는 자는 부끄러움을 당하지 아니하리라"(롬 9:33)는 약속을 받아들였다.

바울은 10장 8절에서 자신이 전하는 복음과 선교 사역에 대한 이야기로 화제를 전환하면서 구약 시대 율법의 메시지는 바로 구주, 즉 그리스도를 가리키며, 그것이 "우리가 전파하는 믿음의 말씀"이라고 밝힌다. 그리고 이 구주는 예수님이며, 구원은 그분을 시인하는 모든 사람에게 주어진다고 분명하게 말한다. 이는 구약 시대에 구원이 하나님의 은혜를 의지하여 구주가 오시리라는 약속의 말씀을 받아들인 자에게 주어졌던 것과 같은 이치다. 그러므로 9절에서 바울은 "네가 만일 네 입으로 '예수를 주로 시인하며' 또 하나님께서 그를 죽은 자 가운데서 살리신 것을 네 마음에 믿으면 구원을 받으리라"고 말하는 것이다.

바울은 예수님이 주님이심을 믿고 고백함으로써 구원받는 것이 구약의 소망이었다고 강조한다. 로마서 10장 11절에서는 이사야 28장 16절을 인용하며 그 사실을 강조한다. "성경에 이르되 누구든지 그를 믿는 자는 부끄러움을 당하지 아니하리라 하니." 연이어 로마서 10장 13절에서는 요엘 2장 32절을 인용한다. "누구든지 주의 이름을 부르는 자는 구원을 받으리라." 그러므로 이사야 28장 16절을 인용하여 "성경에 이르되 누구든지 그를 믿는 자는 부끄러움을 당하지 아니하리라"고 한 로마서 10장 11절 말씀이, 예언된 머릿돌이신 예수 그리스도를 가리킨다는 것은 분명하다. 요엘 2장 32절을 인용하여 "누구든지 주의 이름을 부르는 자는 구원을 받으리라"고 한 로마서 10장 13절 말씀에서 예수님은 '주'라 칭함을 받고 있다. 물론 요엘 2장 32절에서 '주'는 '야훼'를 두고 한 말이다. 하지만 이 말씀이 예수님을 기리키고 있음은 "네가 만일 네 입으로 예수를 주로 시인하며…구원을 받으리라"(롬 10:9)에서 알 수 있다.

바울은 이 구속 역사의 새 시대에 예수님이 구약의 가르침의 목표요 정점이라는 사실을 분명히 한다. 그러므로 구원 얻는 믿음의 대상으로서의 예수님은 지금은 사람과 야훼 사이의 중보자로 서 계시는 것이다.

로마서 10장 14-21절의 생각의 흐름을 따라가기란 쉽지 않다. 14-15절에 나오는 일련의 질문들은 아주 잘 알려진 것이며, 선교 사역과 관련해 흔히 인용되는 말씀이다.

그런즉 그들이 믿지 아니하는 이를 어찌 부르리요 듣지도 못한 이를 어찌 믿으리요[33] 전파하는 자가 없이 어찌 들으리요 보내심을 받지 아니하였으면 어찌 전파하리요 기록된 바 아름답도다 좋은 소식을 전하는 자들의 발이여 함과 같으니라 (롬 10:14-15).

그러나 이 구절이 어떻게 바울의 생각의 흐름과 맞아떨어지는가? 왜 이 구절은 '그런즉'(또는 그러므로, 헬라어로 *oun*)이라는 단어로 시작하는가? 연속적으로 이런 질문을 던짐으로 어떤 결론을 유추할 수 있는가? 왜 다음 구절(16절)은 "'그러나(또는 그럼에도 불구하고)' 그들이 다 복음을 순종하지 아니하였도다"로 이어지는가?

그 대답은 이렇다. 14절 서두의 '그런즉'과, 16절 서두의 '그러나'는 14-15절에 나오는 일련의 질문들이 실제로는 다음과 같은 진술 선언을 구성하고 있음을 가리킨다. 즉 구원을 얻고자 주 예수의 이름을 부르는 데 필요한 조건들을 마련하기 위해 하나님이 이미 일하셨다는 것이다. 이것은 다음과 같이 풀어 쓸 수 있다.

(10-13절) 유대인과 이방인들은 얼마든지 구원받을 수 있다—주 예수의 이름을 부르는 사람은 누구든지. (14-15절) '그러므로' 하나님은 주님을 부르기 위한 선결 요건을 제공하고자 필요한 조치를 취하셨다. 하나님은 말씀을 전하는 사람들을 보내신다. 그리하여 사람들이 그리스도에 대해 들을 수 있고 또 주 예수를 믿고 부를 수 있다. (16절) '그럼에도 불구하고' 이것이 순종으로 이어지지 않았으니 이는 이사야가 "주여 우리가 전한 것을 누가 믿었나이까?"라고 예언한 대로다.

그러므로 14-16절의 핵심 요지는, 비록 하나님이 주님을 부르는 데 필요한 선결 요건을 제공하고자 필요한 조치를 취하셨지만 '그럼에도 불구하고' 대부분은 순종하지 않았다는 것이다.

그런데 여기서 그들이 믿지 않았다고 말했을 때 바울은 누구를 염두에 두고 있는가? 이 질문에 대한 대답은 이 단락 전체에 담긴 바울의 일련의 논증을 어떻게 해석하느냐에 따라 두 갈래로 나뉜다. 존 머레이(John Murray)와 찰스 하지(Charles Hodge)는 이 두 갈래 해석을 각각 대표한다.

머레이는 "16절에서 사도는 로마서의 이 단락을 점유하고 있는 주제, 곧 이스라엘의 불신 문제로 돌아간다"[34]고 말한다. 비슷한 말이지만, 머레이는 이스라엘의 불신에 대한 초점이 이 단락 끝까지 계속되고 있다고 말한다. 예를 들어 18절에서도 이스라엘을 가리키면서 "그러나 내가 말하노니 그들이 듣지 아니하였느냐 그렇지 아니하니 그 소리가 온 땅에 퍼졌고 그 말씀이 땅끝까지 이르렀도다 하였느니라"고 했다는 것이다. 머레이는, 바울이 시편 19편 4절

(본래는 자연물들이 하나님의 영광을 선포한다는 것을 언급했다)을 인용한 것은 예수님의 복음이 전세계로 퍼져 나가는 것을 묘사하기 위해서라고 지적한다. 복음이 온 세상으로 퍼져 나간다면, "이스라엘이 듣지 못했다면서 이의를 제기할 수 없다"는 것이다.[35] 그러므로 초점은 이스라엘에 맞춰진다. 로마서 10장 전체에 흐르는 바울의 생각의 요지는, 이스라엘이 복음을 알고 있으며, 그럼에도 불구하고 복음을 거부하고 있기에 여기에 대해 책임이 크다는 것이다.

반면 찰스 하지는 11-21절의 요점을 다르게 본다. "문맥 전체에서 바울의 목표는, 복음의 외침을 온 열방에까지 넓히는 것이 타당함을 변호하는 것이다." 그는 16절과 18절이 모두 이스라엘이 아닌 열방을 언급한다고 본다. "'그들이 다 복음을 순종하지 아니하였도다'(16절)에서 이방인들을 언급했으므로 '그들이 듣지 아니하였느냐?'라는 이 구절(18절)은 아무런 암시도 없으니, 다른 대상을 언급할 수 없음이 당연하다.… 그 다음 구절(19절)은 실제로 유대인들을 의도한 것이며 그렇기에 '이스라엘이 알지 못하였느냐?'라고 명확하게 언급했던 것이다."[36]

머레이와 하지의 이 같은 의견 차이에도 불구하고 우리가 살펴보려고 하는 부분에서는 두 사람 다 동의하고 있음이 분명하게 드러난다. 바울이 이스라엘에게 책임이 있다는 것으로 좁게 초점을 맞추고 있든, 아니면 복음이 열방에 전해진다는 것(그러므로 이스라엘에게도 전해진다)으로 넓게 초점을 맞추고 있든 간에, 두 사람은 주 예수의 이름을 부르는 것이 구원에 필수라는 사실에는 동의하고 있다(13절).

이것이 너무나 필수이므로 바울은 주님을 부르는 데 필요한 모든 선결 요건을 하나님이 이미 마련하셨다는 점을 보여 주어야 한다고 느낀다(14-15절). 우리가 던진 질문과 관련된 부분을 살펴보자면, 구원의 방법으로 '주를 부르는 것'은 누구도 무지한 상태에서는 할 수 없다는 것이다. 다른 종교를 가지고서는 이렇게 할 수 없다. 이 점은 14-15절에 나오는 질문들을 보면 명백해진다.

연이은 질문들은 각기 예수님의 복음을 듣지 않고도 구원받을 수 있다고 말하는 사람들의 주장을 일축한다.

첫째, "그들이 믿지 아니하는 이를 어찌 부르리요?"라는 질문은, 제대로 부르려면 부르는 대상에 대한 믿음이 먼저 있어야 한다는 것을 보여 준다.

둘째, "듣지도 못한 이를 어찌 믿으리요?"라는 질문은, 믿음은 먼저 복음을 통해 그리스도에 대해 들어야 한다는 것을 보여 준다. 이것은 사람이 복음 안에서 그리스도를 정말 만나거나 알지 못한 상태에서도 구원얻는 믿음을 가질 수 있다는 주장을 일축한다.

셋째, "전파하는 자가 없이 어찌 들으리요?"라는 질문은, 복음 안에서 그리스도에 대해 들으려면 먼저 복음을 전파하는 사람이 있어야 한다는 것을 보여 준다. 이것은 복음을 전하는 메신저 없이도 어찌어찌하여 그리스도를 만나거나 그리스도에 대해 들을 수 있다는 주장을 일축한다.

밀러드 에릭슨은 바울이 로마서 10장 18절에서 시편 19편 4절을 인용한 것은, 선교사의 전파 없이도 자연 속의 일반 계시만으로 사람들이 구원받는 데 충분하다고 가르치려는 것이라는 제안을 내

놓았다. 그러나 그는 바울의 생각의 흐름에 담긴 핵심을 충분히 심각하게 받아들이지 않은 것 같다.[37]

처음에는 이런 주장이 그럴듯하게 보일지도 모른다. 바울은 주님을 부르기 위해 사람들이 반드시 들어야 한다고 말한다. 그 다음에는 18절에서 "그들이 듣지 아니(못)하였느냐?"라고 묻는다. 그러고는 시편 19편 4절(70인역[38]에서는 18편 4절) 말씀으로 여기에 답한다. "그렇지 아니하니 그 소리가 온 땅에 퍼졌고 그 말씀이 땅끝까지 이르렀도다 하였느니라."

시편 19편 원문은 자연 계시로서 '그의 소리'(their voice)와 '그의 말씀'(their words)이 '밤'과 '낮'과 '하늘'과 '궁창'을 통해 전달되는 것을 말하고 있다. 그러므로 구원받는 믿음에 필요한 '듣기'(17절)는 자연 계시를 통해 효과적으로 제공된다고 결론 내릴 수도 있다. 이것이 에릭슨이 내리는 결론이다.[39]

이 결론의 문제는, 로마서 10장 14절의 요지와 서로 대치하는 긴장을 조성한다는 것이다. 14절에서 바울은 "전파하는 자가 없이 어찌 들으리요?"라고 말한다. 만일 에릭슨이 구원받는 데 필요한 들음이 자연을 통해 온다고 한 것이 옳다면, "전파하는 자가 없이 어찌 들으리요?"라는 바울의 질문은 혼란만 가져온다. 바울이 말하려는 바는 전파하는 자가 보냄을 받지 않는다면 사람은 구원을 얻기 위해 들어야 하는 복음을 듣지 못한다는 것이었다. 바울이 18절에서 말하려던 의미가, 효과적인 구원의 말씀은 자연을 통해 오므로 전도자는 구원에 필수 요소가 아니라는 것이었다면, 바울은 스스로 모순된 말을 한 것이 된다.

그러므로 대부분의 주석가들이 동의하는 것처럼 바울은 18절에서 자연 계시가 '그리스도의 말씀'(17절)의 구원하는 역할을 맡아 믿음에 이르게 한다고 가르칠 의도가 아니었던 것으로 보인다. 머레이와 하지는 바울이 시편 말씀을 사용한 것은 일반 계시의 보편성과 복음의 보편적 확산이라는 두 가지 사안의 유사성을 보이려 한 것이었다는 데 동의한다.[40] 요지는 하나님이 선교 운동(15절의 보내심)을 가동시키셨으므로 자연 계시를 통한 하나님의 영광이 온 세상에 확산되는 것처럼 선교 운동도 세상의 온 족속들에게 미치게 된다는 것이다.[41]

로마서 10장에 대한 우리의 고찰을 요약하면, 바울이 선교에 대해 가진 확신의 배경이 되는 신학적 전제는, 그리스도께서 구약이 가리키고 있던 모든 것의 성취라는 것이다. 그리스도가 오시기 전에는, 죄를 사하시고 자기 백성을 돌보시는 하나님의 긍휼하심에 믿음이 집중되었다. 계시가 발전하면서 믿음은, 짐승을 바치던 제사로부터 이사야 53장에 약속된 죄를 대신 지시는 분으로 옮겨 갈 수 있었다. 그러나 그리스도께서 오셨을 때 모든 믿음은 그 초점을 좁혀 하나님 백성들의 모든 소망을 사시고 보장하신 분인 그리스도에게만 집중되었다. 그리스도께서 오신 때로부터 시작해 하나님은 그리스도를 구원받는 믿음의 유일한 초점으로 삼으심으로써 그를 영화롭게 하고자 하신다. 그러므로 사람들은 그리스도를 부르고 그분을 믿고 그분의 말씀을 들어야 하며, '그리스도의 말씀'을 가진 메신저로 보내심을 받아야 한다.

**자신의 선교사 소명에 대해
바울이 가진 생각**

구원을 받으려면 반드시 복음을 듣는 일이 필요하다는 개념은, 바울이 선교사로서 자신의 소명을 어떻게 받아들이고 있는지를 보여주는 성경 말씀에서도 찾을 수 있다.

회심 사건 때 바울은 주님으로부터 위임을 받는데, 그 장면에서 그리스도가 없는 자들의 상태가 어떤지 명확하게 드러난다. 바울은 사도행전 26장 15-18절에서 이것을 언급한다.

내가 대답하되 주님 누구시니이까 주께서 이르시되 나는 네가 박해하는 예수라 일어나 너의 발로 서라 내가 네게 나타난 것은 곧 네가 나를 본 일과 장차 내가 네게 나타날 일에 너로 종과 증인을 삼으려 함이니 이스라엘과 이방인들에게서 내가 너를 구원하여 그들에게 보내어 그 눈을 뜨게 하여 어둠에서 빛으로, 사탄의 권세에서 하나님께로 돌아오게 하고 죄 사함과 나를 믿어 거룩하게 된 무리 가운데서 기업을 얻게 하리라 하더이다.

여기서 우리는 바울의 사역에서 무엇이 핵심인지 알 수 있다. 유대인과 이방인을 구분하지 않고, 주님은 복음을 소유하지 않은 자들이 어둠에 있고, 사탄의 권세 아래 있으며, 죄 사함도 없다고 말씀하신다. 그리스도는 영적으로 눈먼 사람들의 눈을 실제로 열어 그들이 (용서받은 것을 보게 하는 것이 아니라) 용서받을 수 있도록 하는 능력의 말씀을 바울에게 맡기셨다. 그리스도의 말씀은 복음이 없던 자들을 사탄의 권세에서 하나님께로 돌아오게 한다. 복음이 없는 열방의 모습은 눈이 멀었고, 어둠에서 사탄의 노예로 사로잡혀 있으며, 죄 사함도 받지 못하고 거룩하지 않은 까닭에 하나님이 받으실 수 없는 상태다.

이것은 바울이 다른 곳에서 복음의 능력이 없는 사람의 상태에 대해 말한 것과 일치한다. 모든 사람은 죄 아래 있으며 하나님 앞에서 입이 막혀 있다(롬 3:9-19). 모든 사람은 육신에 속해 있으며 하나님의 법에 굴복하거나 하나님을 기쁘시게 할 수 없다(롬 8:7-8). 그들은 육신에 속해 있으며, 영에 속해 있지 않다. 그러므로 성령님께 속한 것을 받을 수 없다(고전 2:14-16). 그들은 허물로 죽었고 진노의 자녀다(엡 2:3-5). 또한 총명이 어두워지고 하나님의 생명에서 떠나 있으며 마음이 굳어 있다(엡 4:18).

이제 그리스도께서 오심으로 말씀이 왔으니 이 말씀은 구원할 능력이 있고(롬 1:16, 고전 15:2, 살전 2:16) 열매를 맺는다(골 1:6). 더 나아가 승리하는(살후 3:1) 능력이 있으며 이 말씀을 열방에 전파하는 것은 바울과 그의 후계자들 모두의 사명이다. "하나님의 지혜에 있어서는 이 세상이 자기 지혜(또는 거짓 종교)로 하나님을 알지 못하므로 하나님께서 전도의 미련한 것으로 믿는 자들을 구원하시기를 기뻐하셨도다"(고전 1:21).

바울이 회당에서 유대인들에게 말씀을 전할 때도 구원 문제가 걸려 있었다. 바울은 유대인과 경건한(God-fearing) 이방인들이 구약성경에 대한 지식으로 말미암아 구원받은 상태에 있을 것이라고 생각하지 않았다. 비시디아 안디옥 회당에서 바울이 뭐라고 말했는가?

> 그러므로 형제들아 너희가 알 것은 이 사람을 힘입어 죄 사함을 너희에게 전하는 이것이며 또 모세의 율법으로 너희가 의롭다 하심을 얻지 못하던 모든 일에도 이 사람을 힘입어 믿는 자마다 의롭다 하심을 얻는 이것이라(행 13:38-39).

바울은 그들 중에 가장 나은 사람들조차 모세의 율법에 순종함으로 죄 사함을 얻지 못했다고 말한다. 바울은 그들에게 그리스도로 말미암는 죄 사함을 제시한다. 그리고 죄에서 '자유케 되는 것'('의롭다 하심을 얻는 것')의 조건은 그리스도를 믿는 것임을 밝힌다. 나중에 이 말씀을 유대인들이 반박하자 바울은 사도행전 13장 46-47절에서 이렇게 말한다.

> 하나님의 말씀을 마땅히 먼저 너희에게 전할 것이로되 너희가 그것을 버리고 영생을 얻기에 합당하지 않은 자로 자처하기로 우리가 이방인에게로 향하노라 주께서 이같이 우리에게 명하시되 내가 너를 이방의 빛으로 삼아 너로 땅끝까지 구원하게 하리라 하셨느니라 하니 이방인들이 듣고 기뻐하여 하나님의 말씀을 찬송하며 영생을 주시기로 작정된 자는 다 믿더라.

바울의 소명은 땅끝까지 구원을 가지고 가는 것이다. 여기에 깔린 전제는 구원이 아직 땅끝까지 가지 않았다는 것이다. 바울은 구원을 가지고 가야 한다. 바울이 전한 메시지, 곧 말씀은 구원을 위한 방편이다. 그 말씀이 없다면 구원도 없다. '영생을 주시기로 작정된 자'는 바울이 전하는 말씀을 '믿었고' 그 결과 구원받았다. 하나님은 보내심을 받은 메신저들을 통해 구원이 열방에게 가도록 정하셨으며, 이 메신저들의 순종을 통해 열방이 복음을 듣고 구원을 얻도록 하셨다.

바울에게 복음을 전하게 하심으로, 하나님은 '알지 못하던 때'에 오랫동안 '방임하셨던' 주권적인 일을 지금 행하고 계신다. 하나님은 친히 정하신 계획대로 이방인들을 불러 믿음에 이르게 하신다. 하나님은 그들이 복음에 마음을 열게 하시고(행 16:14), 그들에게 회개를 주시며(행 11:18), 그들의 마음을 믿음으로 정결하게 하신다(행 15:9).

이 특별한 복음의 시대가 오기 전에는 이런 일들이 불가능했다. 왜냐하면 하나님이 열방으로 하여금 자기 길을 가도록 내버려 두셨기 때문이다(행 14:16). 그러나 지금은 하나님의 이름을 위해 열방 가운데서 한 백성을 모으는 거대한 운동이 진행중이며, 하나님이 자기를 위한 한 백성을 정결하게 하는 메신저들의 사역에 친히 앞장서고 계신다. 이것은 로마서 15장에 놀라울 정도로 분명하게 드러나 있다. 거기서 바울은 자기 안에서, 또한 자기를 통해 이루어지는 그리스도의 일하심과 관련해 자기 소명을 이렇게 묘사한다.

그러나 내가 너희로 다시 생각나게 하려고 하나님께서 내게 주신 은혜로 말미암아 더욱 담대히 대략 너희에게 썼노니 이 은혜는 곧 나로 이방인을 위하여 그리스도 예수의 일꾼이 되어 하나님의 복음의 제사장 직분을 하게 하사 이방인을 제물로 드리는 것이 성령 안에서 거룩하게 되어 받으실 만하게 하려 하심이라 그러므로 내가 그리스도 예수 안에서 하나님의 일에 대하여 자랑하는 것이 있거니와 그리스도께서 이방인들을 순종하게 하기 위하여 나를 통하여 역사하신 것 외에는 내가 감히 말하지 아니하노라(롬 15:15-18).

이 본문에서 하나님이 주도하고 계시는 일들을 눈여겨보라. 첫째, 하나님은 바울에게 사도의 직분이라는 은혜를 베푸시고 그를 불러 복음 사역을 감당하게 하셨다(15-16절). 둘째, 바울이 전한 말씀을 듣고 믿게 된 이방인들을 성령님이 거룩하게 하심으로 하나님이 받으실 만하게 되었다(16절). 셋째, 이방인들을 순종하게 한 것은 바울 자신이 아니었다. 오히려 이는 그리스도께서 바울을 통해 역사하신 것이었다(18절).

그러므로 이방인 선교는 하나님의 새로운 일이다. 예전에는 하나님이 열방으로 자기 길을 가게 하셨지만 '지금'은 달라졌다는 것이다. 이는 하나님의 예언의 성취이기도 하다.

하나님이 처음으로 이방인 중에서 자기 이름을 위할 백성을 취하시려고 그들을 돌보신 것을 시므온이 말하였으니 선지자들의 말씀이 이와 일치하도다 기록된 바 이후에 내가 돌아와서 다윗의 무너진 장막을 다시 지으며 또 그 허물어진 것을 다시 지어 일으키리니 이는 그 남은 사람들과 내 이름으로 일컬음을 받는 모든 이방인들로 주를 찾게 하려 함이라 하셨으니 즉 예로부터 이것을 알게 하시는 주의 말씀이라 함과 같으니라(행 15:14-18).

새 날이 예수 그리스도와 함께 도래했다. 하나님의 백성들은 열방을 향해 나아가는 임무에서 더 이상 실패할 수 없도록 다시 지어 일으키심을 받는다. 이 새 날에 하나님은 자기 백성들이 사명을 게을리하도록 내버려 두지 않으실 것이다. 하나님은 더 이상 열방이 자기들의 길을 다니게 방임하지 않으실 것이다. 하나님은 교회를 세우셔서 "그 남은 사람들이 주를 찾게 하려 하신다."

그리고 하나님은 지금 열방 가운데서 하나님의 이름으로 일컬음을 받는 모든 사람들을 모으실 것이다. 이것이 하나님의 새 일이다. 미리 정하신 바 된 모든 사람들이 부르심을 받게 될 것이다(롬 8:30). 영생을 얻도록 미리 정하신 바 된 모든 사람들이 믿게 될 것이다(행 13:48). 구속함을 받은 모든 사람들을 각 족속과 방언과 백성과 나라 가운데에서 모으실 것이다(계 5:9). 이 새 운동의 주창자이신 하나님이, 자기 이름을 위할 백성을 열방 가운데서 취하실 것이다(행 15:14).

요한의 저술들

선교라는 사역에 대한 요한의 생각도 바울과 같다. 듣지 못하면 아무도 그리스도를 믿을 수 없다고 바울이 말한 것처럼(롬 10:14), 예수님은 요한복음 10장 27절에서 "내 양은 내 음성을 들으며 나는 그들을 알며 그들은 나를 따르느니라"(요 10:4, 14 참조)고 말씀하신다. 다시 말해 예수님은 구속받은 자신의 양떼를 친히 그 음성으로 불러모으신다. 진짜 양은 예수님의 음성을 듣고 따르며, 예수님은 그들에게 영생을 주신다(요 10:28).

예수님이 자신의 음성을 듣고 따르는 사람들을 언급하실 때 과연 누구를 염두에 두고 계신가? 예수님이 가리키는 대상은 땅에서 자기 말씀을 실제로 들었던 유대인들 그 이상이다. 예수님은 "또 이 우리에 들지 아니한 다른 양들이 내게 있어 내가 인도하여야 할 터이니 그들도 내 음성을 듣고 한 무리가 되어 한 목자에게 있으리라"(요 10:16)고 말씀하신다. '이 우리에 들지 아니한 다른 양들'이라고 말씀하실 때 예수님은 유대인 우리에 들지 아니한 이방인들을 의미하신 것이다.

이 이방인들은 어떻게 예수님의 음성을 듣게 되는가? 그것은 바울의 대답과 같다. 그들은 자연이나 다른 종교에서 예수님의 음성을 듣는 것이 아니라 그리스도가 보내신 메신저에게서 그분의 음성을 듣는다. 이 점은 요한복음 17장 20-21절에서 예수님이 장래의 제자들을 위해 어떻게 기도하시는지를 보면 알 수 있다. "내가 비옵는 것은 이 사람들만 위함이 아니요 또 그들의 말로 말미암아 나를 믿는 사람들도 위함이니 아버지여, 아버지께서 내 안에, 내가 아버지 안에 있는 것같이 그들도 다 하나가 되어." 그렇다면 우리는 여기서 '이 우리에 들지 아니한 다른 양들'이 목자의 메신저들의 음성을 통해 목자의 음성을 듣는다고 추론할 수 있다.

그러므로 영생은 목자의 음성을 듣고 그분을 따르는 사람들에게만 주어진다. "내 양은 내 음성을 들으며 나는 그들을 알며 그들은 나를 따르느니라 내가 그들에게 영생을 주노니 영원히 멸망하지 아니할 것이요 또 그들을 내 손에서 빼앗을 자가 없느니라"(요 10:27-28). 이들은 목자의 메신저들을 통해 그분의 음성을 듣는다. 이것은 곧 예수님이 요한복음 14장 6절에서 "내가 곧 길이요 진리요 생명이니 나로 말미암지 않고는 아버지께로 올 자가 없느니라"고 하신 말씀의 의미다. "나로 말미암아"(through me)라는 말은, 다른 종교를 믿는 사람들이 예수님께서 그들을 위해 죽으셨기 때문에 비록 그들이 이 사실을 모르더라도 하나님께 나아올 수 있다는 뜻이 아니다. "나로 말미암아"라는 말은 요한복음의 문맥에서 볼 때, 예수님의 제자들의 말을 통해 예수님을 믿는 것이라고 정의해야 한다(요 6:35, 7:38, 11:25, 12:46, 17:20).

영생은 예수님이 자기 양들을 위해 죽으셨기 때문에 주어지는 것이다(요 10:15). 그 죽음은 유대인 양들만이 아닌 열방의 모든 양들을 위한 대속의 죽음이었다. 이것은 요한복음 11장 51-52절에 잘 나와 있는데, 요한은 가야바의 말을 이렇게 해석한다. "이 말은 스스로 함이 아니요 그해의 대제사장이므로 예수께서 그 민족을 위하시고 또 그 민족만 위할 뿐 아니라 흩어진 하나님의 자녀를 모아 하나가 되게 하기 위하여 죽으실 것을 미리 말함이러라."

"흩어진 하나님의 자녀"(요 11:52)는 "이 우리에 들지 아니한 다른 양들"(요 10:16)이다. 그리고 요한계시록에서 선교 운동의 완수에 대한 요한의 그림을 보면, 우리는 이 '양들'과 '자녀들'이 온 열방 가운데서 나온 사람들임을 알 수 있다.

> 그들이 새 노래를 불러 이르되 두루마리를 가지시고 그 인봉을 떼기에 합당하시도다 일찍이 죽임을 당하사 각 족속과 방언과 백성과 나라 가운데에서 사람들을 피로 사서 하나님께 드리시고 그들로 우리 하나님 앞에서 나라와 제사장들을 삼으셨으니 그들이 땅에서 왕 노릇 하리로다 하더라(계 5:9-10).

여기서 우리는 요한복음 11장 52절에 나오는 '흩어진'(scattered)이란 단어의 진짜 범위를 알 수 있다. 그리스도는 '각 족속과 방언과 백성과 나라' 가운데에서 흩어진 '하나님의 자녀들'을 모으기 위해 죽으셨다.

이것은 목자의 메신저들이 천하의 모든 사람들에게 반드시 복음의 말씀과 목자의 음성을 듣고 가야 하며(막 13:10) 또 가게 될 것을 암시한다(마 24:14). 모든 백성 가운데서 구속함을 받고 하늘의 하나님 앞에 나아온 사람들이 이 사실을 모른 채로 구속받는 것이 아니다. 오히려 요한계시록 7장 14절에 나온 대로 "각 나라와 족속과 백성과 방언에서"(계 7:9) 나온 사람들은 "어린양의 피에 그 옷을 씻어 희게 한"(계 7:14. 22:14 참조) 사람들이다. 이들은 "하나님의 계명을 지키며 예수의 증거를 가진 자들"(계 12:17)이다. 죄인들을 위해 십자가에 못 박혀 죽으셨다가 부활하시고 승리하신 그리스도의 보혈의 복음은 반드시 모든 열방에게 전파되어야 하며 이를 통해 그들이 그리스도를 믿고 구원받을 수 있게 해야 한다.

결론

우리가 이 장에서 대답하기 위해 노력을 기울였던 질문은, 사람들이 이 세상에서 예수님에 대해 전혀 듣지 못하고도 성령님의 일깨우심을 받고 자비하신 창조주에 대한 믿음으로 말미암아 은혜로 구원받을 수 있느냐는 것이었다. 기독교가 아닌 다른 종교를 믿는 이들 가운데 과연 자연이나 비기독교적인 종교 체험을 통해 알게 된 하나님의 은혜를 겸손히 의지하는 경건한(devout) 사람들이 있는가?

신약성경은 아주 명확하고도 진지하게 "없다"고 대답한다. 오히려 신약에 두루 나오는 말씀은 그리스도께서 오시면서 구속의 역사에 일대 변화가 일어났다는 것이다. 구약 시대에 구원하는 믿음은, 긍휼의 하나님의 자비하심에 초점이 맞춰져 있었다. 그 하나님의 자비하심은 하나님이 이스라엘 백성 가운데서 행하신 구속의 행위와 짐승 희생 제사와 장차 있을 구속하심에 대한 메시아 예언을 통해 알려졌다. 이스라엘 바깥에 있는 사람 중에도 멜기세덱(창14장)이 있는데, 그는 아브라함의 계보에 속한 자들에 대한 하나님의 계시와 연관되지 않았는데도 참 하나님을 알고 있는 것 같은 인물이다.

그러나 지금은 믿음의 초점이 좁혀져 오직 한 분, 예수 그리스도에게 맞춰졌다. 그리스도는 그림자와 예표로 존재했던 모든 대속과 희생 제사와 예언의 성취요, 보증이다. 이후로는 모든 이를 구원하는 믿음이 그리스도에게로 향하고 그리스도께서 영광을 받으시게 되었다.

그러므로 이 구속의 역사의 대전환은 하나님이 작정하신 새로운 사명을 동반한다. 하나님은 더 이상 열방이 자기들의 길을 가도록 방임하지(행 14:16) 않으시고, 어디든지 하나님의 메신저들을 보내 모든 이들에게 회개의 복음을 전하라고 하신다(행 17:30).

그리스도 안에 계신 하나님은 이 선교의 이면에 있는 능력이 되신다. 하나님은 자기 백성들에게 영생을 주기로 작정하셨고(행 13:48), 그들을 위해 자기 목숨을 주심으로 그들을 대속하셨다(요 10:15, 계 5:9). 지금 하나님은 성령으로 충만한 메신저들을 세워 그들에게 말씀을 전하라 위임하시며(롬 1:5, 10:15), 또 친히 이 메신저들을 통해 능력으로 말씀하시고(눅 12:12, 21:15, 살전 2:13), 잃어버린 자들을 부르셔서 실제로 믿음에 이르게 하시며(롬 8:30, 고전 1:24), 전능하신 능력으로 이들을 보호하신다(유 1:24).

오늘날 복음을 접할 길이 없는 사람들이 그리스도를 알지 못하고도 여전히 구원받을 수 있다고 확언하는 사람들은 자신들의 이런 생각이 잃어버린 자들을 복음화하려는 동기를 더 증진시킨다고 주장한다. 앞에서 살펴본 것처럼 이것은 헛된 노력이며, 지극히 허무한 주장이다. 예를 들어 존 엘렌버거(John Ellenberger)는 다음 네 가지 방법을 통해서도 우리의 복음증거 동기가 '증진'될 수 있다고 주장한다.

1. 그는 사도행전 18장 10절("이 성중에 내 백성이 많음이라")을 인용하면서 "복음을 듣기 전에도 성령님께서 사람들의 마음속에서 역사해 오셨다는 것을 알면 우리는 힘을 얻는다."[42]고 말한다. 나

도 동의한다. 그러나 정확한 지적은 아니다. 어떤 사람이 복음에 응답할 수 있도록 준비시키기 위해 그 마음속에서 역사하는 것은, 그들의 마음속에 역사해서 그들이 복음 없이도 구원받게 되는 것과는 전혀 다르다. 첫 번째 것은 선교에 동기를 부여하지만, 두 번째 것은 그렇지 않다.

2. 이해하기 어렵지만, 그는 "대다수 사람들은 일반 계시에 응답하지 않는다. 그렇기에 그들은 예수님에 대해 들어야 한다"[43]고 주장한다. 이 주장은 만일 예수님에 대해 듣지 않고도 구원받는 사람이 있다고 믿는다면, (대다수 사람들은 그런 방식으로 구원받지 않기에) 우리는 예수님에 대해 나누려는 동기가 더 증진될 것이라는 논리다. 하지만 복음 없이도 구원받는 사람이 있다는 시각 자체가, 잃어버린 자를 복음화시키려는 동기를 증진한다는 견해로 이어질 수 없다. 이 말은 오히려 사람들에게 복음증거에 대한 필요가 많아질수록 복음을 나누고자 하는 동기가 더 증진된다는 논리일 뿐이다.

3. 그는 복음 전파 없이도 구원받는 사람들이 있다고 믿는 것은 "복음에 대한 우리의 이해의 폭을 넓혀 준다"고 주장한다.[44] 다시 말해, 우리가 열심을 내어 선교할 때 단순히 사람들을 지옥에서 구출한다는 이유보다 (우리가 다다르기 전에 이미 지옥에서 탈출한 사람들도 있으므로) 더 광범위한 이유를 위해 선교해야 한다는 것이다. 즉 구원받은 자가 이생에서 누릴 수 있는 많은 복을 전해 주려는 간절한 마음이 있어야 한다는 밀이다. 이 말도 어느 정도 맞다. 그러나 왜 교회가 사람들에게 영생의 복이 아닌 다른 복을 가져다주는 것에 더 큰 동기를 가져야 하는가? "그 사람, 이제 목숨은 건졌어요.

하지만 그 사람이 잘 살도록 도와 주고 싶은 마찬가지의 간절함이 있어야 합니다." 누군가 우리에게 이런 말을 했다고 해서, 사형 집행을 앞둔 사람을 구출하기 위해 우리가 감수할 위험보다 더 큰 위험이 있는 것은 아니다.

4. 엘렌버거는 복음 전파 없이도 구원받는 사람이 있다고 믿는 것은 "사랑이 주된 동기임을 재확인하는 것"[45]이라고 주장한다. 이것 역시 나로서는 이해하기 어렵다. 사람들을 영원한 형벌에서 구하려는 간절함 때문에 추진되는 선교의 긴급성은 사랑이 아니라고 가정하는 것처럼 보이기 때문이다. 어째서 복음 없이도 구원받는다는 사람들이 있다고 말하면 더 사랑에 호소하는 것이 된다는 말인가?

그러므로 나는 오늘날 구원받기 위해 누구나 복음을 들어야 한다는 사실을 부인하는 현상은 선교에 대한 동기의 신경 줄기 하나를 잘라 버리는 것이라고 재차 확언하는 바다. 내가 '그 신경'이 아니라 '신경 줄기 하나'라고 말하는 이유는, 인간이 누구나 잃어버린 바 되었다는 것이 선교에 대한 동기의 유일한 초점은 아니라고 생각하기 때문이다. 선교 운동은 바로 그리스도께 영광을 돌리자는 대목표 아래 있다.[46]

그러므로 교회는 영광의 주님과 더불어 그분의 운동에 동참하지 않을 수 없다. "사도의 말에 담겨 있는 '전파하는 자가 없이 어찌 믿으리요'라는 엄숙한 질문을 교회는 언제나 귀담아들어야 한다"[47]고 지적한 찰스 하지의 말은 옳다.

그와 더불어 우리가 역사상 가장 위대한 운동—이방인의 충만한 수가 차고, 온 이스라엘이 구원받고, 인자가 만유의 왕과 만주의 주로서 권능과 큰 영광으로 강림하며 물이 바다를 덮음같이 그분의 영광을 아는 지식이 땅에 가득할 때까지 '각 족속과 방언과 백성과 나라'에서 택하심을 받은 자들을 모으는 것—에 동참하는 것은 감히 형용할 수 없는 우리의 특권이다. 그때 그리스도의 지존하심은 모든 사람에게 명백히 드러나고 그리스도는 나라를 하나님 아버지께 드리실 것이며, 하나님은 만유 가운데 최고의 하나님으로 드러나실 것이다.

5

열방 가운데 하나님의 하나님 되심

사랑이 결정할 수 있는가?

선교의 과업(task of missions)이 무엇인지, 혹은 선교라 불리는 것이 존재해야 하는지 여부를 어떻게 결정할 것인가? 한 가지 답이 있다면, 사랑이 선교를 요구하며 사랑으로 선교를 규정한다는 것이다. 온 세상 사람들이 죄로 인해 하나님의 정죄하심을 받고 영생으로부터 끊어졌으며(엡 2:2-3, 12, 4:17, 5:6), 예수님의 이름을 부르는 것

---

*이번 장에서 자주 언급되는 중요 용어들을 아래와 같이 정리해 놓았다. '종족 집단'(people group)이라는 선교 용어를 중심으로 풀어가는 이번 장의 이해를 돕기 위한 목적이 있다. 용어가 복수 형태인 경우에도 이를 반영했다.
　people 종족, nation 민족, language 언어, tribe 족속/지파, clan 집안, family 가문, household 가족, country 국가.

이 하나님과 영원한 기쁨의 교제를 누릴 유일한 소망임을 인정할 때(4장이 보여 주는 것처럼), 사랑은 선교를 요구한다.

그러나 사랑으로 선교를 규정할 수 있는가? 하나님의 이상한 방식들을 참고하지 않고서는 그렇게 말할 수 없다. 때때로 하나님의 방식은 우리의 제한된 관점으로 일을 수행할 때와는 사뭇 다르다. 그러나 분명한 것은 하나님은 사랑이시라는 것이다. 그 행하시는 방식이 우리가 보기에 당혹스러울 때도 말이다. 만일 우리가 가진 재산 전부를 팔아 척박한 밭 한 뙈기를 산다면, 얼핏 자기 인생을 사랑하지 않는 것처럼 보일 수 있다. 그러나 다른 관점에서 보면 사랑일 수 있다. 가령 그 밭에 보물이 묻혀 있다면 말이다(마 13:44을 보라). 그러므로 사랑은 당연히 선교에 대한 하나님의 관점을 고려하게 된다. 사랑은 제한된 인간의 관점을 가지고 선교를 규정하려 하지 않는다. 오히려 사랑은 하나님의 방식이라는 더 넓은 관점으로 선교를 바라보게 한다.

침몰하는 배 두 척

인간 편에서 이해하는 사랑의 한계는, 바다에서 벌어진 비극 가운데 펼쳐지는 구조 작전으로 선교를 상상해 보면 분명해진다.

수영할 줄 모르는 많은 승객들로 가득한 두 척의 여객선이 동시에 침몰하고 있다고 하자. 구명정이 몇 내 있지만 충분하지는 않다. 그리고 당신이 두 척의 구조선에 나누어 탄 10명의 구조 팀을 이끈다고 하자.

침몰하고 있는 (가까이에 있던) 여객선에 도착하니 비명을 지르는 수백 명의 사람들이 당신 주위에 있다. 당신 눈앞에서 바닷속으로 가라앉는 사람들도 있고, 부서진 배의 파편들을 붙잡으려 서로 뒤엉킨 사람들도 있고, 침몰하는 배에서 마지막까지 버티다가 바닷속으로 뛰어내리려는 사람들도 있다. 수백 미터 더 떨어져 있는 다른 여객선에서도 똑같은 일이 벌어지고 있다.

죽어 가는 사람들을 보는 당신의 마음은 참담하다. 할 수 있는 한 많은 사람들을 구조하고픈 간절함뿐이다. 그래서 당신은 함께 한 대원들에게 최선을 다하라고 소리친다. 한 배에 5명씩 나누어 탄 구조 팀은 온 힘을 다해 많은 사람들을 구조하려 애쓴다. 구조선에는 아직 탈 자리가 많다.

그때 멀리 있는 다른 (침몰하는) 여객선에서 한 사람이 소리친다. "이리 와서 우리를 도와 주세요!" 어떻게 하겠는가? 사랑이 있다면 가야 하는가, 아니면 그대로 있어야 하는가?

나로서는 사랑이라는 이름 아래 생명을 구하는 수고를 그만두고 멀리 떨어진 다른 배로 가야 할 이유를 아무리 생각해도 찾을 수가 없다. 사랑은, 가까이 있는 영혼들보다 멀리 있는 영혼들에게 더 높은 가치를 매기지 않는다. 사실 사랑은, 수백 미터 떨어진 다른 배까지 노를 저어 가느라 걸리는 시간으로 인해 전체적으로는 인명을 더 잃는다고 생각하는 것이 타당하다.

또한 사랑은 두 여객선 사이를 노 저어 가느라 구조대원들이 힘이 빠져 결국 사람들을 더 적게 구조한다고 생각할 수도 있다. 뿐만 아니라 과거의 경험으로 볼 때, 당신은 다른 여객선에 탄 사람들이 저녁 이맘때쯤이면 대개 술이 취해서 당신의 구조 노력에 덜 협조적이라는 것도 알고 있다. 그렇기 때문에 이 또한 더 적은 숫자가 구조되리라는 것을 의미할 수 있다.

그러므로 사랑만으로는, 현재 이루어지는 구조 작업을 그만두고 멀리 떨어진 여객선을 향해 나아가기를 거부한다 해도 매우 합리적인 판단이라 할 수 있다. 사랑은 가능하면 한 사람이라도 더 많이 구하기 위해 현재 작업에 충실해야 하기 때문이다.

물론 바다에서 이루어지는 이런 구조 장면이 세상 속 교회를 완벽하게 표현한 그림은 아니다. 교회가 존재하는 곳에서도 교회의 구조 잠재력이 온전히 발휘되지 않기 때문에라도 그렇다. 그렇다고 해도 이 예화의 요지는 변함없다. 즉 사랑만으로는 (우리의 제한된 인간적인 시각으로 볼 때) 하나님이 보시는 것처럼 선교의 과업을 바라보지 않을 수 있다는 것이다.

하나님의 관점은 다를 수 있다

하나님은 구조 작전의 목표가 세상 모든 민족에게서(양쪽 여객선에서) 구원받은 죄인들을 모으는 것이라고 생각하실 수 있다. 비록 구조대원들 중 일부가 열매를 적게 맺을 미전도 종족(멀리 있는 여객선) 가운데서 수고하기 위해, 이미 열매를 많이 맺는 종족(가까이에 있는 여객선)을 떠나야 하더라도 말이다.

다시 말해, 선교의 과업은 단순히 세상에서 가장 반응이 좋은 종족 가운데서 최대한 많은 사람들을 얻는(win)[1] 것이 아니라, 세상의 '모든' 종족들 가운데서 한 사람 한 사람을 얻는 것이라는 말이다. 선교를 단지 다른 언어와 문화라는 낯선 바다에서 구조 작전을 펼치려고 자기 문화라는 안전한 해안을 떠나는 것이라고 정의하는 것은 충분하지 않은 것 같다. 우리로 하여금 하나의 구조 작업을 뒤로 하고 다른 구조 작업을 맡으러 가게 만드는 무언가가 이 정의에 추가되어야 한다.

이 장에서 우리는, 성경에서 말하는 선교하라는 하나님의 부르심은 구원받는 개인들의 총 수를 최대한 늘리기 위해 다른 문화로 가라는 것으로 정의할 수 없음을 살펴볼 것이다. 그보다 선교에 대한 하나님의 뜻은 모든 종족 집단(every people group)이 그리스도에 대한 증거를 들으며, 모든 민족들(all nations) 가운데서 그분의 이름을 위하여 한 백성으로 부르심을 받는 것이다.[2]

아마도 선교를 이렇게 정의하는 것이 실제로도 하나님의 독생자를 뜨겁게 예배하는 사람들의 수가 최고치에 달하게 할 것이다. 모든 결정권은 하나님께 있다. 우리의 책임은 그저 선교를 하나님의 방식으로 정의하고 그 다음에는 순종하는 것이다.

이 말은 신약성경에서 교회의 선교 과업을 어떤 식으로 기술하는지 면밀히 살펴보아야 한다는 뜻이다. 더 구체적으로 말해 우리는 '미전도 종족'(unreached peoples)이라는 익숙한 개념을 선교 활동의 구심점으로 삼는 문제를 성경이라는 잣대로 평가해야 한다.

1974년의 비판: 종족 무지

1974년 이래 선교의 과업은 미전도 지역(unreached territories)을 복음화[3]하는 것과 대조적으로 미전도 종족(unreached peoples)을 복음화하는 데 점점 더 초점을 맞추게 되었다. 이렇게 된 한 가지 이유는 그해 로잔 세계복음화대회에서 랄프 윈터가 서구 선교 사역이 그가 만든 용어로 '종족 무지'(people blindness, 한 지역 안에도 문화적으로 구분되는 다른 종족들이 존재한다는 점을 인식하지 못하는 것)에 걸렸다고 비판한 데서 비롯된다. 선교는 지리적 개념이 아니라 문화적 개념이라는 패러다임의 전환을 일으킨 것이다. 그때부터 선교를 수행하는 교회와 단체마다 '종족 집단'(people group)이 의제의 초점으로 부각되기 시작했다. 윈터가 로잔에서 밝힌 '충격적인 사실'은 이랬다. 세상 모든 나라에 복음이 뚫고 들어갔음에도 불구하고 비기독교인 다섯 중 넷은 여전히 복음으로부터 단절되어 있는데, 그 이유는 지리적인 장벽이 아닌 문화 및 언어 장벽 때문이라는 것이다.

이 사실은 왜 더 널리 알려지지 않았는가? 세상의 모든 지역을 뚫고 들어갔다는 사실에 대해 우리가 열광하다 보니 많은 사람들이 '당연히 모든 문화를 뚫고 들어갔으려니'라고 생각하게 되었다. 이러한 오해는 너무나 널리 퍼진 병폐인지라 특별한 명칭을 붙이는 게 마땅하다. 이것을 '종족 무지'라 하자. 즉 모든 나라마다 그 지역 안에 서로 분리된 종족 집단들이 존재한다는 것을 인식하지 못하는 증상으로, 아

마 이러한 증상은 다른 어떤 곳보다 미국에서 그리고 미국 선교사들 사이에 더 만연한 것 같다.[4]

윈터는 선교를 단지 더 많은 지역을 복음화하는 것이 아니라 미전도 종족을 복음화하는 과업으로 보자고 그리스도의 교회를 향해 강력하게 호소한다. 그 후 15년 동안 선교 과업은 이 호소에 참으로 놀랍게 반응했다. 그래서 1989년 윈터는 이렇게 말했다. "미전도 종족이라는 개념이 보편화되었다.…이제 아주 자신 있게 정밀한 계획을 당장이라도 세울 수 있게 되었다."[5]

이정표가 된 정의, 1982년

'종족 집단'에 대한 정의를 통일하려는 가장 결정적인 시도는 로잔 전략위원회의 수고로 1982년 3월에 있었다. 이 회의는 '종족 집단'을 다음과 같이 정의했다.

> 언어, 종교, 인종, 주거, 직업, 계급이나 계층, 환경 등이나 이것들이 결합된 것을 공유하므로 그들 스스로가 상호 간에 공동의 유대가 있다는 것을 아는 개인들의 상당히 큰 집단…복음 전파의 관점에서 보면, 이해나 수용의 장벽에 부딪히지 않고 교회 개척을 통해 복음이 전해질 수 있는 가장 큰 집단.[6]

이 정의는 종족 집단들의 구체적인 속성에 대한 성경의 가르침

뿐 아니라 선교사들이 다양한 집단을 식별하고 찾아가는 데 도움이 될 것이라는 판단에 근거하여 마련되었다. 이것은 전도 전략을 개발하는 합리적인 방법이다. 그러나 이것은 내가 이번 장에서 사용하려는 방법과 구분되어야 한다.[7]

또한 내가 '종족 집단'(people group)이라는 용어를 엄밀하게 사회학적 의미로 '종족'과 구분해 사용하는 것은 아니라는 점을 분명히 해두고 싶다. 나는 '종족들' 또는 '민족들'(nations)에 대한 성경의 개념이 직업, 거주지 또는 신체 장애 등을 기준으로 구분된 집단의 개념으로 확장되어서는 안 된다고 주장하는 사람들과 뜻을 같이한다. 이 같은 것들은 사회학적인 분류이며, 전도 전략에는 유용할 수 있지만 '종족' 또는 '민족'의 성경적인 의미를 규정하는 데는 포함되지 않는다.

할리 슈렉(Harley Schreck)과 데이비드 배럿은 '종족 집단'이라는 사회학적 범주와 '종족'이라는 인종적 범주를 구분하자고 제안한 바 있다.[8] 나는 이렇게 범주를 구분하는 것에는 동의하지만, 이 용어는 입으면 옴짝달싹할 수 없는 옷과 같아서 내가 쓰기에는 매우 불편하다. 영어의 단수 'people'은 확연히 구별되는 집단을 명확하게 가리키지 않는다. 그러므로 나는 '종족 집단'이라는 말을 단지 개인과 대조되는 집단 개념을 강조할 경우에 쓴다. 문맥을 보면, 그 무리의 성격이 보다 분명해질 것이다.

종족 집단, 과연 성경적인가?

나의 목표는 종족 집단에 초점을 맞추려는 시도를 성경적으로 검증해 보는 것이다.

성경의 구체적인 선교 명령은 무엇인가? 가능하면 많은 개인들에게 찾아가라는 명령인가? 모든 '현지'(fields)를 찾아가라는 명령인가? 아니면, 성경에서 종족 집단을 규정하는 그 의미 그대로, 세상의 모든 '종족 집단들'을 찾아가라는 명령인가? 1974년 이래로 논의의 중심에 있어 온 이 주제는 과연 성경적인 가르침인가? 그렇지 않으면, 단지 보다 뚜렷한 목표를 가지고 선교에 나서기 위한 전략적 발전에 불과한가?

그러므로 이제 다루려고 하는 기본적인 질문으로 돌아가 보자. 교회의 선교 과업을 "세상의 모든 미전도[9] 종족들(peoples)에게 가는 것"이라고 정의하는 것은 성경적인가? 아니면 선교는 단지 우리가 사는 곳이 아닌 다른 곳에 있는 개인들을 가능한 한 많이 찾아가려는 노력이라고 말하는 것으로 충분한가?

가장 유명한 위임령

예수께서 나아와 말씀하여 이르시되 하늘과 땅의 모든 권세를 내게 주셨으니 그러므로 너희는 가서 '모든 민족들'(all nations)을 제자로 삼아 아버지와 아들과 성령의 이름으로 세례를 베풀고 내가 너희에게 분부한 모든 것을 가르쳐 지키게 하라 볼지어다 내가 세상 끝날까지 너희와 항상 함께 있으리라 하시니라(마 28:18-20).

이 말씀은 흔히 대위임령이라고 불린다. 처음부터 분명히 해두고 싶은 것은, 이 말씀이 오늘날 교회에도 여전히 구속력을 가진다는 것이다. 대위임령은 단지 사도들에게 그들의 사역을 위해 주신 것이 아니라 이 세대가 지속되는 한 감당해야 할 사역을 위해 교회에게 주신 명령이다.

이렇게 말하는 근거는 본문에 나와 있다. 20절에 나오는 불변의 약속을 보라. "볼지어다 내가 세상 끝날까지 너희와 항상 함께 있으리라." '너희'라는 말은 사도에 국한되지 않는다. 이미 그들은 죽었기 때문이다. 이 약속은 "세상 끝날까지", 즉 그리스도께서 재림하시는 심판 날까지 이어진다(마 13:39-40, 49 참조). 예수님은 교회의 대표격인 사도들에게 이 말씀을 하셨지만, 교회는 세상 끝날까지 견뎌야 한다. 다시 말해, 예수님은 이 세대가 지속되는 동안 끝까지 함께하고 도와 주겠다고 확언하신 것이다.

이것이 참으로 중요한 이유는, 20절의 말씀이 "모든 민족들(all nations)을 제자로 삼으라"는 명령을 지원하고 격려하기 위해 주신 약속이기 때문이다. 그러므로 지원한다는 약속이 '세상 끝날까지 지속된다'는 용어로 표현되었다면, '제자로 삼으라'는 명령도 세상 끝날까지 지속된다고 생각하는 것이 당연하다.

그러므로 나는 대위임령을 사도들에게만 주신 것이 아니라 이 세상 끝날 때까지 지속될 교회에도 주셨다고 결론 내리는 바다. 이 것은 예수님이 소유하고 계신다고 친히 18절에서 말씀하신 '권세'

로 말미암아 더욱 강화된다. 예수님은 "하늘과 땅의 모든 권세"를 가지고 계신다고 말씀하셨다. 그런 까닭에 예수님은 마태복음 16장 18절에서 "내 교회를 세우리니"라고 하신 약속을 이행하실 수 있다. 따라서 대위임령의 지속적인 유효성은 그리스도께서 만물에 대해 가지신 지속적인 권세(마 28:18)와, 자기 교회를 세우시려는 그리스도의 목적(마 16:18)과, 세상 끝날까지 교회의 선교에 함께하고 돕겠노라고 하신 약속에 달려 있다(마 28:20).

그러므로 주님의 이 말씀들은 오늘날 교회의 선교 과업을 결정하는 핵심 구절이다. 구체적으로는 "모든 민족들을 제자로 삼으라"는 말씀을 면밀히 검토해야 한다. 이 말씀에는 헬라어로 '판타 타 에트네'(panta ta ethnē, panta=all, ta=the, ethnē=nations)에 해당하는 '모든 민족들'이라는 아주 중요한 문구가 담겨 있다.

이것이 중요한 까닭은 에트네가 영어로 '네이션즈'(nations)로 번역되면서 마치 정치적 또는 지리적 집단을 가리키는 것으로 보이기 때문이다. 물론 영어에서 이 단어는 주로 그러한 의미로 사용된다. 그러나 이는 본래 헬라어 단어가 의미하는 바가 아니며, 영어 단어 역시 늘 그 의미로만 사용되는 것은 아니다. 예를 들어 '퍼스트 네이션즈'(First Nations)는 북미 지역 원주민을 가리키는 용어인데 여기서 '네이션즈'는 같은 민족 정체성을 가진 사람들을 의미한다. 사실 '에트닉'(ethnic)이란 단어는 '에트노스'(ethnos, 에트네의 단수형)라는 헬라어에서 유래했다. 그러므로 우리는 판타 타 에트네가 '모든 민족 집단들'(all the ethnic groups)을 가리킨다고 받아들인다. "가서 모든 민족 집단들을 제자로 삼으라."

그러나 이것이야말로 성경의 맥락, 특히 신약에서 '에트노스'가 사용된 예와 구약의 배경을 광범위하게 살펴봄으로써 검증해야 할 대목이라고 하겠다.

신약에서 에트노스를 단수형으로 사용한 경우

신약에서는 단수형 에트노스가 절대로 개인을 가리키지 않는다.[10] 이것은 놀라운 사실이다. 언제든지 단수형 에트노스가 나타나면 이는 한 종족 집단 또는 민족을 가리킨다. 흔히 유대 민족을 가리킬 때도 사용되며, 복수 형태로 쓰이면 유대 민족과 구분해 대개 '이방인들'(Gentiles)로 번역된다.[11]

단수형 에트노스가 집단의 의미를 갖는 경우들은 다음과 같다.

민족(에트노스)이 민족(에트노스)을, 나라가 나라를 대적하여 일어나겠고 곳곳에 기근과 지진이 있으리니(마 24:7).

그때에 경건한 유대인이 모든 민족(에트노스, 개역개정 "각국")으로부터 와서 예루살렘에 머물러 있더니(행 2:5).

그 성에 시몬이라 하는 사람이 전부터 있어 마술을 행하여 사마리아 종족(에트노스, 개역개정 "백성")을 놀라게 하며 사칭 큰 자라 하니(행 8:9).

그러나 너희는 택하신 족속이요 왕 같은 제사장들이요 거룩한 민족 (에트노스, 개역개정 "나라")이요 그의 소유가 된 백성이니(벧전 2:9).

각 족속과 언어와 백성과 민족(에트노스, 개역개정 "나라") 가운데서 사람들을 피로 사서 하나님께 드리시고(계 5:9).

이렇게 단수 형태를 살펴보면, 에트노스라는 단어가 민족적 정체성을 지닌 종족 집단들을 언급한다는 것이 더욱 분명해지며, 어떤 공동체의 성격을 갖는다는 사실이 자연스럽고도 일반적이었음을 알 수 있다. 사실 사도행전 2장 5절의 '모든 민족'(every nation, 개역개정 "각국")은, 마태복음 28장 19절의 '모든 민족들'(all nations)과 그 형태가 아주 비슷하다. 또한 사도행전 2장 5절에서 이 단어는 분명히 어떤 종족 집단들을 가리킨다. 그러므로 이쯤에서 우리는 마태복음 28장 19절의 대위임령에 나오는 '모든 민족들'을 '종족 집단'으로 이해하는 것이 타당하다고 결론내릴 수 있다.

신약에서 에트노스의 복수형을 사용한 경우

단수와는 달리 에트노스의 복수형인 에트네 또는 에트논은 언제나 '종족 집단들'을 가리키지는 않는다. 더러는 그저 (유대인이 아닌) 이방인 개인들을 가리키며[12] 많은 경우 그 의미가 모호하다. 중요한 것은, 복수형일 때 이 단어가 '민족 집단'을 가리키거나 또는 (민족 집단을 이루지 않는) '이방인 개인들'을 가리킬 수 있다는 것이다. 예를 들어, 이방인 개인들을 의미하는 경우는 다음과 같다. 다음 세 구절에서 복수형 에트네는 민족들(nations)을 가리키지 않는다.

- 사도행전 13장 48절—바울이 유대인들에게 배척받은 후 안디옥에서 이방인들에게로 향했을 때 누가는 "이방인들이(에트네) 듣고 기뻐하여 하나님의 말씀을 찬송하며 영생을 주시기로 작정된 자는 다 믿더라"고 말한다. 이것은 민족들을 가리킨 것이 아니라 회당에서 바울의 말을 들은 이방인 개인들의 무리를 가리킨다.

- 고린도전서 12장 2절—"너희도 알거니와 너희가 이방인(에트네)으로 있을 때에 말 못하는 우상에게로 끄는 그대로 끌려갔느니라." 이 구절에서 '너희'는 고린도의 이방인 회심자 개인들을 가리킨다. "너희가 민족들이었을 때…"라고 하면 말이 안 된다.

- 에베소서 3장 6절—바울은 그리스도의 비밀은 "이방인들이(에트네) 복음으로 말미암아 그리스도 예수 안에서 함께 상속자가 되고 함께 지체가 되고 함께 약속에 참여하는 자가 됨이라"고 말한다. '민족들'이 함께 상속자가 되고 같은 몸의 지체(members, 명확하게 개인들을 지칭함)가 된다고 하면 말이 안 된다. 바울이 가진 생각은, 한 지역 교회인 그리스도의 몸에는 이방인 개인들의 많은 지체가 있다는 것이나.

이 같은 예를 통해 에트노스의 복수형이 반드시 민족 또는 '종족 집단'을 가리키는 것은 아님을 충분히 알 수 있다고 생각한다. 한편 단수형과 마찬가지로 복수형도 분명 '종족 집단들'을 가리킬 수 있으며 또 자주 그렇게 한다. 예를 들어 다음과 같다.

- 사도행전 13장 19절—이스라엘이 약속받은 땅을 취한 것을 언급하면서 바울은 "가나안 땅 일곱 민족들(에트네, 개역개정 "족속")을 멸하사 그 땅을 기업으로 주시기까지"라고 말한다.

- 로마서 4장 17절—"기록된 바 내가 너를 많은 민족들(에트논)의 조상으로 세웠다 하심과 같으니." 여기서 바울은 창세기 17장 4절을 인용한다. 여기서 언급한 '많은 민족들의 조상'은 개인들이 아니라 종족 집단들을 가리킨다. 에트논(*ethnōn*)은 히브리어 고임(*goyim*)을 헬라어로 번역한 것인데, 이 단어는 사실 언제나 민족들이나 종족 집단들을 의미한다. 예를 들어 신명기 7장 1절에서, 모세는 하나님께서 "네 앞에서 여러 '민족들'(nations) 헷 족속과 기르가스 족속과 아모리 족속과 가나안 족속과 브리스 족속과 히위 족속과 여부스 족속…을 쫓아내실 때에"라고 말한다. 여기서 '민족들'은 히브리어로 고임이며, 헬라어로는 에트네다.

- 요한계시록 11장 9절—"종족들과 족속들과 언어들과 민족들(nations, 에트논, 개역개정 "백성들과 족속과 방언과 나라") 중에서 사람들이 그 시체를 사흘 반 동안을 보며 무덤에 장사하지 못하게 하리로다." 문맥상 여기서 언급된 '민족들'(nations)은 집단을 이루고 사

는 어떤 민족을 가리키며 이방인 개인들을 가리키지 않는 것이 분명하다.

그러므로 우리가 이제까지 살펴본 바로는, 복수형 에트네가 단일 종족 집단의 일부가 아닌 이방인 개인들을 의미할 수 있으며, 아니면 단수형에서도 그렇듯 민족 정체성을 지닌 한 종족 집단을 의미할 수도 있다. 이것은 마태복음 28장 19절이 의도하는 바를 아직은 확신할 수 없다는 뜻이다. 즉 우리는 선교의 과업이, 단지 가능하면 많은 개인들에게 찾아가는 것이냐, 아니면 세상의 모든 종족 집단들에게 찾아가는 것이냐라는 질문에 아직 확답을 내릴 수 없다는 말이다.

그렇지만 신약에서 단수형 에트노스는 절대로 개인을 지칭하지 않으며 항상 하나의 종족 집단을 가리킨다는 사실로 미루어, 명백히 다른 경우로 해석되지 않는다면, 대개는 종족 집단을 의미한다고 봐야 할 것이다. 구약의 맥락과 그 맥락이 요한과 바울의 글에 끼친 영향을 확인해 보면 이 사실은 더욱 분명해질 것이다. 그러나 먼저 신약에서 판타 타 에트네(모든 민족들, all the nations)라는 중요 문구를 어떻게 사용하고 있는지 검토해야 한다.

신약에서 판타 타 에트네를 사용한 경우

우리의 주된 관심사는, 마태복음 28장 19절의 "가서 모든 민족들(all nations)을 제자로 삼아"에서 이 '판타 타 에트네'가 의미하는 바가 무엇인가다. 선교를 이해하는 데 아주 중요한 구절일 뿐 아니라, 헬라어 표현 역시 오늘날 비전문적인 글에서도 자주 언급되기 때문에 헬라어를 읽지 못하는 독자들도 언제든 찾아볼 수 있도록 이 문구가 사용된 모든 예를 밝히는 것이 중요하다고 믿는다.

그래서 나는 신약에서 파스(pas, 모든)와 에트노스(민족/이방인)의 복합형이 단수형("모든 민족")으로 나오든 또는 복수형("모든 민족들/이방인들")으로 나오든 관계없이, 이 단어가 등장하는 모든 본문을 언급하려고 한다. 판(pan), 판타(panta), 파신(pasin), 판톤(pantōn)처럼, 형태가 다양한 이유는 동일한 하나의 단어가 명사 에트노스(에트네, 에트네신)의 다양한 형태와 일치해야 하므로 문법상의 격변화 때문에 그렇게 사용되었다.

마태복음 24장 9절—"너희가 내 이름 때문에 판톤 톤 에트논에게 미움을 받으리라."

마태복음 24장 14절(=막 13:10) — "이 천국 복음이 파신 토이스 에트네신에게 증언되기 위하여 온 세상에 전파되리니 그제야 끝이 오리라."

마태복음 25장 32절—"판타 타 에트네를 그 앞에 모으고 각각 구분하기를 목자가 양과 염소를 구분하는 것같이 하여"[이 문맥은 종족 집단들이 아닌 '이방인 개인들'이라는 뜻을 요구하는 것처럼 보인다. 왜냐하면 예수님이 "각각 구분하기를 목자가 양과 염소를 구분하는 것같이"라고 나오기 때문이다. 이것은 '저주를 받은 자들'과 '의인들'로 심판을 받아 지옥이나 영생에 들어가는 개인들을 언급하고 있다. 37절, 41절, 46절 참조].

마태복음 28장 19절—"판타 타 에트네를 제자로 삼아."

마가복음 11장 17절—"내 집은 파신 토이스 에트네신이 기도하는 집이라 칭함을 받으리라"[이것은 이사야 56장 7절을 인용한 글이다. 파신 토이스 에트네신으로 번역된 히브리어 문구는 레콜 하암밈(lekol ha'ammim)인데, 이것은 분명히 '모든 족속'(all people)보다는 '모든 족속들'(all peoples)을 뜻한다].

누가복음 12장 29-30절—"너희는 무엇을 먹을까 무엇을 마실까 하여 구하지 말며 근심하지도 말라 이 모든 것은 판타 타 에트네가 구하는 것이라."

누가복음 21장 24절—"그들이 칼날에 죽임을 당하며 타 에트네 판타에 사로잡혀 가겠고"[이 경고는 에스겔 32장 9절 말씀을 되풀이한 것이다. 거기서 이 문구에 상응하는 히브리어는 '고임'이며, 이것은 민족들(nations) 또는 종족 집단들(people groups)을 의미한다. 신명기 28장 64절도 보라].

누가복음 24장 47절—"또 그의 이름으로 죄 사함을 받게 하는 회개가 예루살렘으로부터 시작하여 판타 타 에트네에게 전파될 것이 기록되었으니."

사도행전 2장 5절—"그때에 경건한 유대인이 천하 판토스 에트누스로부터 와서 예루살렘에 머물러 있더니"[이는 분명 개인들보다는 종족 집단들을 지칭하는 것이 틀림없다. 이는 예루살렘에 온 디아스포라 유대인들의 다양한 민족 집단들을 가리킨다].

사도행전 10장 35절—"판티 에트네이 중 하나님을 경외하며 의를 행하는 사람은 하나님이 받으시는 줄 깨달았도다"[이것 역시 이방인 개인들이 아니라 종족 집단들 또는 민족들을 지칭하는 것이 틀림없는데 하나님을 경외하는 개인들은 '각 민족 중'에 있기 때문이다].

사도행전 14장 16절—"하나님이 지나간 세대에는 판타 타 에트네으로 자기들의 길들을 가게 방임하셨으나."

사도행전 15장 16-17절—"이후에 내가 돌아와서 다윗의 무너진 장막을 다시 지으며…이는 그 남은 사람들과 내 이름으로 일컬음을 받는 판타 타 에트네로 주를 찾게 하려 함이라 하셨으니"[이 말씀은 아모스 9장 12절을 인용한 것으로, 여기서도 에트네의 배경에는 히브리어 '고임'이 있으며, '민족들' 또는 '종족 집단들'을 의미한다].

사도행전 17장 26절—"인류의 판 에트노스를 한 혈통으로 만드사 온 땅에 살게 하시고"[사도행전 2장 5절과 10장 35절과 마찬가지로 이것은 개인들보다는 '모든 종족 집단'을 언급하고 있는데 모든 민족이 '인류'로 이루어졌다고 말하기 때문이다. 모든 이방인 개인이 '인류'로 이루어져 있다고 말하는 것은 의미가 없다. 이 문구가 '모든 인류'를 의미한다고 하는 일부 주장은 에트노스의 의미나 그 문맥과는 들어맞지 않는다].[13]

로마서 1장 5절—"그로 말미암아 우리가 은혜와 사도의 직분을 받아 그 이름을 위하여 파신 토이스 에트네신 중에서 믿어 순종하게 하나니."

갈라디아서 3장 8절—"또 하나님이 이방을 믿음으로 말미암아 의로 정하실 것을 성경이 미리 알고 먼저 아브라함에게 복음을 전하되 판타 타 에트네가 너로 말미암아 복을 받으리라 하였느니라"[이것은 창세기 12장 3절을 인용한 것으로, 여기서는 분명히 종족 집단들을 언급하고 있다. 여기에 상응하는 히브리어 어구, 콜 미쉬페호트(*kol mishpehot*)는 '모든 가문들'(all families, NIV는 all peoples로, KJV는 all families of the earth로, RSV와 NASV는 all the families of the earth로 나옴, 한글 성경에선 대부분 '족속'으로 번역됨—역자 주)을 의미한다. 바울의 번역에 대한 논의를 더 보려면 잠시 뒤에 나오는 창세기 12장 3절에 대한 설명을 보라].

디모데후서 4장 17절—"주께서 내 곁에 서서 나에게 힘을 주심은 나로 말미암아 선포된 말씀이 온전히 전파되어 판타 타 에트네가 듣게 하려 하심이니."

요한계시록 12장 5절—"여자가 아들을 낳으니 이는 장차 철장으로 판타 타 에트네를 다스릴 남자라 그 아이를 하나님 앞과 그 보좌 앞으로 올려가더라"[구약의 시편 2편 9절을 인용하는 것으로 볼 때, 이 구절에서도 시편 2편 8절이 의미하는 구약의 민족들(nations, 개역 개정 "이방 나라")을 가리키는 것으로 보인다].

요한계시록 15장 4절—"주여 누가 주의 이름을 두려워하지 아니하며 영화롭게 하지 아니하오리이까 오직 주만 거룩하시니이다 주의 의로우신 일이 나타났으매 판타 타 에트네가 와서 주께 경배하리이다 하더라"[시편 86편 9절, 70인역[14]은 85편 9절 참조. 여기서도 구약 본문을 인용하는 것으로 볼 때, 주님을 경배하러 나오는 민족들을 집합적으로 가리키는 것으로 보인다].

판타 타 에트네 또는 그 변형의 이 열여덟 가지 사례 가운데, 아마도 오직 마태복음 25장 32절의 경우만 '이방인 개인들'을 의미하는 것으로 보인다. 다른 세 가지 경우는 앞뒤 문맥에 의해 '종족 집단'의 의미로 이해되어야 한다(행 2:5, 10:35, 17:26). 또다른 여섯 가지 경우는 구약 본문과 연결된다는 점에서 '종족 집단'이라는 의미로 받아들이는 것이 타당하다(막 11:17, 눅 21:24, 행 15:17, 갈 3:8, 계 12:5, 15:4). 나머지 여덟 가지 경우(마 24:9, 24:14, 28:19, 눅 12:30, 24:47, 행 14:16, 롬 1:5, 딤후 4:17)는 이방인 개인들이든 종족 집단이든, 두 가지 중 어느 쪽으로 이해해도 괜찮아 보인다.

그렇다면 마태복음 28장 19절의 '판타 타 에트네'의 의미와 선교에 미치는 광범위한 중요성에 대해 우리는 어떤 결론을 내릴 수 있는가?

신약에서 에트노스를 단수형으로 사용하면 언제나 '종족 집단'을 가리킨다. 에트노스를 복수형으로 사용하면 때로는 '종족 집단'을, 때로는 '이방인 개인들'을 가리키지만, 대개의 경우에는 어느 쪽으로든 해석이 가능하다. '판타 타 에트네'라는 문구는 앞에서 열거한 성경 말씀으로 볼 때, 분명히 단 한 번만 이방인들을 가리키고, 아홉 번은 명확히 종족 집단을 가리킨다. 그리고 나머지 여덟 번의 경우도 종족 집단을 가리키는 쪽으로 해석할 수 있다.

이 같은 결과들을 종합해 보면, 판타 타 에트네의 의미는 현격하게 '모든 민족들(종족 집단들)' 쪽에 가깝다고 봐야 할 것이다. 이 구절이 어디에서 쓰이든 언제나 이 뜻으로 사용된다고 단언할 수는 없지만, 앞서 살펴본 내용을 근거로 말한다면 그럴 가능성이 매우 높다.

판타 타 에트네가 헬라어 구약성경에 100번 정도 나오지만 이방인 개인들이란 의미로는 한 번도 쓰인 적이 없으며, 이스라엘 밖의 종족 집단들이라는 의미에서, 언제나 '모든 민족들'이란 뜻으로 사용되었다는 것을 기억할 때 앞서 언급한 가능성은 훨씬 높아진다.[15] 선교를 바라보는 신약의 비전이 여기에 초점을 맞추고 있다는 추측은 구약의 배경을 살펴보면 그 가능성이 더욱 높아진다.

구약의 소망

구약성경은 하나님이 언젠가 세상 모든 민족들로부터 나온 사람들에게 예배를 받으실 것이라는 많은 약속과 기대로 가득 차 있다. 이 약속들은 신약의 선교 비전에 명확한 근거로 작용한다.

세상의 모든 가문이 복을 받으리라
신약의 선교 비전의 토대로, 창세기 12장 1-3절에서 하나님이 아브람에게 하신 약속을 들 수 있다.

> 여호와께서 아브람에게 이르시되 너는 너의 고향과 친척과 아버지의 집을 떠나 내가 네게 보여 줄 땅으로 가라 내가 너로 큰 민족을 이루고 네게 복을 주어 네 이름을 창대하게 하리니 너는 복이 될지라 너를 축복하는 자에게는 내가 복을 내리고 너를 저주하는 자에게는 내가 저주하리니 땅의 모든 가문들(all the families, 개역개정 "모든 족속")이 너로 말미암아 복을 얻을 것이라 하신지라.

땅의 모든 '가문들'에게 널리 복을 주겠다고 하신 이 약속은 창세기 18장 18절("천하 만민," all the nations), 22장 18절("천하 만민," all the nations), 26장 4절("천하 만민," all the nations), 28장 14절("모든 족속," all the families)에서 반복되고 있으며 이는 매우 중요하다.

창세기 12장 3절과 28장 14절에서 '모든 가문들'에 해당하는 히브리어(콜 미쉬페호트)는 헬라어 구약성경에는 '파사이 하이 필라

이'(*pasai hai phylai*)로 번역되어 있다. 필라이(*phylai*)라는 단어는 대부분의 문맥에서 '족속들'(tribes, 이스라엘과 연결될 때는 주로 '지파')을 뜻한다. 그러나 미쉬파하(*mishpaha*)는 족속보다 더 작을 수 있으며 대개는 더 작다.[16] 예를 들어 아간이 죄를 지었을 때 이스라엘은 큰 단위에서 작은 단위로 점점 내려가면서 조사를 받는다(수 7:14). 먼저 지파별로, 다음에는 미쉬파하(family, 개역개정 "족속") 단위로, 다음에는 가족(household) 단위로 말이다.

그러므로 하나님은 아브라함의 복이 상당히 작은 집단 단위로 전달되도록 의도하신 것이다. 이 약속의 파급력을 확인하기 위해 이 집단들을 정확하게 정의할 필요는 없다. 창세기에서 세 번 더 반복되고 있는 아브라함에게 주신 이 약속에는 '모든 민족들'(all the nations, 히브리어로 콜 고이에[*kol goye*])이란 어구가 사용되는데, 70인역은 세 번 다 익히 알고 있는 판타 타 에트네로 번역한다(18:18, 22:18, 26:4, "천하 만민"). 이것을 다시 선교라는 맥락에서 살펴볼 때, 판타 타 에트네라는 어구는 이방인 개인들보다는 종족 집단들을 가리킨다고 강하게 주장하는 바다.

신약은 특히 아브라함에게 주신 이 약속을 당당하게 두 번이나 인용한다. 사도행전 3장 25절에서 베드로는 유대인 군중에게 "너희는 선지자들의 자손이요 또 하나님이 너희 조상으로 더불어 세우신 언약의 자손이라 아브라함에게 이르시기를 땅 위의 '모든 가문들'(all the families)이 너의 씨로 말미암아 복을 받으리라 하셨으니"라고 말한다.

3장 25절에서 '모든 가문들'(all the families)에 해당하는 헬라어는 '파사이 하이 파트리아이'(*pasai hai patriai*)다. 이것은 창세기 12장 3절을 독립적으로 번역한 것이며, 헬라어 구약성경(파사이 하이 필라이)뿐 아니라 바울이 갈라디아서 3장 8절에서 이를 번역한 방식(판타 타 에트네)과도 다르다.[17] 그러나 종족 집단들을 지칭하는 다른 단어(파트리아이)를 선택함으로써 사도행전 기자는 초대 교회에서 이 약속이 '이방인 개인들'이 아닌 '종족 집단들'을 의미하는 것으로 이해했다는 것을 확인해 준다. 파트리아(*patria*)는 한 족속(tribe)의 하위 집단 또는 보다 일반적으로는 한 집안(clan) 또는 한 족속이 될 수도 있다.

아브라함에게 주신 약속을 신약에서 또 인용하는 곳은 갈라디아서 3장 6-8절이다.

> 아브라함이 하나님을 믿으매 그것을 그에게 의로 정하셨다 함과 같으니라 그런즉 믿음으로 말미암은 자들은 아브라함의 자손인 줄 알지어다 또 하나님이 '이방인들'(the Gentiles, 타 에트네, 개역개정 "이방")을 믿음으로 말미암아 의로 정하실 것을 성경이 미리 알고 먼저 아브라함에게 복음을 전하되 '모든 민족들'(all the nations, 판타 타 에트네, 개역개정 "모든 이방인")이 너로 말미암아 복을 받으리라 하였느니라.

흥미롭게도 모든 영어 성경 번역본은 8절에 두 번 나오는 에트네라는 단어를 다르게 번역한다. 처음 에트네는 '이방인들'로, 그 다음 에트네는 '민족들'로 옮기고 있다.

바울이 개별 '이방인들'의 칭의를 지지하는 근거로 하나님의 이 약속을 언급하는 것을 보면, 그가 아브라함의 약속에서 종족 집단을 발견하지 못했음을 알 수 있다는 주장이 나올 수도 있겠다. 의롭다 하심을 받은 이들이 개인들이니 말이다.

그러나 꼭 이 같은 결론을 내릴 필요는 없다. 바울이 창세기 18장 18절(가장 밀접한 구약성경의 병행 구절)에 나온 판타 타 에트네가 구약성경에서 지닌 의미를 인식하고 여기에는 이방인 개인들이 반드시 내포되어 있다고 추론했을 가능성이 더 높다. 그러므로 영어 성경 번역본들이 갈라디아서 3장 8절에 두 번 나오는 에트네를 각기 다른 의미로 사용한 것은 옳다.

그러므로 바울이 이 약속을 언급한다는 것은, 우리가 종족 집단이라는 개념에 너무 휩쓸린 나머지, '아브라함의 복'을 개별적으로도 경험하게 된다는 사실을 잊지 말라는 일종의 경고로 받아들일 필요가 있다.

창세기 12장 3절의 문구와 신약에서 그 문구가 어떻게 사용되었느냐 하는 점에서 우리가 내릴 수 있는 결론은, 세상을 향한 하나님의 목적은 아브라함의 복(즉 아브라함의 씨인 예수 그리스도로 말미암아 성취된 구원)이 세상 모든 민족의 종족 집단들에 이르게 하는 것이라고 하겠다. 각 종족에 속한 사람들이 그리스도를 믿고 '아브라함의 자손'(갈 3:7)과 약속의 유업을 잇는 자(갈 3:29)가 될 때 하나님의 목적은 성취될 것이다. 그리스도를 믿는 개인들의 구원 사건은 '모든 민족들'(all the nations) 가운데서 일어나게 될 것이다. 구약에 기록된 이 약속에서, 그리고 이 약속이 신약에서 인용된 경우에, 민족들 또는 종족 집단들의 규모와 구성원에 대해서는 명시적인 언급이 없다. 그러나 그 내용상 상당히 적은 무리를 가리키는 것으로 보이며, 이는 창세기 18장 18절의 '모든 민족들'(all the nations, 개역개정 "천하 만인, 또한 갈 3:8, 개역개정 "모든 이방인")에 대한 언급이 창세기 12장 3절의 '모든 가문들'의 반영이기 때문이다.

구약의 소망에 담긴 종족 집단들이 규모가 작다는 것은 시편 22편 27절(70인역에서는 21편 28절)과 96편 7절(70인역에서는 95편 7절)에 기록된 '민족들의 모든 가문들'(all the families of the nations, 개역개정 "모든 나라의 모든 족속")이라는 문구로 부각된다.

> 땅의 모든 끝이 여호와를 기억하고 돌아오며 민족들의 모든 가문들이 주의 앞에 예배하리니 나라는 여호와의 것이요 여호와는 모든 나라의 주재심이로다(시 22:27-28).

'민족들의 모든 가문들'이라는 문구는 파사이 하이 파트리아이 톤 에트논(*pasai hai patriai tōn ethnōn*)이다. 그러므로 여기서 바라보고 있는 소망은 그저 '모든 민족들'(판타 타 에트네)이 진리에 응답하여 하나님을 예배하게 되는 것이 아니라, 훨씬 더 작은 무리인 '민족들의 모든 가문들'이 그렇게 한다는 것이다. 여기서 '가문'(family)은 현대의 핵가족을 의미하는 것이 아니라, 일종의 집안(clan) 같은 것을 의미한다.[18] 이것은 예배하는 자들이 모든 '민족'(nation, 에트누스, 개역개정, "나라")에서뿐 아니라 모든 '족속'(tribe, 퓔레스, 개역개정 "족속")로부터 와서 구속함을 받는 요한계시록 5장 9절에 표현된 소망을 볼 때 확인할 수 있다.

열방의 소망

예수님이 맡기시고 사도들이 추구했던 대위임령의 범위를 파악하는 가장 좋은 방법 중 하나는 사도들이 자신들의 성경, 즉 구약을 읽으면서 품었던 소망이 무엇이었는지 깊이 들여다보는 것이다. 이 소망에 담긴 압도적인 그림 한 가지는, 하나님의 진리가 세상의 모든 종족 집단들에게 다다르고 이 집단들이 와서 참되신 하나님을 예배하게 되리라는 기대다. 이 소망은 '종족 집단'을 연상시키는 용어(종족, 민족, 족속, 가문 등)를 통해 거듭 표현되었다. 여기에 시편과 이사야서에서 같은 종류의 소망을 언급하는 구절들을 예로 뽑아 놓았는데, 이는 예수님의 대위임령에 착수하기 위한 토대로 작용한다. 이 성경 구절들은 권면, 약속, 기도, 계획 등 네 종류로 나뉜다.

- **"그의 영광을 민족들 가운데에 선포하라!"**

열방의 소망을 표현하고 있는 첫째 부류의 성경 구절들은 열방 가운데서 또 열방에 의해 하나님의 영광이 선포되고 찬양받도록 하라는 '권면'의 모음이다.

> 너희는 시온에 계신 여호와를 찬송하며 그의 행사를 종족(개역개정 "백성") 중에 선포할지어다(시 9:11).

> 너희 모든 종족들(개역개정 "만민들")아 손바닥을 치고 즐거운 소리로 하나님께 외칠지어다(시 47:1).

종족들(개역개정 "만민들")아 우리 하나님을 송축하며 그의 찬양 소리를 들리게 할지어다(시 66:8).

그의 영광을 백성들 가운데에, 그의 기이한 행적을 모든 종족들(개역개정 "만민") 가운데에 선포할지어다(시 96:3).

종족들의 가문들(개역개정 "만국의 족속들")아 영광과 권능을 여호와께 돌릴지어다 여호와께 돌릴지어다…모든 나라 가운데서 이르기를 여호와께서 다스리시니 세계가 굳게 서고 흔들리지 않으리라 그가 종족들(개역개정 "만민")을 공평하게 심판하시리라 할지로다(시 96:7, 10).

여호와께 감사하고 그의 이름을 불러 아뢰며 그가 하는 일을 종족들(개역개정 "만민") 중에 알게 할지어다(시 105:1).

너희 모든 민족들(개역개정 "모든 나라들")아 여호와를 찬양하며 너희 모든 종족들(개역개정 "모든 백성들")아 그를 찬송할지어다(시 117:1).

그날에 너희가 또 말하기를 여호와께 감사하라 그의 이름을 부르며 그의 행하심을 종족들(개역개정 "만국") 중에 선포하며 그의 이름이 높다 하라(사 12:4).

민족들(개역개정 "열국")이여 너희는 나아와 들을지어다 종족들(개역개정 "민족들")이여 귀를 기울일지어다 땅과 땅에 충만한 것, 세계와 세계에서 나는 모든 것이여 들을지어다(사 34:1).

- **"민족들은 네 빛으로 나아오리라!"**

열방의 소망을 표현하고 있는 둘째 부류의 성경 구절들은 열방이 언젠가는 참되신 하나님을 예배하리라는 '약속'의 모음이다.

> 내게 구하라 내가 민족들((개역개정 "이방 나라")을 네 유업으로 주리니 (시 2:8, 111:6 참조).
> 내가 왕의 이름을 만세에 기억하게 하리니 그러므로 민족들(개역개정 "만민")이 왕을 영원히 찬송하리로다[19](시 45:17).

> 종족들의 군주들(개역개정 "고관들")이 모임이여 아브라함의 하나님의 백성이 되도다 세상의 모든 방패는 하나님의 것임이여 그는 높임을 받으시리로다(시 47:9).

> 주여 주께서 지으신 모든 민족들이 와서 주의 앞에 경배하며 주의 이름에 영광을 돌리리이다(시 86:9).

> 여호와께서 종족들(개역개정 "민족들")을 등록하실 때에는 그 수를 세시며 이 사람이 거기서 났다 하시리로다 (셀라)(시 87:6).

> 이에 민족들(개역개정 "뭇 나라")이 여호와의 이름을 경외하며 이 땅의 모든 왕들이 주의 영광을 경외하리니(시 102:15).

그때에 종족들(개역개정 "민족들")과 나라들이 함께 모여 여호와를 섬기리로다(시 102:22).

그가 그들에게 민족들(개역개정 "뭇 나라")의 기업을 주사 그가 행하시는 일의 능력을 그들에게 알리셨도다(시 111:6).

그날에 이새의 뿌리에서 한 싹이 나서 만민의 기치로 설 것이요 민족들이(개역개정 "열방")이 그에게로 돌아오리니 그가 거한 곳이 영화로우리라(사 11:10).

만군의 여호와께서 이 산에서 모든 종족들(개역개정 "만민")을 위하여 기름진 것과 오래 저장하였던 포도주로 연회를 베푸시리니 곧 골수가 가득한 기름진 것과 오래 저장하였던 맑은 포도주로 하실 것이며 또 이 산에서 모든 민족의 얼굴을 가린 가리개와 열방 위에 덮인 덮개를 제하시며(사 25:6-7).

그가 이르시되 네가 나의 종이 되어 야곱의 지파들을 일으키며 이스라엘 중에 보전된 자를 돌아오게 할 것은 매우 쉬운 일이라 내가 또 너를 민족들(개역개정 "이방")의 빛으로 삼아 나의 구원을 베풀어서 땅끝까지 이르게 하리라(사 49:6).

내 공의가 가깝고 내 구원이 나갔은즉 내 팔이 종족들(개역개정 "만민")을 심판하리니 섬들이 나를 앙망하여 내 팔에 의지하리라(사 51:5).

여호와께서 모든 민족들(개역개정 "열방")의 목전에서 그의 거룩한 팔을 나타내셨으므로 땅끝까지도 모두 우리 하나님의 구원을 보았도다(사 52:10).

그가 많은 민족들(개역개정 "나라들")을 놀라게 할 것이며 왕들은 그로 말미암아 그들의 입을 봉하리니 이는 그들이 아직 그들에게 전파되지 아니한 것을 볼 것이요 아직 듣지 못한 것을 깨달을 것임이라(사 52:15).

보라 네가 알지 못하는 민족(개역개정 "나라")을 네가 부를 것이며 너를 알지 못하는 민족(개역개정 "나라")이 네게로 달려올 것은 여호와 네 하나님 곧 이스라엘의 거룩하신 이로 말미암음이니라 이는 그가 너를 영화롭게 하였느니라(사 55:5).

내가 곧 그들을 나의 성산으로 인도하여 기도하는 내 집에서 그들을 기쁘게 할 것이며 그들의 번제와 희생을 나의 제단에서 기꺼이 받게 되리니 이는 내 집은 모든 종족들(개역개정 "만민")이 기도하는 집이라 일컬음이 될 것임이라(사 56:7).

민족들(개역개정 "나라들")은 네 빛으로, 왕들은 비치는 네 광명으로 나아오리라(사 60:3).

내가 그들의 행위와 사상을 아노라 때가 이르면 모든 민족들과 언어들

(개역개정 "뭇 나라와 언어가 다른 민족들")을 모으리니 그들이 와서 나의 영광을 볼 것이며 내가 그들 가운데에서 징조를 세워서 그들 가운데에서 도피한 자를 여러 나라 곧 다시스와 뿔과 활을 당기는 룻과 및 두발과 야완과 또 나의 명성을 듣지도 못하고 나의 영광을 보지도 못한 먼 섬들로 보내리니 그들이 나의 영광을 뭇 나라에 전파하리라(사 66:18-19).

• **"하나님이여 모든 종족들이 주를 찬송하게 하소서"**
열방의 소망을 표현하고 있는 셋째 부류의 성경 구절들은 하나님이 민족들 가운데서 찬송받으시기를 구하는 확신에 찬 '기도'와 더불어 그 소망을 표현하고 있다.

하나님은 우리에게 은혜를 베푸사 복을 주시고 그의 얼굴빛을 우리에게 비추사 (셀라) 주의 도를 땅 위에, 주의 구원을 모든 민족들(개역개정 "모든 나라")에게 알리소서 하나님이여 종족들(개역개정 "민족들")이 주를 찬송하게 하시며 모든 민족들이 주를 찬송하게 하소서 온 백성은 기쁘고 즐겁게 노래할지니 주는 민족들을 공평히 심판하시며 땅 위의 나라들을 다스리실 것임이니이다 (셀라) 하나님이여 민족들이 주를 찬송하게 하시며 모든 종족들로(개역개정 "모든 민족"로) 주를 찬송하게 하소서(시 67:1-5).

모든 왕이 그의 앞에 부복하며 모든 민족들이 다 그를 섬기리로다(시 72:11).

그의 이름이 영구함이여 그의 이름이 해와 같이 장구하리로다 사람들이 그로 말미암아 복을 받으리니 모든 민족들이 다 그를 복되다 하리로다(시 72:17).

• "내가 민족들 가운데서 주를 찬송하리이다"
열방의 소망을 표현하고 있는 넷째 부류의 성경 구절들은 시편 기자가 하나님의 위대하심을 민족들 가운데 알리는 데 자신도 참여하려는 '계획'을 발표하고 있다.

여호와여 이러므로 내가 민족들(개역개정 "이방 나라들") 중에서 주께 감사하며 주의 이름을 찬송하리이다(시 18:49).

주여 내가 종족들(개역개정 "만민") 중에서 주께 감사하오며 민족들(개역개정 "뭇 나라") 중에서 주를 찬송하리이다(시 57:9).

여호와여 내가 종족들(개역개정 "만민") 중에서 주께 감사하고 민족들(개역개정 "뭇 나라") 중에서 주를 찬양하오리니(시 108:3).

복이 되기 위해 복을 받다

이 성경 구절들이 시사하는 것은, 하나님이 이스라엘에게 주신 죄사함과 구원의 복은 최종적으로 '세상의 모든 종족 집단들'에게 이르러야 하는 복이었다는 것이다. 이스라엘이 복을 받은 것은 열방 가운데서 복이 되기 위해서였다. 이것은 시편 67편 1-2절, "하나님은 우리에게 은혜를 베푸사 복을 주시고 그의 얼굴빛을 우리에게 비추사 (셀라) [왜?] 주의 도를 땅 위에, 주의 구원을 '모든 민족들'(all nations)에게 알리소서"에 가장 잘 표현되어 있다. 복은 모든 민족들에게 다다르는 방편으로서 이스라엘에게 먼저 왔던 것이다. 이것이 구약의 소망이다. 구원의 복은 결국 모든 민족들, 즉 열방을 위한 것이다.

선교의 하나님 vs 마지못해 억지로 하는 선지자

구약성경 가운데 하나님이 민족들을 구원하시려는 의도를 가장 생생하게 보여 주고 또 예증해 주는 경우 중 하나가 요나서에 나온다. 선지자 요나는 이방의 도시 니느웨로 가서 말씀을 전하라는 위임을 받았다. 그는 하나님이 긍휼하신 까닭에 니느웨 백성들을 용서하실 것을 알았기 때문에 오히려 이를 외면하고 빠져나가려 했다. 요나서의 요지는 물고기가 아니다. 선교와 인종 차별주의와 민족 중심주의에 대한 것이다. 그 요지는 이렇다. 요나처럼 인색하지 말고 하나님처럼 긍휼하라.

니느웨 사람들은 요나가 마지못해 억지로 한 설교에도 회개했다. 그들의 회개를 보신 하나님은 어떻게 하셨는가? "하나님이 그들이 행한 것 곧 그 악한 길에서 돌이켜 떠난 것을 보시고 하나님이 뜻을 돌이키사 그들에게 내리리라고 말씀하신 재앙을 내리지 아니하시니라"(욘 3:10). 요나가 우려하던 것이 현실로 나타났다.

요나가 매우 싫어하고 성내며 여호와께 기도하여 이르되 여호와여 내가 고국에 있을 때에 이러하겠다고 말씀하지 아니하였나이까 그러므로 내가 빨리 다시스로 도망하였사오니 주께서는 은혜로우시며 자비로우시며 노하기를 더디하시며 인애가 크시사 뜻을 돌이켜 재앙을 내리지 아니하시는 하나님이신 줄을 내가 알았음이니이다 여호와여 원하건대 이제 내 생명을 거두어 가소서 사는 것보다 죽는 것이 내게 나음이니이다 하니(욘 4:1-3).

요나는 모범적인 선교사가 아니다. 그의 인생은 '이렇게 하면 안 된다'의 예다. 요나가 성읍에서 나와 불쾌한 기분으로 주저앉아 있을 때 하나님은 그의 머리 위로 박넝쿨이 자라 그늘을 드리우게 하신다. 그러다 박넝쿨이 시들고 땡볕 아래 고스란히 있게 되자 요나는 이를 매우 아쉬워하고 심지어 성내기까지 한다. 하나님은 그런 요나에게 말씀하신다. "네가 수고도 아니하였고 재배도 아니하였고 하룻밤에 났다가 하룻밤에 말라 버린 이 박넝쿨을 아꼈거든 하물며 이 큰 성읍 니느웨에는 좌우를 분변하지 못하는 자가 십이만여 명이요 가축도 많이 있나니 내가 어찌 아끼지 아니하겠느냐"(욘 4:10-11).

선교와 관련해 요나서에 담긴 메시지는 단지 하나님이 자기 백성뿐 아니라 민족들에게도 긍휼을 베푸실 준비가 되어 있다는 정도가 아니라 예수님이 자신을 '요나보다 더 큰 이'라고 밝히셨다는 것이다(마 12:39-41). 예수님이 요나보다 더 위대하신 이유는, 그분이 물고기 뱃속에서 살아남는 것보다 더 위대한 부활을 이루셨을 뿐 아니라, 그분이 하나님이 베푸시는 것과 동일한 긍휼을 베푸시기 때문이다. 토마스 칼라일(Thomas Carlisle)의 시, '너 요나'는 이런 문구로 끝난다.

> 그리고 요나는
> 그늘진 자리에 앉아
> 하나님을 기다린다
> 자기 삶의 방식에
> 화답해 주시기를
> 그리고 오늘도 하나님은
> 안락한 집에 앉은
> 요나들을 기다리신다
> 자신의 사랑의 방식에
> 화답해 주기를.[20]

이 구약의 소망이 신약의 선교 비전에 어떤 영향력을 끼쳤는지 보기 위해, 이제 사도 바울과 선교 과업에 대한 그의 생각을 살펴보고자 한다. 구약이 품었던 소망은 선교사 바울의 평생에 걸친 사역에서 명백한 기초를 이루고 있다.

선교 과업에 대한 바울의 생각

우리는 이 장 초반부에서 바울이 창세기 12장 3절을 어떻게 사용했는지(갈 3:8) 살펴보았다. 바울은 아브라함 안에서 모든 민족들이 복을 받으리라는 약속을 보고, 그리스도께서 아브라함의 참 자손이며 그렇기 때문에 믿음으로 그리스도와 연합하는 사람들은 모두 아브라함의 자손이자 약속의 후사가 된다는 논증을 펼쳤다. "그런즉 믿음으로 말미암은 자들은 아브라함의 자손인 줄 알지어다…너희가 그리스도의 것이면 곧 아브라함의 자손이요 약속대로 유업을 이을 자니라"(갈 3:7, 29). 바울은 아브라함의 복이 어떻게 민족들에게도 주어지는지를 진술한 것이다. 이 복은 아브라함의 씨 그리스도로 말미암아 가능해졌다. 사람들은 믿음으로 그리스도와 연합하고 아브라함의 복을 유업으로 받는다. "그리스도께서 우리를 위하여 저주를 받은 바 되사 율법의 저주에서 우리를 속량하셨으니…이는 그리스도 예수 안에서 아브라함의 복이 이방인에게 미치게 하고 또 우리로 하여금 믿음으로 말미암아 성령의 약속을 받게 하려 함이라"(갈 3:13-14). 그러므로 창세기 12장 3절의 약속은 그리스도께 속한 교회의 선교사들이 복음의 메시지를 땅의 모든 족속에게까지 널리 전할 때 실현된다.

어떻게 해서 아브라함이 많은 민족들의 조상이 되는가?

그러나 바울은 아브라함에게 주신 약속과 자신이 민족들을 향해 나아가도록 부르심 받은 것 사이에 또 다른 연관성이 있음을 보았다. 바울은 창세기 17장 4-5절에서 하나님이 아브라함을 무수히 많은 민족들의 조상이 되게 하시겠다고 한 약속을 읽었다. "보라 내 언약이 너와 함께 있으니 너는 '여러 민족의 아버지'(the father of a multitude of nations)가 될지라 이제 후로는 네 이름을 아브람이라

하지 아니하고 아브라함이라 하리니 이는 내가 너를 '여러 민족의 아버지'가 되게 함이니라."

앞에서 우리는 여기에 나온 '여러 민족'(nations)이 이방인 개인들이 아닌 종족 집단들을 가리킨다는 것을 살펴보았다. 그러나 이 약속은 어떻게 성취되는가? 어떻게 해서 한 유대인이 무수히 많은 민족들의 아버지가 될 수 있는가? 아브라함이 이스라엘 열두 지파의 증조부이고 이스마엘의 아버지요 그 후손의 조상이며, 또 에서의 할아버지이고 에돔 족속의 조상이 되었다는 말로는 충분하지 않을 것이다. 열넷은 무수히 많은 숫자가 아니기 때문이다.

여기에 대한 바울의 대답은 그리스도를 믿는 모든 사람이 아브라함의 자녀가 된다는 것이다. 이렇게 해서 아브라함은 '무수히 많은 민족들'의 아버지가 된다. 왜냐하면 선교사들이 복음이 미치지 못한 모든 미전도 종족 집단들에게 이르게 될 때 모든 민족에서 믿는 자들을 찾을 수 있기 때문이다. 바울이 펼치는 논증은 이렇다. 로마서 4장 11절에서 바울은 아브라함이 할례 받기 전 믿음으로 얻은 의의 표징으로 할례를 받았다고 한다. "그가 할례의 표를 받은 것은 무할례시에 믿음으로 된 의를 인친 것이니 이는 무할례자로서 '믿는 모든 자의 조상이 되어' 그들도 의로 여기심을 얻게 하려 하심이라"(롬 4:11). 다시 말하면, 하나님과의 관계에서 아브라함에게 결정적인 일은 유대인들을 구별하는 표시인 할례를 받기 전에 일어났다는 것이다. 그러므로 참으로 아브라함의 영적 자손이 된다는 것은 유대인이라는 표시가 아니라 아브라함의 믿음을 함께 나누는 것이다.

그러므로 아브라함이 어떻게 많은 민족들의 아버지가 되느냐는, 열방이 그의 믿음을 함께 나누고 하나님이 아브라함과 맺으신 언약으로 말미암아 넘쳐나는 축복의 동일한 근원에 연합함으로써 이루어진다. 이러한 관점에서 바울은 로마서 4장 16-17절에서 "그러므로 상속자가 되는 그것이 은혜에 속하기 위하여 믿음으로 되나니 이는 그 약속을 그 모든 후손에게 굳게 하려 하심이라 율법에 속한 자(즉 유대인들)에게뿐만 아니라 아브라함의 믿음에 속한 자(즉 비유대인 민족들)에게도 그러하니 아브라함은 우리 모든 사람의 조상이라 기록된 바 내가 너를 많은 민족의 조상으로 세웠다 하심과 같으니 그가 믿은 바 하나님은 죽은 자를 살리시며 없는 것을 있는 것으로 부르시는 이시니라"고 말한다.

바울은 아브라함을 무수히 많은 민족들의 아버지가 되게 하리라는 하나님의 말씀을 읽으면서 이를 다름 아닌 대위임령으로 이해했던 것이다. 이 민족들은, 오직 선교사들이 예수 그리스도를 믿음으로 말미암는 구원의 복음을 들고 그들에게 다다를 때 아브라함의 후손이 되고 그 복을 누리게 된다. 그러므로 바울이 자기가 받은 선교의 부르심을 뒷받침하고자 하나님의 빛과 구원이 민족들을 찾아가리라고 예언한 구약의 약속을 언급한 것은 놀라운 일이 아닙니다.

"내가 너를 민족들의 빛으로 삼아"
예를 들어, 사도행전 13장 47절에서 바울이 이방 민족들에 대한 자신의 사역을 설명한 것을 보면, 하나님이 자기 종을 민족들의 빛으로 삼겠다고 하신 이사야 49장 6절에 근거하고 있다. 바울이 첫 번째 선교 여행 중 비시디아 안디옥 회당에서 설교할 때 유대인들은 "그 무리를 보고 시기가 가득하여 바울이 말한 것을 반박하고 비방"(행 13:45)했다. 그래서 바울과 바나바는 회당에서 돌이켜 다른 종족 집단들 출신 사람들에게 사역의 초점을 맞추게 된다. 바울은 이런 결정을 내리게 된 배경을 설명하고자 이사야 49장 6절을 인용하면서 "하나님의 말씀을 마땅히 먼저 너희에게 전할 것이로되 너희가 그것을 버리고 영생을 얻기에 합당하지 않은 자로 자처하기로 우리가 이방인에게로 향하노라 주께서 이같이 우리에게 명하시되 내가 너를 이방(에트논, 민족들)의 빛으로 삼아 너로 땅끝까지 구원하게 하리라 하셨느니라"(행 13:46-47)고 말한다.

왜 영어 성경 번역본은 이사야 49장 6절의 구약 원본에 담긴 의미를 보존하지 않고 "내가 너를 이방(Gentiles)의 빛으로 삼아"라고 번역한 것인지 도무지 알 수 없다(한글 개역개정 역시 '이방'으로 번역했다-역자 주). 이사야 49장 6절에 담긴 히브리 원어는 '고임'이며, '이방인 개인들'이 아닌 '종족 집단들'을 의미한다. 그렇게 볼 때 이 말씀에서 드러난 바울의 견해는 갈라디아서 3장 8절과 다를 것이 없다. 그는 구약에서 '민족들'을 언급한 것을 보고 이것이 또한 개별 '이방인들'도 가리킨다는 불가피한 추론을 이끌어 냈을 뿐이다. 그러므로 우리는 바울의 선교 비전이 아브라함에게 하신 약속뿐 아니라 구원이 모든 민족들, 즉 열방에게 이를 것에 대한 더 폭넓은 구약의 소망을 묵상함으로써 형성되었음을 알 수 있다.

미전도 종족들에 대한 바울의 열정

이것은 로마서 15장에서 놀랍게 확인된다. 여기서 바울은 단지 이방인 개인들을 더 많이 찾아가는 것이 아니라 더 많은 종족 집단들을 찾아가는 것이 자신의 부르심이라고 여긴 게 분명해 보인다.

로마서 15장 8-9절에서 바울은 그리스도께서 오신 이중 목적을 밝히고 있다. "내가 말하노니 그리스도께서 하나님의 진실하심을 위하여 할례의 추종자가 되셨으니(즉 유대인으로 성육신하셨으니) 이는 [1] 조상들에게 주신 약속들을 견고하게 하시고 [2] 이방인들(타 에트네)도 그 긍휼하심으로 말미암아 하나님께 영광을 돌리게 하려 하심이라." 그러므로 그리스도께서 오신 첫째 목적은 하나님은 진실하고 신실하신 분이며, 그 예로 아브라함에게 주신 약속을 지키셨다는 것을 증명하시기 위해서였다. 그리고 그리스도께서 오신 둘째 목적은 민족들이 그 긍휼하심으로 말미암아 하나님께 영광을 돌리게 하는 것이었다.

이 두 가지 목적은 서로 겹치는데, 조상들에게 주신 약속 중 한 가지는 분명 아브라함의 복이 '땅의 모든 가문들'(all the families of the earth)에게 임하리라는 것이었기 때문이다. 이는 우리가 구약의 소망에서 본 것과 완벽한 조화를 이룬다. 이스라엘이 복을 받는 것은 민족들이 복을 받게 하기 위해서다(시 67편). 마찬가지로 그리스도께서 이스라엘에 오신 것은 민족들이 긍휼하심을 입고 하나님께 영광을 돌리게 하기 위해서다.

열방의 소망에 흠뻑 빠진 바울

그 다음으로 바울은 민족들을 향한 하나님의 뜻에 대한 주장을 뒷받침하기 위해 '에트네'에 관한 구약의 말씀들을 인용한다. 여기서 사용된 '에트네'는 모두 구약의 맥락에서 볼 때 단순히 이방인 개인들이 아닌 민족들, 즉 열방을 언급하고 있다.

> 기록된 바 그러므로 내가 민족들(에트네신, 개역개정 "열방") 중에서 주께 감사하고 주의 이름을 찬송하리로다 함과 같으니라(롬 15:9, 시 18:49 인용).

> 민족들(에트네, 개역개정 "열방들")아 주의 백성과 함께 즐거워하라(롬 15:10, 신 32:43 인용).

> 모든 민족들(판타 타 에트네, 개역개정 "열방들")아 주를 찬양하며 모든 백성들아 그를 찬송하라(롬 15:11, 시 117:1 인용).

> 이새의 뿌리 곧 민족들(에트논, 개역개정 "열방")을 다스리기 위하여 일어나시는 이가 있으리니 민족들(에트네, 개역개정 "열방")이 그에게 소망을 두리라(롬 15:12, 사 11:10 인용).

여기서 바울이 (율법서, 예언서, 시편에서 가져와) 인용한 일련의 말씀들이 정말 놀라운 것은, 바울이 이 말씀들을 외우고 있었거나 아니면 애써 이 말씀들을 구약에서 찾아 냈다는 점이다. 성구 사전도 없이 말이다! 어느 쪽이든 간에 이는 바울이 자기가 선교사로 부르심 받은 것을 모든 열방에 복음이 전해지리라는 구약의 소망에 의거해서 보려고 애썼음을 보여 준다. 이 말씀들이 종족 집단에 초점을 맞추고 있다는 것에는 구약 문맥으로 볼 때 오해의 여지가 없다. 이러한 사실은 시편 117편 1절을 인용한 로마서 15장 11절에서 가장 분명하게 드러난다. 여기서 '모든 민족들'(all nations, 판타 타 에트네)과 '모든 종족들'(all the peoples, 판테스 호이 라오이)이 나란히 언급된다는 점에 주목하라. 헬라어 '라오이'(*laoi*)는 개인이 아닌 집단을 가리킨다. 이 구절에서 에트네는 라오이와 짝을 이룬다.

예루살렘에서 일루리곤까지: 일이 완수되었다!
그러므로 우리가 다음으로 살펴볼 내용은, 종족 집단이라는 구심점이 바울의 실제 선교에서 어떻게 나타났느냐 하는 것이다. 그의 목표는 가능한 많은 이방인 개인들에게 이르는 것이었는가, 아니면 가능한 많은 종족 집단들 또는 민족들에게 이르는 것이었는가? 로마서 15장 18-21절은 깜짝 놀랄 대답을 내놓는다.

> 그리스도께서 이방인들(에트논, nations)을 순종하게 하기 위하여 나를 통하여 역사하신 것 외에는 내가 감히 말하지 아니하노라 그 일은 말과 행위로 표적과 기사의 능력으로 성령의 능력으로 이루어졌으며 그리하여 내가 예루살렘으로부터 두루 행하여 일루리곤까지 그리스도의 복음을 편만하게 전하였노라 또 내가 그리스도의 이름을 부르는 곳에는 복음을 전하지 않기를 힘썼노니 이는 남의 터 위에 건축하지 아니하려 함이

라 기록된 바 주의 소식을 받지 못한 자들이 볼 것이요 듣지 못한 자들이 깨달으리라 함과 같으니라.

문자 그대로 번역하면, 바울은 "내가 예루살렘에서 일루리곤까지 두루 다니며 복음 전파 사역을 완수했다(fulfilled,페플레로케나이[peplērōkenai])"고 말하고 있다. 이것은 도대체 무슨 뜻인가? 우리는 바울이 로마서를 기록하던 시점에 아직도 이 지역에 구원받아야 할 수많은 영혼들이 있었다는 것을 알고 있다. 바울과 베드로가 이 지역 교회들에 편지를 쓴 것도 마찬가지로 그와 같은 생각이 깔려 있었기 때문이다. 이 지역은 남부 팔레스타인에서 북부 이탈리아에 이르는 광활한 영역이다. 그런데도 바울은 전도 사역을 수행한 지 겨우 10-15년밖에 안 되었는데, 자신은 이 전 지역에서 복음 전파 사역을 완수했다고 말하고 있다.

바울은 디모데를 에베소에(딤전 1:3), 디도를 그레데에(딛 1:5) 남겨 두어 구체적으로 "전도자의 일"(딤후 4:5)을 계속하게 했다. 이를 보면 그가 여전히 이곳에서의 사역이 필요하다고 믿었음을 알 수 있다. 그런데도 바울은 이 지역 전체에서 복음 전파 사역을 완수했다고 말한다. 사실 그는 한술 더 떠서 로마서 15장 23절에서 "이제는 이 지방에 일할 곳이 없고 또 여러 해 전부터 언제든지 서바나로 갈 때에 너희에게 가기를 바라고 있었으니"라고 말한다. 이것은 참으로 놀랍다! 어떻게 바울은 이 지역에서 복음 전파 사역을 완수했을 뿐 아니라 더 일할 곳이 없다고 말할 수 있는가? 아직 그 지역엔 구원받아야 할 수많은 영혼이 있잖은가? 그런데도 그는 모든 일을 완수했으므로 이제 스페인으로 가려고 한다(롬 15:24). 이것은 무슨 뜻인가?

이것은 선교 과업에 대한 바울의 개념이 단지 더욱더 많은 사람들을 그리스도에게 인도하는 것(이 일은 바울이 익숙한 지역에서 하려고만 했다면 매우 효과적으로 잘할 수 있는 일이었다)이 아니라 더욱더 많은 종족들 또는 민족들을 그리스도에게 인도하는 것이었음을 보여 준다. 새로운 지역에 가는 것이 그의 주된 관심사가 아니었다. 그는 미전도 종족들(unreached peoples)에게 가겠다는 비전에 사로잡혀 있었다. 방금 인용한 로마서 15장 9-12절은 그의 마음이 열방의 소망과 관련된 구약성경 말씀에 흠뻑 빠져 있었음을 보여 준다.

하지만 종족 집단을 지나치게 강조하다 보면 자칫 '지역'이 갖고 있는 성경적 의미를 놓칠 수 있다. 데이비드 플랫은 "미전도 종족에 대해 재고하다"[21]라는 제목의 기고문에서 이러한 점을 경고했다. 그는 미전도 지역이 갖고 있는 성경적 의미를 분명히 하기 위해 '미전도'(unreached)를 다음과 같이 정의하자고 제안했다.

> 미전도 종족과 지역은 그리스도가 거의 알려지지 않았으며 외부의 도움 없이 더 많은 주민에게 그리스도를 전하기에는 상대적으로 교회의 규모가 부족한 종족들과 지역들을 말한다.[22]

이렇듯 지역을 새롭게 포함시켜야 하는 이유에 대해 그는 다음과 같이 말한다.

그러나 그와 동시에 성경에서 무시하지 말아야 할 것은 초대 교회를 통해 복음이 전파되는 과정을 기록할 때 성경 저자들이 종족뿐 아니라 지역에도 매우 집중했다는 사실이다. 누가가 바울의 선교 여행 이야기를 설명할 때 주로 그는 종족에서 종족이 아니라 도시에서 도시로, 지역에서 지역으로 복음이 전파되었다고 기록한다. 사도행전은 교회가 예루살렘으로부터 온 유대와 사마리아를 거쳐 땅끝까지 지리적으로 확장하는 과정을 기록한다(행 1:8). 뿐만 아니라 로마서 15장 18-21절에서 바울이 그리스도의 이름을 부르지 않는 곳에 복음을 전하겠다는 자신의 열정을 설명할 때도 종족이 아닌 지역이라는 측면에서 이야기했다. "내가 예루살렘으로부터 두루 행하여 일루리곤까지 그리스도의 복음을 편만하게 전하였노라"(롬 15:19).[23]

플랫의 글에서 얻을 수 있는 중요한 통찰이 있다. 종족 집단을 강조하다 보면 (새로 개척한) 기독교 교회를 향해 자기 종족뿐 아니라 모든 종족을 품으라고 요청해야 한다는 사실을 간과할 위험이 있다는 것이다. 갓 회심한 그리스도인의 사고방식에 자민족 중심주의를 심는 것은 성경적으로 심각한 잘못이다. 플랫은 세계 복음화에 관심을 가질 때 지역에 대해서도 강조해야 함을 역설한다.

특별히 미전도 '지역'에 중점을 두는 것은 교회 개척과 특별히 관련 있다. 다양한 종족 집단들이 살고 있는 지역들에 선교사들이 가서 제자를 삼을 때 우리의 목표는 특정 종족 집단 내에서 교회를 개척하는 것이 아니라, 특정 지역에서 교회를 개척하는 것이다. 앞서 논의한 바와 같이 신약성경에 나오는 선교 패턴은 미전도 지역에 교회를 개척하는 데 분명한 우선순위를 두고 있다. 바울은 예루살렘에서 일루리곤에 이르기까지 두루 다니며 더베, 루스드라, 이고니움, 데살로니가, 고린도 등 미전도된 도시에 교회를 개척했다. 특정 지역에 교회가 개척될 때 이들 교회는 하나님의 계획을 따라 서로 다른 종족 집단을 아우르게 된다. 바울은 유대인만을 위한 교회나 이방인만을 위한 교회를 개척하지 않았다. 그는 같은 언어를 쓰고 있는 한 (서로 다른 종족 집단인) 유대인과 이방인을 한 교회로 불렀다. 신약성경에서는 하나의 종족 집단으로만 이루어진 단일 교회 개척을 우선시하지 않았다.[24]

플랫은 미전도 종족을 지나치게 강조하다 미전도 지역을 도외시하게 될 위험성을 경고했는데, 나는 이에 동의한다. 내가 이 장에서 이야기한 내용을 해석할 때 '지역'이 갖고 있는 성경적 비중을 간과해선 안 된다. 그럼에도 불구하고 1900년대 중반에 '종족 집단'에 대한 개념을 새롭게 주목하게 된 것은 대단히 중요한 발전이었다고 생각한다. 우리는 비단 성경의 사례를 통해서만 배울 수 있는 게 아니다. 선교를 위한 전략적 접근을 하다 보면, 미전도 '지역'에 집중하더라도 막상 그곳을 대표하는 사람이 누구이고 언어가 무엇이며 문화가 어떠한지 질문하게 될 것임을 예상할 수 있다. 그러므로 "성경에 충실한 선교를 수행할 때 미전도 '종족 집단'과 미전도 '지역' 둘 다 고려해야 한다"[25]는 플랫의 결론은 옳다.

소망에 대한 예언적인 비전이 그를 몰고 갔다

바울이 로마서 15장 20절에서 "그리스도의 이름을 부르는 곳에는 복음을 전하지 않기를 힘썼노니 이는 남의 터 위에 건축하지 아니하려 함이라"고 말하면서, 그가 마음에 둔 것은 무엇이었는가? 혹자는 교회 개척 사역의 공로를 독차지하고 싶은 일종의 자아 욕구가 아니었는가 하고 비판할 수 있다. 그러나 이는 우리가 성경을 통해 알고 있는 바울이 아니다. 문맥 또한 이런 것을 암시하지 않는다.

그 다음 구절(롬 15:21)은 바울의 마음에 있던 것이 무엇인지 보여 준다. 즉 '온 세상을 향한 하나님의 뜻'에 대한 구약의 개념이야말로 개척 선교사로서 바울의 마음을 차지하고 있던 비전이었다. 그것은 또한 소망에 대한 선지자적 비전이었다고 말할 수 있다. 바울은 이사야 52장 15절을 인용해 이렇게 말한다. "주의 소식을 받지 못한 자들이 볼 것이요 듣지 못한 자들이 깨달으리라"(롬 15:21).

구약에서는 이 말씀 바로 앞에 다음과 같은 말씀이 나온다. "그가 '많은 민족들(에트네 폴라, 개역개정 "나라들")'을 놀라게 할 것이며 왕들은 그로 말미암아 그들의 입을 봉하리니"(사 52:15). 의심할 바 없이 바울도 주님으로부터 위임을 받을 때 이와 다르지 않은 말씀을 받은 사실을 잘 알고 있었을 것이다. 부활하신 주 예수님은 이사야 52장 15절을 연상케 하는 표현으로, 바울에게 그가 "내(그리스도의) 이름을 이방인들(에트논, 즉 "민족들")과 임금들" 앞에 전하게 될 것이라(행 9:15)고 말씀하신 바 있다.

다시 말해, 바울은 주님께로부터 직접 위임받은 사명에 몰두해 있었으며, 이 사명은 소망에 대한 선지자적 비전에 의해 더욱 견고

하고 풍성해졌다. 구체적으로는 구약에서 드러난 하나님의 뜻, 즉 하나님이 땅의 모든 민족들(개역개정 "모든 이방인")에게 복을 주시고(갈 3:8), 모든 족속(개역개정 "모든 백성들")에게 찬양을 받으시고(롬 15:11), 땅끝까지 구원하시고(행 13:47), 아브라함을 많은 민족들의 조상이 되게 하시고(롬 4:17), 알려지지 않은 모든 무리들 가운데서 이해되시려 한(롬 15:21) 그 목적에 사로잡혀 있었다.[26]

그러므로 자신의 구체적인 선교 과업에 대해 바울은, 지금 그리스도가 전파되고 있는 스페인 같은 지역들과 그 종족들을 넘어 '주의 소식을 받지 못한 자들'에게로 가야 한다는 부담감을 안고 있었다. 하나님이 바울에게 선교를 위임하시면서 베푸신 '은혜'는 더욱더 많은 지역들과 종족들 가운데 복음의 기초석을 놓는 사람이 되는 것이었다. 그것을 위해 그가 수행해야 하는 목표는, 할 수 있는 한 많은 이방인 개인들에게 다가가는 것이 아니라 할 수 있는 한 많은 미전도 종족들에게 찾아가는 것이었다. 이것이 바울의 구체적인 선교 비전이었다.

모든 열방으로 그 이름 앞에 순종하게 함

이런 배경을 놓고 볼 때 로마서 서두와 말미에 나오는 선교적 말씀들은 명백히 '종족 집단'적 성격을 띠고 있다. 일찍이 우리는 이 두 구절에 담긴 '판타 타 에트네'가 모호하다고 말한 바 있다.

그러나 이제 우리가 살펴본 것, 곧 구약에서 이 표현이 어떻게 사용되었으며 바울이 그 구약의 소망에 어떻게 의지했는지를 고려할 때, 바울은 이방인 개인들이 아니라 '민족들' 또는 '종족 집단들'

을 염두에 두고 있었을 가능성이 매우 높다.

> 그(그리스도)로 말미암아 우리가 은혜와 사도의 직분을 받아 그의 이름을 위하여 **모든 민족들**(파신 토이스 에트네신, 개역개정 "모든 이방인") 중에서 믿어 순종하게 하나니(롬 1:5).

> 이제는 나타내신 바 되었으며 영원하신 하나님의 명을 따라 선지자들의 글로 말미암아 **모든 민족들**(판타 타 에트네)이 믿어 순종하게 하시려고 알게 하신 바 그 신비의 계시를 따라 된 것이니 이 복음으로 너희를 능히 견고하게 하실(롬 16:26).

바울은 선교사로서 자신이 받은 '은혜와 사도의 직분'을 '모든 민족들'(열방)이 믿어 순종하게 하라는 '명령'을 완수하도록 하나님이 정하신 방편 중 하나로 보았다. 이 부르심을 위해 그는 자기 목숨을 바쳤다.

선교 과업에 대한 요한의 비전

사도 요한의 글에 나오는 선교 과업에 대한 비전을 살펴보면, 바울이 가졌던, '모든 족속들'을 향한 구약의 소망이 사도들 사이에서 유별난 것이 아니었음을 확인할 수 있다. 요한계시록과 요한복음에 나오는 비전은 단지 이방인 개인들이 아닌 종족 집단들에게 이르러야 한다는 선교의 핵심 과업을 당연하게 받아들이고 있다.

결정적인 말씀은 요한계시록 5장 8-10절이다. 요한은 구속함을 받은 자들이 하나님의 보좌 앞에 나아와 예배하는 구속 사역의 클라이막스를 보고 있다. 여기서 누가 이 무리에 참여하고 있느냐가 매우 중요하다.

> 네 생물과 이십사 장로들이 … 새 노래를 불러 이르되 두루마리를 가지시고 그 인봉을 떼기에 합당하시도다 일찍이 죽임을 당하사 각 족속과 언어와 종족과 민족(every tribe and language and people and nation, 개역개정 "각 족속과 방언과 백성과 나라") 가운데에서 사람들을 피로 사서 하나님께 드리시고 그들로 우리 하나님 앞에서 나라와 제사장들을 삼으셨으니 그들이 땅에서 왕 노릇 하리로다 하더라.

이 장면에 자리하고 있는 선교 비전은 교회의 사명이 모든 종족과 언어와 족속과 민족 가운데서 구속받은 자들을 모은다는 것이다.[27] 모든 종족들에게 복음이 이르러야 하는 까닭은, 하나님이 자기 아들의 죽음으로 말미암아 속량하신 사람들이 그 복음을 믿도록 정하셨기 때문이다. 구속 계획이 이러하므로 이에 따른 선교 전략이 수립되어야 한다. 그리고 이 구속 계획(그리스도의 속량하심, 9절)은 모든 종족들에게 미친다는 점에서 '보편적'이며, 모든 종족들 중에서 실제로 일부만을 속량한다는 점에서 '한정적'이다. 그러므로 선교의 과업은 복음 전파를 통해 모든 종족들 중에서 구속받은 자들을 모으는 것이다.

흩어진 자녀들 모으기

요한이 선교를 이렇게 이해하고 있었다는 것은 그가 쓴 복음서에서 강력하게 확인된다. 요한복음 11장 50-52절에서 대제사장 가야바는 분노하는 유대인 공회를 향해 예수님을 제거할 것을 촉구하는데, 이는 "한 사람이 그 백성을 위하여 죽어서 온 민족이 망하지 않게 되는 것이 너희에게 유익하기" 때문이라고 한다. 그때 요한은 가야바가 한 이 말에 대해 논평한다. 요한의 말은 그의 선교 비전을 이해하는 데 매우 중요하다. 요한은 이렇게 말한다.

> (가야바가) 이 말은 스스로 함이 아니요 그해의 대제사장이므로 예수께서 그 민족을 위하시고 또 그 민족만 위할 뿐 아니라 흩어진 하나님의 자녀를 모아 하나가 되게 하기 위하여 죽으실 것을 미리 말함이러라.

이것은 요한계시록 5장 9절에서 제시하는 요한의 선교 개념과 놀랍게 연결된다. 요한계시록에는 그리스도의 죽으심이 "각 족속과 언어와 종족과 민족 가운데에서 사람들을 피로 사셨다"고 나온다. 여기 요한복음 11장 52절에는 그리스도의 죽으심이 모든 민족들(열방) 가운데 흩어진 하나님의 자녀를 모은다고 나온다. 다시 말하면, 두 말씀 모두 선교 과업을 그리스도께서 속량하신 자들을 모으는 것으로 그리고 있다. 요한은 그 사람들을 '하나님의 자녀'라고 부른다.

그러므로 '흩어진'(요 11:52)은 그 온전한 의미 그대로 받아들여야 마땅하다. 즉 세상에는 종족들이 널리 흩어져 있는 것만큼이나

'하나님의 자녀들'도 널리 흩어져 있다는 것이다. 선교 과업은 모든 족속과 언어와 종족과 민족 가운데 있는 하나님의 자녀들을 찾아가는 것이다. 그리고 그 방법은 선교사들의 말씀 전파로 그들에게 다다르는 것이다. 이것이 바로 예수님이 요한복음 17장 20절에서 "내가 비옵는 것은 이 사람들만 위함이 아니요 또 '그들의 말로 말미암아 나를 믿는 사람들도' 위함이니"라고 하신 말씀에 담겨 있는 의미다.

이는 예수님이 유대인들만 위해 죽으시는 것이 아니라 세상에 흩어져 있는 하나님의 자녀들을 하나로 모으시려 함이라고 한 요한복음 11장 52절과 병행하는 말씀이다. 예수님의 죽으심의 구원하는 능력은 세상 모든 민족에게 미치지만, 이는 오직 그리스도께서 보내시는 이들이 전하는 말씀으로 말미암아 이루어질 것이다.

다른 양들도 내가 인도하여야 할 터이니!

요한복음 10장 16절의 선교 본문에서도 이와 맥을 같이하는 관점이 드러난다. 예수님은 "또 이 우리에 들지 아니한 다른 양들이 내게 있어 내가 인도하여야 할 터이니 그들도 내 음성을 듣고 한 무리가 되어 한 목자에게 있으리라"고 말씀하셨다. "이 우리"는 이스라엘 백성을 가리킨다. "다른 양들"은 세상에 흩어진 "하나님의 자녀들"(요 11:52)을 가리킨다. 이들은 요한계시록 5장 9절의 "각 족속 가운데서 피로 사신" 사람들이다. 그러므로 "그들도 내가 인도하여야 할 터이니"라는 말씀은 주님이 자신의 선교 목적을 반드시 완수하겠다는 매우 강력한 다짐이다. 주님은 이 땅의 모든 종족 가운데서 자기 '양들' 또는 '하나님의 자녀들' 또는 '피로 사신 자들'을 모으실 것이다. 마태복음 16장 18절에서 말씀하신 것처럼, 주님은 자기 교회를 세우실 것이다.

그러므로 요한의 복음서는 요한계시록 5장 9절에 암시된 선교의 목적과 확실성에 엄청난 힘을 실어 준다. 예수님은 세상의 모든 종족 가운데서 사람들을 피로 사셨다. 그리고 모든 종족 가운데 흩어진 '하나님의 자녀들'을 모으기 위해 죽으셨다. 그러므로 예수님은 이 방황하는 양들을 모두 자기 우리에 들여 놓으셔야만 한다! 그리고 이들은 예수님의 메신저들이 전한 말씀을 통해 그 우리에 들어가게 될 것이다.

다시 또다시: 민족, 족속, 종족, 언어

요한계시록의 다른 네 단락의 말씀도 요한이 선교 과업을 세상의 모든 종족들 집단에게 이르러 구속함을 받은 자들이 모이게 하는 것으로 이해하고 있음을 확인시켜 준다.

> 이 일 후에 내가 보니 각 민족과 족속과 종족과 언어(개역개정 "각 나라와 족속과 백성과 방언)에서 아무도 능히 셀 수 없는 큰 무리가 나와 흰옷을 입고 손에 종려 가지를 들고 보좌 앞과 어린양 앞에 서서 큰 소리로 외쳐 이르되 구원하심이 보좌에 앉으신 우리 하나님과 어린양에게 있도다 하니(계 7:9-10).

우리가 이 큰 무리를 대환난 속에서 회심한 사람들로만 국한시켜 그 당시 하나님의 선교 목적은 지금과 다르다고 결론 내리지만 않는다면, 하나님의 전 세계적인 목적에 담긴 뜻은 분명해진다. 즉 하나님의 목적은 모든 민족들과 족속들과 종족들과 언어들 가운데서 나온 회심자들에게 예배를 받으시는 것이다.

> 또 보니 다른 천사가 공중에 날아가는데 땅에 거주하는 자들 곧 **모든 민족(에트노스)과 족속과 언어와 종족**(개역개정 "모든 민족과 종족과 언어와 백성")에게 전할 영원한 복음을 가졌더라 그가 큰 음성으로 이르되 하나님을 두려워하며 그에게 영광을 돌리라 이는 그의 심판의 시간이 이르렀음이니 하늘과 땅과 바다와 물들의 근원을 만드신 이를 경배하라 하더라(계 14:6-7).

여기서 복음이 '더욱더 많은 개인들에게'가 아닌 "모든 민족과 족속과 언어와 종족"에게 전파된다는 하나님의 의도가 다시 한 번 제시된다.

> 주여 누가 주의 이름을 두려워하지 아니하며 영화롭게 하지 아니하오리이까 오직 주만 거룩하시니이다 주의 의로우신 일이 나타났으매 모든 민족들(개역개정 "만국")이 와서 주께 경배하리이다 하더라(계 15:4).

여기서 구약 시편 86편 9절을 인용하고 있다는 점,[28] 개인들이 아닌 '모든 민족들(all nations)'을 언급하면서 에트노스를 거듭 사용하고 있는(최소한 10번) 요한계시록의 문맥을 고려할 때, 15장 4절의 판타 타 에트네는 의심할 바 없이 종족 집단들(people groups)을 가리키는 것이지, 그저 이방인 개인들을 가리키는 것이 아니다. 그러므로 요한이 선교의 목표로 내다보고 있는 것은 세상의 모든 종족들 가운데서 나와 예배하는 무수히 많은 성도들이다.

> 내가 들으니 보좌에서 큰 음성이 나서 이르되 보라 하나님의 장막이 사람들과 함께 있으매 하나님이 그들과 함께 계시리니 그들은 하나님의 종족들(peoples, 라오이, 개역개정 "백성")이 되고 하나님은 친히 그들과 함께 계셔서(계 21:3).

이는 아주 놀랍고도 감탄할 만한 새 하늘과 새 땅의 모습을 엿볼 수 있게 한다. 단지 장차 올 시대의 한 종족이 아닌 '종족들'을 그리고 있다. 라오스(*laos*)가 아닌 라오이(*laoi*)가 진정한 원문의 의미로 여겨진다.[29] 그러므로 (천사의 음성을 기록하면서) 요한은 (레 26:12의 라오스와 구별하여) 하나님의 구속의 최종 목표는 종족들의 차이를 없애는 것이 아니라 모든 종족들을 모아서 다양하지만 연합을 이룬 하나의 백성으로 만드시는 것임을 분명하게 밝히고 있는 것 같다.

요한의 글들을 살펴본 결과, 요한에게 선교의 과업이란 '각 족속과 언어와 종족과 민족'에서 회심자들이 나올 때까지 더욱더 많은 종족 집단들에게 찾아가는 것이라 여겼다고 결론 내릴 수 있다. 요한은 이 과업이 결국 성취될 것을 확신했다. 주님이 보여 주신 장차 올 시대의 환상에서 이 일이 완수된 것을 보았기 때문이다.

**바울과 요한은 종족들에 대한 이 초점을
예수님께로부터 받았는가?**

종족들에게 집중해야 한다는 이 비전은 예수님이 제자들에게 마지막으로 위임령을 주실 때 실제로 의도하신 것인가? 바울의 경우 그가 자신의 선교 과업에 대해 가졌던 생각은 분명히 부활하신 주님으로부터 받은 것이었다. 종족들에게 집중해야 한다는 비전은 분명 주님의 명령이었다. 그렇기에 우리는 이러한 비전이 바울뿐 아니라 모든 사도들에게 주께서 위임하신 교회의 특별한 선교 과업이었다고 볼 수 있다.

대위임령: 그것은 기록되었다!

그런데 누가복음 24장 45-47절에 누가가 주님의 말씀을 기록한 글의 문맥에서 그와 같은 주님의 의도를 뒷받침하는 증거가 다시 나온다.

> 이에 그들의 마음을 열어 성경을 깨닫게 하시고 또 이르시되 이같이 그리스도가 고난을 받고 제삼일에 죽은 자 가운데서 살아날 것과 또 그의 이름으로 죄 사함을 받게 하는 회개가 예루살렘에서 시작하여 모든 민족들(판타 타 에트네, 개역개정 "모든 족속")에게 전파될 것이 기록되었으니.

여기서 문맥이 아주 중요하다. 먼저, 예수님은 "그들의 마음을 열어 성경을 깨닫게 하신다." 그 다음에 (구약에) "이같이…기록되었으니"라고 말씀하신다. 여기에 뒤이어 (헬라 원어에는) 세 개의 동등한 부정사절(infinitive clauses)이 나오는데 이는 구약에 기록된 내용을 명료하게 한다. 첫째, 그리스도가 고난을 받고, 둘째, 제 삼 일에 죽은 자 가운데서 살아나고, 셋째, 그의 이름으로 죄 사함을 받게 하는 회개가 '모든 민족들'에게 전파된다.

그러므로 예수님은 회개와 죄 사함의 말씀을 모든 민족들에게 가져다 주라는 자신의 명령이 구약 '성경'에 기록되었다고 말씀하신 것이다. 이것은 예수님이 그들의 마음을 열어 깨닫게 하신 것들 중 하나다. 그러나 (우리가 앞에서 본) 하나님의 온 세상을 향한 목적에 대한 구약의 개념은 무엇인가? 이것은 바울이 본 것과 같다. 땅 위의 모든 족속들에게 복을 주고 '모든 민족들' 가운데서 예배하는 한 백성을 인도하여 내는 것이다.[30]

그러므로 우리는 누가복음 24장 47절의 '판타 타 에트네'를 예수님이 단지 '이방인 개인들'이 아니라 죄 사함을 위해 회개의 말씀을 들어야 하는 '세상의 무수한 민족들'로 이해하셨음을 지지하는 강력한 증거를 가진 셈이다.

사도행전 1장 8절에 나오는 예수님의 위임령에 대한 누가의 기록도 일맥상통한다. 예수님은 승천하시기 직전에 제자들에게 이렇게 말씀하신다.

오직 성령이 너희에게 임하시면 너희가 권능을 받고 예루살렘과 온 유대와 사마리아와 땅끝까지 이르러 내 증인이 되리라 하시니라.

이 위임령은 모든 미전도 지역(명시적으로 종족 집단들을 언급한 게 아니라면)에 이르는 것이 선교의 특별한 과업임을 제시한다. 그렇기에 이 명령은 회심하지 않은 주위 사람들에게뿐 아니라 그 너머의 지역들, 심지어 땅 끝까지라도 가야 한다는 압력으로 작용한다. 뿐만 아니라 '땅끝'(end of the earth)이란 문구는 종종 구약에서 '땅의 모든 종족들'(all the peoples of the earth)과 밀접하게 연결되어 사용된다. 예를 들어 시편 22편 27절을 보자.

땅의 모든 끝이 여호와를 기억하고 돌아오며 민족들의 모든 가문들(개역개정 "모든 나라의 모든 족속")이 주의 앞에 예배하리니.

이 병행구절은 '땅끝'이 때로는 멀리 있는 종족들을 연상시키고 있음을 보여 준다.[31] 사도들은 아마도 사도행전 1장 8절의 사명을 누가복음 24장 47절의 사명과 다르지 않게 받아들였을 것이다.

모든 민족들이 기도하는 집
예수님이 하나님의 전 지구적인 선교 목적들을 어떻게 생각하셨는지를 보여 주는 또다른 시사점은 마가복음 11장 17절에 나온다. 예수님은 이른바 성전 청결 사건에서 이사야 56장 7절을 인용하신다.

기록된 바 내 집은 모든 민족들(파신 토이스 에트네신, 개역개정 "만민")이 기도하는 집이라 칭함을 받으리라고 하지 아니하였느냐.

이것이 중요한 이유는, 예수님이 하나님의 전 지구적인 목적을 해석하기 위해 구약으로 돌아가고 있음(눅 24:45-47에서 하신 것처럼)을 보여 주기 때문이다. 예수님은 이사야 56장 7절을 인용하시는데, 히브리어 원문에는 분명하게 "내 집은 모든 종족들(콜 하암밈)이 기도하는 집이라 칭함을 받으리라"고 나온다.

이것이 종족 집단을 의미한다는 데에는 오해의 여지가 없다. 이사야의 요지는 모든 이방인 한 사람 한 사람이 각자 하나님 임재 앞에 나아갈 권리가 있다는 것이 아니라 '모든 종족들'로부터 믿는 자들이 예배하러 성전에 들어오게 되리라는 것이다. 예수님이 이 구약의 소망을 잘 알고 계셨으며, 세상에 대해 가지신 기대의 근거를 이 소망에 두셨다는 것(막 11:17, 눅 24:45-47)으로 볼 때, 우리가 예수님의 '대위임령'을 여기에 준해(우리는 바울과 요한의 글에서도 같은 논지를 보았다) 해석해야 한다는 것을 시사한다.

마태복음의 '대위임령'으로 다시 돌아가서

이제 처음에 마태복음 28장 19절에서 예수님이 "너희는 가서 '판타 타 에트네'를 제자로 삼으라"고 하셨을 때 이 명령이 과연 무엇을 의미하는지 질문을 던졌던 곳으로 다시 돌아가자. 마태복음 24장 14절에 이 명령에 상응하는 성공에 대한 약속이 나와 있다. "이 천국 복음이 모든 민족들(파신 토이스 에트네신)에게 증언되기 위하여 온 세상에 전파되리니 그제야 끝이 오리라." 이 명령의 범위와 그 약속의 범위는 판타 타 에트네의 의미에 달려 있다.

우리가 이 장에서 살펴본 내용을 근거로 내릴 수 있는 결론은 판타 타 에트네를 '모든 이방인 개인들'(또는 '모든 국가들'[32])이라고 해석하면 증거의 흐름을 완전히 거스른다는 것이다. 그렇기에 이 명령의 핵심을 세상의 모든 종족 집단들을 제자 삼으라는 것으로 보아야 한자. 이 결론은 이제까지 우리가 성경을 살펴 아래와 같이 정리한 내용에 근거한다.

1. 신약에서 에트노스를 단수형으로 쓰면, 절대로 이방인 개인들을 의미하지 않고 항상 종족 집단이나 민족을 의미한다.
2. 복수형 에트네는 이방인 개인들 또는 종족 집단들을 의미할 수 있다. 어떨 때는 문맥을 봐야 둘 중 어느 것을 가리키는지 알 수 있는데, 대부분의 경우에는 둘 중 어느 쪽이라도 상관없다.
3. 판타 타 에트네는 신약에 열여덟 번 나온다. 그러나 이방인 개인들을 뜻하는 경우는 단 한 번뿐이다. 아홉 번은 종족 집단들을 의미한다. 나머지 여덟 번은 가리키는 바가 모호하다.
4. 헬라어 구약성경에서 백 번 정도 사용된 판타 타 에트네는 사실상 모두 이스라엘 민족과 구별되는 민족들을 언급하고 있다. 미주 15를 보라.
5. 아브라함에게 '땅의 모든 가문들'이 그로 말미암아 복을 받고 그는 또 '많은 민족들의 아버지'가 되리라 하신 약속은 신약에서 다시 나오며 교회의 선교가 종족 집단에 초점을 맞추게 하는데, 이는 구약에서도 마찬가지로 강조하기 때문이다.
6. 구약의 선교 소망은 하나님의 영광이 종족들 가운데서 선포되고 그 구원을 모든 민족들이 알게 하(리)라는 권면과 약속과 기도와 계획

의 형태로 반복하여 표현되어 있다.

7. 바울은 자신의 구체적인 선교 과업을 이 구약의 소망이라는 견지에서 이해했으며, 종족들과 관련된 구약의 약속들을 선교의 토대로 삼았다. 바울은 그저 더욱더 많은 개인들이 아니라 더욱더 많은 종족 집단들을 찾아가는 데 몰두했다. 그리스도가 자신에게 위임하신 사명을 이런 견지에서 해석했다.
8. 사도 요한은 선교 과업에 대해, '각 족속과 언어와 종족과 민족'에서 '하나님의 자녀들' 또는 '다른 양들'을 불러 모으는 것으로 보았다.
9. 누가복음 24장 46-47절에서 예수님이 선교를 위임하시며 언급하신 구약 성경의 문맥에 따르면, 판타 타 에트네의 가장 자연스런 의미가 '모든 종족들 또는 민족들'이라는 것을 알 수 있다.
10. 마가복음 11장 17절은 예수님이 온 세상을 향한 하나님의 목적을 언급하실 때 이를 '종족 집단'이라는 견지에서 바라보신다는 것을 보여 준다.

그러므로 우리가 내릴 수 있는 가장 합리적인 결론은, 예수님이 사도들을 보내실 때 그저 일반적인 사명을 부여하셔서 가능한 많은 개인들을 구원하라고 하신 것이 아니라, 세상의 모든 종족들에게 찾아가되, 거기서 흩어져 있는 "하나님의 자녀들"(요 11:52)을 모으고 "각 족속과 언어와 종족과 민족 가운데에서 피로 사신"(계 5:9) 자들을 모두 부르라는 것이며, 그 과업을 "모든 종족들로부터 나온 속량받은 자들이 주를 찬송"(롬 15:11)하게 될 때까지 지속하라는 것이다.

그러므로 예수님이 마가복음 13장 10절에서 "또 복음이 먼저 모든 민족들(판타 타 에트네, 개역개정 "만민")에 전파되어야 할 것이니라"고 말씀하셨을 때, 마지막 때가 이르기 전에 복음이 세상의 '모든 종족들'에게 전파되어야 한다는 것 외에 다른 뜻으로는 이 말씀을 해석할 타당한 근거가 없다. 또 예수님이 "가서 모든 민족들(판타 타 에트네, 개역개정 "족속")을 제자로 삼으라"고 말씀하셨을 때도, 교회의 선교 과업은 주님이 오실 때까지 모든 '미전도 종족들'에게 찾아가는 것이라는 뜻 외에 다른 뜻으로 이 말씀을 해석할 타당한 이유가 없다. 예수님은 이를 명령하실 뿐 아니라 친히 다시 오시기 전에 이 일이 이루어질 것이라고 확언하신다. 예수님이 이렇게 약속하실 수 있는 것은, 예수님도 친히 모든 종족에서 나온 사람들로 자기 교회를 세우고 계시기 때문이다. 예수님은 바로 이 일을 위해 하늘과 땅의 모든 권세를 받으셨다(마 28:18).

종족 집단이란 무엇인가?

우리는 신약의 특별한 선교 과업이 세상의 모든 종족 집단들에게 이르는 것이라는 사실을 밝히기 위해 노력했다. 그러나 종족 집단이 무엇인지 정확하게 정의하지는 않았다. 확실한 것은, 하나님이 성경에서 친히 계시하신 내용에 근거하더라도 우리로서는 정확한 정의를 내리기가 불가하다는 것이다. 어쩌면 하나님은 종족 집단에 대한 정의를 의도적으로 내리지 않으셨는지도 모르겠다. 우리가 함부로 규정한 잣대에 따라 모든 집단들에게 이르렀다는 결론을 선

불러 내림으로써 혹시라도 개척 선교 사역이 중단될 우려가 있기 때문이다.

예를 들어, 마태복음 24장 14절("이 천국 복음이 모든 민족들에게 증언되기 위하여 온 세상에 전파되리니 그제야 끝이 오리라")의 요지는, 우리가 정의내린 바에 따른 모든 '민족들'에게 찾아간 이후에는 선교를 멈추라는 것이 아니다. 이 말씀의 요지는 주님이 재림하시지 않은 한 우리가 찾아가야 할 종족 집단들이 반드시 더 있을 것이므로, 멈추지 말고 이들에게 찾아가야 한다는 것이다.

성경에는 다행히도 종족 집단이란 무엇인지 파악할 만한 지침이 되는 내용들이 나온다. 예를 들어, 요한계시록 5장 9절에서 요한은 하나님의 보좌 앞에 서게 될 종족 집단들을 묘사하는 데 네 가지 용어를 쓰고 있다. "각 족속과 언어와 종족과 민족(every tribe and language and people and nation) 가운데에서 사람들을 피로 사서 하나님께 드리시고." 이 네 가지에 덧붙여 아브라함이 받은 약속에도 한 가지 용어가 더 나온다. "땅의 모든 가문들이(all the families)[33] 너로 말미암아 복을 얻을 것이라."

언어란 무엇인가?

이렇게 볼 때 우리의 선교 과업은 적어도 모든 언어 집단("방언", 계 5:9 참조)을 찾아가는 것이라고 말할 수 있겠다. 그러나 지역 방언에 대해 어느 정도 차이가 나야 표준어와는 다른 언어로 구별할 수 있는가? 이 같은 질문들은 종족 집단이 무엇인지를 놓고 왜 이토록 큰 어려움과 이견이 있는지 보여 준다. 랄프 윈터가 모든 종족 집단의 수를 24,000개로 추정한 지 벌써 수십 년이 지났다. 패트릭 존스톤은 『세계기도정보』 2001년 개정판에서 이렇게 주장한다. "1990년대에 와서야 우리는 세계의 종족과 언어에 대해 완벽에 가까운 목록을 만들게 되었다."[34] 그는 "자신들의 고유 언어를 쓰는 종족 전체의 수가 12,000개"라고 밝혔다.

이와 유사한 결론을 내린 데이비드 배럿은, 『세계 기독교 백과사전』 2001년 개정판에서 자신들의 고유 언어를 쓰는 종족(ethnolinguistic people)을 이렇게 정의한다. "고유 언어를 쓰는 종족이란 한 국가 내에서 자신들의 언어(하나의 모국어)를 사용하는 구별된 동질의 민족 또는 인종 집단이다. 둘, 셋, 넷 또는 일곱 개의 국가들에 걸쳐 존재하는 하나의 대규모 종족은 이 정의에 의하면, 둘, 셋, 넷 또는 일곱 개의 구별된 고유 언어 종족들로 간주될 수 있다."[35] 배럿은 고유 언어를 쓰는 종족이 12,600개라고 추정한다.[36]

윈터의 추정치와 배럿, 존스톤의 추정치가 왜 이렇게 일치하지 않는지를 설명해 주는 한 가지 요소가 있는데, 이는 요한계시록 5장 9절에 나오는 '언어'(개역개정 "방언")의 정확한 성경적 의미를 정의하는 것이 어려울 수밖에 없음을 보여 준다. 랄프 윈터는 바로 그 문제에 대한 답을 제공한다.

그는 자신의 추정치인 24,000개와 배럿이 『세계 기독교 백과사전』 1982년 판에서 추정했던 8,990개 사이의 차이점을 주목하고 이렇게 말한다.

[배럿의] 도표를 보면 그가 추정한 종족의 숫자는 그가 보기에 [성경] 번역이 필요한 언어의 숫자와 거의 똑같다. 자, 그러면 어떻게 되는지 살펴보자. 예를 들어 위클리프 성경번역선교회가 남부 수단에 들어가서 성경 번역을 해서 그 지역의 모든 사람들에게 이를 수 있도록 인쇄물로 제공해야 할 언어가 몇 개인지 센다. 위클리프의 답은 분명히 구별되는 50개의 번역본이다. 이 예에서 '50'은 무슨 뜻인가? 이것은 종족 집단이 50개라는 뜻인가? 우리가 미전도 종족을 놓고 말하는 것이라면 이것은 분명 그렇지 않다. 우리가 전혀 모르는 낯선 집단들도 이 동일한 번역본을 읽을 수 있는 경우가 많기 때문이다.

이것을 어떻게 알 수 있는지 예를 들어 보자. 가스펠 리코딩(Gospel Recordings, 문자가 없는 오지에 들어가 그 언어를 해독하여 성경이나 복음 메시지를 현지어로 녹음하여 현지인들에게 찾아다니며 테이프를 틀어 주며 전도하는 기관—역자 주)도 남부 수단에 가서 언어 수를 센다. 그러나 이 단체 직원들은 130개라는 답을 내놓는다. 왜? 그들은 복음을 카세트 형태로 제시하는데 그 카세트들은 문자화된 언어에 비하면 당혹스러울 정도로 정확하고 효과적인 언어 소통을 이루어 내기 때문이다. 저자마다 다른 이유로, 단체마다 다른 목적으로 그 셈하는 숫자가 다를 수밖에 없다.[37]

그러므로 우리는 요한계시록 5장 9절에 '언어'가 언급되어 있지만 이것만 가지고 종족 집단의 정확한 정의를 내리지 못한다는 것을 알 수 있다. 그 구절에 나온 종족 집단들을 가리키는 다른 표현들 역시 마찬가지다.

예를 들어, 창세기 25장 23절에서 '종족'(people, 라우)과 '민족'(nation, 에트누스)은 사실상 동의어이며 번갈아 쓰이고 있다["두 민족들(에트누스, 개역개정 "국민")이 네 태중에 있구나 두 종족들(라우, "민족")이 네 복중에서부터 나뉘이리라"]. 어떨 때는 이스라엘 전체를 가리킬 때 한 '종족'(people, 개역개정 "백성")이라고 부르지만, 사도행전 4장 27절을 보면 '이스라엘 종족들'(peoples, 라오이스, 개역개정 "백성")이라고 나온다. 그렇지만 요한계시록 21장 3절에서 '종족들'(peoples, 라오이, 개역개정 "백성")[38]은 새 땅의 모든 집단들과 개인들을 가리킨다. 이런 사실들 때문에 우리는 선교사들이 찾아가야 할 종족 집단들의 정확한 정의를 내릴 수가 없다.[39]

가문이 작다면 과연 얼마나 작다는 것일까?

창세기 28장 14절의 약속이 "땅의 '모든 가문들'(all the families of the earth, 개역개정 "모든 족속")이 복을 받으리라"는 사실은, 하나님이 복음을 전하고자 하시는 대상으로서 그 집단들의 규모가 비교적 작다는 사실을 알게 해준다. 이는 현대의 핵가족이 아닌 아마도 집안(clan) 같은 것을 가리키는 듯하다. 예를 들어 출애굽기 6장 14-15절을 보면 이런 집단들을 언급하는 게 아닌가 하는 생각을 갖게 한다.

그들의 조상을 따라 집의 어른은 이러하니라 이스라엘의 장자 르우벤의 아들 하녹과 발루와 헤스론과 갈미니 이들은 르우벤의 집안(clan,

RSV와 NASB는 families로 번역함. 개역개정 "족장")이요 시므온의 아들들은 여무엘과 야민과 오핫과 야긴과 소할과 가나안 여인의 소생 사울이니 이들은 시므온의 집안(마찬가지로 RSV와 NASB는 families로 번역함. 개역개정 "가족")이요.

그러므로 우리는 '가문들'(families)이 이스라엘 지파들보다는 그 규모가 더 작다는 것을 볼 수 있다(삼상 10:20-21 참조). 그러나 가문이 가족(households)만큼 작은 것은 아니다. 여호수아 7장의 아간의 경우가 이 사실을 보여 준다. 아간이 죄를 범하고 적발되었을 때 여호수아는 범인이 누구인지 찾아내기 위해 모든 백성을 검사하겠다고 말했다.

> 너희는 아침에 너희의 지파(tribes)대로 가까이 나아오라 여호와께 뽑히는 그 지파는 그 집안(clan, RSV와 NASB는 families, 미쉬페호트, 개역개정 "족속")대로 가까이 나아올 것이요 여호와께 뽑히는 집안(개역개정 "족속")은 그 가족(households)대로 가까이 나아올 것이요 여호와께 뽑히는 그 가족은 그 남자들이 가까이 나아올 것이며(수 7:14).

이를 통해 구약의 '가문'을 '집안'으로 간주하는 것이 맞다는 것을 알 수 있으며, 그 규모는 족속/지파와 가족의 중간이다.

그러므로 신약의 선교 과업은 이스라엘 규모의 모든 '종족'이나, 르우벤이나 시므온이나 유다 지파 규모의 모든 '족속'뿐 아니라, 하녹과 발루와 헤스론과 갈미와 아간 같은 모든 '집안들'에게도 찾아가는 것이었다.

구약과 신약에서 선교의 대상을 상정할 때 '에트네'가 이토록 자주 사용된다는 사실로 볼 때, 우리 역시 선교의 초점을 이보다 더 큰 집단들로 제한해서는 안 될 것이다. 이 단어는 다양한 규모의 집단들을 망라할 수 있을 만큼 융통성이 있는 지칭어이기 때문이다. 예를 들어 칼 루드비히 슈미트(Karl Ludwig Schmidt)는 『신약 신학사전』(Theological Dictionary of the New Testament) 중 에트노스에 대한 자신의 연구에서 이 단어를 라오스, 글로사(glōssa), 필레(phylē)와 비교하면서 이렇게 결론 내린다. "에트노스는 이 가운데 가장 일반적이며 변화가 가장 적은 용어다. 단순히 민족지학적(ethnographical) 의미만 담고 있으며 대개는 자생적으로 형성된 종족을 가리킨다."[40] 그러므로 판타 타 에트네는 다른 용어들을 수용하기에 가장 적합한 용어다. 이 사실은 요한계시록 22장 2절에도 나온다. 여기서 에트네는 '언어들'과 '종족들'과 '족속들'을 포함해, 새 땅의 모든 종족들을 가리킨다. 그러므로 판타 타 에트네는 아마도 더 큰 규모의 집단들뿐 아니라 소규모 집단들을 아울러 지칭하는 가장 간단한 방법이 아닌가 싶다.

'전도'와 '미전도'

선교의 과업이 세상의 모든 미전도(unreached) 종족 집단들[41]에게 이르는 것이라면 우리는 '전도'(reached)가 무엇을 의미하는지 알아야 한다. 그래야 교회의 선교 과업에 부르심을 받는 사람들이 어떤 종족 집단에 들어가야 하고 또 어떤 종족 집단을 떠나야 하는지 알 수 있을 것이다. 바울이 로마서 15장 23절에서 "이제는 이 지방에 일할 곳이 없고"라고 말했을 때 그는 '전도'의 의미를 알고 있었을 것이다. 바울이 로마서 15장 19절에서 "표적과 기사의 능력으로 성령의 능력으로 이루어졌으며 그리하여 내가 예루살렘으로부터 두루 행하여 일루리곤까지 그리스도의 복음을 편만하게 전하였노라(fulfilled the ministry)"고 말했을 때도 그는 선교 과업을 완수한다는 것이 무엇을 의미하는지 분명히 알고 있었다. 그는 그 지역에서 자신이 해야 할 일이 완수되었다는 것을 알았다. 그렇기 때문에 스페인으로 향했던 것이다.

1982년 시카고에서 열린 로잔 위원회의 이른바 미전도 종족 회의(Unreached Peoples Meetings)는 '미전도'를 이렇게 정의했다. 미전도 종족이란 "자신의 종족에 복음을 전파할 수 있는 그리스도인들의 현지인 공동체가 존재하지 않는 종족 집단"이다.[42] 그러므로 선교를 통해 현지인 교회가 세워지고, 그 교회가 그 종족 집단의 나머지 사람들을 복음화할 힘과 자원을 갖추게 되면, 이 집단은 전도된(reached) 집단이 되는 것이다.

패트릭 존스톤은 엄격한 의미에서 "전도, 즉 복음을 전달하는 것(reaching)은 그 반응과 아무 상관이 없다.… 전달한다는 것은 사실 한 종족이나 지역을 복음화하려는 노력의 질과 범위를 가리키는 것이지 제자 삼는 것이나 교회 개척을 가리키는 것이 아니다"라고 지적한다. 그러나 그는 "전도(reachedness)라는 용어가 널리 사용되고 있기에 그 의미를 확장해야 한다"[43]는 것을 인정한다.

성경은 '전도'의 좁은 의미와 넓은 의미를 모두 승인한다. 예를 들어 마가복음 16장 15절은 선교의 명령을 "또 이르시되 너희는 온 천하에 다니며 만민에게 복음을 전파하라"고 제시한다.[44] 이 구절은 반응에 대해서는 아무런 언급도 하지 않는다. 만일 이런 말씀만 주어졌다면 선교 명령은 복음의 메시지가 전세계로 선포되었을 때 완수될 것이다. 이와 비슷한 예로 마태복음 24장 14절은 "이 천국 복음이 모든 민족에게 증언되기 위하여 온 세상에 전파되리니 그제야 끝이 오리라"고 말한다. 이 역시 반응에 대해서는 언급하지 않는다(눅 24:47, 행 1:8 참조). 그러므로 이런 제한된 의미에서 보면, 복음이 한 종족 집단 가운데 그들이 이해 가능한 증언으로 전파된다면, 그 종족 집단은 전도된 경우라 할 수 있다.

그러나 성경에서 선교 명령은 이런 식으로만 표현되지 않는다. 마태복음 28장 19절에는 "그러므로 너희는 가서 모든 민족을 제자로 삼아"라고 나온다. 이 명령은 분명히 반응까지 포함하고 있다. 한 종족 집단 중 최소한 몇 사람이라도 제자가 되기 전까지는 선교 과업이 완수된 것이 아니다.[45] 이 점은 구속받은 자들의 최종적인 무리가 "각 족속과 언어와 종족과 민족 가운데에서" 나온다고 묘사하는 요한계시록 5장 9절과 7장 9절에 암시되어 있는 것이기도 하다. 만일 모든 종족들로부터 회심자들이 모여야 한다면, 선교 명령은 단지 선포만 하는 것이 아니라 회심자들을 만드는 것까지 포함해야 한다.

대부분의 선교 지도자들은 자신의 종족 집단을 복음화할 수 있는 현지인 교회가 있으면 이 집단은 '전도되었다'(reached)고 정의

한다. 그 이유는 일단 선교 과업이 완수된 종족이라 해도 그 안에서 계속 현지인들을 복음화하는 사역이 진행되어야 한다고 신약이 분명하게 가르치기 때문이다. 예를 들어, 바울은 에베소 종족들에 대한 선교 사역을 마친 후에도 디모데를 그곳에 남겨 두고 '전도자의 일'을 하라고 말했다(딤후 4:5). 바울의 구체적인 선교 과업은 명백히 교회를 개척하는 것이었고, 이는 그렇게 세워진 교회가 복음 전도의 과업을 계속 이어갈 수 있기 때문이다(고전 3:6-10 참조). 그러나 복음 전도(evangelism)는 엄밀히 말하면 선교(missions)와 동일한 것이 아니다. 그렇기에 바울은 선교를 위해 (아직 회심하지 않은 이들이 다수인) 소아시아와 그리스를 떠나서, 스페인의 미전도 종족들에게로 가야만 했다(롬 15:24, 28).

선교의 구체적인 과업을 모든 종족 집단 가운데 현지인 교회를 개척하는 것이라고 정의하는 데는 어려움이 있다. 왜냐하면 성경에서 도출한 종족 집단에 대한 우리의 정의에 따르면, 그 규모가 너무 작거나 다른 집단과 너무 밀접한 관계에 있어 자생적 교회가 불필요한 집단들까지 포함되기 때문이다. 르우벤 지파의 갈미 가문 또는 집안, 또 유다 지파의 아간 가문은 그 규모가 얼마나 컸을까? 그리고 창세기 12장 3절의 '가문들'(개역개정 "땅의 모든 족속")은 분명히 구분되어 각자 교회를 가져야 하는 것이 옳은가? 바울이 자신이 감당한 선교 사역이 예루살렘에서 일루리곤에 이르기까지 완수되었다고 말했을 때, 그는 실제로 모든 '가문' 또는 집안에 교회를 개척했던 것인가?

이 질문들은 '전도'(reached)에 대해 정의하고 선교 사역의 목표를 설정하는 데 항상 모호한 부분이 있게 마련이라는 것을 보여 준다. 가령 어떤 가문 또는 집안의 경우에는 그들 가운데 회심자들이 있으며 가까운 친척 집안에 교회가 있어서 그들에게 예배, 교제, 양육을 효과적으로 제공하기만 해도 '전도되었다'(reached)고 할 수 있을 것이다. 이러한 개념의 선교 사역은 각각의 집안에 무조건 교회를 세우는 것이 아니라, 문화와 언어 면에서 충분히 가까워 효과적으로 복음화될 수 있는 곳에 교회를 세우는 것이리라. 내가 보기에 바울은 바로 이런 사역을 수행한 후, 자신은 그 넓은 지역에서 더 이상 할 일이 없다고 말한 것이 틀림없다. 분명 아직까지 찾아가지 못한 일부 가문들이나 집안들이 있었을 것이다. 이 일은 가까이 있는 교회들이 감당해야 한다고 바울은 생각했으리라.

이것은 무엇을 시사하는가

이러한 사실은 선교 사역과 교회의 복음 전도 사역의 경계를 때로는 명확하게 구분짓기가 어려움을 암시한다. 하지만 아직 남아 있는 모든 미전도 종족들 가운데서 개척 선교 사역을 하라는 부르심이 교회에 주어졌다는 것은 신약성경을 볼 때 더할 나위 없이 명백하다. 오늘날 우리의 질문은 다음과 같아야 한다. 다양한 교회와 교파에서 어떤 사람 또는 어떤 기관들이 이 독특한 바울식 선교를 감당해야 하는가? 이것이 교회의 유일한 사역은 아니다! 디모데식 사역 또한 중요하다. 디모데는 외국인으로 에베소에서 일했으며 바울이 시작한 사역을 이어받아 계속했다. 그러나 바울은 다른 곳으로 계속 전진해야 했는데, 이는 그가 특별한 위임령을 받았으며[46] 구약에 계시된 하나님의 전 지구적인 선교 목적에 사로잡혔기 때문이다. 그러한 하나님의 목적이 오늘날에는 달라졌다고 생각할 이유는 전혀 없다.

그렇다면 누가 이 많은 종족들을 찾아가는 바울 사도의 남다른 선교 사역이라는 겉옷(열왕기하 2장에 나오는 엘리사가 엘리야의 겉옷을 집어들고 그의 뒤를 이어 선지자로 일한 것을 비유한 말—역자 주)을 집어들어야 하는가? 모든 교파와 교회에 바울식 선교사들을 모집하고 훈련시켜서 많은 미전도 종족들에게 보내고 지원하는 핵심 그룹 같은 것이 있어야 하지 않은가? 각 교회와 교파에 자신들의 일차적인 특별 과제는 가능한 더 많은 개인들을 그리스도에게 인도하는 것이 아니라 땅 위의 모든 미전도 종족들 가운데서 사람들 얼마를 얻는 것(즉 교회 개척)이라고 생각하는 무리(예를 들어 선교 단체나 선교회)가 있어야 하지 않은가?

열방의 예배에서
하나님의 하나님 되심

그렇다면 이 장은 하나님이 최고의 하나님으로 드러나신 일과 어떤 관계가 있는가? 전 역사를 통틀어 하나님의 위대한 목표는 자기 이름의 영광을 높이고 나타내셔서 모든 민족들로부터 나온 자기 종족이 이를 즐거워하게 하시는 것이다.[47] 이제 문제는 이것이다. 왜 하나님은 '세상의 모든 종족들에게' 선교 사역의 초점을 맞추심으로써 자기 영광을 나타내려는 목표를 추구하시는가? 어떻게 이 선교 목표가 하나님의 목표를 달성하는 데 가장 효과가 있는가?

이 질문을 깊이 고민하면서 우리가 주목해야 하는 한 가지는, 세상의 종족 집단들에 선교적 관심을 집중시키는 성경의 본문들에서 하나님의 영광이라는 궁극적인 목표가 어떻게 확인되는가 하는 것이다. 예를 들어, 바울은 자신이 사도 직분을 받은 것은 "'그(그리스도)의 이름을 위하여' 모든 민족들(개역개정 "이방인") 중에서 믿어 순종하게 하나니"(롬 1:5)라고 했다. 선교는 그리스도의 영광을 위한 것이다. 그 목표는 세상의 종족들 가운데 그리스도의 지존하심을 다시 확고히 세우는 것이다. 이와 비슷하게, 로마서 15장 9절에서 바울은 그리스도도 친히 자기의 선교 사역을 행하셨으며 바울의 선교 사역에 영감을 불어넣으셨다고 말한다. 그리고 이는 "이방인들[또는 민족들]도 그 긍휼하심으로 말미암아 '하나님께 영광을 돌리게' 하려 하심이라"고 선언한다.

그러므로 그리스도의 선교와 우리의 선교 목표는 민족들이 하나님의 긍휼하심을 경험함으로써 하나님께 영광을 돌리게 하는 것이다. 따라서 선교의 결말은 요한계시록 5장 9절에 묘사된 것같이 "각 족속과 언어와 종족과 민족"이 어린양께 예배하고 그분의 무한한 영광을 선포하는 것이다. 이 모든 것은 구약에서 거듭 외치는 음성과 일치한다. "그의 '영광'을 민족들(개역개정 "백성들) 가운데에, 그의 '기이한 행적'을 모든 종족들(개역개정 "만민") 가운데에 선포할지어다"(시 96:3). 선교의 목표는 하나님의 영광이다.

다양성 : 의도된 것이며 영원하다

우리가 주목해야 하는 또 다른 한 가지는, 다양한 민족들이 존재하는 것은 하나님의 뜻에 따라 창조되었기 때문이라는 것이다. 민족들이 생겨난 것은 우연도 아니고 악한 것도 아니다.[48] 그리고 그 다양성은 앞으로도 계속될 것이다. 다양성은 결코 획일성으로 대체되지 않을 것이다. 여기에 대한 증거는 사도행전 17장 26절과 요한계시록 21장 3절에서 찾아볼 수 있다.

바울은 아덴 사람들에게 "[하나님께서] 인류의 모든 민족(개역개정 "족속")을 한 혈통으로 만드사 온 땅에 살게 하시고 그들의 연대를 정하시며 거주의 경계를 한정하셨으니"(행 17:26)라고 말했다. 이것은 종족들의 기원이 하나님의 뜻과 계획에 반하여 생긴 것이 아니라 그 뜻과 계획 때문에 생겼다는 의미다. 하나님이 민족들(열방)을 만드셨다. 또한 그들을 그 위치에 놓으셨다. 그리고 그들이 얼마 동안 존재할지를 결정하신다. 민족들의 다양성은 하나님의 생각이다. 그러므로, 어떤 이유로든, 하나님은 선교 과업의 초점을 모든 민족들에게 맞추신다. 결코 역사의 우연에 반응하시는 것이 아니다. 이는 애초에 하나님이 민족들을 만들기로 작정하신 때부터 그분의 뜻 안에 있던 내용이다.

세상에 다양한 민족들을 두시려는 하나님의 뜻은 단지 이 세대를 위한 잠정적인 것이 아니다. 대부분의 영어 역본들은 받아들이시 않지만, 신약 표준 헬라어 사본들[49]은 요한계시록 21장 3절에서 원래 사용한 문구는 다음과 같이 번역해야 한다는 데 한목소리를 낸다. "내가 들으니 보좌에서 큰 음성이 나서 이르되 보라 하나님의 장막이 사람들과 함께 있으매 하나님이 그들과 함께 계시리니 그들은 하나님의 종족들(peoples, 개역개정 "백성들")이 되고." 대부분의 영역본은 이렇게 번역하고 있다. "그들은 하나님의 종족(people)이 되고." 그러나 요한이 말하고 있는 것은 새 하늘과 새 땅에서는 요한계시록 5장 9절에서 묘사된 인류가 보존되리라는 것이다. 즉 '각 족속과 언어와 종족과 백성 가운데에서' 그리스도가 피를 흘려 구속하신 사람들 말이다. 이 다양성은 새 하늘과 새 땅에서도 사라지지 않을 것이다. 하나님은 이렇게 되도록 처음부터 의도하셨다. 다양성은 하나님의 계획에서 영원한 자리를 차지하고 있다.

어떻게 다양성은 하나님의 영광을 높이는가?

이제, 우리의 질문으로 돌아가자. 하나님이 종족들의 다양성에 초점을 맞추실 때 자기 피조물 가운데서 영광을 받으시려는 목적은 어떻게 진일보하게 되는가?[50] 이 질문을 성경적으로 고찰하려고 노력한 결과, 적어도[51] 네 가지 대답을 찾을 수 있다.

첫째, 다양성이 한데 어우러져 이루는 찬양의 아름다움과 힘은 단일함에서 나오는 것보다 더 크다. 시편 96편 3-4절은 종족들의 복음화와 하나님이 마땅히 받으셔야 할 찬양의 특성을 연결시키고 있다. "그의 영광을 민족들(개역개정 "백성들") 가운데에, 그의 기이한 행적을 종족들(개역개정 "만민") 가운데에 선포할지어다 '왜냐하면(우리말 성경에는 없음—역자 주) 여호와는 위대하시고 지극히 찬양받을 분이기 때문이니(개역개정 "지극히 찬양할 것이요") 모든 신들보다 경외할 것임이여." '왜냐하면'(for)이란 단어를 잘 보라. 여호와께서 '지극히 찬양받을 분이기 때문'이라는 것이 우리가 민족들을 향해 가서 선교해야 하는 근거이자 추진력이다.

이 사실에서 내가 추론하는 바는, 다양한 민족들로부터 나와 주님께 드리는 찬양의 아름다움과 힘은 구속받은 자들의 합창이 문화적으로 획일적일 때보다 더 크다는 것이다. 그 이유에 대해서는 합창단을 생각해 보면 쉽게 알 수 있다. 제창으로 한 성부만 부르는 합창단보다 성부를 나누어 부르는 합창단에 더 깊은 아름다움이 느껴진다. 다양성 간의 연합이 획일성의 연합보다 더 아름답고 힘이 있다. 이것은 세상 종족들 사이에 존재하는 무수한 차이점에도 그대로 적용된다. 그들의 다양성이 연합을 이루어 하나님을 예배할 때 그들이 부르는 찬양의 아름다움은 그저 몇몇 종족 집단의 출신만 구속받아서 드릴 때와는 비교할 수 없을 정도로 놀랍게 하나님의 아름다우심의 깊이와 위대함을 울려 퍼지게 할 것이다.

둘째, 아름다운 대상(즉 하나님)의 명성과 위대함과 가치는 그 아름다움을 인정하는 사람들의 다양성에 비례하여 커진다. 어떤 미술 작품이 몇몇 비슷한 취향을 가진 사람들 사이에서만 위대하다고 간주되고 다른 사람들은 그렇게 생각하지 않는다면 그 미술품은 진정으로 위대하다고 할 수 없을 것이다. 그 작품의 특성이 우리 마음속의 깊은 보편성에 호소하지 않고 단지 특정 사람들에만 호소력을 가지게 될 뿐이기 때문이다. 반면 어떤 미술 작품이 다른 문화권을 넘나들면서 수십 년, 수백 년이 지나도 많은 사람들의 마음을 사로잡는다면 그 위대함은 누구도 부정할 수 없을 것이다.

그러므로 바울은 "또 모든 민족들(개역개정 "열방들")아 주를 찬양하며 모든 종족들(개역개정 "백성들)아 그를 찬송하라 하였으며"(롬 15:11)라고 말한다. 하나님은 세상 누가 보아도 찬양할 만하고, 심오할 정도로 아름다우며, 부인할 수 없을 만큼 탁월하고, 우리 심령에 깊은 만족을 주기에, 바울은 세상의 다양한 모든 종족 집단들 가운데서 열렬히 하나님을 앙모하는 자들이 나올 것이라고 말한다. 하나님의 참 위대하심은 하나님의 아름다우심을 깨닫고 이를 소중히 여기는 사람들이 얼마나 다양한가에서 드러나게 된다. 하나님의 탁월하심은 우리를 행복하게 만드는 그 어떤 것들보다 더 고귀하고 깊다는 사실이 드러나게 될 것이다. 하나님이라는 위대한 작품은 우리 영혼이 감히 수용할 수 없을 정도로 깊고 높고 크시다. 그러므로 그분을 앙모하는 자들의 다양성이 크면 클수록 그에 비해 하나님의 비할 수 없는 영광은 더욱 드러나게 마련이다.

셋째, 지도자의 힘과 지혜와 사랑은 그가 얼마나 다양한 사람들에게 영감을 불어넣어 자신을 기쁘게 따르게 할 수 있느냐에 비례한다. 만일 작고 획일적인 무리만 인도할 수 있다면, 그의 지도자로서의 자질은 매우 다양한 사람들로 이루어진 큰 무리를 따르게 할 수 있을 때의 자질만큼 훌륭한 것이 아니다.

바울은 자신이 민족들 가운데서 선교의 일을 감당하는 과정에서 일어나는 일들을 보며, 그리스도께서 세상 모든 종족들 가운데서 순종을 얻으심으로써 그 위대하심을 나타내고 있다고 이해했다. "그리스도께서 '이방인들[또는 민족들]을 순종하게 하기 위하여 나를 통하여 역사하신 것' 외에는 내가 감히 말하지 아니하노라"(롬 15:18). 점점 더 다양한 사람들이 그리스도를 따르기로 결심한다고 해서 바울의 선교 전문성이 커지는 것은 아니다. 커지는 것은 그리스도의 위대하심이다. 그리스도는 자신이 다른 모든 지도자들보다 뛰어나심을 보여 주신 것이다.

시편 96편 3-4절의 마지막 부분은 세계 선교에서 일어나고 있는 지도력 경쟁을 보여 준다. "그의 영광을 민족들(개역개정 "백성들") 가운데에, 그의 기이한 행적을 종족들(개역개정 "만민") 가운데에 선포할지어다 여호와는 위대하시니 '모든 신들보다 경외할 것' 임이여." 우리는 하나님의 영광을 민족들 가운데 선포해야 한다. 왜냐하면 이와 같은 방법으로 하나님은 (종족들을 인도하노라고 거짓 주장을 펴는) 다른 모든 신들보다 자신이 더 탁월하심을 드러내실 것이기 때문이다. 자기 신을 버리고 참되신 하나님을 따르는 종족 집단들이 많으면 많을수록 하나님이 그 경쟁자들보다 더 탁월한 인도자이심이 더 잘 드러난다.

넷째, 세상의 모든 종족 집단들에 초점을 맞추심으로써 하나님은 자민족 중심의 자부심을 도려내고 모든 민족들이 자신들만의 특성이 아닌 값없이 주시는 하나님의 은혜에 의지하게 만드신다. 이것이 바로 바울이 사도행전 17장 26절에서 교만한 아덴 시민들에게 전한 말씀에서 강조했던 내용이다. "[하나님께서] 인류의 모든 족속을 한 혈통으로 만드사 온 땅에 살게 하시고 그들의 연대를 정하시며 거주의 경계를 한정하셨으니."

이 구절에 대해 F. F. 브루스(Bruce)는 이렇게 말했다. "아덴 사람들은 자신들이 아티카 토박이라는 사실을 대단히 자랑스러워했다. 그들의 선조들도 유럽 대륙에서 그리스로 들어온 흔적이 남아 있지 않은 유일한 그리스인들이었다. 말하자면 최초의 그리스 정착민이었던 셈이다."[52]

이 자부심에 대해 바울은 이렇게 반박한다. "여러분과 야만인들, 유대인들, 로마인들은 다 근원이 같습니다. 그리고 여러분은 여러분의 뜻이 아니라 하나님의 뜻으로 말미암아 이 세상에 존재하게 되었습니다. 하나님이 직접 여러분을 이 시간에 이곳에 살게 하셨을 뿐입니다. 하나님은 선교의 초점을 '모든' 민족들에게로 맞추고 계십니다. 그러므로 자민족 중심의 교만은 설 자리가 없습니다. 하나님이 특별히 우리 종족 집단(유대인)을 선택하신 것은 우리에게 남다른 자질이 있어서가 아닙니다. 그것은 우리가 (다른 모든 종족 집단들도 동일한 기쁨을 누리게 하는) 도구가 됨으로써 우리로 하여금 하나님 안에서 갑절로 기쁨을 누리게 하시려는 것이며, 이것을 깨달은 우리는 겸손할 수밖에 없습니다."

하나님께 모든 영광을 돌려드리려는 사람은 겸손하다. 겸손은 우리의 선함이 아니라 하나님의 은혜를 떨 듯이 기뻐하는 것을 의미한다. 모든 종족들에게 나아가도록 우리를 이끄시는 하나님은 우리가 하나님의 은혜를 가장 겸손하게, 가장 깊이 체험하도록 하신다. 또한 우리 속에 깊이 박힌 교만에서 점점 더 멀어지도록 하신다. 이 일을 통해 하나님은 자기를 위해 (모든 종족들 가운데서 나오는) 한 백성(a people)을 준비하시며, 이들은 자유하고 열렬히 앙모하는 마음으로 하나님을 예배하게 될 것이다.

3부

영혼을 향한 긍휼과 예배

6

하나님의 하나님 되심에 대한 열정과 영혼을 향한 긍휼

조나단 에드워즈와 세계 선교

선교는 교회의 궁극적인 목표가 아니다. 예배가 궁극적인 목표가 되어야 한다. 그곳에 예배가 없기 때문에 선교가 필요할 뿐이다. 궁극적인 목표가 선교가 아니라 예배인 이유는, 궁극적인 존재는 사람이 아니라 하나님이시기 때문이다. 이 세대가 끝나고 구속함을 받은 수많은 이들이 하나님의 보좌 앞에서 머리를 조아리게 될 때 선교는 더 이상 남아 있지 않을 것이다. 선교는 일시적으로 필요한 것일 뿐이다. 그러나 예배는 영원히 남는다.

이러한 말들로 나는 선교에서 하나님이 최고의 하나님이 되심을 주제로 한 이 책의 서두를 열었다. 사실 위의 글을 쓰기까지는 여러 사연이 있는데, 나는 다 갚지도 못할 빚을 졌다. 내가 이런 관점을 가질 수 있도록, 그리고 그 관점을 보다 명확히 할 수 있도록 하나님 안에서 성경 다음으로 가장 크게 영향을 준 사람은 조나단 에드워즈다. 그는 18세기의 목사이자 신학자로, 하나님으로 가득 찬 그의 세계관은 이 책의 구석구석에 선명한 빛을 조명해 주었다. 예배와 선교(아니, 거의 모든 것)에 대한 나의 사상을 정립시키는 데 에드워즈가 끼친 영향은 헤아릴 수 없을 정도다. 이 장은 에드워즈와 그의 하나님께 바치는 헌사라 할 수 있다.

조나단 에드워즈가 내게 준 영향

이 책의 첫 문장에서부터 그의 영향력을 느낄 수 있다. 교회의 궁극적인 목표는 무엇인가? 구속과 역사와 창조의 궁극적인 목표는 무엇인가? 에드워즈는 항상 모든 것의 최종 목표가 무엇인지 질문을 던졌다. 우리 자신과 교회와 민족들(열방)이 존재하는 최종적이고 결정적인 이유를 깨달을 때, 우리의 생각과 감정, 그리고 모든 행동이 그것에 의해 지배를 받기 때문이다. 하지만 대다수의 사람들은 이 가장 중요한 질문, 즉 가장 궁극적인 질문을 던지지도 않고, 그에 대해 확신과 열정으로 대답하지도 않는다는 사실을 발견할 때마다 나는 놀란다.

조나단 에드워즈는 이 문제를 가장 중요하게 여겼다. 당신과 나, 보편 교회와 열방 그리고 역사를 포함하는 세상 모든 것이 존재하는 이유에 대한 결정적 질문에서 에드워즈는 명확한 답변을 갖고 있었다. 그는 이 주제를 바탕으로 『천지 창조의 목적』(*The End for Which God Created the World*)을 집필했다.[1] 개인적으로 나는 이 책이 그가 쓴 책들 중 가장 중요한 위치를 차지한다고 생각한다. 이 책의 내용을 이해할 때, 우리의 모든 것—정말 모든 것—은 달라지게 될 것이다. 천지 창조와 역사, 구속, 그리고 우리의 삶과 이 모든 것의 궁극적인 목표가 무엇인가에 대한 그의 대답은 이렇다. "하나님이 행하시는 모든 사역의 최종 목표에 대해 밝히고 있는 성경의 모든 내용은 한 문구로 압축된다. 바로 '하나님의 영광'이다."[2]

성경으로 가득 찬 에드워즈의 논지

에드워즈가 이렇게 확신한 이유는 성경이 이 점을 명확히 하고 있기 때문이다. 하나님이 철저히 하나님 중심이시라는 사실을 보여 주는 성경 구절들을 모아 놓은 자료는 무려 70쪽이 넘는다.[3] 그는 이렇게 말한다.

> 하나님은 창조 사역에서 자기 자신을 최고의 목적이자 궁극적인 목표로 삼으심으로써 스스로를 존귀케 하셨다. 왜냐하면 하나님은 그 위대하심이 무한한 최고의 존재이실 뿐 아니라, 스스로를 그렇게 높이시는 일이 당연할 만큼 가치가 있는 분이시기 때문이다. 가치와 중요도와 탁월함을 기준으로 볼 때, 다른 모든 것은 하나님과 비견하면 완전히 아무것도 아니다.[4]

그러면서 그는 다음 성경 구절들을 인용한다. "이는 만물이 주에게서 나오고 주로 말미암고 주에게로 돌아감이라 '그에게' 영광이 세세에 있을지어다"(롬 11:36). "만물이 '그에게서' 창조되되 하늘과 땅에서 보이는 것들과 보이지 않는 것들과 혹은 왕권들이나 주권들이나 통치자들이나 권세들이나 만물이 다 그로 말미암고 그를 위하여 창조되었고"(골 1:16). "만물이 '그를' 위하고 또한 그로 말미암은 이가 많은 아들들을 이끌어 영광에 들어가게 하시는 일에 그들의 구원의 창시자를 고난을 통하여 온전하게 하심이 합당하도다"(히 2:10). "주님께서는 만물을 '자기를 위하여'(for himself) 만드셨으니"(잠 16:4, KJV 번역).[5]

이 구절들(물론 이외에도 많은 구절들이 있지만[6])이 말하려는 것은, 하나님께 부족한 부분이 있어서 그것을 채우려 하신다는 것이 아니다. 오히려 이 구절들은 하나님이 완전하셔서 그것을 나타내기 원하신다고 말한다. 창조에 담긴 하나님의 목적은 하나님 자신을 나타내는 것이다. 시편 19편 1절도 "하늘이 하나님의 영광을 선포하고"라고 말하지 않는가? 누가 그런 일을 계획했는가? 바로 하나님이시다. 그것이 바로 창조에 담긴 하나님의 목적이다. 다시 말해 하나님 자신의 영광을 알리시기 위해서다. 그리고 이는 또한 구속의 역사에 담긴 목적이기도 하다. 이사야 48장 9-11절에는 하나님이 이스라엘을 애굽으로부터 구속하신 사역뿐 아니라 모든 구속의 역사, 특히 십자가 사역의 기치가 드러나 있다.

내 이름을 위하여 내가 노하기를 더디 할 것이며 내 영광을 위하여 내가 참고 너를 멸절하지 아니하리라 보라 내가 너를 연단하였으나 은처럼 하지 아니하고 너를 고난의 풀무 불에서 택하였노라 나는 나를 위하며 나를 위하여 이를 이룰 것이라 어찌 내 이름을 욕되게 하리요 내 영광을 다른 자에게 주지 아니하리라.

모든 창조 사역과 구속 사역, 그리고 이 모든 역사는 바로 하나님을 나타내기 위해 계획되었다. 그것이 바로 교회의 궁극적인 목표인 것이다.

왜 '하나님의 영광' 대신 '예배'인가?

나는 선교와 관련된 이 책의 첫 문장을 하나님의 영광으로 시작하지 않았다. 나는 "선교는 교회의 궁극적인 목표가 아니다. 예배가 그 목표다"라고 말했다. 왜 '하나님의 영광' 대신 '예배'인가? 왜 "선교는 교회의 궁극적인 목표가 아니다. 하나님의 영광이 그 목표다"라고 말하지 않았는가? 그 이유는, 하나님이 자기의 영광을 드러내지 못하셨기 때문에 선교가 필요한 것이 아니라, 사람들이 하나님의 영광을 맛보지 못했기 때문에 선교가 필요한 것이기 때문이다. 피조 세계는 하나님의 영광을 선포하고 있지만, 사람들은 그것을 소중하게 여기지 않는다.

창세로부터 그의 보이지 아니하는 것들 곧 그의 영원하신 능력과 신성이 그가 만드신 만물에 분명히 보여 알려졌나니 그러므로 그들이 핑계하지 못할지니라 하나님을 알되 하나님을 영화롭게도 아니하며 감사하지도 아니하고 오히려 그 생각이 허망하여지며 미련한 마음이 어두워졌나니(롬 1:20-21).

사람들은 자연 계시로도 알지 못한다. 하나님의 영광이 분명하게 드러나 있는 자연을 봐도, 사람들의 마음에는 하나님을 향한 감사와 경배가 솟아나지 않는다. 그들은 참 하나님을 예배하지 않고 있다. 그것이 바로 선교가 필요한 이유다.

선교는 사람들이 '예배'하지 않기에 필요하다. 세상 사람들 사이에서 하나님의 영광이 훼손되고 있다는 이 결정적인 문제는 선교를 통해 해결되어야 한다. 바울이 자기 종족을 고발하는 장면은 로마서 2장 24절에서 절정을 이룬다. 바울은 이렇게 말했다. "하나님의 이름이 너희 때문에 이방인 중에서 모독을 받는도다." 그것이 이 세상의 결정적인 문제이자 최고의 폭력이다.

사람들은
하나님의 영광을 경배하지 않는다.
하나님의 거룩함을 본받지 않는다.
하나님의 위대함에 경의를 표하지 않는다.
하나님의 능력을 찬양하지 않는다.
하나님의 진리를 구하지 않는다.
하나님의 지혜를 경시한다.
하나님의 아름다움을 귀하게 여기지 않는다.
하나님의 선하심에 감탄하지 않는다.

하나님의 신실하심을 믿지 않는다.

하나님의 명령들에 순종하지 않는다.

하나님의 공의를 무시한다.

하나님의 진노를 두려움의 대상으로 보지 않는다.

하나님의 은혜를 귀하게 생각하지 않는다.

하나님의 임재를 감사하게 생각하지 않는다.

하나님의 사람을 사랑하지 않는다.

세상 사람들은 무한한 존재, 전 우주의 영광스러운 창조자, 모든 것을 존재할 수 있게 하고 또한 존재의 이유인 그분—매 순간 존재하는 모든 사람의 생명을 붙잡고 계신 분(행 17:25)—을 무시하고, 믿지 않으며, 순종하지 않고, 존귀히 여기지 않는다. 그것이 바로 선교를 해야 하는 궁극적인 이유다.

이 불경스러움과 상반되는 것이 예배다. 예배는 단순한 모임이 아니다. 찬양하거나 설교를 들으면서 앉아 있는 것이 예배의 본질이 아니다. 예배는 본질적으로 세상의 모든 보화보다도 가장 귀한 하나님을 향해 마음이 차오르는 것이다.

하나님의 가치를 다른 어떤 가치보다 위에 두는 것

하나님의 사랑을 다른 어떤 사랑스러운 것보다 위에 두는 것

하나님 맛보는 것을 다른 어떤 달콤한 것 맛보는 것보다 위에 두는 것

하나님을 찬양하는 것을 다른 무엇을 칭송하는 것보다 위에 두는 것

하나님에 대한 두려움을 다른 어떤 두려움보다 위에 두는 것

하나님에 대한 존경심을 다른 어떤 존경심보다 위에 두는 것

하나님의 상급을 다른 어떤 귀한 것보다 위에 두는 것

예배, 한 사람의 마음에서 세계 열방으로

달리 말하면, 예배는 마음속에 하나님을 향한 바른 애정을 품고, 머릿속에 하나님에 대한 바른 생각으로 뿌리내리는 것이다. 그리고 이것이 하나님을 반영하는 우리 몸의 바른 행동으로 나타나는 것이다. 내면의 본질이 밖으로 드러나는 것, 이것이 예배의 세 단계라 할 수 있으며, 이를 언급하는 성경의 본문들은 다음과 같다.

- 마태복음 15장 8-9절—"이 백성이 입술로는 나를 공경하되 '마음은' 내게서 멀도다 사람의 계명으로 교훈을 삼아 가르치니 나를 헛되이 경배하는도다 하였느니라." 예배가 마음으로부터 나오지 않는다면, 참으로 허무한 일이다. 마음으로부터 나오지 않는다면, 그것은 예배가 아니다. 예배의 본질은 외부에 있지 않다. 즉 예배의 본질은 행함이 아니라 마음에 있다.
- 요한복음 4장 23절—"아버지께 참되게 예배하는 자들은 영과 '진리로' 예배할 때가 오나니 곧 이때라 아버지께서는 자기에게 이렇게 예배하는 자들을 찾으시느니라." 아버지께서는 영'과'(and) 진리로 드리는 예배를 찾으신다는 것을 기억하라. 이는 곧 하나님에 대한 바른 생각에 뿌리를 둔 바른 감정이 하나님을 향해 솟아나는 것이다.

- 마태복음 5장 16절—"이같이 너희 빛이 사람 앞에 비치게 하여 그들로 너희 '착한 행실을' 보고 하늘에 계신 너희 아버지께 영광을 돌리게 하라." 하나님은 자기 영광을 만천하에 드러내기를 원하신다. 하나님이 세상을 창조하신 것은 그 뒤에 숨어 있기 위해서가 아니었다. 그리고 하나님이 사람들을 구원하시는 것은 그들이 하나님의 존귀함을 단지 개인적으로만 경험하게 하려는 것이 아니다. 하나님은 자기 백성들의 행실을 통해 자신의 영광이 밝히 드러나고, 백성들의 생각을 통해 자신의 진리가 감추인 것 없이 드러나며, 백성들의 감정을 통해서도 자신의 가치가 확연하게 드러나기를 원하신다. 예배는 예수 그리스도 안에서 하나님이 우리를 위해 행하신 모든 것의 영광을 보고, 맛보며, 나타내는 것이다.

선교의 가장 우선하고 궁극적인 목표는 이 예배가 세상의 모든 민족들 사이에서 일어나는 것이다. 즉 하나님의 영광과 위대하심이 모든 종족들 가운데 합당하게 드러나는 것이다.

단지 더 많은 사람이 아니라 세상 모든 종족들이

내가 '종족들'(peoples)이라고 말한 것에 주목하라. (이미 교회가 세워진 지역에서 이루어지는 복음 전도와 구별해) 선교의 목표는 세상 모든 종족들과 족속들과 언어들과 민족 집단들 안에 예수 그리스도로 말미암아 하나님을 예배하는 교회를 세우는 것이다. 우리는 이와 같은 목표를 가진 선교의 결과를 요한계시록 5장 9절에서 가장 분명하게 볼 수 있다. "그들이 새 노래를 불러 이르되 두루마리를 가지시고 그 인봉을 떼기에 합당하시도다 일찍이 죽임을 당하사 각 족속과 언어와 종족과 민족(개역개정 "족속과 방언과 백성과 나라") 가운데에서 사람들을 피로 사서 하나님께 드리시고." 이 노래는 하늘에서 그리스도를 향해 불려질 것이다. 하나님의 아들 예수 그리스도는, 각 족속과 언어와 종족과 민족 가운데서 하나님 아버지를 위해 예배할 백성을 구속하시기 위해 죽으셨다. 선교는 세상의 모든 종족들 중에서 구속함을 받은 이들, 즉 그리스도께서 값을 치르고 사셨으며 하나님을 높이는 예배 공동체를 세우기 위해 존재한다.

(복음 전도자의 열정과 구별해) 선교사의 열정은 언어나 문화 장벽에 막혀 복음을 들을 수 없는 종족 집단 안에 예배 공동체를 세우는 것이다. 바울도 이 같은 '개척' 선교사에 속한다. "또 내가 그리스도의 이름을 부르는 곳에는 복음을 전하지 않기를 힘썼노니…이제는 이 지방에 일할 곳이 없고 또 여러 해 전부터 언제든지 서바나로 갈 때에 너희에게 가기를 바라고 있었으니"(롬 15:20, 23).

그러므로 선교에 있어 가장 우선하고 큰 열정은 (날마다 하나님의 영광을 폄훼하는 방식으로 생각하고 느끼고 행동하는) 사람들의 마음속에 하나님의 올바른 자리를 회복시킴으로써 하나님의 영광을 나타내게 하는 것이다. 특히 세상의 모든 미전도 종족들로부터 예배하는 한 종족을 낳음으로써 이 일을 가능케 하는 것이다. 하나님의 영광을 사모한다면, 우리는 결코 선교에 무관심할 수 없다. 이것이 바로 예수 그리스도께서 세상에 오신 궁극적인 이유이기도 하다. "그리스도께서 하나님의 진실하심을 위하여 할례의 추종자가 되셨으니…'이방인들도 그 긍휼하심으로 말미암아 하나님께 영광을 돌리게 하려' 하심이라"(롬 15:8-9). 그리스도는 열방 가운데서 하나님 아버지를 위해 영광을 돌리게 하려고 오셨다. 그리스도께서 이 일을 위해 오셨다는 것을 제대로 이해한다면, 우리는 선교를 사모하게 될 것이다.

**하나님에 대한 열심과
영혼을 위한 긍휼**

이제 이 장에서 제기했던 질문에 본격적으로 접근해 보자. 하나님의 영광에 대한 열심이라는 최우선적인 동기가 사람들에 대한 긍휼이라는 동기와 어떻게 연결되는가? 우리는 예수님이 하나님의 공의로우심을 증거하고 하나님의 영광을 높일 뿐 아니라 죄인들을 영원한 불행으로부터 구원하기 위해 오셨음을 인정한다.

진리에 따르면, 우리 모두가 반역죄를 저질렀고 우리의 왕을 모독했다. 그러므로 우리는 극형 판결을 받고 영원한 형벌을 받을 존재라는 진리를 마주했다. 반역에는 불행이 따른다. 불신앙은 하나님을 모독할 뿐 아니라 우리의 영혼까지 파괴한다. 하나님을 모독하는 모든 것은 사람을 해친다. 그러므로 하나님의 거룩하심에 대한 모든 공격은 곧 사람의 행복에 대한 공격이다. 하나님을 잘못 드러내거나 가리는 모든 생각이나 감정이나 행동은 인류의 파멸을 가중시킨다. 하나님의 명성을 훼손하는 모든 것은 우리의 고통을 더할 뿐이다.

그러므로 선교의 동력은 하나님의 영광이 임재할 합당한 자리를, 예배하는 심령 안에 회복하고자 하는 열정에 있을 뿐 아니라, 죄인들을 영원한 고통에서 구원하고자 하는 열정에도 있다. 에드워즈를 알고 있는 대부분의 사람들은 그가 영원히 실재하는 지옥을 믿었다는 한 가지 사실만은 잘 기억하고 있다.

**하나님을 영화롭게 하고
사람들을 지옥에서 구출하라**

에드워즈의 가장 유명한 설교인 '진노하시는 하나님의 손안에 있는 죄인들'(Sinners in the Hands of an Angry God)에서도 알 수 있듯이, 그는 멸망의 길에 선 사람들에게 무심하거나 멀찍이 서서 방관하지 않았다. 그는 사람들이 아직 기회가 있을 때 긍휼을 받아들이기를 호소하던 열정적인 복음 전도자였다. 그는 '하나님의 진노의 큰 포도주 틀'이 나오는 요한계시록 14장 19절 말씀을 언급하면서 이렇게 말했다.

> 참으로 끔찍한 두려움으로 몰아넣는 말씀이다.…'하나님의 진노.' 하나님의 격노! 여호와의 격분! 참으로 가공할 장면이다. 어느 누가 이 표현에 담겨 있는 바를 충분히 소화하고 말할 수 있단 말인가?…지금 당신이 바로 이런 현실에, 아직 거듭나지 않은 상태로 있다고 생각해 보라.…지금 하나님은 당신에게 긍휼을 베풀 채비를 하고 계신다. 이

날이 바로 은혜의 날이 아닌가?⁷

아울러 에드워즈는 지옥이 몹시 끔찍한 곳이며 고통을 있는 그대로 느낄 뿐 아니라 결코 끝나지 않을 것이라고 믿었다. 그런 그가 소위 오늘날 적지 않은 복음주의자들의 현실을 본다면 아마 경기를 일으킬지도 모른다. 왜냐하면 그들은 영혼소멸설이라는 관점을 지지하면서, 지옥은 고통을 있는 그대로 느끼는 영원한 곳이라는 성경의 가르침(마 25:41, 46, 막 9:42-48, 살후 1:5-10, 계 14:9-11, 20:10, 14-15)을 내버렸기⁸ 때문이다. 에드워즈는 1739년 4월 2일에 전한 설교를 통해 당대의 영혼소멸론자들을 향해 "지옥에서 악인들이 겪는 비극은 절대적으로 영원할 것"이라는 교리로 맞섰다.

또 다른 설교에서 에드워즈는, 영혼이 소멸한다면 그것은 불신자들이 받는 형벌이 아니며, 오히려 불신자들이 지옥의 형벌에서 구원받는 것(그들이 간절히 바라지만 실제로 일어나지는 않는 것)을 의미한다는 사실을 강조했다. "악인들이 하나님의 진노를 피할 수 있는 방법은 영원히 전혀 없으며, 앞으로도 이 사실은 절대로 변하지 않는다는 걸 깨달아야 한다."⁹ 나는 에드워즈의 생각이 옳다고 주장한다. 우리는 우리의 유일한 소망되시는 예수 그리스도 앞에 두렵고 떨리는 마음으로 나아가야 한다.¹⁰

거듭 말하지만, 선교는 하나님이 최고의 하나님으로 드러나시는 것에 대한 열정뿐 아니라 멸망하는 사람들(우리도 한때는 그런 사람이었다)에 대한 긍휼함으로 추동되어야 하는 일이다.

에드워즈는 '사랑과 그 열매'라는 제목으로 고린도전서 13장에 대해 15편의 연속 설교를 했다. 그 중 4절("사랑은 오래 참고 사랑은 온유하며")에 대한 네 번째 설교에서 다음과 같이 말했다. "그리스도의 영혼을 가진 사람은 다른 사람이 화를 내게 만들어도 온유하게 참으며, 자발적으로 다른 사람에게 기꺼이 선을 행한다."[11] 그가 제시한 예를 보자.

> 우리는 악에 빠진 영혼들을 변화시키는 도구가 되어, 그들을 악의 길에서 돌아서도록 선을 행할 수 있다. 그리고 근거 없는 안일함과 무감각에 사로잡힌 영혼들을 일깨우는 도구가 되어, 그들이 비참하고 위급한 상태에 놓였음을 깨닫도록 선을 행할 수 있다. 또한 우리는 죄인들을 회심케 하는 도구가 되어, 그들이 그리스도께 나아와 본향을 향하도록 이끌 수 있다. 다니엘 12장 3절은 많은 사람을 옳은 데로 돌아오게 하는 이런 이들에 대한 말씀이다.[12]

죄인을 향한 사랑의 동기와 그들에게 선을 행하려는 열망은 그리스도의 영혼의 본질이다. 그것이 바로 그리스도의 영이다. 마가복음 6장 34절은 이렇게 말한다. "예수께서 나오사 큰 무리를 보시고 그 목자 없는 양 같음으로 인하여 불쌍히 여기사 이에 여러 가지로 가르치시더라." 또 예수님이 이 같은 하나님 아버지의 마음을 묘사하시는 탕자의 비유를 보라. "이에 일어나서 아버지께로 돌아가니라 아직도 거리가 먼데 아버지가 그를 보고 측은히 여겨 달려가 목을 안고 입을 맞추니"(눅 15:20). 이런 말씀도 있지 않은가? "하나님이 세상을 이처럼 사랑하사 독생자를 주셨으니 이는 그를 믿는 자마다 멸망하지 않고 영생을 얻게 하려 하심이라"(요 3:16). 멸망하는 죄인들을 향한 하나님의 사랑이 무엇을 가능케 했느냐면, 그들을 영원한 파멸로부터 구출하기 위해 독생자를 희생시키는 엄청난 대가를 감수하시도록 했다. 그리고 선교는 세상의 모든 미전도 종족들에게 그 사랑을 확장하는 것이다.

하나님에 대한 열정과 영혼을 향한 긍휼을 어떻게 연결시킬 것인가?

지금까지 내가 매달려 온 중요한 문제는 바로 이것이다. 열방 가운데서 하나님의 하나님 되심, 즉 그분의 영광이 드러나고 하나님과 그 아들이 영화롭게 되는 일에 대한 우리의 열정과, 지금 돌이켜 복음을 듣지 않는다면 영원히 끝나지 않을 비참함 속에서 종말을 맞이해야 할 멸망하는 죄인들을 향한 우리의 긍휼은 서로 어떤 관계가 있는가? 이 두 가지 동기 사이에서 우리 영혼이 고민한 적이 있는지 묻고 싶다. 물론 나는 그런 적이 있다. 그것이 바로 내가 이 문제에 매달려 온 이유다. 나는 세계 복음화 운동에 온전히 헌신하기를 원하며, 세계 복음화 운동이 하나님을 드높이려는 동기와 사람들을 사랑하려는 동기에서 나오기를 간절히 바란다. 하지만 이 두 가지가 언제나 쉽게 함께할 수 있는 것은 아니다. 정말 그런가? 어떻게 그런가? 조나단 에드워즈는 어떤 대답을 제시하고 있는가? 나는 그 대답을 다섯 단계로 찾아보려고 한다.

1. **긍휼이 있는 사람은 멸망하는 죄인들의 구원을 간절히 바란다.** 긍휼

은 불신자들이 장차 지옥에서 맞게 될 하나님의 진노로부터(살전 1:10) 구원받도록 하는 일에 나서게 한다. 부유하든 가난하든, 병들었든 건강하든, 사람들이 안고 있는 가장 큰 문제는 모두 동일하다. 죄로 말미암아 모든 사람이 맞게 될 하나님의 진노를 어떻게 피해야 하는가이다. 사랑은 우리로 하여금 하나님의 진노에서 사람들을 구출하라고 요구한다.

2. 지옥의 공포 자체로는 어느 누구도 구원할 수 없다. 에드워즈는 사람들에게 장차 다가올 하나님의 진노를 피하라고 줄기차게 경고했다.[13] 그렇지만 그는 단순히 죄가 가져올 결과를 두려워한다고 해서 구원받는 것이 아님을 알고 있었다. 죄짓는 것을 즐겨하는 사람 역시 두려움에 빠지기도 하고, 때로는 죄의 결과로 인해 울기도 한다.[14] 고통을 싫어하는 것은 자연스러운 일이다. 하지만 죄를 싫어하는 것은 초자연적인 일이다. 죄를 사랑하는 것은 자연스러운 일이지만, 그리스도를 사랑하는 것은 초자연적인 일이다.

이 말은, 우리가 사람들에게 겁을 주어 천국을 바라보게 할 수는 있지만, 어느 누구도 겁을 주어 천국에 들어가게 할 수는 없음을 의미한다. 구원을 얻게 하는 믿음은 그리스도를 단순히 고통에서 벗어나게 해주는 분이 아니라 우리의 가장 소중한 분으로 받아들이는 것을 의미한다. 이는 단순히 고통에서 건져 주는 분이 아니라는 말이다. 그리스도를 그저 지옥에서 건져 주시는 분으로 믿을 수는 있다. 하지만 그 같은 믿음으로는 어느 누구도 구원받을 수 없다. 예수님은 이렇게 말씀하시지 않았는가? "나는 생명의 떡이니 내게 오는 자는 결코 주리지 아니할 터이요 나를 믿는 자는 영원히 목마르지 아니하리라"(요 6:35). 구원 얻는 믿음은 우리 영혼의 갈급함을 채우시는 예수님께로 나아오게 만든다.[15]

우리 영혼이 생명의 떡이요 생수이신 그리스도를 갈급해 하기 전까지, 우리는 그저 우리 영혼이 갈급해 하는 것을 얻기 위해 그리스도를 이용하려 할 것이다. 구원 얻는 믿음을 가졌노라 주장하는 많은 사람들이 단순히 자기가 실제로 원하는 것을 얻기 위해 그리스도를 찾는다. 그러나 그들이 얻고자 하는 것은 그리스도가 아니라 그분이 주시는 선물이다. 즉 지옥에서의 구출, 마음의 평안, 건강한 신체, 원만한 결혼 생활, 사회적 유대 관계 등 말이다. 우리가 구원을 얻기 위해 그리스도께 나아간다는 것은 그분이 단지 우리의 구원자이실 뿐 아니라 또한 우리에게 가장 소중한 분이심을 믿고 나아가는 것이다. 이는 곧 하나님이 그리스도 안에서 우리를 위해 예비하신 모든 것을 얻고자 나아간다는 것이기도 하다. 스스로에게 물어보라. 당신은 만약 그리스도께서 하늘나라에 계시지 않더라도 그곳에 가고 싶은가? 예수님이 당신의 보화인가, 아니면 예수님이 주시는 선물이 당신의 보화인가?

3. 그러므로 우리는 긍휼을 품고 사람들에게 지옥의 고통에 대해 경고할 뿐 아니라 그리스도를 아는 기쁨 속으로 이끌어야 한다. 천국에 가는 유일한 방법은 그리스도와 함께 있기를 원하는 것이며, 우리를 천국으로 데려가기 위해 그리스도께서 일하고 계심을 믿는 것이다. 지옥을 피하고 싶은 마음이 곧 그리스도와 함께 있고 싶은 마음과 같은 것은 아니다. 그저 사람들에게 지옥에 대해 경고하는 것으로 그쳐서는 안 된다. 우리는 그들에게 그리스도의 아름다우심을 보여 주

어야 한다. 긍휼은 단지 사람들에게 경고하는 데 그치지 않으며, 끈질기게 호소한다. 긍휼은 단지 지옥의 공포를 알리는 것이 아니라 그리스도 안에 있는 기쁨을 일깨우는 것을 목표로 한다. 그리스도를 사랑하지 않는 사람은 누구도 천국에 갈 수 없다. 바울은 이렇게 단언한다. "만일 누구든지 주를 사랑하지 아니하면 저주를 받을지어다"(고전 16:22). 긍휼은, 기도와 말씀 선포와 성령의 능력 안에서의 섬김을 통해, 그리스도를 아는 지식에 따른 기쁨을 얻게 하는 데 매진한다. 긍휼은 그리스도 안에서 만족감을 얻도록 수고한다. 그 중심에 바로 구원 얻는 믿음이 있다. 즉 하나님이 그리스도 안에서 우리를 위해 예비하신 모든 것으로 만족하는 삶이 있다.

4. 조나단 에드워즈의 핵심은 이렇다: 그리스도 안에서 만족을 누릴 때 그것이 곧 그리스도를 높이고 하나님을 영화롭게 한다. 하나님의 영광을 향한 열정과 멸망하는 이들을 향한 긍휼, 이 두 가지에서 서로 일치하는 부분은 예수 그리스도를 통해 하나님을 기뻐하는 것이 하나님을 영화롭게 한다는 것이다. 우리가 하나님 안에서 누리는 기쁨은 우리가 그분 안에서 발견하는 보화의 척도가 된다. 기쁨이 크면 클수록 우리가 발견한 보화는 더욱 값질 것이다. 그러므로 하나님 안에서 기쁨을 발견할 때, 특히 이 기쁨의 맛과 매력에 끌려 안락한 일상을 버리고 선교의 대의에 우리 삶을 맡길 때, 우리가 그분을 얼마나 존귀하게 여기며, 그분이 얼마나 위대하신지를 드러내게 된다. 이와 관련한 에드워즈의 논지가 잘 드러난 글이다.

또한 하나님은 두 가지 방법으로 피조물들에게 자신의 영광을 나타내십니다. 첫째, 피조물들의 이해력에 자신을 나타내심으로써 스스로 영광을 받으십니다. 둘째, 피조물들의 마음에 자신을 드러내심으로써 스스로 영광을 받으십니다. 그리고 하나님이 피조물들에게 자신을 나타내시고 피조물들이 이를 기뻐하고 즐거워함으로써도 하나님은 영광을 받으십니다. 자신의 영광을 피조물들의 눈에 나타내 보이시는 것으로도 하나님은 영광을 받으실 뿐 아니라, 나타난 그 영광을 피조물들이 보고서 기뻐하는 것으로도 하나님은 영광을 받으십니다.… 심지어 하나님은 피조물들이 그 영광을 보고 기뻐할 때, 피조물들이 그저 그 영광을 보기만 할 때보다 훨씬 더 높임을 받으십니다. 그럴 경우 하나님은 피조물의 생각과 마음을 모두 아우르는 온전한 영혼을 통해 영광을 받으시게 됩니다. 하나님이 세상을 창조하신 것도 피조물들에게 자신의 영광을 나타내시고 피조물들이 그들의 생각과 마음을 통해 그 영광을 받아 누리길 원하셨기 때문입니다. 하나님의 영광을 안다고 증언하는 사람은, 하나님의 영광을 알 뿐 아니라 그것을 칭송하고 기뻐하는 사람보다 하나님을 영화롭게 하지 못합니다.[16]

즉 이것을 내가 말하는 방식으로 표현하면 이렇다. "하나님은 우리가 그분 안에서 가장 만족할 때 최고의 영광을 받으신다."[17]

창조와 구속에 나타난 하나님의 목적에 대한 조나단 에드워즈의 이 심오한 통찰에서, 우리는 선교의 두 가지 동기가 어떻게 서로 조화를 이루는지 볼 수 있다.

5. 끝없는 고통에서 죄인을 구하려는 긍휼이라는 목표와, 하나님께 영광을 돌리고자 하는 열정이라는 목표는 서로 충돌하지 않는다. 죄인들이 지

옥에서 구출되는 것과 하나님이 영광을 얻으시는 것, 이 두 가지는 모두 동일한 행동으로 비롯된다. 즉 하나님이 그리스도 안에서 그들을 위해 예비하신 모든 것을 귀하게 여기는 것, 하나님이 그리스도 안에서 그들을 위해 예비하신 모든 것에서 만족을 얻는 것이다. 그리스도가 우리의 보화가 되지 못하신다면, 하나님은 마땅히 받으셔야 하는 영광을 받지 못하시고, 사람은 영원한 고통에서 벗어나지 못한다. 그러나 만약, 하나님의 긍휼하심에 의해, 그리스도께서 열방에게 보화가 되시고 하나님이 그들의 기쁨이 되신다면, 하나님은 영광을 받으시고 우리는 구원을 얻을 것이다.

이것이 바로 선교가 목표하는 바다. 그러므로 사람을 향한 긍휼과 하나님을 향한 영광, 이 이중의 선교 동기는 결국 하나의 목표인 셈이다. 우리 앞에 놓여 있는 기쁨을 위해, 이제 우리 십자가를 지고 우리 생명을 기꺼이 내던지자. 하나님 안에서 모든 열방이 기뻐하도록!

> 하나님이여 민족들이 주를 찬송하게 하시며
> 모든 민족들이 주를 찬송하게 하소서
> 온 백성은 기쁘고 즐겁게 노래할지니(시 67:3-4).

7

예배의 내적 단순성과 외적 자유

"선교는 교회의 궁극적인 목표가 아니다. 예배가 궁극적인 목표다." 이번 장은 바로 1장의 서두를 장식했던 이 두 문장의 의미를 보다 명확히 하기 위한 목적이 있다. 내가 생각하는 '예배'란 단순히 공예배 또는 좀더 제한하면, 찬양 모임 정도를 의미하는 것이 아님을 분명히 하고 싶다. 나 역시 그런 시간들을 사랑하며, 그 속에서 강력하게 역사하시는 하나님을 만나기도 한다. 그렇지만 그 같은 것들을 위해 선교가 필요하다고 말하는 것은 지나치게 편협한 동시에 내가 말하고 싶은 주제에서 동떨어진 것이라 할 수 있다. 내가 말하는 선교의 목표로서의 예배는 그보다 훨씬 더 근본적이며, 영혼을 사로잡으면서, 삶을 포괄하는 그 무엇을 의미한다.

**외적 형식에 지나치게 무관심한
신약성경**

나의 논지는, 신약에서의 예배는, 비록 삶과 전례에서는 다양한 외적 표현들이 나타났으나, 급진적일 정도로 단순하고 내적인 어떤 것으로 변화해 갔다는 것이다. 그 이유 중 하나는, 신약성경이 수천 개의 문화권에서 사용할 수 있는 선교 비전을 담고 있기 때문인데, 그로 인해 외적인 형식을 많이 담을 수 없었다는 것이다. 이 점에 대해 모든 독자들이 나만큼 흥분하지는 않겠지만, 이 같은 근본적인 단순화와 내면화가 개혁주의 전통과 맥을 같이 한다고 감히 주장하는 바다. 요약해서 말하면, 우리는 신약성경이 예배의 외적인 형식에 대해서는 그 무관심의 도가 지나칠 정도인 반면, 예배의 근본적인 성격, 즉 예배가 마음의 내적 경험이라는 점에 대해서는 매우 급진적으로 강조하고 있음을 알 수 있다.

**공예배에 대한
신약성경의 명확한 가르침은 거의 없다**

깜짝 놀랄 만한 사실이 있다. 신약의 서신서에는 흔히 우리가 예배라고 부르는 공예배에 대해 명확한 가르침이 거의 없다는 것이다. 물론 예배를 위한 공동 모임이 전혀 없었던 것은 아니다. 먼저 고린도전서 14장 23절은 함께 모인 무리들을 '온 교회'라고 말하며, 사도행전 2장 46절은 초대 교회를 두고 "성전에 모이기를 힘쓰고 집에서 떡을 떼며"라고 언급한다. 그리고 히브리서 10장 25절에는 "모이기를 폐하는"이란 말이 나오기도 한다. 하지만 이런 사례가 많다고 할 수는 없으며, 또한 이 말씀들이 모임을 염두에 두고 한 말이라는 점에서 주목할 만한 대목이긴 해도, 사도들이 명백하게 그것을 예배라고 칭한 것은 아니다.

좀더 설명을 더 해보겠다. 구약성경에서 예배로 사용된 가장 일반적인 단어는 히브리어 '히쉬타하바흐'(hishtahavah) 또는 여기서 파생된 형태의 단어다. 이 단어의 기본 의미는 '엎드려 절하다'(bow down)이며 위엄, 존경, 경외 등의 뜻을 담고 있다. 이 단어는 모두 171회 사용되었으며, 헬라어 구약성경에서는 이 같은 의미로 사용된 히브리 단어가 헬라어 '프로스키네오'(proskyneō)로 번역되어 164회 사용되었다. 헬라어 신약성경에서 이 단어는 예배를 지칭할 때 주로 사용되었다. 그러나 이 단어의 용례를 볼 때, 놀랄 만한 사실[1]이 있다. 이 단어는 교회가 세워지지 않은 시기인 복음서에서도 일상적으로 사용되었는데(26회), 이는 사람들이 예수님 앞에 엎드려 절하며 경배했을 것이란 사실을 말해 준다. 또한 요한계시록에서도 그 단어는 꽤 자주 사용되는데(21회), 바로 하늘에 있는 천사와 장로들이 하나님 앞에서 엎드려 절하며 경배 드리기 때문이다.

그러나 정작 바울 서신에서는 단 1회, 즉 고린도전서 14장 25절에만 나온다. 불신자들이 예언의 능력 앞에 엎드려 경배하며 하나님이 그 모임 중에 계심을 고백하리라 권면하는 대목에서 나온다. 그리고 이 단어는 베드로전후서, 야고보서, 요한의 서신들에는 아예 나오지 않는다.

이는 특이한 일이 아닐 수 없다. 구약성경에서 사용된 예배를 가리키는 주된 용어가 신약성경의 서신들에서는 실제로 거의 볼 수 없는 것이다.[2] 그 이유는 무엇인가? 그 시대의 교회가 오늘의 교회로 이어지도록 하기 위해 쓰인 여러 서신서에 이 단어가 거의 나오지 않고, 또한 공예배의 특징에 대한 분명한 가르침이 전무한 까닭은 무엇인가?

예배의 새로운 '장소'가 되신 예수님

나는 예수님의 삶과 가르침에서 드러나는 바 그분이 예배를 대하시는 방식에서 그 이유를 찾을 수 있다고 생각한다. 이와 관련한 예수님의 주된 말씀은 요한복음 4장 20-24절이다. 하지만 이 본문을 살펴보기에 앞서, 예수님의 다른 말씀들을 먼저 들여다볼 필요가 있다. 예를 들면, 유대인 예배의 주요 장소인 성전에 대한 예수님의 태도는 유대인 지도자들의 생각과 전혀 달랐다.

예수님은 채찍을 들고 환전꾼들을 내쫓으시면서, 그곳이 희생제사를 드리는 곳이 아니라 기도를 위한 곳, 즉 모든 민족들(개역개정 "만민")이 기도하는 집이라고 말씀하셨다. "내 집은 만민(all the nations)이 기도하는 집이라 칭함을 받으리라고 하지 아니하였느냐"(막 11:17). 달리 말하면, 예수님은 유대교의 희생제사라는 외적인 행위가 아니라 모든 종족들이 하나님과 나누는 친밀한 교제로 관심의 초점을 옮기셨다.

그리고 나서 예수님은 성전에 대한 두 가지 사실을 말씀하시며 예배를 대하는 관점에 급진적인 전환을 불러일으키셨다. 예수님은 "성전보다 더 큰 이가 여기 있느니라"(마 12:6)고 말씀하셨고, "너희가 이 성전을 헐라 내가 사흘 동안에 일으키리라"(요 2:19)고도 말씀하셨다. 성전에 대한 이 같은 태도는 예수님 자신을 죽음으로 몰고 갔을(막 14:58, 15:29) 뿐 아니라 스데반 역시 죽음으로 내몰았다(행 6:14). 이 말씀의 중대성을 보여 주는 대목이라고 하겠다.

예수님은 자신을 참된 성전으로 규정하셨다. "성전보다 더 큰 이가 여기 있느니라." 예수님은 성전이 의미하는 모든 것, 특히 신자들이 하나님을 만나는 '장소'로서의 성전을, 자신 안에서 성취하실 것이었다. 예수님은, 예배란 외적 형식을 갖춘 특정 장소에 한정된 행위가 아니라, 예수님을 중심으로 이루어지는 친밀하고 영적인 경험으로 그 정체성을 바꾸셨다. 예배는 더 이상 건물과 제사장과 희생 제도가 필요한 게 아니다. 부활하신 예수님이 계셔야 한다.

**장소와 형식에 얽매이지 않는 예배를
말씀하신 예수님**

예배와 성전을 바라보시는 예수님의 관점은 요한복음 4장 20-24절에서 보다 명확히 드러난다. 여기서 예수님은 구약성경에서 예배를 가리킬 때 주로 쓰인 단어 '프로스키네오'를 사용하신다. 그럼으로써 그 단어에 외적이며 특정 장소에 한정된 의미가 있음을 보여 주신다. 그리고 나서 예수님은 예배가 외적인 것이기보다는 내적인 것이며, 지역적으로 한정된 것이기보다는 편만한 것이라고 그 개념을 바꾸신다.

우물가의 여인은 이렇게 말했다.

우리 조상들은 이 산에서 예배하였는데 당신들의 말은 예배할 곳이 예루살렘에 있다 하더이다(여기서 '예배'에 해당하는 단어는 구약성경에서 일반적으로 사용된 '프로스키네오'다. 그녀가 예배와 관련하여 장소가 제한되어 있다고 생각해 왔음을 주목하라) 예수께서 이르시되 여자여 내 말을 믿으라 이 산에서도 말고 예루살렘에서도 말고 너희가 아버지께 예배할 때가 이르리라(요 4:20-21).

여기서 예수님은 예배의 외적인 특성이나 지역적인 제한에 얽매이지 말라고 말씀하신다. "이 산에서도 말고 예루살렘에서도 말고"라고 말씀하시며 장소는 문제가 되지 않는다고 강조하신다. 이어서 이렇게 말씀하신다.

아버지께 참되게 예배하는 자들은 영과 진리로 예배할 때가 오나니 (the hour is 'coming') 곧 이때라(is 'now' here) 아버지께서는 자기에게 이렇게 예배하는 자들을 찾으시느니라 하나님은 영이시니 예배하는 자가 영과 진리로 예배할지니라(요 4:23-24).

여기서 핵심이 되는 문장은, 장차 올 세대들을 위해 예언되었던 참 예배가 도래했다는 것이다. "그 때[장차 올 세대]가 올 것인데, 바로 지금 여기[내 안에]서다." 장차 올 세대에서나 기대되었던 참된 예배가 지금 도래했다는 것이다. 장래의 이 참된 예배의 특징은 무엇인가? 영광스러운 장래에서 지금 여기로 뚫고 들어온 참된 예배는, 특정 장소나 외적 형식에 제한을 받지 않는다는 것이다. 즉 이 산이나 예루살렘이 아니라 바로 '영과 진리로' 드리는 예배다.[3]

예수님은 '프로스키네오'가 내포하고 있는 장소나 형식과 관련된 의미의 마지막 흔적까지도 벗겨 내신다.[4] 예배 드릴 때 특정한 장소에 있거나 외적인 형식을 갖추는 것이 잘못되었다는 말이 아니다. 예수님이 여기서 분명히 밝히고자 하시는 바는 장소나 형식이 예배를 예배로 만드는 것이 아니라는 것이다. 예배를 진정한 예배로 만들기 위해서는 '영과 진리로' 드려야 한다. 특정 장소나 외적 형식의 유무가 판가름하는 것이 아니다.

그러면 '영과 진리로'(in spirit and truth)가 의미하는 바는 무엇인가? '영으로' 드리는 참된 예배는 성령에 이끌려 드리는 것이라고 생각한다. 아울러 그것은 외적이며 신체적인 사건이 아니라 주로 내적이며 영적인 사건으로 일어난다. 또한 '진리로' 드리는 참된 예배는 참되신 하나님의 견해에 응답하는 것이라고 생각한다. 그리하여 예배는 참되신 그분의 견해에 의해 형성되고 인도된다.[5]

그러므로 예수님은 이전까지 필연적이고 필수적이던 외적 형식과 지역적 한정성이라는 속성을 예배의 개념에서 단번에 끊어내셨다. 이제 예배는 내적이며, 지역성에서도 자유로운 것이 되었다. 이것이 바로 예수님이 "이 백성이 입술로는 나를 공경하되 마음은 내게서 멀도다…나를 헛되이 경배하는도다"(마 15:8-9)라고 말씀하셨을 때 의미하신 바다. 마음이 하나님으로부터 멀어지면, 예배는 헛되고 공허하며 그 존재 가치를 잃게 된다. 마음의 경험이야말로 예배를 예배답게 만들고, 살아 있게 하며, 없어서는 안 될 예배의 본질이다.

**구약성경에서 예배를 가리키던 핵심 단어를
왜 거부하는가?**

우리가 앞서 던졌던 질문으로 돌아가 보자. 구약성경에서 예배를 가리킬 때 주로 사용하던 단어 '프로스키네오'를 왜 베드로, 야고보, 요한, 바울은 '사실상' 거부했는가? 다시 말해, 그들이 교회들에 쓴 편지에 이 단어가 빠진 이유는 무엇인가?[6] 나는 이 단어가 참된 예배의 내적이며 영적인 본질을 충분히 반영하지 못하기 때문이라고 생각한다. 사실 이 단어는 예배의 장소와 형식성에 관한 내용을 상당히 내포하고 있다. 구체적으로 말하면, 몸을 구푸려 엎드리는 것, 그리고 그 절을 받는 대상이 눈에 보이는 형태로(visible) 실제로 어느 장소에 있는 것을 의미했다.

복음서에서 예수님은 그 앞에 엎드릴 수 있게 눈에 보이는 형태로 임재하셨다. 그래서 자주 '프로스키네오'라는 단어가 사용되었다. 요한계시록에서도 이 단어는 하늘에서 현현하시는 하나님 앞에 엎드려 절하는 장면에서 혹은 땅에 있는 거짓 신들 앞에 엎드려 절하는 행동을 가리키는 데 쓰인다. 요한계시록에서 '프로스키네오'라는 단어가 종종 사용된 것은 그런 정황적 배경이 있기 때문이다. 그러나 서신서에서는 매우 다른 양상이 나타난다. 예수님은 더 이상 그 앞에 엎드릴 수 있는 가시적인 형태의 영광으로 임재하시지 않는다. 그 결과, 초대 교회에서는 외적이거나 신체적인 의미보다는 내적이고 영적인 의미로 예배를 다루었고, 또한 예배에 지역적 제한을 두기보다는 예배가 편만한 것임을 강조했다.

예배를 가리키는 비지역적이며 비형식적인 단어

초대 교회의 이러한 경향성 및 예배에 대한 신약의 관점이 장소와 형식을 탈피한 것이었음을 재확인하기 위해, 예배와 관련된 구약의 다른 단어들을 바울이 어떻게 가져와 사용했는지 살펴볼 필요가 있다. 예를 들어, 구약성경의 헬라어 번역본에서 예배를 가리키는 단어 중 두 번째로(프로스키네오 다음으로) 빈번하게 사용된 단어는 '라트레우오'(latreuō)[7][90회 넘게 사용된 이 단어는 대부분 히브리어 '아바드'(abad)의 번역어다]. 이 단어는 출애굽기 23장 24절 "너는 그들의 신을 경배하지 말며 섬기지(라트레우세스[latreusēs]) 말며"에서처럼 주로 '섬기다'(serve)라는 의미로 사용되었다.

바울이 그리스도인의 예배를 가리킬 때 이 단어를 사용한 것은, 그가 지역적으로 한정되고 외적 형식을 갖춘 예배 행위가 아니라, 지역성을 탈피한 영적 경험을 가리킨다는 점을 분명히 하기 위한 의도가 담겨 있다. 실제로, 바울은 우리가 바른 '영으로'(in right spirit) 살아갈 때 삶의 모든 것이 곧 예배가 된다고 보았다.

예를 들어, 로마서 1장 9절에서 그는 "내가 그의 아들의 복음 안에서 '내 심령으로(with my spirit) 섬기는'(라트레우오)"이라고 말한다. 또 빌립보서 3장 3절에서는 진정한 그리스도인에 대해 "하나님의 '성령으로' 봉사하며(worship by the spirit)…육체를 신뢰하지 아니하는 우리"라고 말한다. 한편 로마서 12장 1절에서는 그리스도인들에게 이렇게 권한다. "그러므로 형제들아 내가 하나님의 모든 자비하심으로 너희를 권하노니 너희 몸을 하나님이 기뻐하시는 거룩한 산 제물로 드리라 이는 너희가 드릴 '영적' 예배(spiritual worship)니라."

이러한 예에서 볼 수 있듯, 바울은 예배를 가리키는 구약성경의 이 단어(라트레우오)를 사용할 때조차, 자신이 말하려는 예배가 결코 특정 지역에 국한되거나 외적인 형식을 갖춘 행사가 아니라, 내적이고 영적인 경험이라는 점을 힘주어 강조한다. 그는 결국 삶과 사역 전체가 바로 내적 경험으로서 예배의 표현임을 밝히고 있다.

이런 경향성은 성전 제사와 제사장의 사역을 가리키던 구약의 용어들이 신약에서 어떻게 사용되는지를 확인해 봐도 알 수 있다. 우리의 입술로 드리는 찬송과 감사는 곧 하나님께 드리는 '희생 제사'다(히 13:15). 우리가 매일의 삶에서 선을 행하는 것 역시 하나님께 드리는 '희생 제사'다(히 13:16). 바울은 자신의 사역을 가리켜 '(예배의) 제사장 직분'이라 하고, 회심자들은 곧 하나님이 '(예배에서) 받으실 만한 제물'이라고 했다(롬 15:16, 또한 빌 2:16을 보라). 심지어 교회가 그에게 보낸 돈을 '향기로운 제물'이라고도 불렀다. "이는 받으실 만한 향기로운 제물이요 하나님을 기쁘시게 한 것이라"(빌 4:18). 자신이 그리스도를 위해 죽는 것에 대해서는 하나님

께 드리는 '전제'(drink offering)라고 했다(딤후 4:6).[8]

급진적인 내적 예배가
삶의 모든 부분에서 외적으로 드러나게 하라

신약성경에서 예배는 비제도화되었고, 비지역화되었으며, 비형식화되었다. 예배의 핵심은 의례와 절기, 장소와 형식의 문제에서 벗어나, 마음의 문제로 옮겨 가게 되었다. 예배는 단지 주일 하루만 아니라 매일 그리고 삶의 모든 순간마다 드리는 것이 되었다.

이것이 바로 "그런즉 너희가 먹든지 마시든지 무엇을 하든지 다 하나님의 영광을 위하여 하라"(고전 10:31)는 말씀의 의미다. 그리고 "또 무엇을 하든지 말에나 일에나 다 주 예수의 이름으로 하고 그를 힘입어 하나님 아버지께 감사하라"(골 3:17)는 말씀 또한 마찬가지다. 하나님의 영광을 가장 소중히 여기는 마음이 드러나도록 살아가는 것, 이것이 바로 예배의 본질이다. 신약성경에서 예배와 관련된 이 위대한 문구들은 공예배에 대해 아무런 언급도 하지 않는다. 오로지 삶에 대해서만 기술할 뿐이다.

우리에게 "오직 성령으로 충만함을 받으라 시와 찬송과 신령한 노래들로 서로 화답하며 너희의 마음으로 주께 노래하며 찬송하며 범사에 우리 주 예수 그리스도의 이름으로 항상 아버지 하나님께 감사하며"(엡 5:18-20)라고 했을 때조차, 바울은 시간이나 장소 또는 예배 형식에 대한 어떤 언급도 하지 않는다. 여기서 핵심 단어는 '범사'(for everything)와 '항상'(always)이다. "범사에 우리 주 예수 그리스도의 이름으로 항상 아버지 하나님께 감사하며"(엡 5:20, 골 3:16 참조). 물론 이것은 우리가 공예배를 드릴 때도 마찬가지여야 하겠지만, 바울은 굳이 공예배에 대해 말하지 않는다. 그는 지역적이고 형식적이던 예배 개념에 급진적인 전환을 일으켜 내적 진실함이 담긴 예배, 삶의 모든 것으로 드리는 일상의 예배를 우리에게 간곡히 요청하고 있다. 장소와 형식은 핵심이 아니다. 영과 진리가 전적으로 중요하다.

종교 개혁가들과 청교도들이 준 자극

이것이 바로 개혁주의 전통, 특히 청교도와 그 후예들의 마음을 사로잡고 모토가 된 진리였다. 예배의 본질은 더 이상 형식과 장소의 문제가 아니라 마음의 내적 경험이라는 급진적인 방향 전환이 이루어졌다. 장 칼뱅은 예배가 전통적인 형식으로부터 자유롭다는 사실을 다음과 같이 밝힌다.

> (주님은) 외적인 규율이나 예식에 있어 우리가 무엇을 해야 하는지 세세하게 기술하지 않으셨다. (주님은 예배의 형식이란 시대별 상황에 따라 달라질 수 있음을 내다보시고, 모든 세대에 적합한 단일의 형식이 존재한다고 여기지 않으셨다.)…주님이 구체적으로 지침을 주지 않으셨다는 것은, 이러한 것들이 우리 구원에 필수 요소가 아니라는 의미며, 교회를 세우기 위해서는 각 나라와 세대의 풍습에 따라 다양하게 적응해야 한다. 그렇기 때문에 (교회의 유익을 위해 필요하다면) 전통에 따른 관습

은 계속해서 변화되고 폐기되어야 하며, 새로운 형식이 들어와야 한다. 사실 나 또한 불충분한 근거를 바탕으로 성급하고 갑작스럽게 혁신에 뛰어들어서는 안 된다는 것을 인정한다. 하지만 무엇이 해를 끼치며, 무엇이 유익한지에 대해서는 사랑이 가장 명확한 기준이 된다. 사랑이 우리를 인도하는 한, 우리는 모두 안전할 것이다.[9]

루터는 예배가 장소로부터 자유롭다는 사실을 이렇게 표현한다. "하나님을 예배하는 것은…식탁에서든 골방에서든, 아래층에서든 위층에서든, 국내에서든 해외에서든 장소를 불문하고 모든 곳에서 모든 사람이 모든 순간마다 해야 한다. 누구든지 당신에게 이와 다른 주장을 한다면, 그는 교황과 사탄만큼이나 나쁘게 당신을 속이는 것이다."[10] 청교도들은 음악과 전례 그리고 건축물을 통해서도 예배의 단순함과 자유로움을 담아냈다. 패트릭 콜린슨(Patrick Collinson)은 청교도들의 신학과 삶을 이렇게 요약했다. "청교도들의 삶은 어떤 면에서 보면 끊임 없는 예배 행위였으며, 하나님의 섭리에 따른 목적에 지속적으로 귀를 기울이는 가운데 영위되었다. 그리고 그런 삶은 개인적으로나 가정 단위로 혹은 공적으로 드리는 종교 활동을 통해 지속적으로 새로워졌다."[11] 청교도들이 그들의 교회를 '집회소'(meeting houses)라 부르며, 교회를 매우 단순하게 유지했던 이유 가운데 하나는 바로 그들의 관심을 물리적 장소가 아니라, 말씀을 통한 예배의 영적이고 내적인 본질로 돌리려는 것이었다.

예배, 내적이고 영적인 경험으로의 급진적 강화

이렇게 볼 때, 신약성경은 예배의 외적인 형식과 장소에 대해 놀라우리만치 무관심했다고 결론 내릴 수 있다. 그와 동시에, 내적이고 영적 경험으로서의 예배는 급진적으로 강화되었고 모든 한계를 뛰어넘어 삶 전체에 영향을 끼치게 되었다. 신약성경의 이러한 강조 현상은 개혁주의에 의해 재발견되었으며, 개혁주의 전통의 한 지류인 청교도를 통해 분명하게 표현되었다. 신약성경 안에서 이러한 논지가 발전할 수 있었던 것은, 신약성경이 공예배에 대한 지침서가 아니었기 때문일 것이다. 오히려 신약성경은 전 세계의 수없이 다양한 종족 집단들을 향한 선교 비전이 담겼다. 이런 집단들 속에서 예배의 외적 형식은 놀라울 정도로 다양한 양상을 띨 것이다. 그러나 영과 진리로 그리스도를 존귀히 여기는 이 내적 실체는 공통의 토대가 될 것이다.

**급진적이며 내적인 경험인
예배의 본질은 무엇인가**

이제 다음 질문에 주목해 보자. 그렇다면 급진적이며 진실하고 내적이며 통합적 경험인 이 예배의 본질은 무엇인가? 이 경험은 우리의 집회에서, 그리고 일상의 삶에서 어떻게 표현되어야 하는가? 앞에서 나는 예배의 본질이자, 예배를 살아 있게 하며, 예배에 없어서는 안 되고, 예배를 예배답게 만드는 핵심은 바로 하나님으로 인해 만족하게 되는 경험이라고 대답한 바 있다. 그리고 이러한 예배가 삶의 모든 것을 통해 드려져야 하는 이유는, 그리스도인의 모든 행동이 하나님 안에서 더욱 만족하고자 하는 갈망에 의해 동기가 부여되기 때문이다.

다시 말해, 사도 바울이 회중 예배로서의 예배와 일상의 삶이라는 양식으로서의 예배를 거의 구분하지 않았던 근본 이유는, 그 두 가지가 모두 동일한 뿌리로 연합되어 있기 때문이다. 그 동일한 뿌리란, 다름 아닌 그리스도 안에 계신 하나님을 정말 가치 있고 소중하며 존귀한 보화로 여기는 경험, 그리고 그분을 더욱 더 추구하려는 열정을 말한다. 그러므로 찬송을 부르는 동기와 죄수를 방문하는 동기는 근본적으로 같다. 즉 하나님 안에서 자유롭게 기뻐하며 하나님을 더욱 추구하는 갈망, 할 수만 있다면 하나님 안에서 더욱 더 큰 만족을 누리는 경험에 대한 갈망이 그러한 동기를 이루는 것이다.

지난 몇 년 동안 나는 이 주제에 대해 계속 집필하면서 성경의 근거를 들어 설명하려고 애썼다. 특별히 『하나님을 기뻐하라』(Desiring God), 『장래의 은혜』(Future Grace), 『하나님의 기쁨』(The Pleasures of God), 『하나님의 영광을 위한 하나님의 열심』(God's Passion for His Glory)[12]이라는 책들에 그런 노력이 담겨 있다. 여기서 내 주장의 성경적 근거에 대해 짧게나마 설명하고자 한다. 왜냐하면 그것이 선교 사역에서 매우 결정적이기 때문이다.

자, 하나님에서부터 출발해 보자. 하나님을 향한 우리의 열정과 갈망은 바로 자신의 영광을 향한 하나님의 무한한 충만하심에 뿌리를 두고 있다. 하나님의 영광 안에서 만족하고자 하는 우리의 추구는 하나님이 자신의 영광 안에서 누리시는 만족감을 백성들도 알고 누리기를 원하시는 하나님의 열심에 뿌리를 두고 있다. 하나님은 창조 때부터 종말에 이르기까지 모든 일하심 가운데 자신의 영광을 보존하고 나타내는 일에 온전히 헌신하셨다. 이 책의 1장과 6장에서 보았듯이 이 같은 하나님의 헌신을 통해, 우리는 하나님이 자기의 영광에 대해 열심을 품고, 사랑하며, 자신의 영광 안에서 만족을 누리신다는 사실을 알 수 있었다. 하나님의 계획과 사역 속에서 예정(엡 1:4-6), 창조(사 43:6-7), 성육신(롬 15:8-9), 화목(롬 3:25-26), 종말(살후 1:10) 등은 모두 하나님 자신의 가치와 영광을 나타내도록 의도되었다.

달리 말하면, 하나님이 지극히 넘치도록 그리고 당당하게 자신의 영광에 만족하신 나머지 모든 에너지를 자신의 영광을 알리는 데 쏟아부으셨던 것이다. 우주의 창조, 구속 역사 그리고 모든 것의 완성 등의 과정은 궁극적으로 하나님의 마음속에 있는 이 원대한 열정, 즉 자신의 영광이 모든 민족들 가운데 알려지고 찬양받게 하심으로써 또한 모든 민족들로 하여금 자신의 영광 안에서 온전히 기뻐하기를 원하시는 열정에 의해 진행된다.

그러나 하나님이 자기의 영광에 크게 만족하셔서 그 영광을 널리 드러내는 것을 그분이 행하시는 모든 것의 목표로 삼으신다면, 하나님의 하나님 자신에 대한 만족이야말로 우리가 그분 안에서 만족을 누리는 근거가 되지 않을까? 하지만 그렇게 표현하면 문제의 핵심에 다다르기 어렵다. 우리가 문제의 핵심에 다다르려면 이렇게 물어야 마땅하다. 하나님이 자기를 그토록 높이시는 것이 왜 사랑이라 할 수 있는가? 그리고 하나님이 자기 안에서 만족하시는 것을 우리가 나누는 것이 왜 예배의 본질이자 핵심인가?

해답을 얻도록 도와 준 C. S. 루이스

첫째 질문 (하나님이 자기를 지극히 높이심으로 모든 것을 자신의 영광을 위해 하시는데 그것이 왜 사랑인가)에 대한 대답은 C. S. 루이스 덕분에 얻게 되었다. 에베소서 1장 6절, 12절, 14절에 기록된 바울의 설교, 즉 하나님이 모든 구속의 일을 행하신 것은 우리로 하나님의 영광을 찬송하게 하려 하심이라는 내용에 대해 깊이 고민하던 때, 나는 C. S. 루이스가 초신자였을 무렵 하나님을 찬양하라는 명령 때문에 고민했다는 글을 읽게 되었다. 루이스에게 그 명령은 무익한 것으로 보였다. 그러나 그는 그것이 왜 무익한 일이 아닌지, 또한 그것이 왜 하나님을 깊이 사랑하는 일인지 발견하게 되었다. 그의 깊은 통찰이 담긴 글을 함께 읽어 보자.

> 찬양에 관한 가장 명백한 사실이…신기하게 나를 해방시켰다.…모든 즐거움은 자연스럽게 찬양으로 흘러간다는 사실을 이전에는 전혀 몰랐다.…세상은 온통 찬가로 울려 퍼지고 있다.—사랑하는 연인에게 찬사를 보내는 연인들, 자신이 가장 좋아하는 시를 읽는 독자들, 시골길을 걸으며 아름다움을 노래하는 사람들, 자신이 가장 즐겨하는 경기에 대해 칭찬을 아끼지 않는 선수들—이밖에도 날씨, 포도주, 접시,

배우, 말, 대학교, 나라, 역사적 인물, 아이, 꽃, 산, 진귀한 우표, 희귀한 벌레, 심지어는 정치가나 학자까지.…내가 하나님을 찬양하는 데 전적으로, 아니 일반적으로 어려움을 느꼈던 것은, 우리가 소중히 여기는 다른 모든 대상에 대해 기쁠 때 하는 것, 정말 못 배기고 하는 그 일을 정작 가장 소중한 분이신 하나님 앞에서는 터무니없이 거절해 버렸기 때문이다.

나는 우리가 즐거워하는 대상을 기뻐하며 절로 찬양하게 된다고 생각한다. 왜냐하면 찬양이란 단지 그 즐거움을 표현하는 것이 아니라, 그 즐거움을 완성하는 것이기 때문이다. 즐거움의 극치에는 언제나 찬양이 있다. 연인끼리 서로의 아름다움을 고백하는 데에는 칭찬이 끊이지 않는다. 기쁨은 그것을 찬양으로 표현하기 전까지는 결코 완성되지 않는다.[13]

달리 말하면, 마음에서 우러나오는 진심 어린 찬양은 기쁨 위에 인위적으로 부가된 것이 아니다. 어떤 아름다움이나 가치에 대해 느끼는 기쁨은 찬양의 형태로 표현되어야 비로소 완성된다.

자, 하나님이 우리를 성경에서 말씀하신 그대로 사랑하신다고 하자. 그렇다면 그분은 분명 우리를 위해 최고의 것을 베풀어 주실 것이다. 우리에게 최고의 것은 다름 아닌 하나님 그분이다. 그렇기에 하나님이 우리를 사랑하신다면 다른 무엇이 아니라 그분 자신을 우리의 기쁨을 위해 주실 것이다. 그러나 우리의 즐거움—하나님 안에서 누리는 우리의 만족—이 찬양으로 표현되어야 완성되는 것이라면, 그분은 우리의 찬양에 무관심하실 수 없다. 무관심은 우리를 사랑하시는 것이 아니기 때문이다. 하나님이 우리에게 그분을 찬양하도록 명령하지 않으시는 것은, 곧 우리가 최고의 만족을 누리도록 명령하지 않으시는 것과 같기에 그것은 사랑이 아니다.

이렇듯 우리가 함께 읽고 고찰한 사실에서 알 수 있는 것은, 하나님이 자기를 기뻐하시는 것—자기의 영광을 나타내고 우리의 찬양을 받기 위해 일하시는 것—은 분명 사랑이라는 것이다. 그것이야말로 무한히 영광스러우신 하나님이 사랑이실 수 있는 유일한 방법이리라. 하나님의 사랑의 가장 위대한 선물은 바로 그분이 자신 안에서 누리시는 만족을 우리와 나누고, 우리에게 그 만족을 찬양으로 표현하여 온전히 완성하도록 요청하시는 것이다.

하나님의 사랑은 성경의 명령으로 반복되어 나타난다. 즉 우리는 "주의 앞에는 충만한 기쁨이 있고 주의 오른쪽에는 영원한 즐거움이 있나이다"(시 16:11)와 같은 여러 약속의 말씀을 근거로, 주님 안에서 항상 기뻐해야 하며(빌 4:4), 주님 안에서 우리 기쁨을 찾아야 하며(시 37:4), 기쁨으로 주님을 섬겨야 하며(시 100:2), 주님 안에서 기뻐해야 한다(시 32:11).

**하나님 안에서 기뻐하는 것은
모든 만족을 주시는 하나님에 대한 찬사 그 자체다**

이러한 주장에는 한 가지 사실이 더 포함되어 있다. 그것은 우리가 하나님 안에서 누리는 넘치는 만족이 바로 (예배의 전부가 아닌) 예배의 핵심이라는 결론에 이르게 한다. 우선 그 사실을 논리적으로 진술한 후에, 그에 대한 해석을 덧붙이려고 한다. 논리적으로 말해, 우리의 찬양이 하나님 안에서 누리는 기쁨 위에 덧붙는 것이 아닌 기쁨의 극치라면, 하나님 안에서 우리가 기뻐하는 것 자체가 곧 하나님께 찬사를 보내는 것과 같다. 이 기쁨은, 심지어 찬양으로 넘쳐흐르기 전이라 할지라도, 모든 만족을 주시는 하나님의 가치를 반영한 것이다. 즉 하나님은 우리가 그분 안에서 기뻐할 때 영광을 받으신다. 우리는 이것을 경험으로 알 수 있다. 누군가 자신의 존재로 인해 기뻐할 때 그 사람은 영광을 받는다. 누군가 의무상 어쩔 수 없이 자신의 곁에 있는 것은 그 사람에게 그다지 영광스러운 일이 아니다. 바로 여기에 우리의 결론이 있다. 즉 하나님은 우리가 그분 안에서 만족할 때 영광을 받으신다. 그리고 예배란 본질적으로 하나님의 영광을 높이는 경험이기에, 예배의 핵심은 바로 하나님으로 인해 만족하는 것이다.

이제 이것이 성경에 어떻게 기초하고 있는지 살펴보자. 빌립보서 1장 20-21절을 묵상해 보자. 바울은 "나의 간절한 기대와 소망을 따라…살든지 죽든지 내 몸에서 그리스도가 존귀하게 되게 하려 하나니 이는 내게 사는 것이 그리스도니 죽는 것도 유익함이라"고 말한다. 여기서 생각할 것은, 바울의 몸 안에서 그리스도가 어떻게 존귀하게 되는가 하는 것이다. 그것은 곧 예배에 대한 질문이기도 하다. 바울은 어떻게 그의 몸으로 그리스도의 가치를 드러낼 수 있는가? 바울은 "살든지 죽든지" 그리스도를 높이기 원한다고 말한다. 이렇게 봤을 때 우리는 죽음을 통해서도 몸으로도 그리스도를 높이는 방법이 있음을 알 수 있다. 그러나 그게 도대체 무엇이란 말인가? 어떻게 우리는 우리의 죽음을 통해서도 그리스도를 높일 수 있는가?

바울은 21절에서 대답한다. "나는 죽음으로 내 육체 안에서 그리스도를 높이기를 기대하고 소망한다…이는 내게 죽는 것도 유익함이라." 다른 말로 하면, 내가 유익한 죽음을 경험할 수 있다면, 내 죽음은 그리스도를 높이게 될 것이라는 뜻이다. 여기서 우리는 바울의 생각을 알 수 있다. 그리스도의 영광과 모든 만족을 주시는 그분의 가치는 나의 죽음을 통해서도 반영되는데, 그것은 내가 이 세상에서 가진 모든 소유물과 관계를 잃는 것을 아까워하지 않고, 그리스도를 무엇보다 가치 있게 여겨 죽음까지도 유익하게 여기는 정도에 따라 반영되는 것이다.

바울은 23절에서 죽음이 자신을 그리스도와 더욱 친밀하게 한다는 사실을 분명히 한다. "내가 그 둘 사이에 끼었으니 차라리 세상을 떠나서 그리스도와 함께 있는 것이 훨씬 더 좋은 일이라 그렇게 하고 싶으나." 그렇기에 죽음이 유익한 이유는, 그것을 통해 그리스도를 보다 깊이 경험할 수 있게 되기 때문이다. 이러한 해석을 통해 결론을 내리면, 우리가 죽음 때문에 잃게 되는 모든 것들보다 그리스도를 즐거워하는 것이 바로 그리스도의 가치를 높이는 일이라는 것이다. 우리가 죽을 때 그리스도로 인해 만족하는 만큼 그리스도께서 영광을 받으신다는 말이다. 우리가 그분 안에서 가장 만족할 때 그분은 우리 안에서 최고의 영광을 받으신다. 우리가 살든지 죽든지 말이다.

예배의 본질은 무엇인가

이 모든 것을 통해 나는 논리적으로, 해석적으로 다음과 같이 결론을 내리는 바다. 예배의 본질이자, 예배를 살아 있게 하며, 예배에 꼭 필요하고, 예배를 예배답게 만드는 핵심은 바로 그리스도 안에서 하나님으로 인해 만족을 누리는 경험이다. 이러한 경험은 그분의 가치를 높이며, 그분의 가치를 높이는 것이 곧 예배다. 예수님과 사도들이 예배의 외적 형식에는 너무 무관심했던 반면, 내적이고 영적이며 진정한 예배에만 완전히 집중했던 이유가 바로 이 때문이다.

하나님 안에서 진정한 만족을 누리는 경험이 없다면 찬양은 헛된 것이다. 하나님 안에서의 만족이 없어도 진정한 찬양이 영혼에서 흘러나올 수 있다면, '위선'이란 단어는 쓸모없어지고 예수님이 "이 백성이 입술로는 나를 공경하되 마음은 내게서 멀도다"(마 15:8)라고 하신 말씀 역시 의미를 잃게 된다.

내가 "선교는 교회의 궁극적인 목표가 아니다. 예배가 그 목표다"라고 말했을 때, 나는 결코 '공예배'나 '찬양 집회'를 의미한 것은 아니다. 물론 그러한 모임이 예배의 본질을 표현하는 한 요소임에는 틀림없지만, 그런 모임을 갖는다고 해서 모두 예배는 아니다. 예배에서 가장 우선시 되는 것은 외적 행위가 아니다. 예배는 무엇보다 그리스도 안에 계신 하나님의 성품과 섭리를 소중히 여기는 내적이고 영적인 경험이다. 예배는 그리스도를 마음에 품는 것이며, 그리스도 안에서 우리를 위해 오신 하나님으로 인해 온전히 만족하는 것이다. 이러한 경험이 없다면, 그것은 결코 예배가 아니다. 그 형식이나 표현 방식이 어떻든지 말이다.[14]

네 가지 의미

이제 이러한 논지가 내적 경험으로서의 예배와 그 표현으로서의 공예배에 대해 던지는 네 가지 의미를 정리해 보겠다.

1. 하나님 안에서 기쁨을 추구하는 것은 결코 선택 사항이 아니다. 그것은 우리에게 주어진 최고의 의무다. 수많은 그리스도인이 성경이 아닌 임마누엘 칸트(Immanuel Kant)로부터 온 대중적인 윤리에 동화되어 있다. 그들은 행복을 추구하는 것—기쁨을 구하고, 만족을 갈망하며, 이런 것을 찾기 위해 골몰하는 것—이 도덕적으로 잘못되었다고 생각한다. 이런 생각은 진정한 예배를 드리는 데 아주 치명적이다. 칸트주의가 번성할수록 예배는 죽게 된다. 예배의 본질은 하나님 안에서 만족하는 것이기 때문이다. 예배의 본질을 추구하는 것에 무관심하거나 심지어 그것을 두려워하는 것[15]은 예배, 즉 (문화나 형식을 막론하고) 모든 공예배의 진실성에 방해가 된다.

상당수의 목회자들이 다음과 같은 말로 이런 현상을 부추기고 있는 것이 사실이다. "주일 아침 우리 성도들이 무언가를 드리기 위해서가 아니라 얻으려고 오는 것이 문제입니다. 그들이 무언가를 드리기 위해 교회에 온다면, 우리는 생명을 얻을 것입니다." 어쩌면 이것은 썩 좋은 진단이 아니다. 사람들은 얻기 위해서 와야 한다. 그들은 하나님에 대해 목마른 상태로 나와야 한다. 그들은 와서 이렇게 말해야 한다. "하나님이여 사슴이 시냇물을 찾기에 갈급함 같이 내 영혼이 주를 찾기에 갈급하니이다"(시 42:1). 사람들이 자신의 인생에 하나님이 없다면 목마름과 배고픔으로 죽을 수밖에 없다는 것을 절감할 때 하나님은 크게 영광을 받으신다. 그들을 위해 잔치를 베푸는 것이 바로 목회자가 하는 일이다. 하나님 안에서 만족을 추구하는 것이 얼마나 바람직하며 긴요한 일인지를 깨닫는 것이야말로 진정한 예배의 능력을 회복하는 지름길이다. 홀로 있든지, 우즈베키스탄의 어느 그리스도인 모임에 있든지, 아프리카 라이베리아의 허름한 창고에 있든지, 미국 대도시의 어느 초대형 교회에 있든지, 혹은 '죽는 것도 내게 유익함이라'는 고백의 실제를 목전에 두고 있든지 간에 말이다.

2. 예배의 본질은 하나님 안에서 만족하는 것이라는 주장의 둘째 의미는, **예배가 철저히 하나님 중심이어야 한다는 점이다.** 돈이나 명예, 여가, 가족, 직장, 건강, 장난감, 친구, 혹은 사역에 이르기까지 그 무엇도 우리의 상한 마음에 하나님보다 만족을 줄 수 없음을 확신하는 것이야말로 하나님을 최고의 하나님으로, 모든 것의 중심 되신 분으로 만드는 일일 것이다. 이러한 믿음은 주일 아침에 (혹 그 외에 어떤 때라도) 하나님께 가까이 나아가는 사람들로 변화하게 만든다. 그들은 자신이 왜 그 자리에 있어야 하는지 몰라 혼란스러워하지 않는다. 찬송과 기도, 설교 등을 단순한 의식이나 의무로 보지 않는다. 오히려 그런 것들이 충만하신 하나님을 찾을 뿐 아니라 하나님이 그들에게 다가가시는 방편이 될 수 있다고 본다.

우리가 하나님께 드리는 것에 예배의 초점을 맞출 때, 예배의 중심에는 미묘하게 하나님이 아니라 우리가 하나님께 어떤 것을 드리는가에 대한 문제가 자리잡게 된다. 우리가 드리는 찬양은 하나님이 받으실 만한가? 악기를 연주하는 자들은 질적으로 주님께 합당한 선물을 드리고 있는가? 주님께 드리기에 적합한 설교를 하고 있는가? 점점 우리의 초점은 주님에 대한 우리의 절대적 필요가 아닌, 우리가 행하는 예배의 질의 문제로 옮겨 가게 된다. 급기야 예배의 우수성과 능력을 그 예술적 행위가 기술적으로 우수한가의 문제로 정의하기 시작한다.

성경적인 믿음 외에는 그 무엇도 하나님을 예배의 중심에 두지 못한다. 즉 예배의 본질은 하나님 안에서 누리는 깊고 진심어린 만족이라는 믿음, 그리고 그러한 만족을 표현하고 추구하기 위해 우리가 모였다는 믿음 말이다. 어떠한 외적 행위도 예배의 본질을 대신할 수 없다. 외적 행위는 단지 그것을 표현하거나(우리가 공예배라고 칭하는 것), 혹은 그 자리를 대신할(우리가 위선이라고 칭하는 것) 뿐이다.

3. 예배의 본질이 하나님 안에서 만족하는 것이라는 주장의 셋째 의미는, 이러한 본질이 바로 예배의 최우선성을 사실상 보장한다는 점이다. 우리로 하여금 예배 자체가 우리의 목표라는 사실을 받아들이게 함으로써 말이다. 예배의 본질이 하나님 안에서 만족하는 것이라면, 예배는 더 이상 다른 어떤 것을 위한 도구가 될 수 없다. "하나님, 저는 하나님 안에서 만족하여 또 다른 것을 얻고 싶습니다"라고 말할 수는 없다. 그런 표현은 우리가 하나님 안에서가 아니라, 다른 것에서 만족하고 있음을 드러내며 그 사실은 하나님의 영광을 가리는 일이 된다.

그러나 수많은 성도들과 목회자들은 주일 아침 예배(즉 공예배)를 예배 외에 다른 것을 얻어 내기 위한 수단으로 여긴다. 우리는 돈을 벌기 위해 '예배'하며, 청중을 사로잡기 위해 '예배'한다. 또 병자를 고치기 위해 '예배'하며, 일꾼을 보충하기 위해 '예배'한다. 우리는 교회의 사기를 북돋우기 위해 '예배'하며, 재능 있는 음악가들에게 그들의 소명을 다할 수 있는 기회를 주기 위해 '예배'한다. 우리는 아이들에게 바른 길을 가르치기 위해 '예배'하며, 기혼자들이 결혼 생활을 잘 유지하도록 돕기 위해 '예배'한다. 또한 우리 가운데 잃어버린 자들을 전도하기 위해 '예배'하며, 어떤 프로젝트에 사람들을 끌어들이기 위해 '예배'하고, 우리 교회에 공동체 의식을 심어주기 위해 '예배'한다.

우리가 '예배를 통해' 이러한 목적을 이루려 한다고 말한다면, 자칫 잘못하면 참된 예배가 무엇인지 모른다고 증언하는 꼴이 될 것이다. 예배의 본질이신 하나님에 대한 진정한 사랑만이 이 모든 것들이 존재하는 이유다. 내가 아내에게 이렇게 말할 순 없지 않은가. "나는 당신에게서 큰 기쁨을 얻고 있소. 그러니 내게 맛있는 식사를 제공해 줘요." 기쁨은 이런 것을 목적으로 하지 않는다. 기쁨은 그저 아내를 기뻐하는 것으로 끝날 뿐이다. 맛있는 식사를 염두에 두고 기뻐하는 것은 아내를 기뻐하는 것이 아니다. 또 내가 아들에게 이렇게 말해서도 안 될 것이다. "나는 너랑 공놀이하는 게 좋단다.…그러니까 잔디 좀 깎아 주렴." 정말 아들과 공놀이하는 것이 기쁘다면, 그 기쁨은 아들이 공놀이 외에 다른 일을 하도록 하는 수단이 되어서는 안 된다.

물론 예배(그 본질과 공예배 둘 다)가 교회의 삶에 많은 긍정적인 영향을 주었다는 것을 부인하려는 의도는 없다. 이것은 결혼 생활에서의 진실한 애정처럼 모든 것을 보다 좋게 만든다. 내가 말하고자 하는 것은, 우리가 이러한 이유들로 예배 드리게 될 때 예배의 진정성을 그만큼 잃게 된다는 것이다. 하나님 안에서의 만족을 가장 중심에 두는 것만이 그러한 비극에서 우리를 지켜 줄 것이다.

4. 예배의 본질이 하나님 안에서 만족하는 것이라는 주장의 마지막 의미는, 이러한 정의가 삶 전체를 예배의 표현으로 여겼던 바울의 사상을 설명해 준다는 점이다. 어떤 문화, 어떤 부류의 사람이든 모든 그리스도인은 하나님 안에서 만족하는 것을 기준으로 행동해야 하며, 자신의 행동이 하나님 안에서의 만족을 유지하고 증진시킬 수 있는지 고민해야 한다. 물론 이 부분에 대한 충분한 근거는 졸저 『하나님을 기뻐하라』의 4장 '사랑: 기독교 희락주의의 수고'(Love: The Labor of Christian Hedonism)에 제시해 두었지만, 여기서는 예수님이 하신 말씀 중 한 대목을 소개하려고 한다.

누가복음 12장 33절에서 예수님은 "너희 소유를 팔아 구제하여 낡아지지 아니하는 배낭을 만들라 곧 하늘에 둔 바 다함이 없는 보물이니 거기는 도둑도 가까이하는 일이 없고 좀도 먹는 일이 없느니라"고 하셨다. 나는 이 "하늘에 둔 보물"은 곧 다가올 세대에서 전능하신 하나님으로 인해 점점 커지는 기쁨과 하나님과의 교제로 말미암아 점점 늘어 가는 즐거움을 가리킨다고 생각한다. 예수님은 우리가 그 보물을 담을 낡지 않는 배낭을 만들어야 한다고 말씀하신다. 다시 말해, 천국에서 하나님으로 인해 누리게 될 기쁨을 증대시키기 위해 노력해야 한다는 것이다. 그 방법은 우리 소유를 팔아 구제하는 것이라고 예수님은 말씀하신다. 그리스도의 생명을 소유한 우리가 항상 희생하고 사랑해야 함을 예로 보여 준 것이다. 우리는 이러한 삶을 살아야 한다. 천국에 보물을 쌓아 두기 위해서 말이다.

달리 말해, 우리는 모든 일에서 하나님 안에서의 만족을 극대화하는 것을 목표로 해야 한다. 현세에서 그리고 다가올 세대에서도 말이다. 누군가 "하나님 안에서 누리는 자신의 즐거움을 극대화하려는 마음을 가지고 다른 사람에게 자선을 베푸는 것이 사랑입니까?"라고 묻는다면, 나는 확고히 "예, 사랑입니다"라고 대답할 것이다. 왜냐하면 다른 사람들의 필요에 응하기 위해 세상의 소유를 포기할 때, 우리의 목적은 그들에게 하나님이라는 보물, 즉 모든 것을 내어줄 수 있도록 우리를 자유롭게 한 그 보물이 아주 존귀함을 보여 주려는 것이기 때문이다. 그럴 때 그들은 그 보물을 받아들이고 그 보물로 인해 살게 되며, 그리하여 천국의 기쁨을 우리와 함께 나누게 될 것이다. 하나님이 그 무엇보다 소중하다는 것을 우리에게서 발견하고 하나님을 사랑하게 된 모든 사람은 바로 우리가 하나님 안에서 더 달콤한 만족을 누릴 수 있도록 해줄 것이다. 이것이 선교가 이 세상에서 가장 깊은 만족을 주는 부르심 중 하나인 이유다. "주는 것이 받는 것보다 복이 있다"(행 20:35).

그래서 나는 우리의 모든 행동이 하나님의 선하심을 더욱 깊고 자유로이 맛보며 하나님 안에서 더욱 만족하고자 하는 갈망에 의해 동기 부여되어야 한다는 사실을 성경적으로 보여줄 수 있다고 믿는다. 그러므로 그리스도인의 삶의 근원과 모든 회중 찬양의 근원은 본질적으로 같다. 바울에게 있어 예배는 단순히 주일 예배라는 관점에서만 생각할 수 없으며, 오히려 일상의 모든 삶이라는 관점에서 고려해야 하는 이유다. 이 같은 바울의 사상은 완전히 하나님으로 흠뻑 젖은 그리스도인의 삶을 보여 준다. 우리의 모든 삶이 하나님 안에서의 만족을 추구하는 데 쓰일 때, 우리가 하는 모든 행동은 하나님의 가치를 밝히 드러내게 된다. 바로 모든 것이 예배가 되는 것이다. 예수 그리스도 안에서 충만히 나타나신 하나님이 우리에게 무엇보다 소중한 분이 되시리라.

"선교는 교회의 궁극적인 목표가 아니다. 예배가 그 목표다"라는 말을 통해 내가 하고 싶었던 말이 바로 이것이다. 우리의 목표는 이러한 경험이 세상의 모든 종족 가운데 일어나는 것이다. 복음의 능력으로 죽은 자가 일어나며, 사람들이 어둠에서 빛으로, 사탄의 권세 아래에서 하나님께로 나아오리라. 그리하여 그들이 하나님을 깨닫고 하나님을 온 마음 다해 맛보게 되리라. 그리고 하나님 안에서 완전한 만족을 누려, 세상의 모든 두려움과 쾌락에서 자유하게 되어 사랑으로 갈보리 언덕을 오르신 예수님을 따르게 되리라. 그러면 다른 사람들은 그들의 착한 행실을 보며 하늘에 계신 아버지께 영광을 돌릴 것이다. 그리하여 주의 말씀은 오직 영광, 영광을 받으실 것이다!

4부

복음의 전 지구적 이동과 전시 생활

8

복음의 변동이 아닌 복음의 이동

그리스도의 탁월하심은 교회의 능력이 쇠하고 흥하는 것까지 다스리시는 그의 주권에서도 빛을 발한다. "내가 이 반석 위에 내 교회를 세우리니 음부의 권세가 이기지 못하리라"(마 16:18). 이 약속에는 그리스도께서 언제 어디서 어떻게 교회를 세우고 또 쇠하도록 허락할지 결정하신다는 점도 포함된다. 기독교 선교가 빠르게 달려갈 때나 잠시 멈추는 것까지 그리스도의 손에 달려 있다. 그리고 그 모든 상황은 다음과 같은 확고부동한 약속 아래 있다. "이 천국 복음이 모든 민족에게 증언되기 위하여 온 세상에 전파되리니 그제야 끝이 오리라"(마 24:14). 그리스도는 기독교 교회의 전 지구적 움직임과 변화의 절대 주권자시다.

하지만 이는 어떠한 좌절도 없을 것임을 의미하지 않는다. 성경이 기독교 선교에 대해 보여 주는 것은 바로 선교의 전진이 좌절을 통해 이루어진다는 사실이다. 기독교는 좌절에서부터 능력이 흘러나오는 종교다. 이 종교의 지도자, 즉 성육신하신 하나님이 십자가에 못 박히는 끔찍한 좌절을 겪지 않으셨던가! "내가 진실로 진실로 너희에게 이르노니 한 알의 밀이 땅에 떨어져 죽지 아니하면 한 알 그대로 있고 죽으면 많은 열매를 맺느니라"(요 12:24). 죽음을 통해 얻는 생명을 얻고 좌절을 통해 얻는 전진하는 것, 그것이 기독교이고 기독교의 선교다.

20세기가 시작된 이후로 우리는 기독교 역사 가운데 위대한 전진과 좌절을 여러 차례 목격했다. 서구권에 살고 있으며 시야가 좁은 사람이라면 이러한 좌절이 심각한 위협으로 느껴질 것이다. 하지만 전 지구적 관점에서 볼 때 이는 우려할 만한 위축이 아닌 결실을 위한 변화였음을 알 수 있다. 반면에 우리가 남쪽 지평선에서 밝은 빛을 보았다고 생각할 때 정작 복음이 성경적 진리에서 벗어나면서 먹구름이 일어난다. 하지만 이런 상황조차 그리스도께서 다스리고 계신다. 그러니 전 지구적 변화에 대해서는 기뻐하고, 복음의 변질에 대해서는 경고의 사이렌을 울리자.

글로벌 사우스를 소개하며

예일대학교에서 선교학과 세계 기독교학을 가르친 라민 사네(Lamin Sanneh) 교수는 세계 기독교에서 일어나는 새로운 현상을 묘사하면서 '숨이 멎는 듯하다'는 표현을 썼다.

2차 세계대전 이후 식민지 시대에 일어난 숨이 멎을 듯한 발전 가운데, 전 세계 기독교의 부흥만큼 놀라운 일은 없을 것이다. 지칠 줄 모르는 동력으로 기독교는 세계 곳곳에서 주요 종교의 자리를 차지했거나 빠르게 차지하고 있다. 한때 믿음의 핵심 궤도에서 멀리 떨어져 있던 사회가 이제는 기독교의 영향력이 작용하는 중심지가 된 반면, 한때 기독교의 심장부로 여겨지던 유럽과 북미는 눈에 띄게 쇠퇴했다. 우리는 거대한 문화적 변화와 재편의 한가운데 살고 있으며 이것이 의미하는 바는 이제야 분명해지기 시작했다.[1]

유럽과 북미 지역은 이제 더 이상 세계 기독교의 중심축이 아니다. 중심축은 남쪽과 동쪽으로 이동하고 있다. 라틴 아메리카, 아프리카, 아시아 지역 교회는 괄목할 만한 성장을 경험하고 있으며 이제는 보내는 교회 역할을 감당하고 있다.

베일러대학교 역사학 교수 필립 젠킨스(Philip Jenkins), 보스턴대학교 선교학 교수 데이나 로버트(Dana Robert), 그리고 캠브리지 세계선교센터 연구원 리오넬 영 3세(F. Lionel Young III)를 포함한 여러 사람[2]이 이러한 발전에 대해 규명하고자 노력했다. 그런 가운데 '글로벌 사우스'(Global South)라는 전문용어가 탄생했다. 이는 이전에 유럽에서 갖고 있던 기독교에 대한 지배적인 영향력은 약해지고 아프리카, 라틴 아메리카, 아시아 등에서 기독교 교회가 놀랍게 성장한 현상을 가리킨다. 다음의 예를 살펴보자.

- "1900년대에는 전 세계 그리스도인의 80퍼센트 이상이 유럽인 아

니면 영국계 미국인이었다. 거의 대부분의 선교사들이 서구 국가로부터 아프리카, 아시아 또는 라틴 아메리카로 파송되었다. 놀라운 상황 전환이 백 년 조금 넘는 기간 동안 일어나면서 기독교의 인구학적 중심부가 남반구로 옮겨졌다. 오늘날에는 전 세계 그리스도인의 70퍼센트 가까이가 아프리카, 아시아, 또는 라틴 아메리카에 살고 있으며, 타문화권에서 사역하는 전임 선교사의 절반 가까이가 비서구권 지역으로부터 파송되고 있다."[3]

- 1900년대에 아프리카에는 천만 명 정도의 그리스도인이 있었으며 이는 인구 전체의 10퍼센트에 해당했다. 2000년에 이 숫자는 3억 6천만으로 껑충 뛰었으며, 이는 인구의 절반에 해당한다. 양적으로 볼 때, 이는 아마도 어느 곳에서도 일어난 적 없는 가장 큰 종교적 변화일 것이다.[4]

- 아프리카 그리스도인의 숫자는 해마다 2.36퍼센트씩 증가하고 있다. 이런 속도라면 삼십 년도 안 되어 아프리카 대륙의 그리스도인 인구는 두 배로 증가할 것으로 예상한다.[5]

- 2050년에 기독교는 아프리카와 아프리카 디아스포라의 주 종교가 될 것이라 예상한다. 그때까지 전 세계에는 30억 명 정도의 그리스도인이 있을 것이며, 백인과 비라틴계는 전체의 5분의 1에서 6분의 1에 불과할 것이다.[6]

- 전 세계 성공회 주교 회의인 램버스 회의가 1998년에 열렸는데, 이때 참석한 735명의 주교 중 아프리카 출신은 224명이었으며, 유럽과 영국 출신은 불과 139명에 불과했다. 나이지리아의 성공회 세례교인은 1천7백만 명으로 보고된 데 반해 미국의 성공회 세례교인은

2백8십만 명이다.[7]

- "미국, 캐나다, 그린란드의 그리스도인을 합친 것보다 아프리카 대륙의 그리스도인이 거의 세 배 더 많다! 세계 기독교에 대한 가장 최근 조사에 따르면 2020년에 북미 지역에 거주하는 그리스도인은 2억6천7백만 명인 데 반해 아프리카에 거주하는 그리스도인은 6억 6천7백만 명이었다. 특히 북미 지역 신자들은 세계에서 가장 큰 대형교회들이 휴스턴, 댈러스, 시카고, 애틀랜타, 로스앤젤레스가 아니라 (나이지리아의) 라고스, (짐바브웨의) 하라레, (케냐의) 나이로비, (인도의) 하이데라바드, (인도네시아의) 수라바야, (브라질의) 리우데자네이루, (한국의) 서울에 있다는 말을 들으면 깜짝 놀랄 것이다. 사실 북미 지역 대형교회들은 신자 수로 따지자면 명함도 못 내밀 정도다."[8]

- "1900년까지 라틴 아메리카에는 6천만 명의 그리스도인(로마 가톨릭과 개신교)이 있었다. 하지만 1900년과 2020년 사이에 교회는 폭발적으로 성장했으며 신자는 이제 6억 명에 달한다."[9]

- "세계에서 가장 인구가 많은 지역인 아시아 대륙에 1900년에는 거의 2천1백만의 그리스도인이 있었다. 1970년까지 그리스도인의 숫자는 9천5백만 명으로 증가했으며, 2000년에는 2억8천만 명에 달했다."[10]

- "1900년에 오세아니아 지역에는 4백만 명의 그리스도인이 있었는데 이 숫자는 2017년에 2천5백만까지 증가한다. 오세아니아 지역에 사는 3천5백만 명 가운데 75퍼센트가 자신이 기독교 신앙을 가졌다고 답한 것이다."[11]

세계 기독교의 새로운 양상

기독교 역사학자 마크 놀(Mark Noll)은 보다 충격적인 방식으로 글로벌 사우스라는 새로운 현실에 주목하게 한다.

- "기독교에 적극 참여하는 정도는 유럽보다 아프리카에서 더 강하다."
- "중국에서 기독교를 믿는 사람들의 수가 미국에서 기독교를 믿는 사람들의 수에 가까워진 것으로 보인다."
- "교회에 속한 활동 단체 수는 캐나다보다 케냐에서 훨씬 더 많다."
- "주일마다 공동 예배를 드리는 신자 수는 노르웨이보다 인도 동북부 나갈랜드 주에서 더 많다."
- "자국 밖에서 타문화 선교 사역을 하는 브라질 출신의 활동가가 영국이나 캐나다 출신의 활동가보다 많다."
- "지난 주일에 소위 '기독교 유럽'보다 중국에서 더 많은 기독교 신자가 교회에 출석했다."
- "지난 주일에 케냐, 남아프리카공화국, 탄자니아, 우간다에서 교회에 출석한 성공회 교인 수는 영국과 캐나다, 미국 성공회 교회의 예배 참석자 수를 합한 것보다 많았다."
- "지난 주일에 스코틀랜드보다 가나에서 더 많은 장로교인이 교회에 출석했다."
- "지난 주 영국에서는 최소한 1만5천 명의 외국인 기독교 선교사들이 영국을 복음화하기 위해 열심히 일했다. 이 선교사들 대부분은

아프리카와 아시아 출신이다."¹²

고든-콘웰 신학대학원 글로벌 기독교 연구 센터 공동이사인 지나 주를로(Gina Zurlo)와 토드 존슨(Todd Johnson)은 『세계 기독교 백과사전(2019)』 3판을 공동 집필한 후, '기독교는 가라앉고 있는가, 바뀌고 있는가?'라는 제목의 기사에서 자신들의 연구를 요약한 바 있다. 대륙별로 짚어가며 그들은 다음과 같은 결론을 내린다.

아프리카는 1900년에 그리스도인이 9퍼센트였다가 2020년에 49퍼센트로 성장하면서 세계 기독교계의 성공 사례로 묘사된다. 가장 대단한 곳은 콩고 민주공화국이다. 같은 기간에 1퍼센트에서 95퍼센트로 성장한 것이다.…종교가 다양한 아시아라는 거대한 대륙에서 기독교는 1900년에는 2퍼센트였다가 2020년에는 8퍼센트로 성장했다. 가장 가파른 성장세를 보인 곳은 중국 가정교회로서, 오늘날 5천6백만 명의 그리스도인이 속해 있다. 마지막으로 이러한 변화의 흐름은 오세아니아에서도 엿볼 수 있다. 오세아니아의 그리스도인 인구 통계에서 가장 큰 비율을 차지하는 것은 호주와 뉴질랜드이지만(두 나라의 그리스도인 비율은 해마다 감소하고 있다), 21세기 동안 가장 놀라운 종교적 변화가 일어난 지역은 멜라네시아, 미크로네시아, 폴리네시아 등이다. 오늘날 이 지역 주민은 대부분 기독교를 믿는다.¹³

마크 놀은 이렇듯 놀라운 발전에 대해 다음과 같이 요약한다. "한 마디로, 지난 50년 동안 기독교 교회는 교회 역사의 초기 몇 해를 제외하고 역사상 어떤 시기와도 견줄 수 없이 큰 지리적 재편을 경험했다."[14]

서구 선교사들의 시대가 끝난 것은 아니다

이는 하나님의 주권적인 은혜를 되새기며 감사할 만한 소식임에 분명하다. 하지만 모든 면에서 좋은 소식이라 할 수는 없다. 예를 들어 이러한 이야기를 듣다 보면 많은 서구의 그리스도인들은 자기 교회로부터 선교사들을 파송하는 시대는 지났다고 생각할 것이다. 이는 비극적 현상이다. 이제 우리가 해야 할 일은 글로벌 사우스로부터 파송된 선교사들을 지원하는 것이라고 결론 내리기 쉽다. 내 식대로 바꿔 말하자면 이렇다. "피는 그들이 흘리게 하자. 우리는 돈만 보내면 된다."

많은 사람이 충분한 정보를 갖지 못한 채 다음과 같이 생각한다. '서구 선교사를 파송하기 위해 매년 수만 달러를 지불하는 것보다 글로벌 사우스 지역의 교회와 선교사를 후원하는 편이 언제나 효율적이지 않을까?'

나는 글로벌 사우스의 토착 선교 사역에 재정적으로 후원하는 것에 반대하지 않는다. 이는 우리처럼 쇠퇴하고 있는 세계에서 꼭 필요한 사역이다. 그러나 어떠한 경우에도 지역 교회나 이웃 선교사가 서구권 선교사보다 더 잘 전도할 수 있다고 가정하는 것은 내용을 모르고 하는 생각이다.

왜냐하면 개척 선교가 필요한 곳에서는 그러한 사역을 감당할

지역 교회가 없기 때문이다. 그렇기 때문에 미전도 종족이라 부르는 것 아니겠는가.[15] 뿐만 아니라 새로운 언어를 배우고 새로운 문화에 들어가 진리를 가르치는 일에 있어 서구권 선교사보다 가까운 지역 출신 선교사가 더 효율적이라는 보장도 없다. 물론 해당 종족이 특정 지역에 대해 오래된 적대감을 갖고 있는 경우라면 다르다. 이러한 경우라면 지역 선교 전략이 최선이겠지만 다른 경우라면 그 전략만이 최선이라 할 수 없다.

서구권 선교사들의 시대가 막을 내린 것은 아니다. 단지 재정을 후원하는 것 외에도 전 세계의 신자들과 협력할 방법은 많다. 여호수아 프로젝트에 따르면 2021년에 자기 언어를 사용하는 전 세계 17,468개 종족 가운데 7,419개의 미전도 종족이 있다고 한다. 이 숫자는 계속해서 변하고 있다. 확인하고 싶다면 www.JoshuaProject.net을 방문해 보라.[16]

글로벌 사우스와 번영 복음

하지만 현재 기독교의 거대한 확장 이면에 또다른 진실이 있는데, 그것은 기독교의 확장을 이루는 모든 사례에서 소위 "바른 교훈"(딛 1:9, 2:1)에 기초한 신앙을 가졌다고 확신할 수 없다는 점이다. 신학자 마이클 호튼이 이에 대해 고찰한 내용을 읽다 보면 정신이 번쩍 든다. "(필립 젠킨스가 『신의 미래』에서 말했듯 최근 더욱 뚜렷해진) 2/3세계에서의 기독교 확장을 대대적으로 선전하고 자축하기에 앞서 이 확장의 한복판에 소위 번영 복음이 중심을 차지하고 있음을 주목해야 한다."[17] 잠비아 기독교 선교 센터 설립자인 보니 돌란(Bonnie Dolan)은 이렇게 말했다. "번영 복음이 아프리카 대륙을 휩쓸고 있다."[18]

여기서 '번영 복음'(Prosperity Gospel)이란 이생에서 신자들이 건강하고 윤택한 삶을 살기 원하시는 하나님의 마음을 지나치게 강조한 나머지 부의 위험성, 전시 자세에 대한 성경의 요청, 고난의 필요성과 목적 등은 무시하거나 최소화하는 교훈을 말한다. 번영 복음은 아프리카를 이끄는 한 설교자의 다음과 같은 발언에 그대로 드러난다. "하나님은 자기 자녀들이 이 땅에서 유복하게 살도록 예비해 두셨지만 많은 사람이 이에 대해 무지합니다. 여기서 유복하다는 말은 정말, 정말 부유해지는 것을 말합니다.…벗어나십시오! 부유해지길 바라는 것은 죄가 아닙니다."[19]

학교 교사가 한 달에 150달러를 버는 문화권에서 설교자가 청중을 향해 축복을 받으려면 200달러를 내라고 권유하는 상황이 나는 심히 우려스럽다. 이 설교자가 강단에서 외치는 동안 삼백 명 넘는 무리가 강사에게 안수 기도를 해 달라며 앞으로 나왔고 "몇 분 지나지 않아 그 교회는 총 6만 달러의 수입을 거둬 들였다."[20]

아프리카에서 번영 복음의 규모는 놀라울 정도다. 2006년에 퓨 리서치 센터(Pew Reserch Center)에서는 조사 참여자들에게 하나님이 "믿음을 가진 모든 신자에게 물질적 번영을 허락하시는지" 질문했다. 케냐 오순절 교인의 85퍼센트, 남아프리카 오순절 교인의 90퍼센트, 그리고 나이지리아 오순절 교인의 95퍼센트가 "그렇다"고 응답했다.[21]

"아프리카 번영 신학 중 최악의 브랜드가 미국 수출품이라는 사실은 전혀 놀랍지 않다."[22] 아프리카에서 텔레비전은 종교 강좌를 위한 교실이나 다름없다. "사람들은 텔레비전을 켜고 TBN (Trinity Broadcasting Network)을 시청한다. 그들은 TBN이 곧 미국 기독교이며 미국인은 모든 것을 안다고 여긴다. 그러니 그 방송에서 나오는 말을 듣지 않을 이유가 어디 있겠는가?"[23] 물론 번영 신학이 미국과 아프리카에만 뿌리 내린 것은 아니다. 라틴 아메리카와 아시아 특유의 번영 신학은 서울로부터 상파울루에 이르기까지 글로벌 사우스 전역에 존재한다.[24]

번영 복음에 대해 우리는 어떻게 말해야 하는가?

번영 복음에 대해 무엇보다 먼저 해야 할 말은 부유한 서구인들이 글로벌 사우스의 가난한 사람들만큼 무절제라는 죄를 저질렀다는 것이다. 차이점이 있다면 가난한 사람들은 부가 없으면서 원하는 반면 부유한 사람들은 부를 갖고 있으면서 계속해서 더 가지길 원하고 하나님이 거두어 가실 경우 화를 낸다는 점이다. 양쪽 모두 마음이 번영에 기울어 있다. 단지 서구에서는 번영을 당연히 누릴 수 있기에 드러나 보이지 않을 뿐이다. 글로벌 사우스인들보다는 나와 같은 사람들에게 삶의 방식을 달리할 것을 더 자주 요청하는 이유가 여기에 있다.[25] 나는 나의 고국에서 일어나는 죄에 대해 더 책임이 있다.

번영은 상대적이며 번영을 향한 길은 다양하다

그러나 이 책은 세계 선교에 대한 책이다. 우리가 돈과 소유에 대해 접근하는 방식은 우리가 선교를 하고 회심자들을 제자 삼는 방식에 지대한 영향을 미친다. 그렇기에 나는 번영 복음에 대한 성경적 대응을 제공하고자 한다. 나의 목표는 무엇보다 나 자신의 죄를 염두에 둔 채 번영 복음의 결함을 이야기하는 것이다. 그리고 번영이 획일적인 개념이 아니라 상대적인 개념임을 기억하길 바란다.

세계 어떤 지역에서 번영은 지붕 있는 집에 살고 하루에 두 끼 정도는 식사를 하며 깨끗한 물로 씻는 것을 의미할 것이다. 1990년대 이후로 12억 명의 사람이 극빈에서 벗어나긴 했지만, 2021년에도 6억 8천 9백만 명의 사람들(전 세계 인구의 9.2퍼센트)이 하루에 1.9달러 이하의 돈으로 생계를 유지하고 있다.[26] 미국에서는 검소하다고 여겨지는 삶(주택, 차, 전기, 냉장고, 실내 화장실, 깨끗한 식수, 난방 장치, 컴퓨터, 핸드폰, 갈아입을 옷, 다양한 식재료 등)이 세계 대부분의 지역에서 대단히 호화로운 삶으로 여겨질 것이다. 이것이 바로 번영 복음 설교자들을 비판할 때 신중해야 할 한 가지 이유다.

또 다른 이유로는 기독교가 다양한 방식으로 번영을 가져오기 때문이다. 정직, 근면, 오래 참음, 관대함, 인내, 탁월함을 향한 사랑 등 복음이 가져오는 파장이 부패로 인한 역기능으로부터 서서히 문화를 변화시켜 왔음에 반대할 사람은 없을 것이다. 그것이 번영 복음 설교자들이 말하고자 하는 내용이라면, 논쟁할 이유가 없을 것이다.[27]

하지만 대부분의 번영 복음 설교자들은 개인용 제트기를 타고 여덟 개의 욕실이 딸린 저택에 살며 1박에 5천 달러를 내는 스위트룸에 묵는 등 서구의 기준에서도 호화로운 삶을 살면서 그리스도의 영원한 복음에 세속적인 의복을 덧입힌다. 그렇기에 신중하고도 성경적인 대응을 제공하는 것이 현명해 보인다. 나는 열두 문항의 호소문 형태로 번영 복음에 대응하고자 한다. 나는 비난하는 것이 아니라 구속하고 변화시키길 간절히 원한다.

번영 복음 설교자들을 향한 호소문

1. 사람들이 천국을 향해 나아가는 길에 불필요한 장애물을 놓는 복음을 전하지 말라.

예수님은 이렇게 말씀하셨다. "재물이 있는 자는 하나님의 나라에 들어가기가 심히 어렵도다!" 제자들은 그 말씀에 놀랐다. 그들 중 많은 이가 '번영' 신학에 갇혀 있었기 때문이다. 계속해서 예수님은 그들이 더욱 놀랄 만한 말씀을 하셨다. "낙타가 바늘귀로 들어가는 것이 부자가 하나님의 나라에 들어가는 것보다 쉬우니라." 그들은 불신앙 가운데 이렇게 반응했다. "그런즉 누가 구원을 얻을 수 있는가?" 그러자 예수님은 말씀하셨다. "사람으로서는 할 수 없으되 하나님으로는 그렇지 아니하니 하나님으로서는 다 하실 수 있느니라"(막 10:23-27).

사실 그들은 놀랄 수밖에 없었다. 낙타는 결코 바늘귀로 들어갈 수 없다. 이는 대단한 노력이나 겸손한 희생이 필요한 무언가에 대한 비유가 아니다. 이것은 결코 이루어질 수 없는 무언가에 대한 비유다. 예수님도 친히 "할 수 없다"고 말씀하셨다. 이는 우리의 입이 아니라 예수님의 입에서 나온 말씀이다. "사람으로서는 할 수 없으되." 우리에게 필요한 마음의 변화는 우리 스스로 일으킬 수 없다는 것이다. 하나님만이 하실 수 있다. 하나님이 하시지 않으면 불가능하다.

우리는 그리스도보다 돈을 더 귀히 여기는 마음을 스스로 제어할 수 없다. 하지만 하나님은 하실 수 있다. 이것이 바로 복음이다. 번영 복음 설교자들은 사람들에게 지금보다 낙타처럼 되라고 유혹하기 전에 이런 메시지를 전해야 한다. 사람들이 부자가 되길 열망하게 해서 하나님 나라에 들어가기 어렵게 만드는 복음을 전하고 싶은 이유가 대체 무엇인가?

2. 사람들 안에 자멸적인 욕망을 부추기는 복음을 전하지 말라.

사도 바울은 부유하고 싶은 욕망에 대해 경고했다. 이는 사람들이 부유하고 싶은 욕망으로부터 벗어나도록 돕는 것이 아니라 도리어 그들 안에 그러한 열망을 일깨우는 설교자들을 향한 경고이기도 하다. 바울은 이렇게 경고했다. "부하려 하는 자들은 시험과 올무와 여러 가지 어리석고 해로운 욕심에 떨어지나니 곧 사람으로 파멸과 멸망에 빠지게 하는 것이라 돈을 사랑함이 일만 악의 뿌리가 되나니 이것을 탐내는 자들은 미혹을 받아 믿음에서 떠나 많은 근심으로써 자기를 찔렀도다"(딤전 6:9-10).

이는 매우 심각한 말씀이지만 번영 복음 설교자들 안에 울림을 주지는 못하는 모양이다. 물론 가난한 사람들이 번영이라는 수단을 원하는 것은 잘못이 아니다. 번영을 통해 그들은 겨우 살아남는 게 아니라 필요한 것을 얻고 베풀 수 있으며 그리스도를 기쁘시게 하는 일에 시간과 에너지를 쏟을 수 있다. 이를 위해 그리스도의 도움을 구하는 것이 죄는 아니다. 그분은 우리의 필요를 돌보신다(마 6:33).

하지만 가난하건 부유하건 간에 우리 모두는 사랑(요일 2:15-16)과 소망(딤전 6:17)을 그리스도가 아닌 부유함에 둘 위험에 늘상 노출되어 있다. 부유하고자 하는 욕망이 너무나 강력하고 자멸적이기에 바울은 강한 어조로 이에 대해 경고한 것이다. 나는 번영 복음 설교자들 역시 이렇게 해야 한다고 호소한다.

3. 좀과 동록에 취약한 삶을 부추기는 복음을 전하지 말라.

예수님은 보물을 땅에 쌓으려 노력하는 데 대해 경고하셨다. 즉 보물을 간직할 게 아니라 나누라고 말씀하신 것이다. "너희를 위하여 보물을 땅에 쌓아 두지 말라 거기는 좀과 동록이 해하며 도둑이 구멍을 뚫고 도둑질하느니라 오직 너희를 위하여 보물을 하늘에 쌓아 두라 거기는 좀이나 동록이 해하지 못하며 도둑이 구멍을 뚫지도 못하고 도둑질도 못하느니라"(마 6:19-2).

물론 우리는 모두 무언가를 간직하며 산다. 예수님도 그 사실을 알고 계신다. 극단적인 경우를 제외하면, 주님은 우리가 더 이상 나눌 수 없을 정도로 나누는 것까지 바라지 않으신다. 혹여 우리가 우리 목숨을 누군가를 위해 내어 줌으로 더 이상 아무것도 줄 수 없을 때가 올지 모른다. 하지만 예수님이 우리에게 기대하시는 일상은 날마다 일하고 돈을 벌며 검소하게 아끼면서도 꾸준히 내어 주는 방식의 삶이다.

그럼에도 우리 안에 내재한 탐욕의 경향성을 잘 아시는 예수님은 우리를 향해 "보물을 땅에 쌓아두지 말라"고 경고할 필요를 느끼신 것이다. 보물을 땅에 쌓는 것이 당장에는 이득처럼 보이지만, 실제로는 (좀과 동록이 해하며 도둑이 도둑질하는 바람에) 손해로 이어질 것이다. 나는 번영 복음 설교자들의 입을 통해서도 예수님의 이러한 경고가 울려 퍼져야 한다고 호소한다.

4. 부를 얻기 위한 방편으로 선행을 부추기는 복음을 전하지 말라.

부유해지는 것이 우리가 일하는 목적은 아니다. 바울은 우리가 도둑질해서는 안 된다고 말한다. 그러면 대안은 우리 손으로 열심히 일하는 것이다. 바울은, 우리가 일하는 목적은 쌓아 두거나 소유하는 게 아니라 나누는 것이라고 말한다.

"도둑질하는 자는 다시 도둑질하지 말고 돌이켜 가난한 자에게 구제할 수 있도록 자기 손으로 수고하여 선한 일을 하라"(엡 4:28). 이 말씀은 더 나누기 위해 부유해져야 한다는 핑계를 정당화하지 않는다. 도리어 더 많이 벌되 더 적게 남기고 더 많이 나누라고 요구한다. 사업이 점점 번창한다면 얼마든지 호화로운 생활을 누릴 수 있다는 생각에는 근거가 없다. 바울이라면 당신의 소비에 한도를 정하고 나머지는 흘려보내라고 조언할 것이다.

당신의 한도가 어느 정도인지에 대해 판단할 생각은 없다. 다만 신약성경에는 소유와 관련된 방대한 양의 본문이 있으며, 하나같이 소유를 늘리는 것이 아니라 검소하고 관대한 삶을 살라고 격려한다. "너희 소유를 팔아 구제하라"(눅 12:33)고 말씀하셨을 때 예수님은 제자들이 부유하기에 차고 넘치는 재산을 나누기를 기대하신 게 아니었다. 제자들에겐 유동 자산이 부족했고 구제하기 위해서는 갖고 있는 뭔가를 팔아야 했을 것으로 보인다.

설교자들은 사람들이 아낌없이 구제하려면 부유해져야 한다고 생각하게 만든다. 대체 그 이유가 무엇인가? 보다 검소한 삶을 살고 보다 넉넉하게 베풀라고 격려하지 않는 이유가 무엇인가? 아낌없이 구제하려면 부유해져야 한다고 생각하게 만드는 이유가 무엇인가? 구제야말로 소유가 아닌 그리스도가 우리의 보화임을 드러내는 강력한 증거 아닌가?

5. 하나님에 대한 믿음을 약화시키고 도우시는 하나님의 영광을 가리는 복음을 전하지 말라.

히브리서 저자가 우리를 향해 지금 가지고 있는 것으로 만족하라고 한 이유는 반대의 경우 하나님의 약속에 대한 믿음이 약해지기 때문이다. "돈을 사랑하지 말고 있는 바를 족한 줄로 알라 그가 친히 말씀하시기를 내가 결코 너희를 버리지 아니하고 너희를 떠나지 아니하리라 하셨느니라 그러므로 우리가 담대히 말하되 주는 나를 돕는 이시니 내가 무서워하지 아니하겠노라 사람이 내게 어찌하리요 하노라"(히 13:5-6).

한편 우리는 우리를 도우시는 하나님을 신뢰해야 한다. 그분이 공급하고 보호하실 것이다. 그러한 의미에서 하나님은 우리에게 어느 정도의 번영을 허락하시고 특히 삶의 필요를 채우실 것이다. "너희 하늘 아버지께서 이 모든 것이 너희에게 있어야 할 줄을 아시느니라"(마 6:32). 다른 한편 히브리서 저자가 "돈을 사랑하지 말고 있는 바를 족한 줄로 알라"고 권면한 것은 하나님이 우리를 떠나지 않겠다고 약속하셨기 때문이다. 우리는 필요를 채우시는 하나님을 신뢰하기보다는 우리가 원하는 것을 얻기 위해 하나님을 이용할 때가 많다.

"하나님이 나를 도우신다"와 "하나님이 나를 부유하게 하신다" 사이에는 실제적인 경계가 존재하며, 히브리서 저자는 우리가 그 경계를 넘지 않길 바란다. 설교자들은 마치 이 경계가 없는 것처럼 말하는 것이 아니라 사람들이 이 경계를 인식하고 기억하도록 도와야 한다.

6. 결실하지 못하게 하는 복음을 전하지 말라.

예수님은 우리에게 생명을 주도록 의도된 하나님의 말씀, 즉 복음이 재물에 기운이 막힐 수 있다고 경고하신다. 그분은 이를 가시떨기에 떨어진 씨앗에 비유하신다. "가시떨기에 떨어졌다는 것은 말씀을 들은 자이나 지내는 중…재물…에 기운이 막혀 온전히 결실하지 못하는 자요"(눅 8:14).

번영 복음 설교자들은 물질의 부유함이 혹여 사람들을 죽일 수 있음을 경고해야 한다. 그런데도 예수님이 분명히 경고하신 일을, 도리어 추구하도록 사람들을 자극하는 이유는 무엇인가?

7. 소금의 맛을 잃게 하고 빛을 등경 아래 두는 복음을 전하지 말라.

그리스도인이 세상의 소금이자 빛이 되게 하는 것은 무엇일까? 그것이 부는 아닐 것이다. 재물을 향한 욕망과 추구는 세상과 다를 바 없는 맛과 모양을 낸다. 부유해지려는 욕망은 우리를 세상과 같게 만들 뿐이다. 다른 맛을 내야 할 그 지점에서, 우리는 세상과 똑같이 탐욕이란 싱거운 맛을 낸다. 결국 우리가 세상에 제공하는 것은 세상이 이미 믿는 바와 하등 다를 게 없다.

번영 복음 설교가 커다란 비극인 이유는 그 복음을 받아들이기 위해서라면 영적으로 깨어날 필요가 없다는 데 있다. 그저 탐욕스러워지기만 하면 된다. 예수님의 이름으로 부자가 된다고 해서 세상의 소금이나 빛이 되는 것은 아니다. 이 경우 세상은 그저 자기 모습을 거울로 볼 뿐이다. 세상 사람들이 이 복음을 듣고 '회심'한다고 해서 참된 회심을 했다고 볼 수 없다. 예전의 생활방식에 새로운 이름을 붙이기만 하면 되기 때문이다.

빛과 소금에 대한 말씀의 맥락을 살펴보면 이것이 무엇에 관한 말씀인지 알 수 있다. 이것은 다름 아니라 기꺼이 그리스도를 위해 고난 받는 것을 의미한다. 예수님의 말씀을 들어보라.

> 나로 말미암아 너희를 욕하고 박해하고 거짓으로 너희를 거슬러 모든 악한 말을 할 때에는 너희에게 복이 있나니 '기뻐하고' 즐거워하라 하늘에서 너희의 상이 큼이라 너희 전에 있던 선지자들도 이같이 박해하였느니라 너희는 세상의 소금이니…너희는 세상의 빛이라(마 5:11-14).

세상이 우리 안에서 그리스도의 빛을 보고 소금의 짠 맛을 느끼게 하려면 그들과 똑같은 방식으로 부를 사랑해선 안 된다. 오히려 우리는 고난을 받더라도 다른 사람들을 기꺼이 사랑하며 하늘에서 예수님과 누릴 상이 있기에 기뻐하고 즐거워해야 한다. "(고난 중에도) '기뻐하고' 즐거워하라…너희는 세상의 소금이니." 소금이 된다는 것은 고난 중에도 기쁨의 맛을 내는 것이다. 이는 세상이 맛보지 못했던 '특별한' 삶이다.

그러한 삶은 인간의 언어로는 도저히 설명할 수 없다. 그것은 초자연적이다. 하지만 번영을 약속하며 사람들을 유인하는 것은 매우 자연스럽다. 그것은 예수님의 메시지가 아니다. 예수님은 이를 위해 죽지 않으셨다.

8. 그리스도인의 삶에서 고난의 필요성을 감추는 복음을 전하지 말라.

대부분의 번영 복음 설교에서 말하지 않는 내용이 있다. 신약성경이 물질적 번영보다는 고난의 필요성에 대해 훨씬 더 많이 강조한다는 점이다.

예수님은 다음과 같이 말씀하셨다. "내가 너희에게 종이 주인보다 더 크지 못하다 한 말을 기억하라 사람들이 나를 박해하였은즉 너희도 박해할 것이요 내 말을 지켰은즉 너희 말도 지킬 것이라"(요 15:20). "그들이 집 주인인 나를 사탄이라고 불렀으니 너희들에게야 오죽하겠느냐?"(마 10:25 현대인의성경).

선교 순례를 하던 바울은 새 신자들에게 다음과 같은 사실을 상기시켰다. "우리가 하나님의 나라에 들어가려면 많은 환난을 겪어야 할 것이라"(행 14:22). 그리고 로마에 있는 신자들에게 고난은 영원한 유업을 향한 여정에 필수적인 부분이라고 강조한다.

성령이 친히 우리의 영과 더불어 우리가 하나님의 자녀인 것을 증언하시나니 자녀이면 또한 상속자 곧 하나님의 상속자요 그리스도와 함께 한 상속자니 우리가 그와 함께 영광을 받기 위하여 '고난도 함께 받아야 할 것'이니라 생각하건대 '현재의 고난은' 장차 우리에게 나타날 영광과 비교할 수 없도다(롬 8:16-18).

베드로 또한 영원한 하나님의 복을 향해 갈 때 고난을 만나는 것은 당연하다고 말한다.

사랑하는 자들아 너희를 연단하려고 오는 '불 시험을 이상한 일 당하는 것 같이 이상히 여기지 말고' 오히려 너희가 '그리스도의 고난에 참여하는 것'으로 즐거워하라 이는 그의 영광을 나타내실 때에 너희로 즐거워하고 기뻐하게 하려 함이라 너희가 '그리스도의 이름으로 치욕을 당하면' 복 있는 자로다 영광의 영 곧 하나님의 영이 너희 위에 계심이라(벧전 4:12-14).

고난이라는 대가를 지불하지 않고는 경건에 이를 수 없다. "무릇 그리스도 예수 안에서 경건하게 살고자 하는 자는 박해를 받으리라"(딤후 3:12). 나는 고난에 대한 이 말씀들이 인간의 타락으로 인한 결과 중 하나로서 보다 일반적인 고난(롬 8:18-25)과 인간의 적대감에서 비롯되는 고난 사이를 왔다 갔다 하고 있음을 알고 있다. 하지만 이 책 3장에서 언급했듯, 우리의 고난에 담긴 하나님의 목적과 관련해서는 둘 사이에 실질적인 차이가 없다.

번영 복음 설교자들은 예수님과 사도들이 고난의 필요성에 대해 언급한 내용을 그들의 메시지에서 중대한 교훈으로 다루어야 한다. 바울이 말했듯(행 14:22) 고난은 반드시 온다. 그리고 어린 신자들에게 이 점을 빨리 말해 주지 않는다면 우리는 그들에게 해악을 끼치는 것이 된다. 심지어 예수님은 아직 회심하지 않은 이들에게 미리 말씀해 주심으로, 그들이 믿음을 가지기 위해 치러야 할 대가를 미리 계산해 보도록 하셨다. "이와 같이 너희 중의 누구든지 자기의 모든 소유를 버리지 아니하면 능히 내 제자가 되지 못하리라"(눅 14:33).

9. 그리스도인의 삶에 고난을 정하신 하나님의 목적을 흐리는 복음을 전하지 말라.

신약성경은 고난이 그리스도의 제자들에게 필연적이라는 사실을 명확히 할 뿐 아니라 그 이유와 목적을 설명하는 일에 공을 들인다. 고난에 담긴 하나님의 뜻을 신자들이 아는 것은 매우 중요하다. 하나님은 우리가 고난 받는 이유를 이해하고 더 나아가 불로 단련된 정금같이 나오게 하시려고 이 목적을 계시해 주셨다.

3장에서 이 내용을 설명했으므로 여기서는 간단히 언급만 하겠다. 번영 복음 설교자들은 부디 이 위대한 성경의 가르침을 메시지에 담기 바란다. 새 신자들은 하나님이 고난을 정하신 다음의 이유를 반드시 알아야 한다.

    이유 1. 고난은 믿음과 거룩이 깊어지게 한다.
    이유 2. 고난은 장래에 누릴 영광의 무게를 더해 준다.
    이유 3. 고난은 다른 사람들을 담대하게 하려고 치르는 대가다.
    이유 4. 고난은 그리스도의 남은 고난을 채운다.
    이유 5. 고난은 선교사에게 정말 가야 할 곳으로 가게 한다.
    이유 6. 그리스도의 지존하심은 고난에서 명백히 드러난다.

10. 구약의 '와서 보라' 종교에서 신약의 '가서 전하라' 종교로의 전환을 외면하는 복음을 전하지 말라.

그리스도께서 세상에 오심으로 근본적 변화가 일어났다. 그 전까지 하나님은 이스라엘의 구속 사역에 집중하시면서 간간이 열방 가운데서 사역하셨다. 바울은 이렇게 말한다. "하나님이 지나간 세대에는 모든 민족으로 자기들의 길들을 가게 방임하셨으나"(행 14:16). 바울은 이 때를 가리켜 "알지 못하던 시대"라고 불렀다. "알지 못하던 시대에는 하나님이 간과하셨거니와 이제는 어디든지 사람에게 다 명하사 회개하라 하셨으니"(행 17:30).

    그리스도의 오심과 함께 초점은 이스라엘에서 열방으로 옮겨졌다. 예수님은 이렇게 말씀하셨다. "하나님의 나라를 너희(이스라엘)는 빼앗기고 그 나라의 열매 맺는 백성(열방)이 받으리라"(마 21:43). 이방인(열방)의 수가 다 찰 때까지 이스라엘 사람 중 일부는 완고해진 채 있을 것이다(롬 11:25).

이 두 시대의 주된 차이점 중 하나는 구약 시대에는 하나님이 이스라엘을 축복하셔서 열방이 이를 보고 하나님이 주이심을 알게 하심을 통해 스스로 영광을 받으셨다는 데 있다. "주의 종의 일과 주의 백성 이스라엘의 일을 날마다 필요한 대로 돌아보사 '이에 세상 만민에게 여호와께서만 하나님이시고' 그 외에는 없는 줄을 알게 하시기를 원하노라"(왕상 8:59-60). 이 시대에 이스라엘은 열방을 모으는 '대위임령'을 위해 보냄을 받지 않았다. 대신 열방이 이스라엘의 위대함을 보고 하나님께 나아올 수 있도록 영화롭게 여김을 받았다.

그렇기에 솔로몬이 하나님의 성전을 지었을 때, 한 눈에 보기에도 엄청나게 화려했고 온통 금으로 입혔던 것이다.

그 내소의 안은 길이가 이십 규빗이요 너비가 이십 규빗이요 높이가 이십 규빗이라 '정금으로' 입혔고 백향목 제단에도 입혔더라 솔로몬이 '정금으로' 외소 안에 입히고 내소 앞에 금사슬로 건너지르고 내소를 금으로 입히고 '온 성전을 금으로 입히기'를 마치고 내소에 속한 제단의 전부를 금으로 입혔더라(왕상 6:20-22).

성전 안을 채울 때도 솔로몬은 금을 넘치게 사용했다.

솔로몬이 또 여호와의 성전의 모든 기구를 만들었으니 곧 '금 단'과 진설병의 '금 상'과 내소 앞에 좌우로 다섯씩 둘 '정금' 등잔대며 또 '금 꽃'과 등잔과 불집게며 또 '정금' 대접과 불집게와 주발과 숟가락과 불을 옮기는 그릇이며 또 내소 곧 지성소 문의 '금 돌쩌귀'와 성전 곧 외소 문의 '금 돌쩌귀'더라(왕상 7:48-50).

솔로몬이 하나님의 성전을 짓는 데 7년이 걸렸다. 다음으로 솔로몬 자신의 왕궁을 짓는 데 13년이 걸렸다(왕상 6:38-7:1). 솔로몬 왕궁 역시 금과 귀한 돌로 화려하게 지어졌다(왕상 7, 10장).

마침내 모든 전이 완공되고 이방 나라를 대표하는 스바 여왕이 하나님과 솔로몬의 전의 영광을 보러 왔을 때 이 화려함의 목적이 분명하게 드러났다. 그 영광을 보았을 때 여왕은 "크게 감동"을 받았다(왕상 10:5). 여왕은 이렇게 말했다. "당신의 하나님 여호와를 송축할지로다 여호와께서 당신을 기뻐하사 이스라엘 왕위에 올리셨고 여호와께서 영원히 이스라엘을 사랑하시므로 당신을 세워 왕으로 삼아 정의와 공의를 행하게 하셨도다"(왕상 10:9).

다시 말해, 구약성경에 나오는 패턴은 '와서 보라'이다. 하나님의 백성에겐 지리적 중심지가 예루살렘에 있었다. 물리적인 성전, 이 땅의 왕, 정치 체제, 민족 정체성, 이 땅에서 벌어지는 하나님의 전쟁에 나설 군대, 죄 사함을 받기 위해 동물을 제물로 드릴 제사장 등이 있었다.

그리스도의 오심과 함께 이 모든 것이 달라졌다. 기독교에는 지리적 중심지가 없다(요 4:20-24). 예수님이 성전, 제사장, 희생 제사 등을 대체하셨다(요 2:19, 히 9:25-26). 그리스도의 나라가 이 땅에 속하지 않았기에 기독교 정치 체제는 존재하지 않는다(요 18:36). 우리는 말과 전차, 총과 폭탄을 갖고 이 땅에서 전쟁하지 않는다.

다만 하나님의 말씀과 성령으로 영적 전쟁을 치를 뿐이다(엡 6:12-18, 고후 10:3-5).

이 모든 사실은 선교에서도 확연한 변화가 일어났음을 지지한다. 신약성경은 '와서 보라'는 것이 아닌 '가서 전하라'는 종교를 제시한다. "예수께서 나아와 말씀하여 이르시되 하늘과 땅의 모든 권세를 내게 주셨으니 그러므로 너희는 가서 모든 민족을 제자로 삼아 아버지와 아들과 성령의 이름으로 세례를 베풀고 내가 너희에게 분부한 모든 것을 가르쳐 지키게 하라 볼지어다 내가 세상 끝날까지 너희와 항상 함께 있으리라 하시니라"(마 28:18-20).

이는 돈과 삶의 방식, 즉 어떻게 생각하고 어떻게 살아 가야 하는지에 대해 중대한 의미를 제공한다. 그 중 하나는 우리가 이 땅에서 "거류민과 나그네"라는 점이다(벧전 2:11). 우리는 이 세상이 우리의 진짜 집인 것처럼 생각하지 않는다. "우리의 시민권은 하늘에 있는지라 거기로부터 구원하는 자 곧 주 예수 그리스도를 기다리노니"(빌 3:20).

그렇기에 우리는 전시에 준하는 자세로 살아야 한다. 하나님이 우리를 얼마나 부요하게 하실 수 있는지 세상에 보여 주기 위해 부를 축적하지 않는다는 의미다. 우리는 부지런히 일하고 전시 내핍 상태로 살면서 복음이 땅끝까지 전파되게 해야 한다. 우리는 집에서 안락한 삶을 추구하기보다는 전시를 대비한 최대한의 노력을 기울여야 한다. 우리는 아이들이 선교를 위한 고난을 기꺼이 감당하는 이들로 자라게 해야 한다.

그러므로 번영 복음 설교자가 신실한 자들에게 부를 약속하는 구약의 본문들로 내게 질문한다면 나는 이렇게 답할 것이다. "신약성경을 펼쳐 주의 깊게 읽으십시오. 그리고 똑같이 강조하고 있는지 찾아보십시오. 아마 찾지 못할 겁니다. 왜냐하면 모든 것이 극적으로 바뀌었기 때문입니다."

"우리가 세상에 아무것도 가지고 온 것이 없으매 또한 아무것도 가지고 가지 못하리니 우리가 먹을 것과 입을 것이 있은즉 족한 줄로 알 것이니라"(딤전 6:7-8). 왜 그런가? 그리스도께로의 부르심은 곧 "그리스도 예수의 좋은 병사로…함께 고난을 받으라"(딤후 2:3)는 부르심이기 때문이다. 신약성경의 강조점은 우리를 죄로 유혹하는 부가 아니라 우리를 다른 곳으로 가게 하는 희생에 있다.

'와서 보라'는 구약의 강조점과 '가서 전하라'는 신약의 강조점 사이의 급격한 전환을 하나님이 의도하셨음을 알 수 있는 한 가지는 바로 구약과 신약의 언어가 서로 다르다는 점에 있다. 구약성경의 언어인 히브리어는 고대 사회에서 다른 어떤 민족도 사용하지 않았다. 오로지 이스라엘에서만 상용되는 언어였다. 이는 신약의 언어인 헬라어와 놀랍도록 대조되는데, 헬라어는 로마제국에서 널리 사용되는 통상어였다. 구약성경과 신약성경의 언어 자체가 선교에서의 차이를 시사한다. 히브리어는 고대 세상에서 선교하기에 적합한 언어가 아니었다. 반면 헬라어는 로마 세상에서 선교하기에 이상적인 언어였다.

11. 경건을 이득의 수단으로 삼는 죄를 가벼이 여기는 복음을 전하지 말라.

사도 바울은 자신이 돈을 위해 사역한다는 인상을 주지 않으려고 얼마나 조심했는지를 예를 들어 설명한다. 즉 말씀의 사역자들은 그 사역으로 생계를 유지할 당연한 권리가 있다는 것이다. 하지만 그렇게 주장한 후에, 그런 사역 방식이 일으키는 위험성을 잘 알기에 자신은 그 당연한 권리 사용을 거부했다는 점을 밝힌다.

> 모세의 율법에 곡식을 밟아 떠는 소에게 망을 씌우지 말라 기록하였으니…오로지 우리를 위하여 말씀하심이 아니냐 과연 우리를 위하여 기록된 것이니 밭 가는 자는 소망을 가지고 갈며 곡식 떠는 자는 함께 얻을 소망을 가지고 떠는 것이라 우리가 너희에게 신령한 것을 뿌렸은즉 너희의 육적인 것을 거두기로 과하다 하겠느냐 다른 이들도 너희에게 이런 권리를 가졌거든 하물며 우리일까보냐 그러나 우리가 이 권리를 쓰지 아니하고 범사에 참는 것은 그리스도의 복음에 아무 장애가 없게 하려 함이로다(고전 9:9-12).

다시 말해, 그는 사역의 동기가 돈에 있다는 인상을 주지 않기 위해 정당한 권리마저 포기했던 것이다. 그는 자신이 전한 복음으로 회심한 자들에게서 돈을 요구하지도 받으려 하지도 않았다. "너희도 알거니와 우리가 아무 때에도 아첨하는 말이나 탐심의 탈을 쓰지 아니한 것을 하나님이 증언하시느니라"(살전 2:5).

그는 복음으로 장사하는 듯한 인상을 풍기기보다는 제 손으로 일하기를 원했다.

> 내가 아무의 은이나 금이나 의복을 탐하지 아니하였고 여러분이 아는

바와 같이 이 손으로 나와 내 동행들이 쓰는 것을 충당하여 범사에 여러분에게 모본을 보여준 바와 같이 수고하여 약한 사람들을 돕고 또 주 예수께서 친히 말씀하신 바 주는 것이 받는 것보다 복이 있다 하심을 기억하여야 할지니라(행 20:33-35).

바울은 "경건을 이익의 방도로 생각"(딤전 6:5)하면서 하나님의 말씀으로 장사하려는 사람들이 있음을 알고 있었다. 그는 그들과 비슷한 부류로 보일 만한 행동을 결코 하지 않았다. "우리는, 저 많은 사람들처럼 하나님의 말씀을 팔아서 먹고 살아가는 장사꾼이 아닙니다. 우리는, 하나님께서 보내신 일꾼답게, 진실한 마음으로 일하는 사람들입니다. 우리는 하나님이 보시는 앞에서, 그리스도 안에서 말하는 것입니다(고후 2:17, 새번역).

많은 번영 복음 설교자들이 말씀으로 장사하면서 경건을 이득의 수단으로 삼는 듯한 인상을 주기만 하는 게 아니다. 그들은 실제로 자신의 부에 대한 과시욕을 정당화하는 가짜 신학을 만들어 내고 있다. 바울은 정확히 이와 반대로 행했다.

12. 하나님이야말로 가장 귀한 보화라는 성경적 진리를 무색하게 하는 복음을 전하지 말라.

번영주의가 미치는 악영향 중 내가 가장 염려하는 부분은, 그리스도보다 그분이 주시는 선물에 관심에 두고 그 선물에 더 만족함으로써 그리스도의 영광을 가리게 되는 것이다. 그리스도는 우리에게 부유함을 주시는 분이 되심으로써 가장 영광을 받으시는 게 아니다. 그리스도는 복음의 사역자들이 다른 이들을 사랑하기 위해 기꺼이 희생하는 과정에서 그리스도로 말미암아 영혼의 만족을 누릴 때 가장 큰 영광을 받으신다.

우리를 부유하게 하시는 그리스도를 찬양할 때, 부가 영광을 받는다. 그러나 건강이나 부나 번영이 없을 때라도 우리 영혼을 영원히 만족케 하시는 그리스도를 찬양할 때, 그리스도는 이 모든 선물보다 더 귀한 분으로 영광을 받으신다.

우리는 이 사실을 빌립보서 1장 20-21절에서 확인할 수 있다. 바울은 이렇게 말한다. "나의 간절한 기대와 희망은…살든지 죽든지, 전과 같이 지금도, 내 몸에서 그리스도께서 존귀함을 받으시리라는 것입니다. 나에게는, 사는 것이 그리스도이시니, 죽는 것도 유익합니다"(새번역). 바울에게 죽는 것은 곧 "세상을 떠나서 그리스도와 함께 있는 것"을 의미했다. 우리가 죽는 것도 유익하다고 여길 만큼 그리스도를 가장 귀한 분으로 여길 때, 그리스도께서는 존귀함을 받으신다.

번영 복음의 설교는 이 핵심을 놓치고 있다. 신약성경이 최종 목표로 삼는 것은 그리스도의 영광이지, 그분이 주시는 선물의 영광이 아니다. 신약성경은 이를 명확히 하기 위해, 그리스도인 삶 전체가 기쁨으로 가득한 '자기 부인'(self-denial)이라는 기치 아래 있음을 강조한다. "누구든지 나를 따라오려거든 자기를 부인하고 자기 십자가를 지고 나를 따를 것이니라"(막 8:34). "내가 그리스도와 함께 십자가에 못 박혔나니"(갈 2:20).

비록 자기 부인이 생명으로 인도하는 험한 길이긴 하지만(마

7:14), 그 길은 기쁨으로 가득 차 있다. "천국은 마치 밭에 감추인 보화와 같으니 사람이 이를 발견한 후 숨겨 두고 기뻐하며 돌아가서 자기의 소유를 다 팔아 그 밭을 사느니라"(마 13:44). 예수님은 우리가 값진 보화이신 그리스도를 발견할 때 기쁘게 우리의 다른 모든 소유를 팔게 된다고 말씀하신다. "'기뻐하며' 돌아가서 자기의 소유를 다 팔아 그 밭을 사느니라."

번영의 상실 속에서 기뻐하는 은혜. 이는 번영 복음 설교자들이 추구해야 할 기적이다. 그것은 이 세상의 빛과 소금이 되는 일이며, 그와 같은 기적을 통해 그리스도는 지극히 존귀하신 분으로 드러나실 것이다.

그리스도께서 자기 교회를 세우신다

온 세상을 주관하시는 그리스도는, 또한 교회에게 위임하신 선교의 모든 것을 주관하신다. 하늘과 땅의 모든 권세가 그분께 있다(마 28:18). 세상 속 기독교의 성장은 전적으로 그분의 일하심이다. 그분은 자기 교회를 세우고 계신다(마 16:18). 교회의 흥망성쇠가 그분의 주권 아래 있다. 그분의 나라의 복음은 이 세상 모든 미전도 종족에게 전파될 것이다(마 24:14). 추수하는 주인은 추수할 일꾼들을 보내 추수할 것을 모으게 하심으로써 그 일을 이루실 것이다(마 9:38). 선한 목자께서는 우리에 들지 않은 다른 양들을 인도하실 것이다. 그 양들은 그분의 음성을 듣고 한 무리가 되어 한 목자에게 있을 것이다(요 10:16).

세계 선교의 기본 과업은 변함이 없다. 그것은 2천 년 동안 유지되어 왔다. 세계 선교의 목표는 시편 67편 4절 말씀에 담겨 있다. "온 백성은 기쁘고 즐겁게 노래할지니." 그리스도를 믿는 믿음을 통해 민족들이 기뻐함으로 하나님이 영광을 받으시는 것. 이것이야말로 선교의 원대한 목표다. 하나님의 영광, 즉 예수님의 죽으심과 부활 안에 드러난 은혜의 영광을 선포하는 것은 세계 모든 미전도 종족 가운데 행해야 할 원대한 과업이다. "그의 영광을 민족들(개역개정 "백성들") 가운데에, 그의 기이한 행적을 모든 종족들(개역개정 "만민") 가운데에 선포할지어다"(시 96:3).

하나님은 무한한 열정으로 열방 가운데 영광과 찬양 받기를 원하신다. 지금까지 선교에서 최고의 자리를 차지하신 그분은 주 예수님이 재림하셔서 마지막 역사를 쓰실 때까지 언제나 그리하실 것이다. 이 사명을 완수하기까지 많은 희생과 많은 생명을 대가로 지불해야 한다(골 1:24, 계 6:11). 돈을 향한 사랑이나 번영을 향한 열정이 아닌 그리스도를 향한 사랑과 그분의 영광을 향한 열정만이 이 희생의 동력이 될 수 있다. 부디 주께서 교회를 정결케 하시길. 잘못된 방향으로 변질된 복음을 고쳐 주시길. 그리고 다시금 긍휼을 베푸심으로 우리가 그분의 이름의 영광과 열방의 기쁨을 위해 깨어나게 해 주시길.

결론

우리의 예배와 선교의 최종 목적

전 역사를 통틀어 하나님의 궁극적인 목표는, 모든 족속과 언어와 종족과 민족에서 구속 받은 사람들의 기쁨을 위해 하나님의 영광이 널리 드러나고 알려지는 것이다. 하나님의 목표는 백성들이 기뻐하는 것이며, 그 이유는 우리가 하나님 안에서 가장 만족할 때 하나님이 우리 안에서 최고의 영광을 받으시기 때문이다. 기쁨은 의무보다 더 고귀한 찬사다. 하나님의 가장 우선하고 최종적인 목표는, 하나님을 영화롭게 하고 그분의 영광을 영원토록 즐거워하는 것이다. 기쁨에 찬 백성들의 오직 하나님만을 추구하는 열정에서 하나님이 가장 큰 영광을 받으시기에, 하나님의 자기 높임(self-exaltation)과 우리의 기쁨은 곧 하나다. 영광을 받으시려는 하나님의 궁극적인 목표와 하나님 안에서 최고의 만족을 구하는 우리의 목표가 상치되지 않는다는 것은 세상에서 가장 위대한 소식이다.

예배

그러므로 선교의 목표는 백성들이 하나님의 위대하심을 기뻐하는 것이다. "여호와께서 다스리시나니 땅은 즐거워하며 허다한 섬은 '기뻐할지어다'"(시 97:1). "온 백성은 '기쁘고' 즐겁게 노래할지니"(시 67:4). 하나님 안에서 기뻐하라는 선교 명령은 하나님께 드리는 찬양을 진정으로 완성하라는 명령이다. 하나님을 기뻐하지 않으면서 입술로만 하나님을 찬양하는 것은 위선이다.

그러므로 예배는 선교의 연료요, 목표다. 예배가 선교의 목표인 이유는, 선교를 통해 하나님의 영광을 열렬히 즐거워하도록 열방을 인도하는 데 우리의 목표를 두기 때문이다. 그리고 예배가 선교의 연료인 이유는, 우리가 소중히 여기지 않는 것을 칭송할 수 없기 때문이다. "나는 주 안에서 기뻐합니다"라고 말하게 될 때까지는 "열방이여 기뻐하라"고 외칠 수 없다. 선교는 예배로 시작해서 예배로 끝난다.

기도

이것은 하나님이 선교에서 절대적으로 최고의 자리를 차지하신다는 것을 의미한다. 하나님은 처음이요, 나중이시다. 또한 하나님은 선교의 모든 과정에서 필요한 것을 공급하시고 능력을 불어넣으시는 분이다. "이는 만물이 주에게서 나오고 주로 말미암고 주에게로 돌아감이라 그에게 영광이 세세에 있을지어다 아멘"(롬 11:36). 우리의 모든 선교 활동에서 하나님이 매순간 붙들어 주시기에 하나님의 하나님 되심이 유지되며, 하나님이 이렇게 하시는 이유는, 그럼으로써 능력을 공급하시는 이가 영광을 받으시기 때문이다. "누가 봉사하려면 하나님이 공급하시는 힘으로 하는 것같이 하라 이는 범사에 예수 그리스도로 말미암아 하나님이 영광을 받으시게 하려 함이니"(벧전 4:11).

바로 이 때문에 하나님은 기도가 교회의 선교에서 결정적으로 중요한 비중을 차지하도록 정하셨다. 기도의 목적은 선교에 참여하는 모든 이들에게 승리가 주님께 속했음을 명확히 하기 위함이다. "싸울 날을 위하여 마병을 예비하거니와 이김은 여호와께 있느니라"(잠 21:31). 기도는 세상에는 은혜를, 하나님께는 영광을 돌리도록 하나님이 정하신 수단이다. "환난 날에 나를 부르라 내가 너를 건지리니 네가 나를 영화롭게 하리로다"(시 50:15). "너희가 내 이름으로 무엇을 구하든지 내가 행하리니 이는 아버지로 하여금 아들로 말미암아 영광을 받으시게 하려 함이라"(요 14:13)

기도는 하나님을 모든 것에 넘치도록 충만하신 시혜자의 자리에 계시게 하고, 우리는 궁핍한 수혜자의 자리에 있게 한다. 그러므로 교회의 선교가 기도로 전진할 때 하나님의 주권은 명백히 드러나고 그리스도인 선교사들의 필요는 채워진다. 기도할 때 하나님은 영광을 받으시고 우리의 기쁨은 충만해진다. "지금까지는 너희가 내 이름으로 아무것도 구하지 아니하였으나 구하라 그리하면 받으리니 너희 기쁨이 충만하리라"(요 16:24). 기도의 목적은 하나님 아버지의 이름의 영광이요, 성도들의 충만이다.

고난

하나님이야말로 우리가 의지하는 충만함의 본체시요, 선교에 있어 우리가 자랑하는 생명의 근원이시다. 하나님은 우리의 보화가 되신다. 그 하나님의 인자하심은 생명보다 낫다(시 63:3). 그러므로 하나님의 존귀함이 얼마나 크신지는 우리가 그분의 사랑을 위해 기꺼이 우리 목숨을 내놓으려 할 때 가장 분명하게 드러난다. 보화의 가치를 잴 때는 우리가 그것을 얻기 위해 무엇을 내어주느냐로 결정된다.

고난 하나만 놓고 보면, 그것은 아무것도 증명하지 않는다. 그러나 "그리스도 예수를 아는 지식이 가장 고상하기 때문에" 받는 고난과 "그리스도를 얻기 위해" 감내하는 손실은 그리스도가 지극히 가치 있는 분임을 증명한다(빌 3:8). "나로 말미암아 너희를 욕하고 박해하고…너희에게 복이 있나니 기뻐하고 즐거워하라 하늘에서 너희의 상이 큼이라"(마 5:11-12). 우리가 누리는 기쁨의 깊이와 더불어 우리가 치르는 희생의 크기는 우리가 하나님이라는 상급에 부여하는 가치를 잘 드러낸다. 하나님 나라를 위해 기쁘게 손실과 고난을 감수한다면 하나님이 다른 무엇보다 존귀한 분이라는 점을 모든 기도와 예배보다 더 분명하게 보여줄 수 있다.

그러므로 하나님은 교회의 선교가 예배라는 연료와 기도라는 능력에 의해서만 움직일 뿐 아니라 고난이라는 대가를 치르면서 전진하도록 정하신다. "무리와 제자들을 불러 이르시되 누구든지 나를 따라오려거든 자기를 부인하고 자기 십자가를 지고 나를 따를 것이니라"(막 8:34). "내가 너희에게 종이 주인보다 더 크지 못하다 한 말을 기억하라 사람들이 나를 박해하였은즉 너희도 박해할 것이요 내 말을 지켰은즉 너희 말도 지킬 것이라"(요 15:20). "집주인을 바알세불이라 하였거든 하물며 그 집 사람들이랴"(마 10:25). "인자가 많은 고난을 받고"(막 8:31). "아버지께서 나를 보내신 것 같이 나도 너희를 보내노라"(요 20:21). "보라 내가 너희를 보냄이 양을 이리 가운데로 보냄과 같도다"(마 10:16). "그가 내 이름을 위하여 얼마나 고난을 받아야 할 것을 내가 그에게 보이리라 하시니"(행 9:16).

그리스도를 아는 것의 중요성

선교를 위해 치러야 하는 대가가 이토록 크다면, 우리는 응당 이렇게 물어야 한다. "정말 이럴 필요가 있는가?" 만일 하나님의 목표가 (역사 속에서 드러나고 지속되는) 하나님의 영광을 구속함을 받은 자들이 누리는 것에 있다면, 하나님은 선교 없이도 사람들을 구속하실 수 있지 않은가? 사람들이 예수님과 그분의 구속 사역에 무지한 상태임에도, 구원 얻는 믿음이 담긴 마음으로 참되신 하나님을 찬양할 수 있는가? 자연이나 여타 종교들도 사람들을 영생으로 이끌고 하나님과 더불어 기쁨을 맛보게 할 수 있는가?

우리가 살펴본 성경의 대답은 이렇다. "결코 아니다." 하나님의 아들이 성육신하신 이래로 구원받는 모든 믿음은 그 아들에게 고정되어야 한다는 것이 신약의 놀라운 진리다. 이것이 늘 그랬던 것은 아니다. 그리스도께서 오시기 전에 이스라엘 백성은 하나님의 약속에 믿음의 초점을 맞추었다(롬 4:20). 그리고 열방은 자기들의 길을 가도록 허락받았다(행 14:16). 그러나 이 시대를 일러 '알지 못하던 때'라고 했다. 이제 하나님의 아들이 세상이 오신 이래로 그리스도가 교회의 중심이 되셨다. 선교의 목표는 "그[1]의 이름을 위하여 모든 이방인 중에서 믿어 순종하게"(롬 1:5) 하는 것이다. 하나님의 뜻은 그 아들을 모든 선교사들이 외치는 선포의 중심이 되게 함으로써 그 아들 안에서 영광을 받으시는 것이다. 하나님이 선교에 있어서도 최고의 하나님으로 드러나시는 것은, 모든 구원 얻는 믿음의 중심이신 그의 아들의 탁월하심이 온 천하에 드러나시는 것에 의해 성경적으로 확증된다.

사람들이냐 종족들이냐

모든 개인의 영원한 운명은 그리스도를 알고 그분을 인생의 최고 가치로 받아들이는 데 달려 있다. 그렇다면 선교의 과업은 구속함을 받은 사람들의 수를 최대로 늘리는 것인가, 아니면 전도된 종족의 수를 늘리는 것인가? 성경에 따르면, 하나님이 위임하신 선교의 부르심은 단지 구원받는 개인들의 수를 최대한 늘리기 위해 다른 문화권으로 들어가는 것으로 정의할 수 없다는 것이다. 오히려 선교에 있어 하나님의 뜻은 모든 종족 집단들이 그리스도에 대한 복음의 증거를 들으며, 모든 민족들 가운데서 그리스도의 이름을 위하는 한 종족이 부르심을 받아 나오는 것이다. 아마도 선교를 이렇게 정의하는 것이 실제로도 하나님의 아들을 뜨겁게 예배하는 사람들의 숫자가 가능한 최고치에 달하게 할 것이다. 그러나 모든 결정권은 하나님께 있다. 우리의 책임은 선교를 하나님의 방법으로 정의하고 그 다음에는 순종하는 것뿐이다.

뿐만 아니라 미전도 종족에 초점을 맞춘다고 해서 복음을 모든 지역에 두루 전파하는 것에 대한 관심을 배제할 필요가 없음을 살펴보았다. "물이 바다를 덮음 같이 여호와를 아는 지식이 세상에 충만할 것임이니라"(사 11:9). 분명 이 "지식"은 각 종족에 속한 사람들 마음에 가득하게 될 것이다. 하지만 이 종족들은 각각의 지역에 흩어져 있다. 그러므로 각 지역에 흩어진 모든 종족들로부터 구속함을 받은 그리스도의 몸은 결국 모든 지역을 두루 채울 것이다. 이는 하나님이 그리스도를 "만물 위에 교회의 머리"로 삼으셨기 때문이다. "교회는 그의 몸이니 만물 안에서 만물을 충만하게 하시는 이의 충만함"이다(엡 1:22-23).

전 역사를 통틀어 하나님의 궁극적인 목표는, 모든 족속과 언어와 종족과 민족에서 구속 받은 사람들의 기쁨을 위해 하나님의 영광이 널리 드러나고 알려지는 것이다. 다양한 민족들로부터 나온 자들이 주님께 드리는 찬양의 아름다움은, 구속받은 자들이 문화적으로 획일화되거나 제한된 상태에서 하나님께 드리는 찬양의 아름다움보다 훨씬 더 크다. 하나님의 성품은 세상 누가 봐도 찬양할 만하고, 심오할 정도로 아름다우며, 부인할 수 없을 만큼 훌륭하고, 우리 심령에 깊은 만족을 주기에, 세상의 모든 다양한 종족 집단들 가운데서 열렬히 하나님을 앙모하는 자들이 나올 것이다.

하나님의 진정한 위대하심은 하나님의 아름다우심을 깨닫고 이를 소중히 여기는 사람들이 얼마나 다양한가에서도 드러날 것이다. 자기가 섬기던 신들을 버리고 참되신 하나님을 따르는 종족 집단들이 많으면 많을수록 하나님이 그 경쟁자 거짓 신들보다 더 뛰어나시다는 사실이 온 천하에 드러날 것이다.

세상의 모든 종족 집단들에게 초점을 두심으로써 하나님은 자민족 중심의 자부심을 들어내시고, 모든 민족들이 그들 고유의 특성이 아닌 하나님의 값없이 주시는 은혜에 의지하게 만드신다. 하나님이 친히 그들을 겸손케 하시는 것이다. 이러한 겸손을 통해서도 하나님은 영광을 받으신다. 겸손은 우리의 선함이 아니라 하나님의 은혜를 뛸 듯이 기뻐하는 것이다. 모든 종족에게 나아가도록 우리를 이끄시는 하나님은 우리가 하나님의 은혜를 가장 겸손하게, 가장 깊이 체험하도록, 또한 우리 속에 깊이 박혀 있는 교만에서 점점 멀어지도록 하신다. 이렇게 하실 때 하나님은 자기를 위해 (모든 종족들 가운데서 나오는) 한 백성을 준비하시며, 이들은 자유하고 열렬히 앙모하는 마음으로 하나님을 예배하게 될 것이다. 하나님이 이러한 방식으로 사람들을 불러내어 하나님을 알고 맛보도록 하실 때, 하나님은 그리스도를 통해 사람들을 정죄로부터 구속하시는 바로 그 일을 하신다. 그러므로 하나님을 향한 열심과 사람들을 향한 긍휼은 선교에서 하나의 연합된 동기다.

그러므로 교회는 영광의 주와 더불어 그 명하신 일에 참여하지 않을 수 없다. 역사상 가장 위대한 운동—이방인의 충만한 수가 차고, 온 이스라엘이 구원받고, 인자가 왕 중의 왕이요 만주의 주로 권능과 큰 영광으로 강림하고, 물이 바다를 영원히 덮음같이 땅이 주의 영광을 아는 지식으로 충만하게 될 때까지 '모든 족속과 방언과 백성과 나라'로부터 택하심을 받은 자들을 모으는 것—에 가담하여 주님을 따라가는 것은 말로 다 할 수 없는 우리의 특권이다. 그때 그리스도의 지존하심은 모든 이에게 명백히 드러날 것이며, 그리스도는 하나님 아버지께 나라를 전해 드릴 것이고 하나님은 만유 가운데 만유가 되실 것이다.

후기

가든 보내든
오직 하나님의 영광을 위하여
- 톰 스텔러

잘 눈여겨 보지 않는 요한삼서의 한 단락은, 이 책이 감당하고 있는 무거운 짐을 아름답게 요약해 준다. 이 책이 전하려는 하나님의 진리가 독자의 마음과 귀에 계속 울릴 수 있게 되는 것은 우리의 소망이기도 하다. 선교에서도 하나님이 최고의 하나님이 되신다는 사실을 기반으로 이 책에서 끌어낸 진리에 우리가 응답하는 방법은 두 가지밖에 없다. 그의 이름을 위해 나가든지 아니면 나가는 사람들을 보내고 후원하되, 하나님께 합당한(요삼 1:6) 방식이어야 한다. 예수님의 가슴에 기대어 심장 뛰는 소리를 들었고 대위임령을 귀로 직접 들었던 사도 요한의 말을 들어 보라.

장로인 나는 사랑하는 가이오 곧 내가 참으로 사랑하는 자에게 편지하노라 사랑하는 자여 네 영혼이 잘됨같이 네가 범사에 잘되고 강건하기를 내가 간구하노라 형제들이 와서 네게 있는 진리를 증언하되 네가 진리 안에서 행한다 하니 내가 심히 기뻐하노라 내가 내 자녀들이 진리 안에서 행한다 함을 듣는 것보다 더 기쁜 일이 없도다 사랑하는 자여 네가 무엇이든지 형제 곧 나그네 된 자들에게 행하는 것은 신실한 일이니 그들이 교회 앞에서 너의 사랑을 증언하였느니라 네가 하나님께 합당하게 그들을 전송하면 좋으리로다 이는 그들이 주의 이름을 위하여 나가서 이방인에게 아무것도 받지 아니함이라 그러므로 우리가 이 같은 자들을 영접하는 것이 마땅하니 이는 우리로 진리를 위하여 함께 일하는 자가 되게 하려 함이라(요삼 1:1-8).

경건한 한 노인을 행복하게 하는 것이 무엇인지 주목할 가치가 있다. 자기를 '장로'라고 일컫는 사도 요한은 매우 기뻐하고 있다. 그는 자신의 영적 자녀들 중 한 사람인 가이오가 진리 안에서 행한다는 말을 막 들었다. 이보다 더 큰 기쁨은 없다!

연로한 사도는 어떤 증거 때문에 가이오의 영혼이 잘되고 있다고 확신하는가? 가이오가 그 안에서 행하고 있는 진리는 무엇인가? 분명 요한이 알고 있는 순회 전도자/선교사 몇 명이 가이오를 방문했고, 뭔가 특별한 그의 사랑을 받았다. 그들은 요한이 속한 교회로 돌아와 가이오가 자신들을 처음 보았는데도 잘 대접해 주었다고 증거했다. 이로 인해 요한은 감동했고, 가이오에게 진리 안에서 행하고 신실히 행동한 것을 칭찬하는 편지를 썼다. 요한은 가이오에게 이 일을 계속하라고 촉구하고 싶었다. "네가 하나님께 합당하게 그들을 전송하면 좋으리로다." 가이오는 보내는 사람이 되라는 권면을 사도에게 받았다. "누구를 전송하다"(to send on one's way)는 표현은 신약에서 9회 나오며 매번 선교와 관련된 문맥에서 나온다.[1]

가장 눈에 띄는 구절은 디도서 3장 13절이다. 바울은 디도에게 글을 써서 "율법교사 세나와 및 아볼로를 급히 먼저 보내어 그들로 부족함이 없게 하라"고 한다. 이 구절에서 우리가 발견하는 건, 보낸다는 것은 필요한 모든 것을 부지런히 구비하고 전혀 부족함이 없게 해서 보내는 것임을 알 수 있다.

요한삼서에서 이 부지런함과 철저함은 "하나님께 합당하게"(6절)라는 문구에서 드러난다. 이것은 파송의 중요성을 최고로 높은 수준까지 격상시킨다. 이것은 하나님의 명령이다(8절의 '마땅하니'에 주목하라). 우리가 하나님께 합당하게 이들을 보내야 하는 이유는, 이들이 하나님의 이름을 위해 나가기 때문이다.

우리가 선교사들을 어떻게 대하느냐에도 하나님의 이름이 걸려 있다는 의미다. 우리가 기도와 돈과 시간과 그 밖에 수많은 실제적 방법(5절의 '무엇이든지'를 주목하라)으로 선교사들을 지원할 때 하나님이 영광을 받으신다. 선교사들이 교회 주보 뒷면에 적힌 이름이나 예산 항목에 겨우 한 줄을 차지하는 존재에 지나지 않을 때 하나님은 영광을 받지 못하신다.

이 보내는 (전송) 사역에 참여하는 것은 결코 부차적인 사역이 아니다. 매우 고귀한 부르심이다. 이 일은 "진리 안에서 행하"는 것이며, 또한 영혼이 잘되고 범사에 강건해지는 일이다. 보내는 사람들도 진리 안에서 행하는 동역자다. 하나님께 합당하게 보내는 것은 선교사를 지원하는 일에 탁월하라는 부르심이다. 그럼으로써 하나님의 목적에 직접 참여하게 된다. 보내는 일의 중대성은 아무리 강조해도 지나치지 않다. 그러므로 어설프게 대충 해서는 절대 안 되며 '하나님께 합당하게'[2] 해야 한다. 선교사가 '등록된' 교회와 선교사를 '보내는' 교회는 하늘과 땅 차이 만큼이나 다르다. 우리가 선교사들을 하나님께 합당하게 전송하면, 하나님이 영광을 받으시고 우리의 영혼은 잘되며 우리는 진리 안에서 함께 동역하는 자들이 된다. 우리는 모든 종족들 가운데서 영광을 받기 원하시는 하나님의 열정과 목적에 완벽하게 동참하게 된다.

그러나 보내는 일에서 철저히 하나님 중심이어야 하는 것처럼, 가는 일에서도 철저히 하나님 중심이어야 한다. 실제로 이 둘은 긴밀하게 연결되어 있다. 사도 요한의 생각이 어떻게 흐르는지를 잘 보라. "네가 '하나님께 합당하게' 그들을 전송하면 좋으리로다 이는 그들이 '주의 이름을 위하여' 나가서 이방인에게 아무것도 받지 아니함이라 '그러므로' 우리가 '이 같은' 자들을 영접하는 것이 마땅하니." 이 말씀에 따르면, 우리는 특정 부류의 사람을 지원하고 선교지로 파송해야 한다('이 같은'에 주목하라). "주의 이름을 위하여 나가는" 사람들이 지원을 받는 것이 마땅하다.

아마도 선교에 대한 신약 최고의 정의가 아닌가 싶다. 선교사는 주의 이름을 위하여 나가서 이방인들에게 아무것도 받지 않는 사람들이다. 개인적인 물질적 이득이 동기가 되어서는 절대로 안 된다. 그리고 순수하게 인도적인 차원에서 기울이는 관심조차도 (비록 중요하기는 하나) 선교를 추진하는 근본 동기는 아니다. 선교사는 하나님의 이름과 그분의 영광에 대한 깊은 사랑의 동기로 나가는 사람이다. 사도 바울처럼 선교사의 목표는 "그의 이름을 위하여 모든 이방인 중에서 믿어 순종하게 하는"(롬 1:5) 것이다.

이 책의 목적은 선교에서 하나님이 최고의 하나님이심을 그저 독자들과 나누려는 데 있지 않다. 오히려 독자들이 이 진리를 마음 깊이 깨닫고, 하나님 중심의 열정을 품어 개인적으로 선교 대의에 더 뜨겁게 참여하게 하는 데 초점을 두었다. 우리의 목표는 다른 누구도 아닌, 하나님을 높이고 하나님의 선교를 높이는 것이다. 당신이 어떤 방식으로 이 하나님의 선교라는 대의에 참여할지는 모르겠다. 당신이 선교사로 갈지 아니면 보내는 사람이 될지는 부차적인 문제다. 중요한 것은 당신이 무엇을 하든지 하나님의 영광을 위해 하고(고전 10:31), 하나님의 나라가 전진할 수 있게 하며(마 6:33), 결국 모든 족속과 언어와 종족과 민족을 아우르게 될 나라(마 24:14, 계 7:9)를 바라보면서 나아가야 한다는 것이다.

데이비드 브라이언트(David Bryant)는 이런 마음가짐을 가진 사람을 '세계를 품은 그리스도인'(World Christian)이라고 부른다.[3] 그리스도인이라고 해서 모두 선교사로 부르심 받지는 않는다. 그러나 그리스도를 따르는 모든 이들은 세계를 품은 그리스도인이 되라는 부르심을 받는다. 세계를 품은 그리스도인은 하나님의 영광과 하나님의 전 지구적인 목적의 영광에 철저히 사로잡힌 나머지 물이 바다를 덮음같이 하나님을 아는 지식으로 세상을 가득 차게 하려는(합 2:14) 하나님의 선교에 자기도 뛰어들기로 결심하는 사람이다.

세계를 품은 그리스도인은 무엇을 하든지 하나님의 이름이 거룩하게 되고, 하나님 나라가 땅의 모든 족속 가운데 임하는 것을 염두에 두고 행한다. 세계를 품은 그리스도인의 불타는 기도는 "하나님이여 민족들이 주를 찬송하게 하시며 모든 민족들이 주를 찬송하게 하소서"(시 67:3)다. 그러므로 우리가 보내는 사람이든, 아니면 가는 사람이든 선교에서 하나님이 최고의 하나님으로 선포되는 것을 기뻐하면서 함께 손을 잡고 그 옛날의 노래 "열방이여 기뻐하라!"를 함께 부르자.

톰 스텔러
베들레헴 침례교회 리더십 개발 전담 목회자, 베들레헴신학교 학장

머리말

1. John R. W. Stott, *Romans: God's Good News for the World*(Downers Grover, Ill.: Inter-Varsity, 1994), 53쪽.
2. Patrick Johnstone, *Operation World*(Kent, UL: STL, 1987), 21쪽. 이 책은 정기적으로 개정되어 온라인에 제공되고 있다. 그 내용은 다음에서 확인할 수 있다. http://www.operationworld.org.

1장

1. 내가 '예배'라고 할 때 이는 '공예배'를 의미하지 않는다. 나는 하나님을 존귀히 여기는 내면의 본질과 그것을 우리의 말과 노래와 기도와 행함을 통해 진실하게 표현하는 것을 의미한다. 이를 위해 7장. '전 세계에 미치는 예배의 내적 단순성과 외적 자유'를 보라. 그 장을 통해 말하고자 하는 바는, 신약성경이 예상과는 달리 예배의 외적 형식에 대해 아무런 언급을 하지 않는데 반해 하나님을 존귀히 여기게 되는 내적 경험에 대해서는 철저히 강조한다는 사실이다. 그것은 바로 신약성경이 단일 문화 속에서 어떻게 예배를 행해야 하는가에 관한 예배 지침서가 아닌, 모든 문화권에 복음이 전파되는 비전을 담은 책이기 때문이리라.
2. Charles Misner, 다음에 인용됨. Richard John Neuhaus, "The Feminist Revelation,"

First Things, 1991년 12월 제18호 63쪽(저자 강조).

3. A. W. Tozer, 다음에 인용됨. Tom Wells, *A Vision for Missions* (Carlisle, PA: Banner of Truth Trust, 1985), 35쪽. (『선교를 위한 비전』 SFC)

4. Henry Fountain, "Take a Number: Two Trillion Galaxies, at the Very Least," *New York Times*, October 17, 2016, https://www.nytimes.com/2016/10/18/science/two-trillion-galaxies-at-the-very-least.html.

5. William Carey, 다음에 인용됨. Iain Murray, *The Puritan Hope* (Edinburgh: Banner of Truth Trust, 1971), 140쪽. (『청교도의 소망』 부흥과개혁사) 캐리의 생애에 대한 소개는 Timothy George, *Faithful Witness: The Life and Mission of William Carey* (Birmingham, Ala.: New Hope, 1991)를 참조하라.

6. 나는 하나님 아버지께서 자신을 기뻐하신다는 이 놀라운 사실을 *The Pleasures of God: Meditations on God's Delight in Being God* 개정증보판(Sisters, Springs: Multnomah, 2012) 1장 "The Pleasure of God in His Son"(11-32쪽)에서 설명했다. (『하나님의 기쁨』 두란노)

7. 특히 졸저 *Desiring God: Meditations of a Christian Hedonists* 개정판(Colorado Springs: Multnomah, 2011), 부록2 "The Goal of God in Redemptive History," 313-326쪽을 보라. (『하나님을 기뻐하라』 생명의말씀사)

8. 에드워즈의 일생, 그의 신학과 복음주의와의 연관성, 그리고 *The End for Which God Created the World* 원본 등이 졸저 *God's Passion for His Glory: Living the Vision of Jonathan Edwards* (Wheaton : Crossway, 1988)에 실려 있다. (『하나님의 영광을 위한 하나님의 열심』 부흥과개혁사)

9. 같은 책 246쪽.

10. 하나님의 진리를 거부하는 자들이 지옥에서 의식이 온전한 가운데 영원히 고통을 당한다는 사실에 대해서는 4장을 보라.

11. Jonathan Edwards, *Charity and Its Fruits* (Edinburgh: Banner of Truth Trust, 1969, 개정판 1852년), 164쪽. (『사랑』 청교도신앙사)

12. 이에 대한 더 자세한 내용은 졸저 *Desiring God*, 이 책의 요약본인 *The Dangerous Duty of Delight: The Glorified God and the Satisfied Soul*(『최고의 기쁨을 맛보라』 좋은씨앗)을 보라. 이 진리를 발전시킨 메시지들을 보려면 https://www.desiringgod.org/topoics/christian-hedonism/messages를 보라. 이 주제에 대

한 6부로 된 영상 시리즈를 보려면, http://www.desiringgod.org/series/jesus-and-the-journey-to-joy를 보라.
13. 하나님이 모든 것을 하나님 중심으로 바라보시고 행하시는 것이 어떻게 하나님의 긍휼의 토대가 되는지를 더 상세히 다룬 글을 보려면 *Pleasures of God*, 104-109쪽을 보라.
14. 선교에서 하나님을 높이는 것과 긍휼이 서로 별개가 아니라는 점에 대한 더 깊은 고찰은 이 책 6장 "하나님의 하나님 되심에 대한 열정과 영혼을 위한 긍휼"에 나와 있다.
15. 이 두 마음이 선교 가운데 어떻게 어우러지는지에 대한 풍성한 설명을 원한다면 6장을 읽어 보라.
16. 성경에는 하나님의 백성들이 하나님을 섬기는 그림들로 가득하다. 나는 이러한 섬김이 성경적으로 어떻게 인식되는지를 상세히 다루어 하나님을 마치 직원들의 봉사에 의존하는 고용주로 여기는 우를 범하지 않게 했다. *Desiring God*, 144-149쪽. (『하나님을 기뻐하라』생명의말씀사).
17. 5장에 있는 관련 성경 구절 목록을 보라.
18. John R. W. Stott, Ralph D. Winter and Steven C. Hawthorne 편집, *Perspectives on the World Christian Movement: A Reader* (Pasadena, CA: William Carey Library, 1999), 22쪽, "The Bible in World Evangelization." (『퍼스펙티브스』예수전도단)
19. 다음에 인용됨. Jonathan Edwards, *The Life of David Brainerd*, Norman Pettit 편집, *The Works of Jonathan Edwards*, Vol. 7(New Haven: Yale University Press, 1985), 474쪽. 데이비드 브레이너드의 일기를 보다 읽기 쉽게 편집한 책으로는 Philip E. Howard Jr., *The Life and Diary of David Brainerd*, Jonathan Edwards 편집(Grand Rapids: Baker, 1989)가 있다. (『데이비드 브레이너드 생애와 일기』좋은씨앗)
20. Andrew Murray, *Key to the Missionary Problem* (Fort Washington, Pa.: Christian Literature Crusade, 1979), 133쪽. (『선교 문제를 해결하는 열쇠』한국로고스연구원)
21. Peter Beyerhaus, *Shaken Foundations: Theological Foundations for Missions* (Grand Rapids: Zondervan, 1972), 41-42쪽.
22. John Dawson, *Taking Our Cities for God* (Lake Mary, Fla.: Creation House, 1989), 208-209쪽. (『하나님을 위하여 도시를 점령하라』예수전도단)

23. Wesley Duewel, *Ablaze for God* (Grand Rapids: Francis Asbury Press of Zondervan, 1989), 115-116쪽. (『열정적인 지도자』 생명의말씀사)
24. 이 주제에 대해서는 이 책의 6장 " 하나님의 하나님 되심에 대한 열정과 영혼을 위한 긍휼"에서 다루었다.

2장

1. 여기에 인용한 성경 구절 외에도 많이 있는데, 예를 들면 요한계시록 6장 2절, 12장 17절, 17장 14절 등이다.
2. C. S. Lewis, *Screwtape Letters* (London: Geoffrey Bles: 1942), 32쪽. (『스크루테이프의 편지』 홍성사)
3. James Reapsome, "What's Holding Up World Evangelization?", *Evangelical Missions Quarterly*, 1988년 4월호 통권 24권 118쪽.
4. 청교도에 대한 개관서로는 Leland Ryken, *Worldly Saints: The Puritans as They Really Were* (Grand Rapids: Zondervan, 1991) (『청교도 이 세상의 성자들』 생명의말씀사), J. I. Paker, *A Quest for Godliness: The Puritan Vision of the Godly Life* (Wheaton: Crossway, 1994), Peter Lewis, *The Genius of Puritanism* (Morgan, pa.: Soli Deo Gloria, 1998), Errol Hulse, *Who Are the Puritans, and What Do They Teach?* (Darlington, England: Evangelical Press, 2000) (『청교도들은 누구인가』 양무리서원) 등이 있다. 모두가 그런 것은 아니었지만 많은 청교도인들이 세상을 향한 소망 가운데 후천년주의를 따랐다. 그들은 그리스도께서 재림하시기 전에 문화적, 정치적으로 기독교의 황금 시대가 올 것이라고 믿었다. 나는 이 견해를 지지하지 않는다. 왜냐하면 그리스도의 재림 전에 전 세계적인 무법과 배교의 시대가 있을 것임을 신약성경이 분명히 하는 것처럼 보이기 때문이다(살후 2장). 그러나 이것이 그리스도가 재림하시기 전에 열방을 향한 그리스도의 대위임령이 분명히 완수될 것이며 이땅의 수많은 지역과 종족들 가운데 선교 과업의 놀라운 승리가 일어나리라는 약속의 실현을 배제하는 것은 아니다.
5. 열방에서 그리스도께서 승리하실 것과 열방이 결국에는 그리스도께 돌아온다는 약속에 대한 추가 성경 구절들은 이 책의 5장을 보라.
6. Cotton Mather, *The Great Works of Christ in America*, vol. 1 (Edinburgh: Banner of Truth Trust, 1979, 개정판 1702), 562쪽.

7. 브레이너드의 생애와 사역에 대한 간략한 개관으로는, 졸저 *The Hidden Smile of God: The Fruit of Affliction in the Lives of John Bunyan, William Cowper, and David Brainerd*(Wheaton: Crossway, 2001)(『고난의 영웅들』 부흥과개혁사), 123-159쪽에 "'영적인 여정을 걷는 내게는 빈둥거릴 시간이 없다!' 데이비드 브레이너드의 고난과 사역" 부분을 보라. 브레이너드의 일대기에 대한 이보다 앞선 기록은 https://www.desiringgod.org/messages/oh-that-i-may-never-loiter-on-my-heavenly-journey에서 찾아볼 수 있다. 또한 조나단 에드워즈가 쓴 *The Works of Jonathan Edwards*(1749; reprint, New Haven Yale University Press, 1985), vol 7, "The Life of David Brainerd"(Norman Pettit 편집)를 보라.

8. 패튼의 생애와 사역에 관한 간략한 개관으로는 https://www.desiringgod.org/messages/you-will-be-eaten-by-cannibals-lessons-from-the-life-of-john-g-paton에서 "'You Will Be Eaten By Cannibals!' Courage in the Cause of World Missions: Lessons from the Life of John G. Paton"을 보라. 그 밖에 *John G. Paton: Missionary to the New Hebredes, An Autobiography Edited by His Brother*(1889, 1891; reprint, Edinburgh: Banner of Truth Trust, 1965)를 보라.

9. 대부분의 청교도들처럼[다 그런 것은 아니었다. 가령 윌리엄 트위스(Willam Twisse), 토마스 굿윈(Thomas Goodwin), 윌리엄 브릿지(William Bridge), 제러마이어 버로우즈(Jeremiah Burroughs)는 모두 17세기 전천년주의 웨스트민스터의 신학자들이었다] 후천년주의자이든지, 전천년주의자 아니면 무천년주의자이든 간에 내 요지는 변함이 없다. 그리스도의 사명이 제지를 받지 않고 성공하리라는 소망(이것을 복음이 땅에 편만하게 되는 황금 시대로 보든지, 아니면 땅 위의 모든 종족 집단들로부터 택하심을 받은 자들을 모으시는 것이라고 보든지 간에)은 선교의 동기 부여와 능력에 있어 핵심적인 요소다. Iain Murray, *The Puritan Hope*(Edinburgh: The Banner of Truth Trust, 1971)는 이 진리에 대한 감동적이고도 반박의 여지가 없는 놀라운 글이다. 그 논제는 다음과 같다. "우리는 근대 최초의 선교회들을 낳은 영감은 다름 아닌 청교도들로부터 계승되어 18세기 부흥을 통해 새 생명을 부여받은 그 교리와 관점이었다는 것을 분명하게 보여 줄 수 있다고 믿는다"(원서 135쪽).

10. 나는 *The Pleasures of God: Meditations on God's Delight in Being God* 개정증보판(Colorado, Springs: Multnomah, 2012), 105-140쪽 "The Pleasure of God in

Election"에서 이 진리를 광범위하게 다룬 바 있다.
11. 그 당시 내 삶에 지대한 영향을 끼친 탓에 기억하고 있던 문장을 풀어 썼다.
12. 이것은 사도 바울이 고린도에서 낙담했을 때 그를 격려해 준 바로 그 진리였다. "밤에 주께서 환상 가운데 바울에게 말씀하시되 두려워하지 말며 침묵하지 말고 말하라 내가 너와 함께 있으매 어떤 사람도 너를 대적하여 해롭게 할 자가 없을 것이니 이는 이 성중에 내 백성이 많음이라 하시더라"(행 18:9-10). 다시 말하면, 여기 양들이 있고 예수님은 당신을 통해 그들을 부르실 것이며 그들이 '올 것'이라는 말씀이다. 그러니 힘을 내자.
13. Charles Spurgeon, *Twelve Sermons on Prayer* (Grand Rapids: Baker, 1971), 105쪽.
14. 나는 이렇듯 저항할 수 없는 하나님의 주권에 대해 졸저, *Pleasure of God*, 33-60쪽, "The pleasure of God in All He Does"에서 광범위하게 다루려 노력했다.
15. "1977년 이후 중국 교회의 급성장은 역사상 비할 데 없을 만큼 놀라운 것이었다.…마오쩌둥은 자기도 모르게 역사상 가장 위대한 전도자가 되었다.…그는 중국 내의 모든 종교적 '미신들'을 없애려고 노력을 기울였는데, 이것은 오히려 기독교 전파에 있어서 영적 장애물들을 없애 준 셈이 되었다. 덩샤오핑은 마오쩌둥 정권이 자아냈던 공포 분위기를 바꾸고 경제 정책을 완화시키며 기독교인들에게도 더 많은 자유를 주었다." Patrick Johnstone and Jason Mandryk, *Operation World: When We Pray God Works* (Carlisle, UK: Paternoster, 2001), 161쪽. 둘째 문장은 *Operation World* 1993년 판, 164쪽에서 왔다. 내가 이번 개정판을 집필하는 동안 중국 내에서 기독교에 대한 공식적인 저항이 재개되었다. 2020년에 F. Lionel Young III는 다음과 같이 말했다. "중국 내 기독교 인구가 이제 1억 명을 초과했으며, 매년 약 1천만 명의 젊은 회심자들이 교회로 들어오고 있는 것으로 추정된다." Young, *World Christianity and the Unfinished Task: A Very Short Introduction* (Eugene, OR: Cascade Books, 2021), 28쪽.
16. A. T. Pierson, *The New Acts of the Apostles* (New York: Baker and Taylor, 1894), 352-353쪽.
17. David Howard, "The Road to Urbana and Beyond", *Evangelical Missions Quarterly*, 21, no. 1(January, 1985), 115-116쪽.
18. George Mueller, *Autobiography*, G. Fred Bergin 편집(London: J. Nisbet, 1906), 296쪽.

3장

1. 이 이야기의 모든 인용은 Henry Martyn, *Journal and Letters of Henry Martyn*(New York: Protestant Episcopal Society for the Promotion of Evangelical Knowledge, 1851)에서 따온 것이다.

2. Dietrich Bonhoeffer, *The Cost of Discipleship*(New York: Macmillan,1963), 99쪽. (『나를 따르라』 복있는사람)

3. Todd M. Johnson, "Christian Martyrdom: Who? Why? How?," Gordon-Conwell blog, December 18, 2019, https://www.gordonconwell.edu/blog/christian-martyrdom-who-why-how. 기독교 신앙을 이유로 죽임을 당하는 그리스도인의 숫자는 해마다 감소하는 추세다(최근에는 9만 명이었음). Megan Fowler, "Christian Martyr Numbers Down by Half in a Decade. Or Are They?," *Christianity Today* 64, no. 2(February 17, 2020), https://www.christianitytoday.com/ct/2020/march/christian-martyrs-numbers-down-by-half-in-decade-or-are-the.html.

4. Richard Wurmbrand, "Preparing the Underground Church," in *Epiphany Journal*, 5/4 , Summer, 1985, 46-48쪽.

5. *Mission Frontiers* 10, no. 1(January 1988): 29쪽.

6. "Nigeria," *Christianity Today*, accessed October 25, 2021, https://www.christianitytoday.com/ct/topics/n/nigeria.

7. "The 50 Countries Where It's Most Dangerous to Follow Jesus in 2021," *Christianity Today*, January 13, 2021, https://www.christianitytoday.com/news/2021/january/christian-persecution-2021-countries-open-doors-watch-list.html.

8. Charles Wesley, *Journal*, vol. 1(Grand Rapids: Baker, 1980), 120-123쪽.

9. 귀신들은 예수님의 허락 없이는 말조차 할 수 없다. "그 말하는 것을 허락하지 아니하시니라"(막 1:34). 욥기 1장 12절, 21절, 2장 6-7절, 10절에 나온 대로 귀신들은 허락 없이 더 해로운 일은 더더욱 할 수 없다는 것이 분명하다. 그럼에도 불구하고 사탄은 교회를 핍박한다. "볼지어다 마귀가 장차 너희 가운데에서 몇 사람을 옥에 던져 시험을 받게 하리니"(계 2:10). 하나님의 주권과 사람들이 저지르는 악행의 관계에 대해 더 광범위하게 다룬 것을 보려면 졸저 *Providence*(Wheaton: Crossway, 2021), 255-286, 385-512쪽을 읽으라. (『섭리』 생명의 말씀사)

10. 하나님의 뜻이라는 주제에 접근하는 두 가지 방법(섭리로서의 뜻과 명령으로서

의 뜻)에 대한 논의는 졸저 *The Pleasures of God : Meditations on God's Delight in Being God*(Sisters, Ore.: Multnomah, 2000), 313-340쪽, "Are There Two Wills in God? Divine Election and God Desire for All to Be Saved"를 읽으라. [이 글은 또한 Thomas R.Schreiner and Bruce A. Wave, end., *Still Sovereign: Contemporary Perspectives on Election, Foreknowledge, and Grace*(Grand Rapids: Baker, 2000), 107-131쪽에도 나와 있다.] 거기서 말하고자 하는 바는 다음과 같다. 하나님의 뜻에 대해 생각할 때, 우리는 다음 두 가지를 반드시 구분해야 한다. 하나는 하나님이 명령(command)하신 행동으로, "살인하지 말라"(출 20:13)와 같은 것이며, 또 하나는 섭리(decree)에 따라 정하신 행동으로, 독생자를 살인자들의 손에 넘기우신 것(행 2:23, 4:27-28)과 같다. 다시 말해, 하나님이 섭리에 따라 정하신 일 중에는 자신의 명령에 반하는 일이 종종 있다는 것이다. 이에 대한 가장 전형적인 사례는 바로 예수님의 십자가 사건이며, 사람들이 예수님을 십자가에 못박아 죽이는 살인죄를 범하도록 오래전부터 불가피하게 계획되었다. 대부분의 그리스도인들이 하나님께서 정하신 죄를 어찌 죄로 여길 수 있느냐고 의문을 품어 왔다. 이는 매우 난해한 논제인데, 내가 굳이 여기서 이에 대해 언급하는 것은 몇몇 독자들이 고난을 하나님의 뜻으로 묘사한 것으로 인해 당황할 수 있기 때문이다. 사실 그것은 어떤 면에서는 맞는 말이지만, 또 어떤 면에서는 그렇지 않다. 그리고 사람은 언제나 그에 대해 책임을 져야 한다. 이 문제로 인해 고민스러운 독자들은 앞서 언급된 글과 그 책의 다른 부분, 예를 들어 2장 "The Pleasure of God in All That He Does", 47-75쪽을 읽어 보기 바란다.

11. *John G. Paton: Missionary to the New Hebrides, an Autobiography Edited by His Brother*, James Paton 편집(1889, 1898; reprint, Edinburgh: Banner of Truth Trust, 1965), 80쪽.

12. 같은 책 200쪽. 패튼의 일생과 사역에 대해 간략한 개관으로는 "You Will Be Eaten by Cannibals! Lessons from the Life of John G. Paton; Courage in the Cause of World Missions"을 참고하라. Desiring God, February 8, 2000, https://www.desiringgod.org/messages/you-will-be-eaten-by-cannibals-lessons-from-the-life-of-john-g-paton.

13. Jonathan Edwards, *The Works of Jonathan Edwards*, Vol. 2(Edinburgh: Banner of Truth Trust, 1974), 902쪽. 모두 같은 임금을 받은 포도원 품꾼들의 비유(마

20:1-16)는 에드워즈(와 그가 인용하고 있는 본문)가 여기서 가르치는 바와 상충될 필요가 없다. 그 본문이 암시하는 바는, 우리 모두가 동일한 행복의 바다에 던져진다는 것이다. 이 비유의 또다른 요지는, 하나님은 누구에게나 그가 받을 만한 것보다 더 많은 복을 베푸실 자유가 있으며, 만일 자신이 인내한 것을 두고서 자기 연민에 빠지거나 혹은 교만에 빠지는 자가 있다면 정말로 하나님은 다른 사람을 그보다 높이심으로 겸손케 하고 천국은 온통 은혜라는 것을 깨닫게 하신다는 것이다. 나는 조나단 에드워즈가 크레이그 블롬버그의 "완전한 상태에 대해 등급을 매기는 것은 근본적으로 자기 모순이 아닌가?"라는 질문에 효과적으로 대답했다고 생각한다. Craig L. Blomberg, "Degrees of Reward in the Kingdom of Heaven," in *Journal of the Evangelical Theological Society*, 35, no. 2(June 1992), 162-163쪽. 그러나 나는 상급을 '획득한다'(earning)고 말하는 자들과 천국에 대한 조건적인 약속을 왜곡하여 천국에서 등급별 상급을 약속하셨다고 하는 자들에 대해 반대하는 입장에서는 블롬버그와 같은 편이다.

14. *Journal and Letters of Henry Martyn*, 240, 326-328쪽.
15. 이들 삶에 일어난 놀라운 이야기들은 다음 자료에 담겨 있다. Elizabeth Elliot, *Through Gates of Splendor* 40주년 개정판(Wheaton: Tyndale, 1986)(『영광의 문』 복있는사람), Elizabeth Elliot의 *Shadow of the Almighty: The Life and Testament of Jim Ellio*(San Francisco: Harper SanFransico, 1989)(『전능자의 그늘』 복있는사람), Elizabeth Elliot의 *The Savage My Kinsmen* 40주년 개정판 (Ann Arbor, Mich.: Servant, 1996), Steve Saint의 "Did They Have to Die?" *Christianity Today* 40, no. 10(September 16, 1996), 20-27쪽, https://www.christianitytoday.com/ct/1996/september16/missionaries-did-they-have-to-die.html; Russel T. Hitt의 *Jungle Pilot: The Gripping Story of the Life and Witness of Nate Saint, Martyred Missionay to Ecuador*(Grand Rapids: Discovery House, 1997).
16. 이 부족은 예전에 외부인들에 의해 '아우카(야만인이란 뜻이다)족'으로 알려졌다.
17. Barbara Youderian, 다음에 인용됨. Elliot, *Through Gates of Splendor*, 235-236쪽.
18. Steve Estes, *Called to Die*(Grand Rapids: Zondervan, 1986), 252쪽.
19. 이 책의 초판이 나온 1993년 이후, 기독교 선교 전략상 중요한 진전이 있었는데, 그중 하나는 대위임령을 완수하는 일에 중년 및 노년의 시기를 맞은 사람들

을 동원하는 사역이 등장했다는 것이다. 이른바 '은퇴'와 함께 비성경적인 꿈의 세계에서 레저나 맘껏 즐기며 인생을 허비하기보다는 이생을 마무리할 보다 나은 방법을 고민하는 많은 이들에게 사도행전 20장 24절에 나오는 바울의 고백은 생생한 도전이 되었다. "내가 달려갈 길과 주 예수께 받은 사명 곧 하나님의 은혜의 복음을 증언하는 일을 마치려 함에는 나의 생명조차 조금도 귀한 것으로 여기지 아니하노라." 근래 들어 일어난 변화는 이뿐만이 아니다. 인터넷 사용이 늘어나면서 누구나 선교에 참여하는 효과적인 방법을 쉽게 찾을 수 있게 되었다. 하나님이 당신의 마음에 선교를 향한 꿈을 부어 주신다면, 당신 교회의 교역자나 선교사와 상담해 보거나 가능한 다음 단계를 온라인에서 찾아 보길 권한다. 내가 발행하고 있는 팟캐스트 Ask Pastor John에서 2017년 12월 29일자, "I'm Retired and Want to Do Missions-What's My First Step?"을 들어보라. https://www.desiringgod.org/interviews/im-retired-and-want-to-do-missions-whats-my-first-step.

20. Michael Card, "Wounded in the House of Friends," Virtue, March/April, 1991, 28-29, 69쪽.

21. Bill and Amy Stearns, Catch the Vision 2000(Minneapolis: Bethany, 1991), 12-13쪽. (『서기 2000년! 성취된 일과 남은 과업』 조이선교회)

22. Frank Marshall(필명), "Fear No Evil," Mission Frontiers(June-July 1989).

23. Phyllis Thompson, Life out of Death in Mozambique(London: Hodder and Stoughton, 1989), 111쪽.

24. Herbert Schlossberg, Called to Suffer, Called to Triumph(Portland, OR: Multnomah, 1990), 230쪽.

25. Norm Lewis, Priority One: What God Wants(Orange, Calif.: Promise Publishing, 1988), 120쪽에 인용됨.

26. 대부분의 선교단체가 당신의 문의를 기다리고 있다. 아니면 미션넥스트(MissionNext)의 도움을 받아 온라인에서 탐색해 보라: https://missionnext.org.

27. Ralph D.Winter, "The Retirement Booby Trap," Missions Frontiers, 7(July, 1985), 25쪽.

28. Handley C. G. Moule, Charles Simeon(London: The InterVasity, 1948, 개정판 1892년), 125쪽. 시므온의 생애를 전기적으로 그린 책으로는 졸저 The Roots of

Endurance: Invincible Perseverance in the Lives of John Newton, Charles Simeon, and William Wilberforce(Wheaton: Crossway, 2002)의 "Charles Simeon: The Ballast of Humiliation and the Sails of Adoration" 부분을 참조하라. 이 글의 초본은 졸저, "Brothers, We Must Not Mind a Little Suffering," Desiring God, April 15, 1989, https://www.desiringgod.org/messages/brothers-we-must-not-mind-a-little-suffering에 나와 있다.

29. Samuel Zwemer, *Raymond Lull: First Missionary to the Moslems*(New York: Revell, 1902), 132-145쪽.
30. Paton, *John G. Paton*, 56쪽.
31. 졸저 *Desiring God: Meditations of a Christian Hedonist*, 개정판(Colorado Springs: Multnomah, 2011), 223-252쪽 "The Battle Cry of Christian Hedonism"에 인용됨. (『하나님을 기뻐하라』 생명의말씀사).

4장

1. 불의한 자들이 지옥에서 영원한 고통을 의식적으로 경험하게 될 것이라는 전통적인 믿음에서 벗어난 최근의 경향에 대해 철저히 평가한 책으로는 Ajith Fernando, *Crucial Questions about Hell*(Wheaton: Crossway, 1994), Robert A. Peterson, *Hell on Trial: The Case for Eternal Punishment*(Phillipsburg, N. J.: Presbyterian and Reformed, 1995), D. A. Carson, *The Gagging of God: Christianity Confronts Pluralism*(Grand Rapids : Zondervan, 1996), 515-536쪽, Larry Dixon, *The Other Side of the Good News: Confronting the Contemporary Challenges to Jesus Teaching on Hell*(Ross-shire, Scotland: Christian Focus Publications, 2003), Robert A. Peterson and Edward William Fudge, *Two Views on Hell: A Biblical and Theological Dialogue*(Downers Grove, Ill.: InterVarsity, 2000), Robert Peterson and Chris Morgan, *Hell Under Fire*(Grand Rapids: Zondervan, forthcoming)(『지옥론-불타는 지옥』 은혜출판사) 등을 보라.
2. 실례로 *Creation in Christ*(Rolland Hein 편집[Wheaton: Shaw, 1976], 63-81쪽) 중 '공의'에 대한 그의 설교를 보면, 그는 "형벌은 수정과 대속을 위한 것이다. 하나님은 그의 피조물을 구하기 위해 그의 사랑으로 죄를 처벌할 의무가 있으시다. 하나님은 그의 공의로 피조물 속에 있는 죄를 파괴할 의무가 있으시다"(72쪽)고

힘 있게 주장하고 있다. 나는 *Pleasures of God*(Sisters, Ore.: Multnomah, 2000), 168-174쪽에서 하나님의 공의, 자기 대속, 보편구원론에 대한 맥도널드의 견해에 대해 광범위한 비평을 한 바 있다.

3. 클라크 피녹은 다음과 같이 말했다. "나는 먼저 성경적 근거가 아닌 도덕적 혐오감과 광범위한 신학적 고찰을 통해 영원한 의식적 고통에 대한 전통적 믿음에 의문을 제기하게 되었다. 사랑의 하나님이 유한한 삶이라는 맥락에서 저지른 죄에 대해 사람들에게 영원히 고통을 가하신다는 것은 정말 말이 안 된다.…복음주의자들이 지옥에 대한 성경적이고 도덕적으로 적절한 교리는 소멸이지 영원한 고통이 아니라고 말할 때가 되었다." Clark Pinnock and Delwin Brown, *Theological Crossfire: An Evangelical/Liberal Dialogue*(Grand Rapids: Zondervan, 1990), 226-227쪽. Cf. Clark H. Pinnock, "The Conditional View," in *Four Views on Hell*, ed. William Crockett(Grand Rapids: Zondervan, 1996), 135-166쪽.

존 스토트는 이렇게 말했다. "감정적으로, 나는 이 '영원한 의식적인 고통'이란 개념을 용납할 수 없으며 어떻게 사람들이 이런 생각을 갖고 살면서도 감정이 마비되거나 압박으로 쓰러지지 않는지 이해할 수 없다." 그는 네 가지 주장을 내놓으면서 다음과 같이 제시한다. "성경은 소멸 쪽을 가리키고 있으며, '영원한 의식적인 고통'은 성경의 최고 권위에 굴복해야 할 하나의 전통이다.…물론 지금까지 취한 입장에 대해 교조적인 태도를 보이고 싶지는 않다. 나는 잠정적으로 이런 입장을 취할 따름이다. 하지만 복음주의자들 사이에서 성경에 근거한 솔직한 대화가 나오기를 촉구한다. 또한 나는 적어도 악인의 궁극적인 소멸은 그들의 영원한 의식적인 고통에 대한 합리적이고도 성경적인 근거를 가진 대안으로 받아들여져야 한다고 믿는다." David Edwards, with John R. W. Stott, *Evangelical Essentials: A Liberal-Evangelical Dialogue*(Downers Grove, IL: InterVarsity, 1988), 314-320쪽.

또한 다음을 보라. Edward William Fudge, *The Fire That Consumes: The Biblical Case for Conditional Immortality*, rev. ed.(Carlisle, U. K.: Paternoster, 1994 개정판).

4. John Hick, "Whatever Path Men Choose Is Mine," in *Christianity and Other Religions*, John Hick and Brian Hebblethwaite 편집(Philadelphia: Fortress, 1980), 188쪽 "Whatever Path Men Choose Is Mine." 힉은 바가바드 기타(힌두교의 가장 중요한 경전—역자 주) 4장 11절 "사람들이 어떻게 나에게 접근하더라도 나

는 여전히 그들을 받아들인다. 왜냐하면 온 사방에서 그들이 어떤 길을 선택하든지 다 내 것이기 때문이다"를 인용하면서 글을 맺는다. 힉의 사상과 그에 대한 반론을 고찰한 책으로는 Harold Netland, *Dissonant Voices: Religious Pluralism and the Question of Truth*(1991; reprint, Vancouver: Regent Publishers, 1998), 동저 *Encountering Religious Pluralism: The Challenge to Christian Faith and Mission*(Downers Grove, Ill.: InterVarsity, 2001) 등이 있다.

이와 비슷하게, 영국 연합개혁교회의 세계 교회 및 선교부의 다른 신앙들 간사(the Other Faiths Secretary of the World Church and Mission Department of the United Reformed Church) 존 패리(John Parry)는 1985년에 이렇게 썼다. "바로 예수 그리스도에 관한 믿음(faith of Jesus Christ)에 우리는 부르심을 받았다. 전치사를 in에서 of로 바꾸는 것은 매우 중요하다[예수 그리스도의 존재와 그분에 대한 절대적인 믿음(faith in Jesus Christ)이 아닌 단지 예수 그리스도에 관한 믿음(faith of Jesus Christ)을 의미하며 이는 다른 신들에 대한 믿음도 그 지위가 동일하다는 것을 암시한다—역자 주]. 하나님을 믿는 데서, 하나님의 목적에 굴복하는 데서, 자신을 드리는 데서 나타나는 것이 바로 믿음이다. 나는 이런 믿음의 반응을 다른 종교 신앙을 가진 친구들 가운데서 목격했다. 나는 그들이 하나님나라에서 멀다고 믿지 않으며, 더 나아가 스타키 박사가 쓴 것처럼 '사람들은 정확한 교리적 지식에 대해서가 아니라 그들의 믿음에 대해서 심판을 받게 될 것이다. 심판 날에 하나님의 나라에 들어갈 사람들은 다른 사람들을 사랑함으로써 하나님의 사랑에 믿음으로 응답하는 사람들이다'라고 믿는다"("Exploring the Ways of God with Peoples of Faith," in *International Review of Missions*, 통권 74 제296호, 1985년 10월, 512쪽).

5. Edward, *Evangelical Essentials*, 327쪽. 예를 들어 존 스토트는 "나는 가장 기독교적인 자세는 이 문제에 대해 불가지론자로 남는 것이라고 믿는다.…사실 하나님은 복음에 응답해야 하는 우리의 책임에 대해 가장 엄숙한 경고를 내리면서도, 이 복음을 결코 듣지 못한 자들을 어떻게 다루실지에 대해서는 계시하신 바 없다"고 말한다. 윌리엄 V. 크로켓과 제임스 G. 시군터스가 공동 편집한 에세이 모음집 *Through No Fault of Their Own? The Fate of Those Who Have Never Heard*(Grand Rapids: Baker, 1991)에서 티모시 필립스, 아이다 베상콘 스펜서, 팃 티에누는 "이 문제를 하나님의 손에 맡겨드리는 쪽을 선호한다"(259쪽 주석 3번).

6. 크로켓과 시군터스가 편집한 *Through No Fault of Their Own*에는 (복음을) 전혀 듣지 못했던 사람들은 실제로 일반 계시를 통해 구원에 이른다는 견해를 취하는 복음주의자들의 글도 몇 편 포함되어 있다. 그들의 결론은 이렇다. "복음을 듣고 거절하는 자들은 잃어버린 바 된다. 그리고 일반 계시의 빛을 받아들인 사람들은 자신들의 죽은 우상을 버리고 살아 계신 하나님을 섬길 준비가 되어 있어야 한다(살전 1:9). 그렇다면 일반 계시는 그들 속에 자신들의 이방 종교를 거부하고 싶은 갈망을 불러일으키지만 그들 자신이 구원받는 중요성을 깨닫도록 돕지는 못한다."(260) 이러한 의견에 대한 답변으로는 Ajith Fernando, *Sharing the Truth in Love: How to Relate to People of Other Faiths*(Grand Rapids: Discovery House, 2001), 211-233쪽을 보라.

7. 밀러드 에릭슨은 로마서 1-2장과 10장 18절에 따라 자연 속에서 드러나는 계시에 대해 논증을 펴고 있다. 자연 속에서 발견되는 '복음 메시지'의 본질적인 요소는 다음과 같다. "1) 선하시고 강력한 한분 하나님에 대한 믿음 2) 사람이 그분의 율법에 온전히 순종해야 한다는 믿음 3) 사람은 이 기준에 미치지 못하기에 유죄이고 정죄 아래 있음을 깨닫는 것 4) 사람이 하나님께 드릴 수 있는 어떤 것도 이 죄를 보상할(또는 속죄할) 수 없다는 인식 5) 하나님은 자비하시며, 그 자비에 무조건적으로 의지하는 자들을 용서하시고 받아 주시리라는 믿음. 만일 어떤 사람이 이 신념들을 믿고 실천한다면, 하나님과 구속의 관계를 맺고 그리스도의 죽으심의 은택을 받지 않겠는가? 비록 그 구속의 세부 내용을 의식적으로 알고 이해하지 못한다고 해도 말이다. 아마도 구약 신자들의 경우가 이렇지 않았나 싶다.…만일 이것이 가능하다면, 즉 구약 시대의 유대인들이 기독교 복음의 실질적인 내용 없이 그 형식만으로도 구원을 얻었다면, 이 원칙을 확장할 수 있는가? 그리스도가 오신 이래 특별 계시를 통해 전해진 복음을 들을 기회가 전혀 없었던 사람들도, (구약 시대의 유대인들과) 동일한 근거에서 이 구원에 참여할 수 있는 것인가? 그렇지 않다면, 그들이 구원(또는 믿음)을 소유했거나 소유하지 못했다는 이유로 공정하게 책임을 물을 수 있는 다른 근거는 무엇인가?" 그러나 에릭슨의 태도는 매우 신중한데 그는 이렇게 말한다. "바울이 로마서 나머지 부분에서 말하는 것은, 오직 자연 계시에 의지해 구원의 지식에 실제로 도달하는 사람이 거의 없거나, 아예 없다는 것이다."(밀러드 에릭슨, "듣지 못한 사람들에게 희망이 있는가? 있다, 하지만…", *Evangelical Missions Quarterly*, vol. 11, No. 2, 1975

년 4월, 124-125쪽). 에릭슨은 여기서 A. H. 스트롱을 따르고 있다. "이방인 중에서 구원을 받는 자들은 (구약 시대의 족장들과) 마찬가지로, 자연과 섭리를 통해 희미하게 드러난 하나님의 긍휼의 계획에 무력한 죄인으로서 자신을 맡김으로써 구원을 받아야 한다." *Systematic Theology*(Westwood, NJ: Revell, 1907), 842쪽. 이 견해는 오직 듣거나 읽은 하나님의 말씀을 통해서만 효과적인 구원의 부르심이 온다고 주장한 과거 개혁주의 신학자 찰스 하지의 견해와는 다르다. *Systematic Theology*(Grand Rapids: Eerdmans, 1952), 646쪽.

8. Crockett and Sigountos, *Through No Fault of Their own*, 260쪽.
9. 클라크 피녹은 "하나님의 심판의 '불'은 잃어버린 자들을 불사른다.…하나님은 악인을 영원히 의식적으로 고통을 받게 하려고 다시 살리지 않으시며, 악인에 대한 자신의 심판을 선포하고 그들을 소멸 형에 처하는데 이것이 둘째 사망이다"라고 주장한다("Fire, Then Nothing", *Christianity Today*, 44/10 1987년 3월 20일자 49쪽). https://www.christianity-today.com/ct/1987/march-20/fire-then-nothing.html.
10. Edwards and Stott, *Evangelical Essentials*, 317쪽.
11. 스캇 맥나이트는 불의한 자들의 영원한 결과를 소멸로 보려는 최근의 시도(존 스토트의 주장)를 고려해, 마태복음 25장 46절을 자세히 다룬다. 그의 결론은 확고하다. "마태복음 25장 46절에서 영원함을 가리키는 용어들은 마지막 세대를 의미하며, 마지막 세대의 두드러진 특징은 이 세대와는 대조적으로 영원하고 끝없고 시간적으로 무한하다는 것이다. 그렇다면 마태복음 25장 46절의 가장 가능성 높은 의미는, 의인들에게 있어 하나님과 함께하는 삶이 시간적으로 제한되지 않듯이, 죄와 그리스도를 거절한 데 대한 형벌 또한 시간적으로 무한하다는 것이다.…악인의 최후 상태는 의식이 있는 영원한 고통이다." *Through No Fault of Their Own*, 157쪽, "Eternal Consequences or Eternal Consciousness."
12. Leon Morris, "The Dreadful Harvest," *Christianity Today*, Vol. 35, no. 6, 1991년 5월 27일자, 36쪽. https://www.christianitytoday.com/ct/1991/may-27/dreadful-harvest.html.
13. 에드워즈의 *Evangelical Essentials*, 314쪽에서 존 스토트는 이 본문을 존중하여 다음과 같이 말한다. "분명 우리는 이렇게 하나님께로부터 추방당하는 것은 실제적이고 끔찍하며(그러므로 '그 사람은 차라리 나지 아니하였더라면 자기에게

좋을 뻔하였느니라', 막 14:21), 영원하다고 말해야만 한다." 그러나 그는 우리에게 70년을 먹고 마시고 즐거워하다가 일절 의식을 잃고 마는 사람이 왜 존재하지 않았더라면 더 좋았는지에 대해서는 한 마디도 하지 않는다.

14. 같은 책 318쪽.
15. 존 스토트는 잃어버린 자들의 영원한 운명이라는 사안에 대해 나와 개인적으로 서신을 주고받을 만큼 너그러움을 보였다. 30년 넘게 내 인생에서 형제이자 신학적으로나 목양 면에서 멘토로 여기던 인물에 대해 공정성을 지키기 위해, 나는 1993년 3월에 썼던 개인 서신을 바탕으로 쓴 글에 대해서 그가 밝힌 견해를 소개하고 싶다. 그는 이렇게 썼다. "솔직히 말해, 나는 Evangelical Essentials에서 쓴 내용을 당신이 공정하게 다루었다고 생각하지 않습니다. 예를 들어 나는 당신이 인용하고 있는 모든 '영원한' 그리고 '꺼지지 않는' 등의 구절들을 강력하게 확신하며 '영원한 형벌'을 진실로 믿습니다. 논의의 대상은 형벌의 영원성이 아니라 그 '본질'입니다. 하지만 당신은 이것을 분명하게 설명하지 않았습니다. 나는 또 (부자와 나사로 이야기가 보여 주는 것같이) 중간 상태(interim state)에서의 고통을 믿으며, 잃어버린 자들이 자신들의 운명을 깨닫게 될 때 '슬피 울며 이를 갈 것'이라는 사실도 믿습니다. 나는 '살아 계신 하나님의 손에 떨어지는 것이 두려운 일'이라는 점을 당신만큼이나 강하게 믿고 있다고 생각합니다. 그러나 나를 불편하게 하는 것은, 당신이 특정 본문을 결정적인 논거로 인용하는 방식입니다. 사실 그 본문들은 다른 해석의 여지가 있습니다. 이전 편지에서 말했듯이, 나는 당신이 너무 독단적으로 보인다고 생각합니다. 마치 하나님께서 모든 것을 당신이 주장하는 것만큼 명확하게 계시하지 않으셨다는 사실을 인정하는 '겸손한 불가지론(humble agnosticism)'의 여지를 전혀 남기지 않는 듯합니다." 나는 이전 편지에서 스토트 박사에게 나의 '불가지론'과 '신중함'에 대한 다소 부정적인 태도가, 교회 안팎에서 상대주의(relativism)의 거센 물결을 헤쳐 나가려는 나의 노력에서 비롯된 것일 수 있다고 언급한 바 있다. 나는 성경에 대한 새로운 빛이 밝혀질 때 배우거나 변화하기를 거부하는 태도를 보이고 싶지 않다. 그러나 내가 시대의 병폐를 진단하면서 느낀 것은, '겸손한 불가지론'보다는 (희망하건대) '겸손한 확신(humble affirmation)' 쪽으로 더 기울게 된다는 점이다. 내가 과연 정당하고 잘 확립된 확신에서 출발하여 주장하고 있는 것인지, 아니면 정당하지 않고 논리가 빈약한 독단주의로 빠져버린 것인지는 다른 이들의

판단에 맡기겠다.

16. 지옥의 공의로움에 대해 깊이 고민하며, 의식이 있는 채로 영원히 고통을 겪는다는 전통적 견해와 소멸론 사이에서 매우 독특한 입장을 보인 사람이 있는데, 그는 '열린 유신론'이라 불리는 견해를 대표하는 그렉 보이드다. 그는 Satan and the Problem of Evil(Downers Gorve, Ill.: InterVarsity, 2001)에서 지옥에 대한 전통적 견해와 소멸설을 뒷받침하는 성경 본문들을 다루며 "두 견해가 본질적으로 모두 옳다"(336쪽)는 주장을 편다. 또한 "성경 전체의 증거를 종합적으로 고려할 때, 소멸설에 대한 주장이 상당히 설득력 있다는 사실을 인정해야 한다"(336쪽)고 하면서도, 다른 한편으로 소멸론에 부합하지 않는 성경 본문도 있음을 인정했다(336쪽). (그는 요한계시록 14장 10절, 20장 10절, 마태복음 25장 34절, 41절, 데살로니가후서 1장 6-9절을 예로 든다). 그러면서 이런 질문을 던진다. "그렇다면 우리의 입장은 어떠해야 하는가? 사실 그 문제는 나를 딜레마에 빠뜨린다. 나는 전통적 견해나 소멸설 둘 다 상대의 입장에서 인용하는 성경적 증거를 충분히 설명할 수 있다고 보지 않는다. 그러나 나는 성경이 스스로 모순될 수 없다고 믿는다(요 10:35). 그렇다면 우리는 이런 질문을 제기할 수 있을 것이다. 두 견해가 본질상 모두 옳다고 인정하는 모순이 없는 방법은 없을까?"(336-337쪽) 그는 그런 방법이 있다고 대답한다. "나는 전통적 이해와 소멸설 사이의 교착 상태를 넘어서서, 두 관점을 본질적으로 수용할 수 있는 지옥 모델을 구성하려고 한다"(339쪽). "지옥은 소멸된 존재들이 겪는 영원한 고통"(356쪽)이라고 설명한다. 그리고 다음과 같은 핵심 전제를 제시한다. "하나님을 인정하는 사람과 하나님을 거부하는 사람 사이에 공유되는 실질적인 무엇이 있을 수 없다. 그것은 마치 하나님이 인정하시는 실제와 하나님이 거부하시는 가능성 사이에도 공유되는 실질적인 무엇이 없는 것과 마찬가지다"(347쪽). 그리고 이같이 결론을 내린다. "사랑은 관계이며, 관계는 실질적인 무언가를 공유하는 것이다. 그러므로 종말에, 존재하는 모든 것이 하나님의 사랑이라는 잣대로 규정될 때, 그 사랑을 거부한 사람들의 '무언가'는 누구와도 공유될 수 없을 것이며, 그렇기에 다른 이들에게는 실재하지 않는 것이 된다. 만일 누군가가 그것을 자신의 의지로 유지하려고 한다면 내면에서 실제로 경험된다. 그러나 참으로 실체에 참여한 사람들, 즉 하나님의 사랑을 통해 하나님과 서로에게 열린 사람들에게 그것은 그저 무(nothing)일 뿐이다. 그것은 영원한 무존재성

을 갖는다고 하겠다"(350쪽). 그러므로 "어떤 의미에서 우리는 지옥에 있는 자들이 소멸되었다고 할 수 있다. 그러나 그들은 영원히 고통을 겪는다. 종말에 실제를 공유하는 모든 사람들의 관점에서 보면, 저주받은 사람들은 더 이상 존재하지 않는다(욥 1:16). 그들은 단지 철저한 부정의 상태로 존재할 뿐이다.…그들은 계속해서 고통을 경험하지만, 그것은 그들 스스로 택한 저주 받은 상상 속에 존재하는 가상의 실제 고통일 뿐이다"(350쪽). "성경이 말한 대로, 그들은 불타고 재가 되어 없어져 영원히 잊혀질 것이다.…그러나 우리는 이 버림 받은 자들의 고통이 영원할 것이라는 성경의 가르침도 인정해야 한다.…이 반역이라는 경험 속에서, 그들이 선택한 무(nothingness)는 하나의 무언가로 경험될 것이다. 그러나 다른 모든 이들에게 그것은 그저 아무것도 아님(nothing)이다"(353쪽). 사실 나는 보이드의 이 복잡하고 역설적인 '모델'이 엄격한 검토를 거친 것이라고 생각하지 않는다. 이 견해에 대해 상세히 비평하는 것만으로도 이 책의 분량을 넘을 것 같다. 그러나 나는 "'소멸된 자들의 영원한 고통'에 대한 그렉 보이드의 입장"(Greg Boyd on 'The Eternal Suffering of Agents Who Have Been Annihilated)이라는 제목의 글에서 그에 대해 부분적으로 답한 바 있다. Desiring God, March 6, 2002, https://www.desiringgod.org/articles/greg-boyd-on-the-the-eternal-suffering-of-agents-who-have-been-annihilated.

17. "사랑의 하나님이 유한한 삶이라는 맥락에서 저지른 죄에 대해 사람들에게 영원히 고통을 가하신다고 말하는 것은 정말이지 말이 안 된다." Pinnock and Brown, *Theological Crossfire*, 226쪽.

18. "(유한한) 시간에 의식적으로 저지른 죄와 영원토록 의식적으로 경험하는 고통 사이에 심각한 불균형이 있는 것은 아닐까?" Edwards and Stott, *Evangelical Essentials*, 318쪽.

19. Jonathan Edwards, "The Justice of God in the Damnation of Sinners," in *The Works of Jonathan Edwards*, Vol. 1(Edinburgh: Banner of Truth Trust, 1974), 669쪽. 지옥에 대한 에드워즈의 견해에 대한 주해를 읽고 싶다면 다음을 보라. John Gerstner, *Jonathan Edwards on Heaven and Hell*(Morgan, PA: Soli Deo Gloria, 1999); Chris Morgan, *Hell and Jonathan Edwards: Toward a God-Centered Theology of Hell*(Ross-shire, UK: Christian Focus, 2003).

20. 각주 3에 인용한 피녹과 스토트의 말을 보라. 졸저 *The Pleasures of God*에서 하

나님의 전지하심에 대한 피녹의 입장에 대해 비평한 부분을 보라. 또 한 가지 간과되고 있는 것은, 지옥에서는 회개하지 않은 자들의 죄가 영원히 계속된다는 점이다. 그들은 지옥에서 의롭게 되지 않는다. 자신들의 부패한 본질에 젖어 계속 반란을 일으켜 영원한 형벌을 받는 것이 영원히 마땅하게 된다. 이 두 번째 사실은 내 동료 톰 스텔러가 제시하여 깨닫게 되었다.

21. 이이 본문을 포함하여 로마서 5장 17-19절을 피상적으로 읽고, 모든 인간이 구원을 받는다는 의미에서 보편구원론을 가르친다고 가정하는 것은 잘못된 해석이다. 로마서 5장에서 '모든 사람'(우리말 성경에는 '많은 사람'으로 나옴—역자주)이 의롭다 하심을 받는다고 할 때, 이 '모든 사람'은 로마서 5장 17절에서 '더욱 은혜와 의의 선물을 넘치게 받는 자들'로 정의된다. 그리고 고린도전서 15장 22절에서 생명을 얻은 '모든 사람'은 '그리스도에게 붙어 있는 자'로 정의된다. 로마서 5장 18절에서 모든 사람이 의롭다 하심을 받아 생명에 이르렀다는 말은, 아담에게서 나온 인류 전체가 의롭다 하심을 받아 아무도 멸망하지 않으며 그렇기에 그 누구에게도 영원한 형벌 따위는 일어나지 않는다는 뜻이 아니다. 이렇게 주장하는 이유는 다음과 같다. 첫째, 17절에서는 의롭다고 칭함 받는 선물을 받는 사람이 있고 받지 않는 사람이 있다고 말한다. "한 사람의 범죄로 말미암아 사망이 그 한 사람을 통하여 왕 노릇 하였은즉 더욱 '은혜와 의의 선물을 넘치게 받는 자들'은 한 분 예수 그리스도를 통하여 생명 안에서 왕 노릇 하리로다." 이 말은 모든 사람이 선물을 받는다는 의미로 여겨지지 않는다. 둘째, 로마서 5장 18절에서 모든 사람이 의롭다 하심을 받아 생명에 이르렀다는 말이 인류 전체가 의롭다 하심을 받았다는 의미가 아닌 것은, 바울이 그 책에서 영원한 형벌은 분명히 있으며, 인류 전체가 의롭다 하심을 받은 것이 아님을 밝혔기 때문이다. 예를 들어 로마서 2장 5절에서 바울은 "다만 네 고집과 회개하지 아니한 마음을 따라 진노의 날 곧 하나님의 의로우신 심판이 나타나는 그날에 임할 진노를 네게 쌓는도다"라고 말한다. 이어 7절과 8절에서 바울은 진노와 분노를 '영생'과 대조시킴으로써 이 진노와 분노가 한시적인 것이 아니라 영원할 것임을 보여 준다. 그러므로 어떤 이들은 의롭다 하심을 받지 못하여 영원히 하나님의 진노 아래 있을 것이며, 또 어떤 이들은 영생을 얻을 것이다. 셋째, 모든 사람이 의롭다 하심을 받아 생명에 이르렀다는 로마서 5장 18절의 말씀이 인류 전체가 의롭다 하심을 받았다는 의미가 아닌 것은, 이전까지 로마서 곳곳에서 의롭다 하

심이 인류 전체에 자동적으로 주어지는 것이 아니라, '믿음'으로 주어지는 것임을 분명히 하고 있기 때문이다. "그러므로 우리가 믿음으로 의롭다 하심을 받았으니"(롬 5:1). "그러므로 사람이 의롭다 하심을 얻는 것은 율법의 행위에 있지 않고 믿음으로 되는 줄 우리가 인정하노라"(롬 3:28). 더 나아가 바울이 '모든 사람'이라고 한 부분을 보편구원론으로 해석한다면, 로마서 9장 3절에서 바울이 가졌던 깊은 슬픔―나의 형제 곧 골육의 친척을 위하여 내 자신이 저주를 받아 그리스도에게서 끊어질지라도 원하는 바로라―은 말이 안 된다.

22. 그리스도의 죽으심의 중요성에 대해 더 깊이 공부하려면, 다음 성경 구절들을 찾아보라. 마 26:28, 막 10:45, 요 1:29, 6:51, 롬 4:25-5:1, 6, 8-10, 고전 15:3, 고후 5:18-21, 갈 1:4, 4:4, 엡 1:7, 2:1-5, 13, 16, 18, 5:2, 25, 골 1:20, 살전 5:9, 딤전 4:10, 딛 2:14, 히 1:3, 9:12, 22, 26, 10:14, 12:24, 13:12, 벧전 1:19, 2:24, 3:18, 요일 2:2, 계 1:5.

23. 이 견해를 대표하는 이들을 알아보려면 각주 6, 7을 보라. 클라크 피녹은 다른 종교를 가진 사람들이 그리스도를 알지 못하고도 구원받는다는 생각을 받아들인다. "우리는 교회가 구원의 방주이며 다른 사람들은 모두 지옥에 남게 만든다고 생각할 필요가 없다. 오히려 우리는 교회를 예수 그리스도로 말미암아 세상에 들어온 '구원의 충만함'에 대한 선택받은 증인으로 생각할 수 있겠다." "Acts 4:12―No Other Name Under Heaven," in Crockett and Sigountos, *Through No Fault of Their Own*, 113쪽에서. 또한 Clark H. Pinnock, *A Wideness in God's Mercy: The Finality of Jesus Christ in a World of Religions*(Grand Rapids: Zondervan, 1992)와 Clark H. Pinnock이 쓰고 Dennis L. Okholm과 Timothy R. Phillips가 편집한 *More Than One Way? Four Views on Salvation in a Pluralistic World*, 95-123쪽, "An Inclusive View"를 보라. 그는 다음 사람들과 입장을 같이한다. Charles Kraft, *Christianity in Culture*(Maryknoll, NY: Orbis Books, 1979), 253-257쪽, James N. D. Anderson, *Christianity and World Religions*(Downers Grove, IL.: InterVarsity, 1984), 5장, John E. Sanders, *Evangelical Quarterly 60*(1988)의 241-259쪽 "Is Belief in Christ Necessary for Salvation?", John Sanders, *No Other Name: An Investigation into the Destiny of the Unevangelized*(Grand Rapids: Eerdmans, 1992).

이 문제에 대한 양쪽의 대표적 견해를 짧게 훑어보려면, Malcolm J. McVeigh,

Evangelical Missions Quarterly, 12/4(1985년 10월)의 "The Fate of Those Who've Never Heard? It Depends" 부분을 읽으라. 이에 대한 다양한 견해를 제시한 책으로는, Gabriel Fackre, Ronald H. Nash, and John Sanders, What about Those Who Have Never Heard? Three Views on the Destiny of the Unevangelized(Grand Rapids: Zondervan, 1995), Ockholm and Phillips, More Than One Way? 등이 있다. 포함설에 대한 비판으로는 Carson, The Gagging of God, 279-314쪽, Dick Dowsett의 God, That's Not Fair!(Sevenoaks, UK: OMF Books, 1982), Ronald H. Nash, Is Jesus the Only Savior?(Grand Rapids: Zondervan, 1994), Ronald Ramesh의 The Population of Heaven(Chicago: Moody, 1994), Paul R. House와 Gregory A. Thornbury 편집, Who Will Be Saved? Defending the Biblical Understanding of God, Salvation, and Evangelism(Wheaton: Crossway, 2000), 111-160쪽, 그리고 More Than One Way?에서 R. Douglas Geivett과 W. Gary Phillips가 쓴 부분을 읽으라.

24. 구약 시대에 구원에 이르게 하시는 하나님의 길과, 신약 시대에 예수님을 믿음으로 말미암는 구원의 길 사이에는 연속성이 있다. 그리스도가 오시기 전에도 사람들은 하나님이 주신 특별한 계시 없이는 구원 받지 못했다(Fernando, Sharing the Truth in Love, 224-233쪽을 보라.) 자연을 통한 일반 계시가 그리스도 이전에 믿음을 일으키는 데 효과적이지 않았던 것으로 보이나, 그리스도가 오신 후에는 사라졌다고 볼 수 없다. 로마서 1장 18-23절에 따르면, 자연을 통한 일반 계시는 사람들로 하여금 하나님께 영광을 돌리고 감사해야 할 책임을 지도록 만드는 데는 늘 충분했지만 실제로 사람들이 그렇게 행하게 하는 데는 효과적이지 않았다. 그 이유는 사람들이 본성적으로 진리를 억누르기 때문이다. 주 39를 보라. 그러므로 특별 계시가 늘 구원에 이르는 길이었으며, 이 특별 계시는 이스라엘, 한 구속자에 대한 약속, 그리고 구원을 미리 보여 주는 구약의 희생 제사 제도 속 여러 예표들에 중심을 두고 있다. 예수님은 이제 이 특별 계시의 절정이요 완성이 되셨으며, 구원에 이르는 믿음은 언제나 특별 계시를 향했던 것처럼, 이제는 예수님을 중심으로 초점이 맞추어졌다.

25. John Calvin, The Acts of the Apostles, 14-28쪽, John W. Fraser 번역(Grand Rapids: Eerdmans, 1973), 123쪽.

26. William Carey, 다음에 인용됨. Tom Wells, A Vision for Missions(Edinburgh:

Banner of Truth Trust, 1985), 12-13쪽.

27. 내가 이렇게 말하는 이유는, 유아들과 인지 장애가 있는 사람들, 즉 계시가 있다는 것조차 인식할 수 없는 신체적 한계를 가진 이들에게도 구원이 열려 있게 하기 위해서다. 이러한 확신의 근거는 로마서 1장 20절에 나오는 책임 원칙, 즉 하나님께서 누구든 지식을 얻게 하시는 것은 '그들이 핑계하지 못하게 하려 하심'이라는 말씀이 있기 때문이다. 성경은 이런 특별한 경우를 구체적으로 다루고 있지 않으며, 우리는 이에 대해 추측할 수밖에 없다. 하나님이 아이들을 천국에서나 장차 올 시대에 성숙에 이르게 하실 때, 그들이 믿음에 이르게 됨으로써 그리스도를 믿는 믿음과 구원 사이의 연결성이 유지될 것이다. 이 견해를 지지하는 입장을 취하는 글로는 Ronald H. Nash, *When a Baby Dies: Answers to Comfort Grieving Parents*(Grand Rapids: Zondervan, 1999), R. Albert Mohler Jr. and Daniel L. Akin, "The Salvation of the 'Little Ones': Do Infants Who Die Go to Heaven?," Albert Mohler blog, July 16, 2009, https://albertmohler.com/2009/07/16/the-salvation-of-the-little-ones-do-infants-who-die-go-to-heaven 등이 있다. 몰러와 아킨은 존 뉴턴, 찰스 스펄전, 찰스 하지, 그리고 B. B. 워필드 모두 이런 입장을 취하고 있었음을 지적한다. "이들은 모두 나와 마찬가지로 원죄에 대해 강한 확신을 갖고 있었다. 또한 하나님이 원죄 교리나 무조건적 선택 교리에 대한 타협 없이도 유아들의 구원을 위한 공의로운 길을 제공하시리라고 믿었다."

28. Erickson, "Hope for Those Who Haven't Heard?", 124-125쪽.

29. Don Richardson, *Eternity in Their Hearts*(Ventura, CA: Regal Books, 1981), 56-58쪽. (『영원을 사모하는 마음』 생명의말씀사)

30. W. Harold Fuller, *Run While the Sun is Hot*(London: Hazell Watson and Viney Ltd., n. d.), 183-184쪽.

31. Pinnok, "Acts 4:12—No Other Name Under Heaven," 110쪽. 피녹은 주석가들(예를 들어 F. F. Bruce, Ernest Haenchen, Richard Longenecker, Hans Conzelmann)이 사도행전 4장 12절을 '배타적인 패러다임'을 지지하는 것으로 받아들인다는 것을 인정한다.

32. 같은 책 109쪽.

33. 소유격 인칭에 뒤따라 나오는 '듣다'라는 헬라어(아쿠오)는 단지 '그 사람에 대

해 듣다'가 아니라 '그 사람의 말을 듣다'라는 뜻이다. 대부분의 주석가들은 여기에 대해 동의한다(예를 들어, John Murray, C. E. B. Cranfield, Douglas Moo). 로마서 10장 14절 역시 이에 해당한다(hou ouk ēkousan). 그러므로 바울의 이 말씀은, 누군가 구원에 이르게 하는 복음을 들을 때 그가 실제로는 그리스도의 부르심을 직접 듣는 것임을 의미한다고 볼 수 있다.

34. John Murray, *The Epistle to the Romans*, Vol. 2(Grand Rapids: Eerdmans, 1965), 60쪽. (『로마서 주석』 아바서원)

35. 같은 책 62쪽.

36. Charles Hodge, *Commentary on the Epistle to the Romans*(New York: A. C. Armstrong and Son, 1893), 548쪽.

37. 주 7을 보라.

38. 70인역은 구약성경의 헬라어 번역본으로, 'Septuagint'라고 불렸다. 그 이름은 이 성경의 번역이 총 70명의 학자에 의해 이루어졌다는 구전에 따른 것이다.

39. 에릭슨은 이 결론을 로마서 1장 18-21절에서도 지지하고 있다고 본다. 다만 이 구절에도 문제가 있다. 비록 이 구절들이 분명 일반 계시가 인간에게 하나님을 영화롭게 할 책임을 묻기에 충분하다고 가르치지만 그와 동시에 이 구절들은 사람들이 불의로 이 진리를 막으며(18절) 하나님께 감사하지도 않고 마땅히 하나님을 영화롭게 하지도 않는다(21절)는 점도 말하고 있다. 그렇기 때문에 그들은 평계하지 못한다는 것이다(20절). 즉 일반 계시는 모든 사람들로 하여금 하나님을 예배할 책임을 묻기에 충분하지만 구원하는 믿음을 일으키기에는 충분하지 않다. 그렇기 때문에 복음이 모든 종족들에게 전파되어야 한다. 하나님의 뜻은 마음을 일깨우는 능력과 더불어 그 아들의 이름이 전파되게 하심으로써 그 아들이 영광을 받게 하시는 것이다.

40. John Murray, *The Epistle to the Romans*, 61쪽. "복음 전파가 모든 사람에게 차별 없이 이루어지는 것이 아니므로, 일반 계시의 보편성과 복음의 보편성 사이에 유사점이 존재한다고 보는 것이 타당하다. 이제 일반 계시는 복음이 땅끝까지 전파되는 방식의 본보기가 되고 있다. 그러므로 바울이 시편 19편 4절을 끌어온 것은 단순히 이 유사성을 강조할 뿐 아니라, 그 유사성에 내포된 의미, 즉 은혜의 복음이 편만하게 퍼져 나간다는 사실을 생생하게 표현하기 위한 것으로 보인다."

Hodge, *Commentary on the Epistle to the Romans*, 549쪽. "그러므로 이 구절은 바울이 증명한 바가 마땅히 이루어져야 할 일일 뿐 아니라, 그것이 실제로 성취되었음을 강력하게 선언하는 것으로 보아야 한다. 중간에서 막고 있던 담이 허물어졌으며, 구원의 복음, 곧 하나님의 종교는 모든 속박에서 자유롭게 되었고, 하나님의 긍휼의 초대는 하늘의 선포만큼이나 넓고도 관대하게 제시되었다.…바울이 굳이 시편의 말씀을 인용한 목적은, 복음의 선포가 이제 모든 민족이나 교회적 제한에서 완전히 자유로워졌다는 사실을 그의 유대인 독자들에게 더욱 명확하고 친근하게 전달하기 위함이었다. 의심할 바 없이 복음 선포가 이제는 하늘 아래 살고 있는 모든 사람에게 하늘이 내려 준 지시 못지않게 온 민족이나 교회의 제약에서 벗어나 자유롭다는 생각을 자기 청중들의 마음에 더 명확하고 더 친근하게 전하려는 것이었다. 물론 바울이 시편 기자의 말을 인용하는 것을 놓고 마치 그 고대의 선지자가 복음 전파를 직접 언급한 것처럼 이해해서는 안 된다. 바울은 단지 성경의 언어를 사용해서 자기 생각을 표현하고 있을 뿐이며, 이는 거의 모든 설교자가 설교할 때 무의식적으로 행하는 일이다."

41. "그 소리가 온 땅에 퍼졌고"라는 말은 꼭 말씀의 확산이 끝났다는 뜻이 아니다. 바울의 그 동안 진술한 맥락에서 볼 때, 그 자연스런 의미는 복음이 모든 종족들에게 이르도록 나아가게 했다는 것이다. 올샤우센은 "그 소리가 온 땅에 퍼졌고"는 예언적인 발언으로 이해해야 한다고 제안한다. "이는 시작된 것이 마치 이미 완수된 것으로 보는 것이다. 바울이 이 말을 기록했을 당시, 그리스도의 메신저들은 로마 제국 전역까지 그리스도를 아직 전파하지 못했는데도 불구하고, 바울은 이를 이미 이루어진 사실로 바라보고 있다"고 말한다. Hermann Olshausen, *Studies in the Epistle to the Romans* (1849; reprint, Minneapolis: Klock and Klock Christian Publishers, 1983), 354쪽.

42. John Ellenberger, "Is Hell a Proper Motivation for Missions?" in Crockett and Sigountos, *Through No Fault of Their Own*, 225쪽.

43. 같은 책 226쪽.

44. 같은 책 226쪽.

45. 같은 책 226쪽.

46. 하나님이 최고의 하나님으로 드러나시는 것에 대한 열심과 영혼을 위한 긍휼, 이 두 가지의 관계에 대한 나의 이론은 조나단 에드워즈의 영향을 받은 것으로,

6장에 나와 있다.

47. Charles Hodge, *Commentary on the Epistle to the Romans*, 553쪽.

5장

1. 나는 "얻는다"는 말을 바울이 고린도전서 9장 19-22절에서 사용한 것과 같은 의미에서 쓰고 있다. 22절에서 바울이 "구원한다"고 쓴 것은 그 역시 이를 염두에 두었음을 보여 준다. 바로 사랑의 증거를 통해 사람들을 얻어 그리스도를 믿게 하고 그리하여 그들을 죄와 정죄에서 구원하는 것이었다. "내가 모든 사람에게서 자유로우나 스스로 모든 사람에게 종이 된 것은 더 많은 사람을 '얻고자' 함이라 유대인들에게 내가 유대인과 같이 된 것은 유대인들을 '얻고자' 함이요 율법 아래에 있는 자들에게는 내가 율법 아래에 있지 아니하나 율법 아래에 있는 자같이 된 것은 율법 아래에 있는 자들을 '얻고자' 함이요 율법 없는 자에게는 내가 하나님께는 율법 없는 자가 아니요 도리어 그리스도의 율법 아래에 있는 자이나 율법 없는 자와 같이 된 것은 율법 없는 자들을 '얻고자' 함이라 약한 자들에게 내가 약한 자와 같이 된 것은 약한 자들을 '얻고자' 함이요 내가 여러 사람에게 여러 모습이 된 것은 아무쪼록 몇 사람이라도 '구원하고자' 함이니."

2. 이 장에서 '민족들/열방'(nations)이란 단어는 오늘날 국제 연합(United Nations)이나 영국이라는 국가(nation)처럼 정치적인 국가를 가리키지 않는다. 성경에서 이 단어의 의미는 정치적 차원을 가질 수도 있고 가지지 않을 수도 있는 '종족 집단'과 관련이 있다. 예를 들어, 미국의 원주민 가운데 '체로키 민족'이라고 말하는 방식과 비슷하다.

3. 나는 "복음화하다"(evangelize)라는 표현을 그리스도의 복음과 그의 구원 사역을 전한다(speaking)는 신약적 의미에서 쓰고 있다. 우리가 말씀을 전하는 일은, 믿음을 불러일으켜 그리스도의 교회를 세우는 것을 염두에 두지만(롬 10:14-15, 15:20), 진정한 의미에서 복음화는 믿음의 반응 여부에 달려 있지 않다(히 4:6). 복음이 전파되었음에도 불구하고 그곳에 믿음의 반응이 없다 해도, 그곳은 복음화가 이루어진 것이다. 이 개념을 놀라울 정도로 철저하게 살펴본 개관서를 보려면 David B. Barrett이 쓴 *Evangelize! A Historical Survey of the Concept*(Birmingham, Ala: New hope, 1987)를 보라.

4. Ralph D. Winter, "The New Macedonia: A Revolutionary New Era in Mission

Begins," Ralph D. Winter와 Steven C. Hawthorne 편집 *Perspectives on the World Christian Movement: A Reader*, 제3판(Pasadena, CA: William Carey Library, 1999), 346쪽.

5. Ralph Winter, "Unreached Peoples: Recent Development in the Concept," *Mission Frontiers*, 8/9월호, 1989년, 18쪽.
6. 같은 책 12쪽. 2021년에도 여호수아 프로젝트에서는 '종족 집단'에 대한 이 같은 정의를 사용하고 있다(www.joshuaproject.net).
7. 이 관점의 차이와 그 여파에 대해서는 주 45를 보라.
8. Harley Schreck and David Barret 공동 편집, *Unreached Peoples: Clarifying the Task*(Monrovia, CA: New Hope, 1987), 6-7쪽.
9. 전도 및 미전도의 자세한 뜻은 이번 장 후반부에서 논의할 것이다.
10. 갈라디아서 2장 14절은 영역본에서는 예외처럼 보인다("If you, though a Jew, live like a Gentile and not like a Jew, how can you force the Gentiles to live like Jews?"). 하지만 여기서 헬라어 단어는 에트노스가 아니고 부사 에트니코스(*ethnikōs*)며 이는 이방인들의 생활 방식대로 산다는 뜻이다.
11. 다음은 신약에서 단수로 쓰인 모든 예다: 마 21:43, 24:7(=막 13:8=눅 21:10), 눅 7:5, 23:2(둘 다 유대 민족을 언급하고 있음), 행 2:5(유대인들과 모든 민족을 구별하고 있음), 7:7, 8:9, 10:22("유대 온 민족"), 35절, 17:26, 24:2, 10, 17, 26:4, 28:19(마지막 다섯 구절은 유대 민족을 가리킴), 요 11:48, 50, 51, 52, 18:35(모두 유대 민족을 가리킴), 계 5:9, 13:7, 14:6, 벧전 2:9. 바울은 결코 단수를 쓰지 않는다.
12. 신약에서 복수형 에트네는 130회 사용된다. ESV 성경은 이 중 37회에 걸쳐 "민족들"로 번역한다. 다른 모든 용례에서, 에트네는 '이방인들'(Gentiles)로 번역된다(이교도[pagans]로 번역한 두 가지 사례 제외). 앞으로 보겠지만, '이방인들'로 번역된 몇 가지 용례는 '종족 집단들'을 가리키지 않으며, 단지 유대인이 아닌 개인들을 가리킨다. 예를 들면 마 6:32, 10:5, 12:21, 20:25, 눅 2:32, 21:24, 행 9:15, 13:46-47, 15:7, 14, 23, 18:6, 21:11, 22:21, 롬 3:29, 9:24, 15:9-12, 16, 16:26, 갈 2:9, 3:14, 딤후 4:17, 계 14:18, 16:19, 19:15-20:8, 21:24이다. 이 장에서 내가 '이방인 개인들'이란 용어를 쓸 때, 이는 특정 개인들에게 과도한 초점을 맞추려는 의도가 아니다. 오히려 어느 민족 집단에 속했는지 여부와는 상관

없이 단지 유대인이 아닌 사람들을 포괄적으로 지칭하려는 의도가 있다.

13. 이것은 마틴 디벨리우스의 주장에 따라 F. F. 브루스가 *Commentary on the Book of Acts*(Grand Rapids: Eerdmans, 1954), 358쪽에서 제시한 것이다. 그러나 렌스키의 지적은 옳다. 사도행전 17장 26절에 나오는 바로 다음 구절이 이런 번역을 반박하기 때문이다. "그들의 연대를 정하시며 거주의 경계를 한정하셨으니." 이는 또 존 스토트의 말처럼 다양한 민족 집단들을 '그들의 역사적 시대와 그 영토의 경계'와 더불어 언급하고 있다고 하는 편이 자연스럽다. R. C. H. Lenski, *The Interpretation of the Acts of the Apostles*(Minneapolis: Augsburg, 1934), 729쪽; John Stott의 *The Spirit, The Church, and the World*(Downers Grove, Ill.: InterVarsity, 1990), 286쪽. 이 구절의 요점은 아덴의 민족적인 자부심에 의표를 찌르는 것이다. 다른 모든 에트네가 그리스 사람들과 "동일한" 조상한테서 나왔으며, 그뿐 아니라 한 민족에게 어떤 시대와 어느 영토가 배당되든지 간에 이는 하나님이 행하신 것이며 자랑할 게 없다는 것이다. "각 나라의 역사와 지리는 궁극적으로 [하나님의] 주권 아래 있다"(존 스토트).

14. 4장의 주 38을 보라.

15. 나는 복수형으로 사용된 모든 형태의 판타 타 에트네의 사례를 조사 및 검토했다. 다음 성경 구절들은 헬라어 구약성경(LXX)의 장과 절 구분을 기준으로 한 것이며, 이는 때때로 히브리어 및 영어 성경의 구분과 일치하지 않을 수 있다. (창 18:18, 22:18, 26:4, 출 19:5, 23:22, 27, 33:16, 레 20:24, 신 2:25, 4:6, 19, 27, 7:6, 7, 14, 10:15, 11:23, 14:2, 26:19, 28:1, 10, 37, 64, 29:23-30:1, 3, 수 4:24, 23:3, 4, 17, 18, 삼상 8:20, 대상 14:17, 18:11, 대하 7:20, 32:23, 33:9, 느 6:16, 에 3:8, 시 9:8, 46:2, 48:2, 58:6, 9, 71:11, 17, 81:8, 85:9, 112:4, 116:1, 117:10, 사 2:2, 14:12, 26, 25:7, 29:8, 34:2, 36:20, 40:15, 17, 43:9, 52:10, 56:7, 61:11, 66:18, 20, 렘 3:17, 9:25, 25:9, 32:13, 15, 33:6, 35:11, 14, 43:2, 51:8, 스 25:8, 38:16, 39:21, 23, 단 3:2, 7, 7:14, 욜 4:2, 11-12, 암 9:12, 옵 1:15-16, 합 2:5, 학 2:7, 슥 7:14, 12:3, 9, 14:2, 16, 18-19, 말 2:9, 3:12)

16. 칼 루드비히 슈미트는 미쉬페호트가 '주요 집단 또는 민족 내에 있는 더 작은 집안 같은 사회들'이라고 주장한다. [*Theological Dictionary of the New Testament*, Vol. 2, Gerhard Kittle 편집, Geoffrey Bromiley 번역(Grand Rapids: Eerdmans,1964), 365쪽.]

17. 헬라어 구약성경에 보면, 하나님이 아브라함에게 주신 다섯 번의 약속 중에서 (창 18:18, 22:18, 26:4, 그러나 12:3과 28:14는 '파사이 하이 필라이'[pasai hai phylai]로 번역함) 세 번을 판타 타 에트네로 번역했기 때문에 바울이 판타 타 에트네를 선택한 것인지도 모른다. 그러나 바울의 표현은 이 다섯 성경 구절 중 어느 것과도 정확하게 일치하지 않는다. 그러므로 바울이 히브리어 원문을 바탕으로 자신이 직접 번역하여 제시했을 가능성이 크다.

18. 여기에 대한 증거는, 예를 들어 헬라어 구약성경에서 '가문'이라는 어구를 반복해 사용하고 있는 것이라 하겠는데, 이는 '가문'(파트리아)이 집안보다 더 규모가 큰 집단이라는 것을 보여 준다(출 6:17, 민 1:44, 3:24, 18:1, 25:14-15, 수 22:14, 대상 23:11, 24:6, 대하 35:5, 슥 2:59 참조). "가문이 작다면 과연 얼마나 작다는 것일까?"라는 부분을 보라.

19. 이 시편은 왕에게 드리는 시편이며, 히브리서 1장 9절에서 이 시편의 7절이 인용된 것을 보면, 궁극적으로 그리스도 메시아를 가리키는 것으로 볼 수 있다.

20. Thomas Carlisle, "You Jonah." 다음에서 인용됨. Johannes Verkuyl, "The Biblical Foundation of the Worldwide Mission Mandate," in *Perspectives on the World Christian Movement*, 33쪽.

21. David Platt, "Rethinking Unreached Peoples: Why Place Still Matters in Global Missions," Desiring God, February 13, 2019, https://www.desiringgod.org/articles/rethinking-unreached-peoples. 또한 다음 책을 보라. David Doran, *For the Sake of His Name: Challenging a New Generation for World Missions* (Allen Park, MI: Student Global Impact, 2002), 131 – 154쪽. "대위임령의 영토"(The Territory of the Great Commission)라는 장에서 도란은 선교를 할 때 지역에 대한 초점을 잃은 채 종족 집단에만 집중하는 현상을 바로잡으려 한다. 그와 나는 이 주제에 대해 충분한 대화를 나눴다. 그럼에도 불구하고 나는 이 책에서 종족 집단에 대해 서술한 내용을 없애야 한다고 생각진 않는다. 다만, 이 책 이전 버전에서는 선교 전략에서 지역이 갖는 중요성을 충분히 강조하지 않았음을 플랫과 도란 앞에서 인정하는 바이다.

22. 같은 책.

23. 같은 책.

24. 같은 책.

25. 같은 책(저자 강조).
26. 이러한 회상과 함께 바울이 로마서 10장 14-15절에서 바울이 강조한 중요한 말씀을 덧붙일 수 있다. 즉, 사람들이 보내심을 받아야 말씀을 전할 수 있고, 전파함으로써 사람들이 들을 수 있으며, 들음으로써 믿을 수 있고, 믿음으로써 주의 이름을 부를 수 있으며, 그렇게 함으로써 구원을 받을 수 있다는 것이다. 이 구절에 대한 논의는 4장의, '듣지도 못한 이를 어찌 믿으리오…' 단락을 보라.
27. 요한이 우리로 하여금 세상에 만연한 우상 숭배의 대전환을 보도록 의도하고 있음을 느끼지 않을 수 없다. 예를 들어, 다니엘서 3장 7절에서는 느부갓네살이 우상을 세우고 모든 사람에게 그것을 경배하라고 명령했다. 그 숭배의 범위를 묘사하는 표현은 요한이 요한계시록 5장 9절에서 하나님의 참된 예배의 범위를 설명할 때 사용하는 표현과 거의 동일하다. "모든 백성과 나라들과 각 언어를 말하는 자들이…느부갓네살 왕이 세운 금 신상에게 엎드려 절하니라."
28. 70인역 시편 85편 9절. 이 구절에 대해 논의한 이 장 초반부의 글을 보라.
29. 세계성서공회의 헬라어 신약성경(4판)과 네슬-알란드 헬라어 신약성경(27판)에서는 '라오이'를 원본으로 채택하고 있다. NRSV에는 하인리히 크래프트, 레온 모리스, 로버트 바운스, 그레고리 K. 빌이 각자 쓴 주석에서와 같이 '종족들'(peoples)이라고 나온다.
30. 예수님이 언급하시는 것으로 보이는 구약성경의 모든 판타 타 에트네 중 적어도 다음 구절들은 하나님 백성의 선교 비전과 연관되어 있다(창 18:18, 22:18, 시 48:2, 72:11, 17, 82:8, 86:9, 117:1, 사 2:2, 25:7, 52:10, 56:7, 61:11, 66:18-20; 모두 70인역의 장절 구분을 따른 것이다).
31. 이와 유사한 관련성이 시편 2편 8절, 67편 5-7절, 98편 2-3절, 이사야 52장 10절, 예레미야 16장 19절, 스가랴 9장 10절에서도 발견된다. 그러나 여기서는 네 가지 각기 다른 헬라어 표현들이 사용되었으며 그중 하나만(렘 16:19) 사도행전 1장 8절에 나오는 표현과 정확히 일치한다.
32. '사회 구조' 자체를 제자화하거나 변혁시키는 것이 예수님의 의도가 아니었음을 시사하는 단서들이 있다. 예수님이 '민족들'(에트네)이라는 중성 복수형 단어를 '그들'(아우투스)이라는 남성 복수형 단어로 바꾸신 데 주목해야 한다. "너희는 가서 모든 민족을 제자로 삼아 … 그들(아우투스)에게 세례를 베풀고." 본래 대명사(아우투스)는 선행사(에트네)와 성별이 같아야 한다(중성은 중성과, 남성

은 남성과 짝을 이뤄야 한다). 하지만 이 구절에서는 그렇지 않다. 왜 그런가? 아마도 '민족들을 제자 삼는다'고 할 때 이를 문화적 또는 구조적 변혁과 같은 집합적 방식으로 이해하기보다, 개인적인 차원에서 이해하도록 의도하셨기 때문일 것이다. 그러므로 우리가 세례를 베풀고 가르쳐야 하는 대상은 에트네(집합체나 구조)가 아닌 아우투스(각 개인)이어야 한다.

33. 헬라어 구약성경은 히브리어 미쉬페호트(가문)를 필라이로 번역하고 있는데, 이는 요한계시록 5장 9절에서 '족속'(tribes)으로 번역되어 있다. 그러므로 이는 별개의 집단 범주가 아닌 것처럼 보일 수 있다. 그러나 사실 필라이는 대개 히브리어 쉐베트(shebet)를 번역한 것이며 히브리어 미쉬페호트는 일반적으로 수게네이아(suggeneia)로 번역된다. 그러므로 우리는 미쉬페호트와 '족속'의 차이점을 진지하게 고려해야 한다. 특히 출애굽기 6장 14-15절에 따르면 미쉬페호트가 분명히 더 작은 단위이기 때문이다.

34. Patrick Johnstone and Jason Mandryk, *Operation World: When We Pray God Works*(Carlisle, UK: Paternoster, 2001), 15쪽.

35. David Barrett, George T. Kurian, Todd M. Johnson, *World Christian Encyclopedia: A Comparative Survey of Churches and Religions—AD 30 to 2200*, vol. 2(Oxford: Oxford University Press, 2001), 27-28쪽.

36. 같은 책 16쪽.

37. Winter, "Unreached Peoples," 154쪽.

38. 주 29를 보라.

39. 세계 선교를 위한 종족 집단의 의미에 대한 가장 최근의 논의는 다음과 같다. "How Many People Groups Are There?," Joshua Project, accessed December 4, 2021, https://joshuaproject.net/resources/articles/how_many_people_groups_are_there. 이 기사에서는 "누군가는 24,000개, 다른 누군가는 17,000개, 또 다른 누군가는 11,500 또는 13,000개라고 말하는" 이유가 무엇인지 설명한다. 여호수아 프로젝트는 다음과 같이 결론 내린다. "그렇다면 얼마나 많은 종족 집단이 있는지에 대한 단순한 질문에 대한 답이 무엇인가? 그것은 기준에 따라 달라진다. 종족 집단이 민족-언어적 집단을 기준으로 하면 11,500-13,000개이며, 문화적으로 통일된 집단을 말하는 것이라면 24,000개 정도로 추정할 수 있으며, 그중 약 16,300개는 여기에서 문화-민족-언어적 종족 집단으로 분류된다. 또는 국가 경

계를 고려하지 않은 문화-민족-언어적 집단만을 말하는 것이라면 9,800개다. 어떤 기준을 따르느냐에 따라 각기 다른 답이 나올 수 있다. 아직 성취되지 못한 대위임령의 과업이 어느 정도인지 명확히 밝히려는 우리의 노력에 주께서 지혜와 분별력을 더하시길 기도한다."

40. Schmidt, "*Ethnos, Ethnikos,*" in Kittel, *Theological Dictionary of the New Testament*, 제2권, 369쪽.

41. 여기서 두 가지 문제만 간략히 다루겠다. 이 문제는 성경 계시의 일부가 아니며, 선교 과업과도 큰 관련이 없어 보이기 때문이다. 1) 그 하나는 모든 종족들 가운데 유아들이 죽으면 아마도 천국에 갈 것이고 그곳에서 성숙하게 되어 하나님을 찬양하게 될 것이니 비록 선교가 없다 해도 이 모든 종족들이 하나님의 보좌 앞에서 최소한 한 사람이라도 서지 않겠느냐는 문제다. 2) 또 다른 문제는 의심할 바 없이 많은 집안과 족속들이 복음을 듣지 못하고 사라졌을 테니, 마찬가지로 하나님의 보좌 앞에 이 모든 집안과 족속들을 대표할 최소한 한 사람이라도 서지 않겠느냐는 것이다.

첫째 문제에 대해 나는 유아들이 죽으면 하나님 나라에 간다는 것을 진심으로 믿는다는 것을 밝히는 바다. 그 근거는 로마서 1장 19-20절에서 말하듯 우리가 얻을 수 있는 지식에 따라 우리가 심판받는다는 원칙에 있다. 유아들은 지식을 얻는 기능이 발달하지 않았기 때문에 얻을 수 있는 지식이 전혀 없다. 그러나 하나님은 여기에 대해 아무 말씀이 없으시며, 선교 사역이나 땅 위의 모든 족속들이 복을 받으리라는 약속과 관련하여 이것을 연관 짓지도 않으신다. 오히려 하나님의 아름다우심과 위대하심을 알아차리고 다른 모든 신들보다 하나님을 사랑하게 되는 사람들의 회심을 통해 영광을 받으시는 것이 하나님의 목적이다. 그런 하나님이 모든 민족들로부터 예배하는 자들을 얻으시는 유일한 길이 유아들의 자연사에 의한 것이라면 하나님은 그리 큰 영광을 받지 못하실 것이다.

그 다음 문제와 관련해서, 일부 집안과 족속들이 복음을 듣지 못한 채 역사에서 사라졌을 가능성은 있지만, 성경은 이 문제에 대해 언급하지 않는다. 만일 우리가 이런 부족에게는 예수님의 복음을 듣고 믿는 길 말고 뭔가 다른 구원의 길이 있어야 한다고 주장한다면, 이는 성경의 권위를 넘어서는 추측이 되고 말 것이다(이에 대한 더 자세한 논의는 4장에서 다룬다). 오히려 우리는, 이에 대한 구체적인 계시가 없는 상황에서, '모든 민족'이라는 약속과 명령이, 이 세대의 종말 때까지 존재하는 모든 민족을 의미한다고 상정하는 것이 맞다. 즉 마지막 때가 오면 어떤 민족도 하나님의 축복에서 제외되지 않을 것이다.

42. Winter, "Unreached Peoples," 12쪽.
43. Patrick Johnstone, "What does Reached Mean? An EMQ Survey," *Evangelical Missions Quarterly*, Vol. 26, No. 3 (July, 1990), 316쪽.
44 흠정역은 "Go ye into all the world, and preach the gospel to every creature"라고 번역한다. 그러나 'the whole creation'이 더 적절한 번역일 가능성이 크다. 이 헬라어 표현(파세 테 크티세이[*pasē tē ktisei*])과 가장 유사한 표현은 로마서 8장 22절, "피조물이 다(파사 헤 크티시스[*pasa hē ktisis*]) 이제까지 함께 탄식하며 함께 고통을 겪고 있는 것을 우리가 아느니라"에 나온다. 단어와 어순은 똑같고 단지 격이 다른데, 마가복음 16장에서는 여격(~에게)이고 로마서 8장에서는 주격이다. 여기서 마가복음 16장 9-20절이 원래부터 마가복음의 일부였는지 여부를 논의할 필요는 없다. 16장 15절은 단순히 대위임령을 표현하는 성경의 방식 중 하나로 보면 될 듯하다.
45. "모든 민족들을 제자로 삼으라"는 명령을 일부에서는 "온 민족 전체를 제자로 삼아야 한다거나 그 민족들의 사회 구조를 기독교화해야 한다"는 의미로 해석하기도 한다. 그러나 마태복음 28장 19, 20절의 문맥은 다른 방향을 가리킨다. '민족들'(에트네)이라는 단어는 헬라어에서 중성이다. 그러나 그 뒤에 나오는 구절에서 '그들'(아우투스)은 남성이다. "아버지와 아들과 성령의 이름으로 그들에게(아우투스) 세례를 베풀고 내가 너희에게 분부한 모든 것을 그들에게(아우투스) 가르쳐 지키게 하라." 이런 문법적 차이가 시사하는 바는, 예수님의 명령이 한 민족 전체를 회심시키라는 것이 아니라, 개별적으로 제자를 삼으라는 것이다. 이 점을 칼 바르트도 강하게 주장했다. 그는 "민족 전체를 제자로 삼아야 한다"는 해석이 한때 선교적 사고를 지배했으며, 독일 기독교인들의 잘못된 국가주의적 환상과 연결되었다고 한탄하며 이렇게 말했다. "그것은 무가치한 해석이다." [Karl Barth, "An Exegetical Study of Matthew 28:16-20," in Francis DuBose 편집, *Classics of Christian Missions* (Nashville: Broadman, 1979), 46쪽.]
46. "떠나가라 내가 너를 멀리 이방인(에트네)에게로 보내리라 하셨느니라"(행 22:21).

47. 나는 이 점을 이 책 1장에서 성경을 가지고 증명하려고 노력했다.
48. 창세기 11장의 바벨탑 이야기는 하나님이 세상에 다양한 언어가 존재하는 것을 용납하지 않으신다는 의미가 아니다. 바벨탑이 아니었다면 하나님이 세상에 다른 언어들을 만들지 않으셨을 것이라는 언급은 없다. 물론 하나님이 세상에 다양한 언어를 만드신 것은 교만한 행위를 제지하기 위해서였다(창 11:4). 그러나 이것은 언어의 다양성 자체가 저주이기에 장차 올 세대에서 풀어야 한다는 걸 의미하지 않는다. 사실 언어의 다양성은 바벨탑 사건이 언급된 창세기 11장보다 앞선 창세기 10장 5절, 20절, 31절에 기록되어 있다. 이를 통해 우리가 알 수 있는 것은, 하나님이 모든 종족들을 하나의 근원에서 나게 하셨으며 동시에 언어를 다양하게 하셨는데, 이 두 가지 모두 하나님의 계획 속에 있었다는 것이다. 그리고 이 두가지는 인간의 교만을 두 가지 방식으로 제한한다. 첫째, 언어의 다양성은 (바벨탑 사건처럼) 인간이 하나님을 대적하여 한마음으로 반역을 꾀하려는 유혹을 막는다. 둘째, 하나의 근원은 (아덴에서처럼) 자신들의 민족적 고유성을 자랑하며 우월감을 가지려는 유혹을 막는다. 오순절 성령 강림을 통해 일어난 '방언'의 기적과 축복은 약속된 시대에 세상의 모든 언어가 사라지리라는 선언이 아니며, 오히려 약속의 시대에는 믿음 안에서 겸손하게 하나님께 영광을 돌리는 연합을 막는 모든 장애물이 제거되리라는 선언이다.
49. 주 29를 보라.
50. 하나님이 세상의 모든 종족들 가운데 예배하는 자를 모으실 거라는 사실을 믿는 우리에게 제기되는 문제가 하나 있다. 그것은 바로 "복음이 증거되기 전에 이미 사라진 종족의 경우에는 어떻게 되는가? 우리의 주장대로 이 사람들이 모두 구원받지 못하는 것이라면, 하늘나라에서 예배 드리는 자로 그 종족을 대표하는 자는 아무도 없는 것 아닌가?"라는 것이다. 나는 이에 대해 세 가지 정도의 대답을 가지고 있다. 첫째, 예수님이 "각 족속과 언어와 종족과 민족 가운데에서 사람들을 피로 사서 하나님께 드리셨다"는 말이 복음을 듣지 못하고 사라진 이 사람들까지 포함하는지에 대해서는 나도 확실한 대답을 갖고 있지 않다. 둘째, 성경에서는 유아기에 죽은 자들이 마지막 때에 어떻게 되는지 가르쳐 주는 바가 없으나, 나는 이들이 선택 받아 우리가 모르는 방법에 의해 그리스도를 믿고 영생을 누릴 것이라 보고 있다(4장의 주 27을 보라)는 것이다. 그러므로 이 사라진 종족 중 유아일 때 죽은 자들이 구속받은 자로 이 종족을 대표할 수 있을 것이

다. 셋째, 그러나 이 장의 마지막 부분, 다양성이 하나님을 영화롭게 하는 이유가 무엇인지에 대한 부분을 근거로 보면, 이와는 다른 견지에서 명확한 대답을 얻을 수 있게 된다. 구원받는 사람들의 다양성 자체가 하나님을 더욱 영화롭게 하는 여러 이유 중 하나는, 한 지도자를 존경하여 충성하는 사람들이 다양할수록 지도자의 영광이 더욱 빛나게 된다(이 장의 마지막 부분을 계속해서 보라). 그러나 이런 점을 생각했을 때, 현존하는 종족들에게 복음을 전하라고 하신 하나님의 의도는 예수님에 대해 듣고 의식적으로 따르기로 한 사람들만이 하나님께 영광을 돌리기 때문 아닌가? 이렇게 봤을 때 사라진 종족에 관한 문제는 요한계시록 5장 9절에서의 '모든' 종족의 관점에서 벗어난 것이라 할 수 있다.

51. 나는 종족들의 숫자 및 목적과 성도들 혹은 천사들의 숫자 사이에 신비한 상관관계가 있을 가능성에 대한 논의를 생략한다. 신명기 32장 8절에는 "지극히 높으신 자가 민족들에게 기업을 주실 때에, 인종을 나누실 때에 '이스라엘 자손의 수효대로' 백성들의 경계를 정하셨도다"라고 나온다. 헬라어 구약성경은 이를 다르게 옮기고 있다. "하나님의 천사들의 수효대로." 여기에 대해 ESV는 "하나님의 아들들의 수효대로"라고 옮기고 있다. 이런 차이를 지나치게 부각시키면 추측이 되고 말 것이다. 그러나 이것은 하나님께는 인간의 이해를 넘어서는 고차원적이며 감추어진 이유들이 있을 때가 많다는 것을 상기시켜 준다.

52. Bruce, *Commentary on the Book of Acts*, 357-358쪽.

6장

1. Jonathan Edwards, *The End for Which God Created the World*는 졸저 *God's Passion for His Glory: Living the Vision of Jonathan Edwards*(Wheaton: Crossway, 1998)(『하나님의 영광을 위한 하나님의 열심』 부흥과개혁사)에 전부 수록되어 출판되었다.
2. 같은 책 242쪽.
3. 같은 책 183-251쪽.
4. 같은 책 140쪽.
5. 현대 번역본에서는 '하나님 자신을 위해'를 '그 쓰임에'로 표현한다. "주께서 모든 것을 그 쓰임에 알맞게 만드셨으니." 그러나 이것은 그 문맥에 따른 번역일 뿐, 본문의 문법적 특성에 의해 반드시 그렇게 번역해야 하는 것은 아니다. 히브리어

*lamma'anehu*는 '자신을 위해'라고 충분히 번역할 수 있다.

6. 이들 중 일부분은 이 책의 1장에 모아 놓았다.

7. Jonathan Edwards의 *The Works of Jonathan Edwards*, 2권, Edward Hicknam 편집 (Edinburgh: Banner of Truth Trust, 1974), 10쪽 '진노하신 하나님의 손 안에 있는 죄인들.'

8. 4장에서 이 내버림(abandonment)에 대해 내가 의견을 제시한 부분을 읽으라.

9. Edwards, 다음에 인용됨. John Gerstner, *Jonathan Edwards on Heaven and Hell* (Grand Rapids: Baker, 1980), 75쪽.

10. 지옥의 정당성에 대한 에드워즈의 논증을 보다 풍성히 다룬 자료를 원한다면 다음을 보라. Jonathan Edwards, "The Justice of God in the Damnation of Sinners," in *The Works of Jonathan Edwards*, vol. 1(Edinburgh: Banner of Truth Trust, 1974), 669쪽. 지옥에 대한 에드워즈의 견해를 설명한 자료를 원한다면 다음을 보라. John Gerstner, *Jonathan Edwards on Heaven and Hell*(Morgan, PA: Soli Deo Gloria, 1999); 그리고 Chris Morgan, *Hell and Jonathan Edwards: Toward a God-Centered Theology of Hell*(Ross-shire, UK: Christian Focus, 2003).

11. Jonathan Edwards, *The Works Jonathan Edwards*, vol. 8, *Ethical Writings*, ed. Paul Ramsey(New Heaven: Yale University Press, 1989), 185쪽 'Charity and Its Fruits.'

12. 같은 책 207-208쪽. 다니엘 12장 3절은 "지혜 있는 자는 궁창의 빛과 같이 빛날 것이요 많은 사람을 옳은 데로 돌아오게 한 자는 별과 같이 영원토록 빛나리라"고 말한다.

13. Gerstner, *Jonathan Edwards on Heaven and Hell*, 51쪽. 거스너의 책 51쪽에서 1747 설교를 찾아 보라. 에드워즈가 사람들에게 지옥의 위험에 대해 얼마나 자주 경고했는지 알 수 있을 것이다.

14. 고린도후서 7장 10절에 나오는 '하나님의 뜻대로 하는 근심'과 '세상 근심'을 대조한 점에 주의하라. "하나님의 뜻대로 하는 근심은 후회할 것이 없는 구원에 이르게 하는 회개를 이루는 것이요 세상 근심은 사망을 이루는 것이니라."

15. 이 문장을 더욱 심도 있게 해석한 책으로는 졸저 *The Purifying Power of Living by Faith in FUTURE GRACE*(Sisters, OR: Multnomah, 1995)(『장래의 은혜』 좋은씨앗)가 있다.

16. Miscellany #448, in Jonathan Edwards, "Miscellanies," in *The Works of Jonathan*

Edwards, vol. 13, Thomas Schafer 편집(New Haven: Yale University Press, 1994), 495쪽(저자 강조). 또한 다음을 보라. Miscellany #87, 13:251-52; Miscellany #332, 13:410; 그리고 Miscellany #679(Schafer 편집본에는 이 부분이 없음.)

17. 이 설명에 대한 주해는, 졸저 *Desiring God: Mediations of a Christian Hedonist* 개정판(Colorado Springs: Multnomah, 2011) (『하나님을 기뻐하라』 생명의 말씀사), *The Dangerous Duty of Delight: The Glorified God and the Satisfied Soul*(Sisters, OR: Multnomah, 2001)(『최고의 기쁨을 맛보라』 좋은씨앗)을 보라.

7장

1. 하인리히 그리븐은 프로스키네오(*proskyneō*)가 복음서(26회)와 사도행전(4회), 그리고 요한계시록(21회)에는 많이 나오지만 서신서에는 전혀 나오지 않는다(히 1:6과 11:21은 구약을 인용한 것이다)는 '놀랄 만한 사실'을 확인했다. 프로스키네인(*proskynein*)이 성전 예배를 의미하는 기술적인 용어로 사용된 사도행전 24장 11절은 별개의 문제로 보더라도, 초대 교회 공동체에서 프로스키네시스(*proskynēsis*)가 사용된 단 하나의 예는 고린도전서 14장 25절로, 여기서는 실제로 엎드리는 행위를 가리킨다. 다른 곳에서는 무릎 꿇고 기도하는 행위(행 9:40, 20:36), 손을 드는 행위(딤전 2:8)가 언급되지만 프로스키네인이라는 단어는 사용되지 않았다. 그리븐은 이렇게 결론 내린다. "이것은 프로스키네시스라는 용어의 구체성을 보여 주는 또 다른 증거다. 프로스키네시스를 사용할 때는, 예배하는 사람이 그 앞에 엎드릴 수 있는 '눈에 보이는' 위엄을 갖춘 존재가 있어야 한다. 이런 의미에서 하나님의 아들은 이 땅에서 모든 사람에게 보이셨으며(복음서), 영광을 받으신 주님은 믿음이 장차 시각으로 바뀔 때 다시 자신의 백성에게 보이실 것이다(요한계시록)." Heinrich Greeven, "*Proskuneō, Proskunētēs*," in *Theological Dictionary of the New Testament*, Gerhard Friedrich 편집, Geoffrey Bromiley 번역. 6권(Grand Rapids: Eerdmans, 1968), 765.

2. 히브리서에서 나타나는 예외적인 경우에 대해서는 미주 1을 참고하라.

3. 미주 1과 같은 견지에서 하인리히 그리븐은 다음과 같이 언급한다. "순례자가 예배하러 가야 할 장소를 알려 주시는 대신, 예수님은 참된 예배의 장소가 '영과 진리 안에 있다'고 말씀하셨다. 이것은 모순어법이다. 구체적인 장소와 구체적인 행위를 가리키는 순수한 예배 행위인 프로스키네인이 이제 '영과 진리'라는 새로

운 차원으로 승격된 것이다." "Proskuneō, Proskunētēs," in Friedrich, *Theological Dictionary of the New Testament*, 6:764.

4. 나는 예수님이 우물가의 여인과 대화할 때 헬라어를 사용하지 않았을 가능성이 있다는 것을 알고 있다. 따라서 실제로 프로스키네오라는 단어를 사용하지 않았을 수도 있다. 그러나 요한이 이 단어를 사용함으로써 예수님이 예배의 의미에 대해 실제로 전달하고자 하신 바를 충실하고 정확하게 반영했다고 믿는다.

5. 졸저 *Desiring God: Mediations of a Christian Hedonist*, 개정판(Colorado Springs: Multnomah, 2011), 77 – 84쪽에 영과 진리로 드리는 예배와 요한복음 4장의 관계에 대해 충분히 다루어 놓았다. (『하나님을 기뻐하라』 생명의말씀사).

6. 예배를 의미하는 또 다른 중요한 단어인 세보마이(*sebomai*)는 복음서에서 두 번 사용되었다("나를 헛되이 경배하는도다"[마 15:9, 막 7:7]). 그리고 사도행전에서는 여덟 번 사용되었는데, 단 한 번 이교도의 우상 숭배를 가리킬 때(행 19:27) 사용된 것을 제외하고 모두 하나님을 경외하는 이방인(경건한 이방인)들을 가리킬 때 사용되었다. 이렇게 볼 때 서신서에 이 단어가 없다는 것은 다시 한 번 놀랄 만하다. 사도들이 그들의 편지에서 이 단어들(프로스키네오와 세보마이 둘 다)을 마치 의도적으로 쓰지 않은 것처럼 보이는 이유는, 이 단어들이 회당 예배와 관련되어 있었기 때문일 것이다.

7. 이 동사의 명사는 라트레이아(*latreia*)이고, 헬라어 구약성경에서 명사 아보다(*abodah*)로 번역되어 총 다섯 번 사용되었다. 바울은 이것을 두 번 사용했는데, 한 번은 구약성경 예배(롬 9:4)에 대해서, 다른 한 번은 그리스도인의 삶(롬 12:1)에 대해서 사용했다.

8. 이러한 경향은 하나님의 백성(그리스도의 몸)이 신약의 '성전'으로 묘사되는 이미지에서도 나타난다. 이 성전에서는 신령한 제사가 드려지고(벧전 2:5), 하나님이 그의 성령으로 거하시며(엡 2:21-22), 모든 종족들은 거룩한 제사장으로 간주된다(벧전 2:5, 9). 고린도후서 6장 16절은 하나님의 임재에 대한 새 언약의 소망이 특정한 예배가 아니라 한 종족(백성)이 된 교회 안에서 성취되고 있음을 보여 준다. "우리는 살아 계신 하나님의 성전이라 이와 같이 하나님께서 이르시되 '내가 그들 가운데 거하며 두루 행하여 나는 그들의 하나님이 되고 그들은 나의 백성이 되리라.'"

9. John Calvin, *Institutes of the Christian Religion* 4.10.30, John T. McNeil 편집, Ford

Lewis Battles 역, 2권(Philadelphia: Westminster, 1960), 1208쪽.

10. Martin Luther, 다음에 인용됨. Ewald M. Plass 편집, *What Luther Says*, 3권(St. Louis: Concordia, 1959), 1546쪽.

11. Patrick Collinson, Leland Ryken, *Worldly Saint: The Puritans as They Really Were*(Grand Rapids: Zondervan, 1986), 116쪽에 인용됨.

12. 졸저 *Future Grace: The Purifying Power of the Promises of God*(Colorado Springs: Multnomah, 2012)(『장래의 은혜』 좋은씨앗);졸저 *The Pleasures of God: Meditations on God's Delight in Being God*, rev. and exp. ed.(Colorado Springs: Multnomah, 2012)(『하나님의 기쁨』 두란노);졸저 *God's Passion for His Glory: Living the Vision of Jonathan Edwards*(Wheaton: Crossway, 1998)(『하나님의 열심』 부흥과개혁사).

13. C. S. Lewis, *Reflections on the Psalms*(New York: Harcourt Brace and World, 1958), 93-95쪽. (『시편 사색』 홍성사)

14. 이 구절의 의미를, 진실한 그리스도인이라면 영적 감정이 가라앉거나 거의 죽어 버린 듯한 메마른 시기를 결코 겪지 않는다는 의미로 받아들이지 않기를 바란다. 우리는 분명 그런 시기를 겪는다. 이에 대해서는 예배의 세 가지 단계를 다룬 졸저 *Desiring God*, 85-87쪽을 참조하라. 때때로 우리는 희미하게나마 하나님의 가치에 대한 메아리를 경험할 수 있는데, 그것은 우리가 간신히 희망을 붙잡고 있을 때에도 드러난다. 하나님은 비참하게 죽어가는 여인이(목회적 경험에서 하는 말이다), 자신의 토사물 속에서 숨이 사그라들면서도 하나님을 저주하지 않고, 비록 비명을 지르며 괴로워할지라도 하나님께 순종하고, 이 끔찍한 상황이 하나님의 진노가 아니라 영원한 새벽을 맞이하기 직전에 찾아오는 마지막의 섬뜩한 공포이기를 소망하며 아픔을 받아들이는 모습에서도 영광을 받으신다.

15. 어떤 비평가들은 기쁨을 직접 추구하는 것이 '기쁨의 대상'이신 그분에게서 시선을 돌리는 것과 같으며, 이는 치명적이라고 지적한다는 것을 잘 알고 있다. 나는 당신이 하나님의 위대하심이라는 '그랜드 캐니언'에 가서, 가장자리에 앉아 자신의 맥박을 재면서 자신의 내면 상태를 분석하라고 권하는 것이 아니다. 그렇게 하면 그 캐니언의 장엄함을 놓치게 될 것이다. 오히려 그 캐니언에 자신을 내맡기라. 바라보라. 기뻐하라. 흡수하라. 깊이 생각하라. 내가 말하는 기쁨의 추구

란 바로 이런 것이다. 모든 만족을 주시는 하나님의 영광은 경험 자체에 집중하는 것이 아니라 그 영광에 집중할 때 온전히 누릴 수 있다.

8장

1. Lamin Sanneh, *Disciples of All Nations: Pillars of World Christianity* (Oxford: Oxford University Press, 2008), xix.
2. 글로벌 사우스라는 새로운 현실에 대해 규명한 다른 세계 기독교 학자들에 대해 알고 싶다면 다음을 보라. F. Lionel Young III, *World Christianity and the Unfinished Task: A Very Short Introduction* (Eugene, OR: Cascade Books, 2021), 32–45쪽.
3. 같은 책 1쪽.
4. Philip Jenkins, "Believing in the Global South," *First Things* 168(December 2006), 13쪽.
5. 같은 책 12쪽.
6. 같은 책 12쪽.
7. Dana L. Robert, "Shifting Southward: Global Christianity since 1945," *International Bulletin of Missionary Research* 24, 2권(April 2000), 53쪽.
8. Young, *World Christianity and the Unfinished Task*, 12–13쪽.
9. 같은 책 21쪽.
10. 같은 책 25쪽.
11. 같은 책 29쪽.
12. Mark Noll, *The New Shape of World Christianity: How American Experience Reflects Global Faith* (Downers Grove, IL: IVP Academic, 2009), 10, 20, 21쪽. (『복음주의와 세계 기독교의 형성』 IVP).
13. Gina A. Zurlo and Todd M. Johnson, "Is Christianity Shrinking or Shifting?," *Lausanne Global Analysis* 10, 2권(March 2021), https://lausanne.org/content/lga/2021-03/is-christianity-shrinking-or-shifting.
14. Noll, *New Shape of World Christianity*, 21쪽.
15. '미전도 종족'에 대한 성경적 이해를 추가적으로 논의한 내용은 이 책 5장에 있다.

16. 여호수아 프로젝트에서는 '종족 집단'을 다음과 같이 정의한다. "이해나 수용의 장벽에 부딪치지 않고 교회 개척을 통해 복음이 전해질 수 있는 가장 큰 집단." 그리고 '미전도 종족'은 다음과 같이 정의한다. "그리스도인의 숫자나 자원의 양을 고려했을 때 종족을 복음화하기 위해 외부의 도움이 필수적인 종족 집단." "What Is a People Group?," Joshua Project, accessed December 4, 2021, https://joshuaproject.net/resources/articles/what-is-a-people-group; 그리고 "Unreached/Least Reached," Joshua Project, https://joshuaproject.net/help/definitions#unreached. 이 책 5장에서 나는 이러한 정의의 모호성을 받아들이고 그것이 성경 용어와 어떤 관련이 있는지 설명하기 위해 노력했다.
17. Michael Horton, *Christless Christianity: The Alternative Gospel of the American Church*(Grand Rapids: Baker Academic, 2008), 45쪽.
18. Dolan, 다음에 인용. Horton, *Christless Christianity*, 25쪽.
19. Michael Okonkwo, 다음에 인용. Isaac Phiri and Joe Maxwell, "Gospel Riches," *Christianity Today* 51, no. 7(July 2007), 23쪽, https://www.christianitytoday.com/ct/2007/july/12.22.html.
20. 같은 책 23쪽.
21. 같은 책 24쪽.
22. 같은 책 24쪽. 미국식 번영 복음을 비평한 글로는 다음을 참조하라. Kate Bowler, *Blessed: A History of the American Prosperity Gospel*(Oxford: Oxford University Press, 2013); 그리고 Costi Hinn, *God, Greed, and the (Prosperity) Gospel: How Truth Overwhelms the Life Built on Lies*(Grand Rapids: Zondervan, 2019).
23. 같은 책 25쪽.
24. Arlene Sanchez Walsh, "First Church of Prosperidad," *Christianity Today* 51, no. 7(July 2007), 26–27쪽, https://www.christianitytoday.com/ct/2007/july/ 13.26. html; Ondina E. Gonzalez and Justo L. González, *Christianity in Latin America: A History*(New York: Cambridge University Press, 2008).
25. 예를 들어 다음을 보라. 졸저 *Desiring God: Meditations of a Christian Hedonist*, 개정판(Colorado Springs: Multnomah, 2011)에서 "돈: 기독교 희락주의의 통화"(『하나님을 기뻐하라』 생명의 말씀사); 졸저 *Don't Waste Your Life* (Wheaton: Crossway, 2003)에서 "하나님이 생명보다 귀함을 드러내라"(『삶을 허비하지 말

라』 생명의말씀사); 졸저 "A Plea for a Radical Christian Wartime Lifestyle in the Retirement Years," Desiring God, March 21, 2016, https://www.desiringgod.org/interviews/a-plea-for-a-radical-christian-wartime-lifestyle-in-the-retirement-years; 졸저 "What's the Difference between Living for the Kingdom and Living for the American Dream?," Desiring God, December 12, 2007, https://www.desiringgod.org/interviews/whats-the-difference-between-living-for-the-kingdom-and-living-for-the-american-dream.

26. Andrea Peer, "Global Poverty: Facts, FAQs, and How to Help," World Vision, updated August 23, 2021, https://www.worldvision.org/sponsorship-news-stories/global-poverty-facts.

27. 예를 들어 웨인 그루뎀(Wayne Grudem)은 "부냐 가난이냐를 결정하는 국가 내 50가지 요인"이라는 제목으로 연속 강의를 한 바 있다. "50 Factors within Nations That Determine Their Wealth or Poverty," 2009, http://www.waynegrudem.com/50-factors-within-nations-that-determine-their-wealth-or-poverty-pt-1-of-4-dr-wayne-grudem-149. 이 강의의 요점은 성경적인 진실함이 빈곤에서 벗어나 번영을 향해 나아가게 한다는 것이다. 또한 다음을 보라. Wayne Grudem and Barry Asmus, *The Poverty of Nations: A Sustainable Solution* (Wheaton: Crossway, 2013).

결론

1. 문맥을 살펴볼 때, '그'가 예수 그리스도임은 더욱 분명해진다. "성결의 영으로는 죽은 자들 가운데서 부활하사 능력으로 하나님의 아들로 선포되셨으니 곧 우리 주 예수 그리스도시니라 그로 말미암아 우리가 은혜와 사도의 직분을 받아 '그'의 이름을 위하여 모든 이방인 중에서 믿어 순종하게 하나니"(롬 1:4-5).

후기

1. 특히 사도행전 15장 3절, 로마서 15장 24절, 고린도전서 16장 6절, 11절, 고린도후서 1장 16절, 디도서 3장 15절에서 프로펨포(*propempō*)가 어떻게 사용되는지 잘 살펴보라.

2. 존 스토트는 6절을 다음과 같이 해석한다. "그 사람들이 도착할 때 그저 영접만

해선 안 되고 기운을 차리게 해주고 필요한 것(당연히 음식과 돈)을 공급해 주어 하나님께 합당하게 갈 길을 계속 가도록 보내 주어야 한다.…이렇게 사려 깊게 선교사들을 전송하는 것은 '충성된 일'(loyal thing, RSV)일일 뿐만 아니라 '아름다운 일'(6절, 카토스 포이에세이스, 좋으리로다)이다." *The Letters of John: An Introduction and Commentary*, Tyndale New Testament Commentary, 개정판 (Grand Rapids: Eerdmans, 1989), 225쪽.

3. 데이비드 브라이언트는 *In the Gap: What It Means to Be a World Christian* (Downers Grove, Ill.: InterVarisity, 1979)에서 '세계를 품은 그리스도인'(world Christian)이라는 개념을 정의하고 널리 퍼뜨리는 데 도움을 주었다.

열방을 향해 가라(30주년 개정증보판)

초판 1쇄 발행 | 2025년 4월 30일

지은이 | 존 파이퍼
옮긴이 | 김대영, 김보람
펴낸이 | 신은철
펴낸곳 | 좋은씨앗
출판등록 제4-385호(1999. 12. 21)
주소 | (06753) 서울시 서초구 바우뫼로 156(양재동, MJ빌딩) 402호
주문전화 | (02) 2057-3041 주문팩스 | (02) 2057-3042
이메일 | good-seed21@hanmail.net
페이스북 | www.facebook.com/goodseedbook

ISBN 978-89-5874-416-0 03230

Let the Nations Be Glad (30th anniversary edition)
by John Piper

Originally published in English under the title
Let the Nations Be Glad
Copyright © 1993, 2003, 2010, 2022 by Desiring God Foundation
Published by Baker Academic
a division of Baker Publishing Group, PO Box 6287, Grand Rapids, MI 49516-6287, U.S.A.
All rights reserved.

This Korean edition © 2025 by Good Seed Publishing, Seoul, Republic of Korea.
Translated and used by the permission of Baker Academic
through the arrangement of rMaeng2, Seoul, Republic of Korea.

이 한국어판의 저작권은 알맹2 에이전시를 통해 Baker Publishing Group와 독점 계약한 도서출판 좋은씨앗에 있습니다. 신저작권법에 의하여 한국 내에서 보호받는 저작물이므로 무단 전재 및 복제를 금합니다.